高等学校国家级特色专业——车辆工程专业系列教材

汽车维修工程

主　编◎陈黎卿

副主编◎陈雪辉　钱叶剑

参　编◎程晓章　满维龙

陈永新　凤鹏飞

主　审◎范迪彬　王继先

合肥工業大學出版社

内容简介

本书共分9章，分别介绍了汽车维修的基础知识、汽车零件修复方法、汽车维修工艺过程、汽车发动机维修、汽车底盘维修、汽车车身维修、汽车电子电器维修、汽车修理质量管理等内容，并附有大量维修实例。全书图文并茂，内容翔实，通俗易懂。

本书为本科层次的交通运输、车辆工程等汽车类专业课程教材，也可以作为高职高专层次的汽车运用工程、汽车维修等相关专业的教材，同时还可以作为汽车维修人员和汽车工程技术人员的参考用书。

图书在版编目(CIP)数据

汽车维修工程/陈黎卿主编. —合肥：合肥工业大学出版社，2011.4

ISBN 978-7-5650-0469-8

Ⅰ.①汽… Ⅱ.①陈… Ⅲ.①汽车—车辆修理 Ⅳ.①U472.4

中国版本图书馆CIP数据核字(2011)第045463号

汽车维修工程

主编 陈黎卿　　责任编辑 汤礼广

出 版	合肥工业大学出版社	版 次	2011年4月第1版
地 址	合肥市屯溪路193号	印 次	2011年7月第1次印刷
邮 编	230009	开 本	787毫米×1092毫米 1/16
电 话	总编室：0551-2903038	印 张	16.25
	发行部：0551-2903198	字 数	360千字
网 址	www.hfutpress.com.cn	印 刷	合肥星光印务有限公司
E-mail	press@hfutpress.com.cn	发 行	全国新华书店

ISBN 978-7-5650-0469-8　　定价：33.00元

如果有影响阅读的印装质量问题，请与出版社发行部联系调换

《高等学校国家级特色专业——车辆工程专业系列教材》
审读委员会

《高等学校国家级特色专业——车辆工程专业系列教材》
编委会

本系列教材在编写过程中，曾得到以下学校和企业给予各种形式的支持及无私的帮助，在此对它们谨致以真诚的谢意！

清华大学

湖南大学

北京工业大学

西南交通大学

同济大学

山东理工大学

辽宁工业大学

福州大学

厦门理工学院

长安大学

湖北汽车工业学院

安徽工业大学

安徽工程大学

奇瑞汽车股份有限公司

北京理工大学

武汉理工大学

吉林大学

华东交通大学

重庆理工大学

兰州交通大学

大连交通大学

河南科技大学

江苏大学

西华大学

合肥工业大学

安徽理工大学

安徽江淮汽车集团有限公司

安徽农业大学

《高等学校国家级特色专业——车辆工程专业系列教材》编委会

序

在我国经济发展转型升级与全面提高国际竞争力的关键时期，培养和造就一大批创新能力强、适应我国经济和社会发展需要的工程技术型人才是增强我国核心竞争力、建设创新型国家、走新型工业化道路的必要条件。“高等工科教育回归工程”和“强化能力导向原则”等基于按社会需求培养人才和教学需要改革的教育理念，是《中华人民共和国高等教育法》提出的“高等教育教学改革务必根据不同类型、不同层次高等学校自身实际”要求和《高等学校本科教学质量与教学改革工程项目管理暂行办法》所坚持的“分类指导、注重特色”原则的创新成果和实践载体。

高等学校应按照“质量工程”的要求对人才培养目标进行合理定位，对教学过程进行科学创新，发挥自身优势，形成各自特色，从而满足社会对多样化人才的需求。人才培养目标的差异性，要求教学内容、教学方法和教材建设具有针对性。《中华人民共和国高等教育法》明确规定：“高等学校根据教学需要，自主制订教学计划、选编教材、组织实施教学活动。”教育部实施本科教育、教学“质量工程”，鼓励和支持高等学校在教学理念等方面进行创新，以形成有利于多样化人才成长的培养体系，满足国家和社会对紧缺人才的需要。

合肥工业大学车辆工程专业于2007年经教育部审批被列为国家级特色专业建设点。也就在同一时间，合肥工业大学成立了《高等学校国家级特色专业——车辆工程专业系列教材》编审委员会，以“打造特色精品教材，促进专业教育发展”的理念规划出版“高等学校汽车类特色专业规划教材”，抓紧对“质量工程”中所要求的“重点规划、建设多样基础教程和专业课程教材，促进高等学校教学内容更新、教材建设多样化”工作的落实。

在教材选题开始设计时，编审委员会便贯彻教育部关于人才培养适应行业经济和社会发展需要的精神，要求突出教材建设与办学定位、教学目标的一致性和适应性，最终确立了教材编写的指导思想：加强工程意识的培养、加强理论与实践的结合、加强实践教学和工程训练，培养在汽车行业第一线从事车辆研发、试验、营销及管理等实际工作和能解决实际问题的高等应用型人才。

本系列教材在编写过程中，既严格遵守学科体系的知识构成和教材编写的一般规律，又针对本科人才培养目标和与之相适应的教学特点，科学安排知识内容，注重解决现行教材中部分内容陈旧、特色不明显和学生自主学习无趣等问题，充分体现了"工程基础厚、工作作风实、创业能力强"的合肥工业大学人才培养特色及对国家级特色专业教材的内涵和尺度的准确把握。

本系列教材的出版是所有参与该项工作的人们集体智慧的结晶，也是高等学校进行教学改革、落实"质量工程"要求的成果，相信随着教学改革的深入推进，该系列教材会不断地得到丰富和完善。

中国高等学校教学指导委员会委员 陈朝阳
中国机械工业教育协会高校教学委员会车辆专业组副组长

前　言

随着我国汽车工业的迅速发展，近些年来，我国汽车的产销量与日剧增，社会急需大量的汽车使用、维修及保养等方面的专业技术人员，为此，根据高等教育关于本专业的教学基本要求，结合我们多年的教学经验，特编写本书。

本书以供本科教学为主，同时兼顾高职高专的教学需要。因此，在组织本书内容时，我们在重点阐述理论知识的同时，还相应地介绍大量维修技术实践的内容，方便学生实习，尽量做到理论与实践的紧密结合，为培养应用型专业人才服务。

本书在选用实例时，以常见车型为主，并力求体现现代汽车维修与故障诊断的新工艺、新技术和新技能。

本书共分为9章。第一章，主要内容为汽车维修概述；第二章主要介绍汽车维修方面的一些理论基础，包括现代汽车维修理念、汽车可靠性基础；第三章主要介绍汽车零部件修复方法，包括汽车零件磨损相关理论和常见汽车零部件修复方法；第四章主要介绍汽车修理工艺过程，包括汽车维修工艺流程和汽车零部件检验的方法等；第五章主要介绍汽车发动机维修，包括机体组的维修、曲柄连杆机构的维修、配气机构的维修、润滑和冷却系统的维修等；第六章主要介绍汽车底盘维修，包括离合器、变速器、万向传动装置以及转向、制动和悬架系统的维修等；第七章主要介绍汽车车身维修，包括汽车车身主要零部件和车身表面的维修等；第八章主要介绍汽车电子电器维修，包括汽车电子点火系统、汽车启动系统、汽车照明和信号系统和汽车电子控制装置的维修等；第九章主要介绍汽车维修质量管理，包括汽车维修质量的控制和评价。

本书由陈黎卿担任主编，由合肥工业大学范迪彬副教授、安徽农业大学王继先教授主审。编写人员及其分工为：安徽农业大学陈黎卿编写第一章、第二章、第九章和第六章的第六节至第七节，安徽三联学院凤鹏飞编写第三章，合肥工业大学钱叶剑编写第四章、第七章，合肥工业大学程晓章编写第五章的第一节至第三节，安徽农业大学陈永新编写第五章的第四节和第五节、第六章的第四节和第五节，安徽三联学院满维龙编写第六章的第一节至第三节，安徽建筑工业学院陈雪辉编写第八章。本书第一章至第六章由陈黎卿负责统稿，第七章至第九章由陈雪辉负责统稿。

本书在编写过程中，得到许多同行的指导与支持，在此我们深表感谢。同时对参考资料被引用的原著作者以及对本书的编写提供过帮助的同事和研究生表示深深地谢意。

由于编者水平有限，书中出现错误和不足之处在所难免，不妥之处敬请广大读者批评指正。

编　者

目　录

第一章 概 述

学习目标:本章主要介绍汽车维修的基本情况、汽车修理的种类。重点掌握汽车维护分为几级;汽车修理的种类以及各种修理类型的标志。

汽车在运行过程中,由于受多种因素的影响,零部件会逐渐产生不同程度的松动、磨损和损伤,应及时进行维护和修理,以避免汽车使用性能和使用寿命的下降。汽车维修就是为保持或恢复汽车在规定的技术状态所进行的全部活动。汽车维修活动包括维修资源使用和维修任务的完成。汽车维修的直接目的是为了保持汽车处在规定的技术状态内,即预防功能退化、预防故障及不良后果,或当汽车状态受到破坏(即发生故障或遭到损坏)后,使其恢复到规定状态。维修可以使汽车持续保持安全性和可靠性,节省成本,提高服务效率,延长使用寿命。

因此,合理的维修是保持汽车完好技术状况的重要手段,但这需要合理的维修制度来保证。

汽车维修制度是指对实施汽车维修工作所采取的技术措施、组织措施的规定。为了加强运输车辆管理,我国交通运输部于1990年发布了《汽车运输车辆技术管理规定》。该规定强调车辆技术管理应坚持以预防为主和技术与经济相结合的原则,对运输车辆实行“定期检测,强制维护,视情修理”的方针。

汽车维修制度包括维护和修理两部分内容。维护是指定期地对汽车的各部分进行检查、清洁、润滑、紧固、调整或更换某些零件等工作,目的在于保持车容整洁和消除故障隐患,防止车辆早期损坏。修理是指为恢复汽车各部分规定的技术状况和工作能力所进行的活动总称,它包括故障诊断、拆卸、鉴定、更换、恢复、装配、磨合、试验和涂装等作业。

一、我国汽车维护制度

在我国,汽车维护通常分为日常维护(routine maintenance)、一级维护(elementary maintenance)、二级维护(complete maintenance)。各级维护的内容如下:

1. 日常维护

日常维护是各级维护的基础,目的是维持车容和车况,使车辆处于完整和完好状况,以保证其正常运行。日常维护由汽车驾驶员负责,维护的中心内容是清洁、补给和安全检视,包括出车前、行驶途中、收车后三个环节。要求做到车容整洁、四清(机油清、制动液清、方向油清、防冻液清)、四不漏(不漏油、水、电、气)、附件齐全,螺栓和螺母不松动、不缺少,保持轮胎气压正常,制动可靠,转向灵活,润滑良好,灯光、喇叭正常等。

2. 一级维护

一级维护的主要内容包括各总成和连接件的紧固、主要总成和部件的润滑以及通过外部检查对发现的一些问题所作的必要维修。一级维护由专业维修工负责。一级维护除执行日常维护作业外，其作业的中心内容以清洁、润滑、紧固为主，并应检查制动、操纵等安全部件，以保持车辆的正常运行。

3. 二级维护

二级维护的作业项目较多，除完成一级全部作业外，还必须消除一些一级维护作业中发现的故障和隐患。二级维护需要一定的作业时间，所以二级维护常常占用车辆一定的运行时间。二级维护由专业维修工负责。二级维护除执行一级维护作业外，其作业中心内容以检查、调整为主，并拆检轮胎，进行轮胎换位。其目的是为了保持车辆在以后的较长运行时间内保持良好的运行性能。

二、汽车修理类别及内容

汽车修理的原则是“视情修复”。按其作业范围，汽车修理可分为汽车大修、总成大修、汽车小修和零件修理等。

1. 汽车大修

汽车大修是指新车或经过大修后的汽车在行驶一定里程（时间）后，经过检测和技术鉴定，用修理或更换汽车任何零部件的方法，完全或接近完全恢复汽车技术状况和使用性能的恢复性修理。

2. 总成大修

总成大修是指汽车的总成经过一定使用里程（时间）后，用修理或更换总成任何零部件（包括基础零件）的方法，恢复其完好技术状况和寿命的恢复性修理。

3. 汽车小修

汽车小修是指用修理或更换个别零件的方法，保证恢复汽车的工作性能的运行性修理。主要是消除在运行过程中或维护作业过程中发生或发现的故障及隐患。

4. 零件修理

零件修理是指对因磨损、变形、损伤等而不能继续使用的零件进行修理。在保证恢复零件性能和寿命的同时，零件修理应遵循经济合理的原则。

三、总成大修的送修标志

不同类别汽车修理的送修标志不尽相同，下面主要介绍总成大修的送修标志。

(1)汽车发动机总成大修送修标志

气缸孔磨损达到0.175～0.250mm，或圆度已达到0.050～0.063mm（以磨损量最大气缸为准），最大功率或气缸压力较标准值降低25%以上，燃料和润滑油消耗量显著增加。

(2)汽车车架总成大修送修标志

车架断裂、锈蚀、弯曲、扭曲变形超过规定极限，大部分铆钉松动或铆钉孔磨损，必须拆卸其他总成后才能进行校正、修理或重铆等修复作业。

(3)汽车变速器（分动器）总成大修送修标志

壳体破裂、变形，轴承孔磨损超过极限值，变速齿轮及轴磨损严重，需要校正或彻底修复。

(4)汽车后桥(驱动桥、中桥)总成大修送修标志

壳体破裂、变形,轴承孔磨损量超过极限值,主减速器齿轮磨损严重,需要校正或彻底修复。

(5)前桥总成大修送修标志

前轴裂纹、变形,主销承孔磨损超过极限值,需要校正或彻底修复。

(6)客车车身总成大修送修标志

车厢骨架断裂、锈蚀、变形严重,蒙皮破损面积大,需要彻底修复。

(7)货车车身总成大修送修标志

驾驶室锈蚀、变形严重、破裂或车厢纵横梁腐蚀,底板、栏板破损面积较大,需要彻底修复。

四、汽车修理时机的选择

汽车在使用或闲置过程中会产生两种有形磨损(material attrition):第一种有形磨损是汽车在运行过程中,零部件受到各种机械力作用,其尺寸、形状和配合精度发生变化;第二种有形磨损是汽车在闲置过程中,由于自然力作用或保管不善而产生锈蚀,致使精度下降,甚至失去工作能力。

要抵抗上述有形磨损造成的汽车功能的削弱或丧失,就要支付一定的维持费用。该费用由两部分组成:一是使用维修费,主要包括汽车各级维护及小修所花费的工人工资、配件和材料费、设备维修费,用于维修支付的固定资金和周转资金的摊提部分以及燃料费及管理费;二是大修费用的年度平均值。

汽车修理时机的选择与年度使用维修费和大修间隔期有关。

由设备的劣化理论可知,汽车年度使用维修费与大修间隔期成正比,即

$$Q_0 = BT_i/2 \tag{1-1}$$

式中:Q_0——汽车年度使用维修费,元/年;

B——年度使用维修费增长率;

T_i——大修间隔期,年。

大修费用年度平均值与修理间隔期成反比,即

$$\bar{Q} = Q_t/T_i$$

式中:Q_t——大修费用,元。

这样,第 i 年的年度汽车维持费用为

$$Q_\Sigma = \bar{Q} + Q_0 = \frac{Q_t}{T_i} + \frac{BT_i}{2} \tag{1-2}$$

在上式中,对 T 取一阶导数,并令 $\frac{dQ_\Sigma}{dT}=0$,即

$$\frac{dQ_\Sigma}{dT} = -\frac{Q_t}{T_i^2} + \frac{B}{2} = 0$$

$$T_i = \sqrt{\frac{2Q_t}{B}} \tag{1-3}$$

式中：T_i——汽车的最佳修理间隔期，年。

汽车使用 T_i 年后即达到使用极限，若再不大修，其使用的总经济效益会下降。对应于使用年限 T_i 的汽车总的技术状态便是汽车大修极限状态。

思考与练习

1-1 简述我国现行的汽车维护制度的主要内容。

1-2 简述汽车修理的类型及内容。

1-3 汽车总成大修的标志是什么？

第二章　汽车维修基础

学习目标：本章主要介绍现代汽车的维修理念、汽车可靠性基本知识。重点掌握各种不同的维修方式，了解汽车可靠性理论的基本内容。

第一节　汽车维修的基本概念

一、现代汽车维修理念

维修理念(maintenance philosophy)，又称维修信念。所谓汽车维修理念就是从总体上对汽车维修保障工作的概要说明，是关于汽车维修保障的总体规划。维修理念经过多年的发展，通过人们的不断研究、不断推陈出新，现已获得了长足的进步和突破，产生了许多新理念和涌现出许多新成果。而在维修理念的发展史上(如图 2-1 所示)，最有影响力的理念就是“以可靠性为中心的维修”(reliability centered maintenance，简称 RCM)，它奠定了现代维修理论的基础，指导人们开展维修工作和对其理论的深入研究。

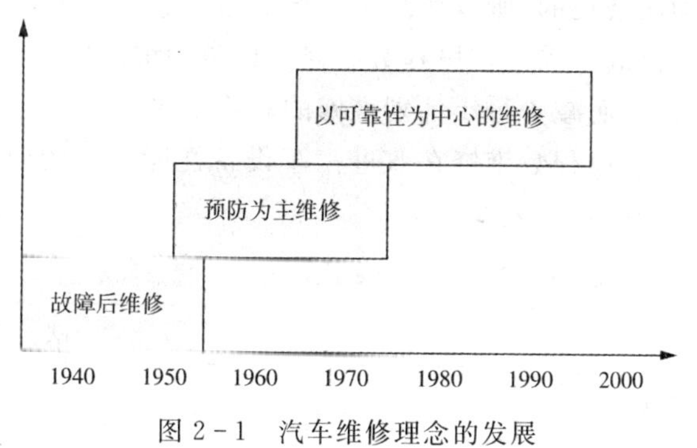

图 2-1　汽车维修理念的发展

RCM 是用于确保任何设备在现行使用环境下能实现其设计功能所必需的活动方法。它的特点是从故障后果的严重程度出发，尽可能避免或减轻故障后果，改变了过去那种根据设备故障的技术特性对故障本身进行预防的传统观念。以可靠性为中心的维修，其要点是以故障模式和故障影响分析为基础，以维修工作的适用性、有效性和经济性为决断准则，通过逻辑决断分析来确定设备的各种部件是否需要进行预防性维修工作，并确定维修方式、维修间隔期和维修级别。

二、汽车维修理念对现代汽车维修企业的影响

(1)现代汽车维修技术的发展带动了汽车维修理论的发展。一个维修企业要在市场上占有一席之地，除了具有高技术水平及高素质维修人员外，更重要的是要拥有一个好的维修理念。

(2)汽车维修理念影响企业维修活动的每个部分。汽车维修企业要制订一个合适的维修计划,就必须从整体上考虑,其内容包括从技术上描述每个要维修的系统、描述不同系统之间的相互关系、描述整体的组织结构等。

汽车维修理念还应该随着企业的快速发展(例如高速的技术革新)和环境的变化不断地改变。

三、汽车的维修方式

不同的维修理念会产生不同的维修方式。按照维修作业相对于故障的发生时间来分,汽车维修可以分为两类:预防性(事前)维修(preventive maintenance)和故障(事后)维修(breakdown maintenance)。

1. 预防性维修

预防性维修指通过对汽车零部件的检查、检测,发现故障征兆,以防止故障发生并使其保持在规定状态所进行的全部活动。也就是说,在故障发生前预先对汽车进行维护,使其保持在规定的技术状态,消除故障隐患,防患于未然。一般来说,预防性维修主要适用于故障后果影响较严重的情况,例如,跑长途前对轮胎和螺母的检查、转向拉杆球头的更换以及汽车到规定的里程数之后的发动机大修等。它包括定里程数维修(scheduled mileage maintenance)和视情况维修(the case maintenance)两种形式。

(1)定里程数汽车维修方式

定里程数维修是一种使用最广泛的预定维修形式,由于大部分汽车行驶的里程数跟时间成正比,所以它也被称为定时维修方式。定里程数的维修是在汽车使用了一个特定的公里数或者时间段(例如1个月、1000工时等)之后进行。汽车的故障可以预测的,且故障率是随着定里程数的增加而增长的,所以在汽车开始有疲劳迹象以及故障率正在增长时使用定里程汽车维修方式最有效。采用定里程数维修要比事后维修更经济。定里程数维修任务经常聚集成一个维修包,从而减少每年计划维修的总停工次数。然而,许多汽车的失效模式在本质上是随机的,所以定里程数维修在改进汽车设备性能方面的效果是有限的。定里程数汽车维修方式的优点和缺点见表2-1。

表2-1 定里程数汽车维修方式的优点和缺点

优 点	缺 点
①故障数量减少,缩短了停工时间; ②劳动力更经济; ③可以提前做好维修计划(劳动力和材料供应); ④提高安全和质量状态; ⑤由于汽车状态更好,因而降低了汽车的不合格率、返工率及废料产生率;通过减少二次损伤(当零件在工作时失效,经常会损坏其他零件),降低了修理成本;确定出有过多维修费用的设备以及需更换的设备; ⑥减少加班成本,可以更经济地使用维修工人,因为工人是按计划工作而不是加班工作。	①维修活动增多,成本提高; ②进行了不必要的维修; ③只适用于劣化和与使用寿命有关的设备; ④在定时维修中,有损坏相邻零部件的风险; ⑤因为早期的故障率是增长的,所以不能实行使汽车恢复如新的预防性维修。

(2)视情况维修方式

视情况而定的维修方式也称为视情维修，它是指汽车使用经过一段的时间间隔后，通过将观察到的汽车运行状态与适用的标准进行比较从而检查汽车的潜在故障，采取措施预防功能故障。视情维修是基于这样一种事实进行的，即大量的故障不会瞬间发生，而是需要发展一段时间，也就是要经过由量变到质变的过程。一般来说，故障前有会一些征兆。如果发现这种故障过程正在继续，就可以采取措施及时维修，预防故障。这种在临近功能故障之前确定汽车将不能完成预定功能的状态即是潜在故障。潜在故障是功能故障临近前的状态，而不是功能故障前任何时刻的状态。潜在故障是一种可辨认的实际状态，它能显示功能故障将要发生或正在发生。汽车的这种状态经观察或检测是可以鉴别的。反之，该汽车就不存在潜在故障。汽车的零部件和元器件的磨损、疲劳、烧蚀、腐蚀、老化、失调等故障模式大都存在由潜在故障发展到功能故障的过程。检测汽车潜在故障的工作即为视情维修。其目的在于发现潜在故障，以便预防功能故障。这种工作是对汽车状态的定量检测，通常要依靠仪器设备，并要求有明确的潜在故障和功能故障的定量依据。

如图 2-2 所示是著名的 P—F 曲线。它显示了汽车潜在故障发生的一般过程以及由潜在故障发展到功能故障的过程。A 点为故障开始的发生点，P 点为能够检测到的潜在故障点，F 点为功能故障点，T 为由潜在故障发展到功能故障的间隔期，T_c 为视情维修检测的间隔期。由图可见，视情维修的检测的间隔期 T_c 只有小于 T 时才有可能在功能故障发生前检测到潜在故障。视情维修要求第一次检测间隔期要长到能发现恶化的某种实际迹象，而重复检测间隔期要短到能保证在功能故障出现之前检测到潜在故障。视情工作的频度必须小于 P—F 间隔。视情维修的技术可行性体现在能够确定一个明显的潜在故障状态：P—F 间隔是比较稳定的；以小于 P—F 间隔的时间间隔来检测是切实可行的；最小 P—F 间隔必须足够长，以预防或避免功能故障后果。视情维修的维修方针的选择分两种情况：易更换、费用低的零部件应采用计划定期预防维修；难更换、费用高的零部件，宜采用监控事后维修方针；对于不能更换的部件，由于故障可能性很小，一般不采用预防维修，出故障后，采取临时事后维修或更换备件。

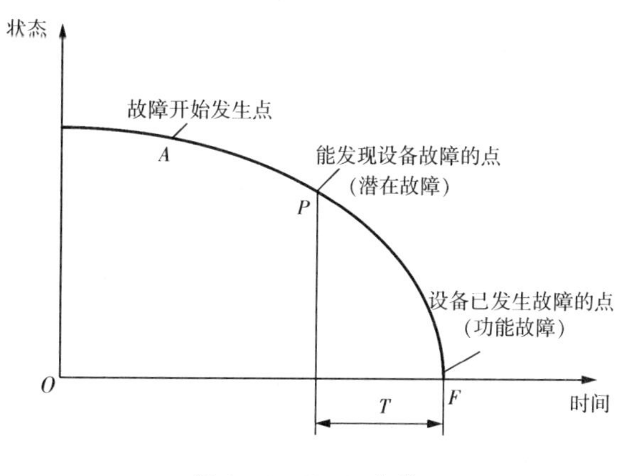

图 2-2　P—F 曲线

在以可靠性为中心的维修理论中，潜在故障解决的理念是使汽车在出现潜在故障阶段得到修理，从而防止功能故障的出现，使汽车在不发生功能故障的前提下得以充分使用，这样既达到了安全的目的，又具有良好的经济性。视情况维修的优点和缺点见表 2-2。

表 2-2　视情况维修的优点和缺点

优　点	缺　点
①使汽车部件的可用性最大化； ②能分析失效原因； ③减少了二次损伤，能在严重损伤发生前，停止汽车工作，这也降低了成本； ④如果发现潜在故障，可以改进生产从而延长个体寿命； ⑤维修能提前计划； ⑥由于汽车整体状态变好，降低了汽车的不合格率、返工率及废料产生； ⑦提高了期望寿命，排除了汽车部件的不成熟更换； ⑧确定有过多维修费用的设备以及需更换的设备； ⑨减少加班成本，更经济使用维修工人，因为工人是按计划工作而不是突然地加班工作。	①对监控、温度记录和油液分析需要专门的设备和需进行专门的训练； ②公司必须仔细选择正确的技术； ③趋势的形成需要一段时间，需要评估汽车的状态，因此费用高、需要培训专业人员。

2. 故障维修

故障维修也称修复性维修，是指汽车发生故障后，使其恢复到规定状态所进行的全部活动。对一些小故障或非致命故障，可以采用这种维修方式。汽车从设计阶段开始，通常即采用一切可能的预防性措施来保证汽车的功能或延缓功能失效，但有时汽车在运行中还是会出现故障。故障后进行修复性维修是对应于汽车故障出现后所采用的维修方式。作为对汽车故障的紧急响应措施，它是基于故障发生后的维修，因此，亦称为事后维修方式，是汽车维修工作的重要内容。

故障维修是由于随机突发故障而未采取预防性维修或由于预防性维修中没有发现未暴露的问题而导致系统或设备故障之后所采取的补救措施，它使系统或设备经修理后恢复至正常工作状态。然而，作为一种维修方式，事后维修有时候会引起汽车的整体功能变差，维修成本升高。因此，事后维修方式一般只在故障发生后执行。

当汽车仍处于正常工作状态时，事后维修不列入维修计划。由于事后维修针对的是突发的偶然事件，基本上不可预测，所以不能提前做计划。这种突发事件必须紧急处理，需要与先前的工作计划综合考虑；或者先单独处理再考虑对原维修计划做相应的调整。事后维修针对的是设备的功能故障或设备的意外停机，所采取的措施是非计划性的，因此，也存在着一定的缺陷和不足。

故障维修的优点和缺点见表 2-3。

表 2-3　故障维修方式的优点和缺点

优　点	缺　点
①如果不需要维修，就没有维修成本； ②正确使用时成本低； ③事后维修不需要提前做计划，这也降低了成本； ④可根据低档汽车部件的失效情况，得到使用同样部件的高档汽车的可靠性数据； ⑤因为早期故障率较低，可以不进行使设备恢复如新的预定维修。	①安全风险高，失效经常没有预兆； ②由于停工期无法控制，会造成较大的生产损失； ③一个部件的失效，会引起对其他部件的二次损伤，可能使修理时间更长； ④因为失效无法预测，需要大批的备件； ⑤为了能够继续生产，需要冗余设计； ⑥为了能快速维修，需要一个大的备用维修组。

第二节　汽车可靠性基础知识

一、汽车可靠性理论

可靠性是指产品在规定的工作条件下，在规定的时间内，完成规定功能的能力。因此，汽车可靠性理论包含下面四个要素：

1. 汽车产品

汽车产品包括整车系统、总成、零部件及元器件，它们都是汽车可靠性研究的对象。

2. 规定条件

规定条件包括工作条件、运用条件、维修条件和管理条件。

3. 规定时间

规定时间是指汽车使用程度的尺度，可以是时间单位（小时、天、月、年），也可以是行驶里程数、工作循环次数等。在汽车运用工程中，保用期、第一次大修里程、报废周期等都是重要的特征时间。

4. 规定功能

规定功能是指汽车设计任务书、使用说明书、订货合同以及国家标准所规定的各种功能、性能和要求。不能完成规定功能就是不可靠，称之为发生了故障或失效（failure）。故障包括：汽车停驶的完全性故障或称硬故障（complete failure），汽车不能正常工作的间隙故障（fault clearance），汽车性能逐渐下降到最低规定限度而不能正常使用的衰退性故障或称软故障（failure recession）。例如汽车制动性能逐渐衰退，超出交通法规限制范围，影响汽车的安全行驶，并为交通管理部门所不容许；又如发动机动力性下降，输出转矩减小，爬坡能力不足等，都属于重要的衰退性故障，应当引起使用者或维修人员的重视。

二、汽车可靠性的度量指标

汽车可靠性是汽车无故障工作能力的度量。它可以从不同角度、用不同的评价指标来描述，常用的可靠性评价指标有可靠度（reliability）、失效度（cumulative failure）、故障率（failure rate）、平均寿命（expectation of eife）、可靠寿命（q-percentile life）及平均无故障工作时间(meantime between failures)等。

1. 可靠度

汽车在规定条件下和规定时间内完成规定功能的概率,称为汽车的可靠度,用 $R(t)$ 来表示。

若事件 A,其概率为 $P(A)$,则

$$R(t)=P(A) \qquad 0\leqslant P(A)\leqslant l \tag{2-1}$$

可靠度可用曲线表示,如图 2-3 所示。它说明零件的可靠度随时间也就是使用的次数的增大而降低。

2. 失效度

失效度又称累积故障概率,也称不可靠度,是指产品在规定条件下,在规定时间内丧失规定功能的概率,记为 $F(t)$。因为出现故障与不出现故障属于对立事件,故

$$F(t)=1-R(t) \tag{2-2}$$

失效度曲线如图 2-4 所示。

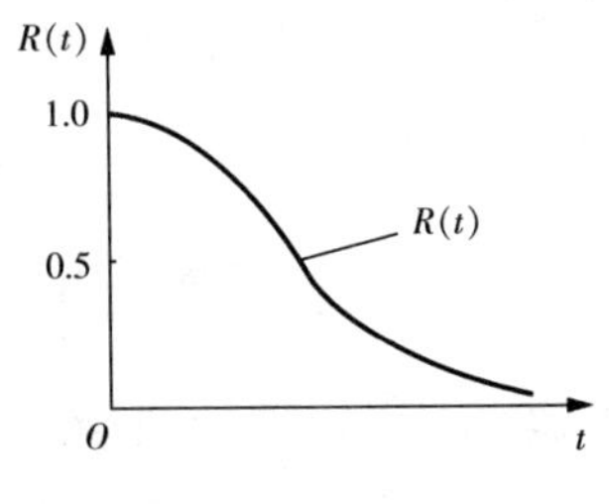

图 2-3 可靠度曲线图

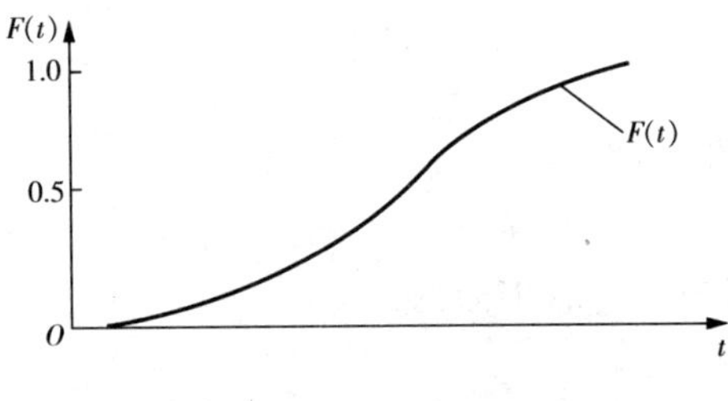

图 2-4 失效度曲线

3. 故障率函数

(1)定义

故障率函数也称失效率函数,是指产品按规定功能、规定条件工作到某一 t 时刻为止未发生故障,在该时刻后发生故障的概率,用 $\lambda(t)$ 表示,它可以描述产品在整个寿命期出现故障的可能性的大小。

已知 T 为寿命,用 $T>t$ 表示"产品工作到某一 t 时刻尚未发生故障"事件;用 $t<T<t+\Delta t$ 表示产品在 $(t,t+\Delta t)$ 内失效事件,则产品工作到 t 时刻后,在 $(t,t+\Delta t)$ 内发生故障的概率为

$$\lambda(t)=\lim_{\Delta t\to 0}\frac{P(t<T\leqslant t+\Delta t)}{\Delta t} \tag{2-3}$$

(2)故障率函数和其他函数的关系

①与失效分布密度函数 $f(t)$ 的关系

$$f(t)=\lambda(t)\exp\left(-\int_0^T\lambda(t)\mathrm{d}t\right) \tag{2-4}$$

② 与可靠度函数 $R(t)$ 的关系

$$R(t)=\frac{f(t)}{\lambda(t)}=\exp\left(-\int_0^T\lambda(t)\mathrm{d}t\right) \tag{2-5}$$

③ 与失效概率分布函数 $F(t)$ 的关系

$$F(t)=1-\exp\left(-\int_{0}^{T}\lambda(t)\mathrm{d}t\right) \tag{2-6}$$

(3)故障率函数曲线

故障率函数曲线也称寿命曲线或浴盆曲线(bottom curve),如图 2-5 所示,该曲线描述了失效率随时间变化的规律。由于该曲线形状如同浴盆,故称为浴盆曲线。从曲线的变化趋势来看,可将故障率函数曲线分为三个阶段,即早期失效期(early failure period)、偶然失效期(random failure period)、耗损失效期(wear-out failure period)。

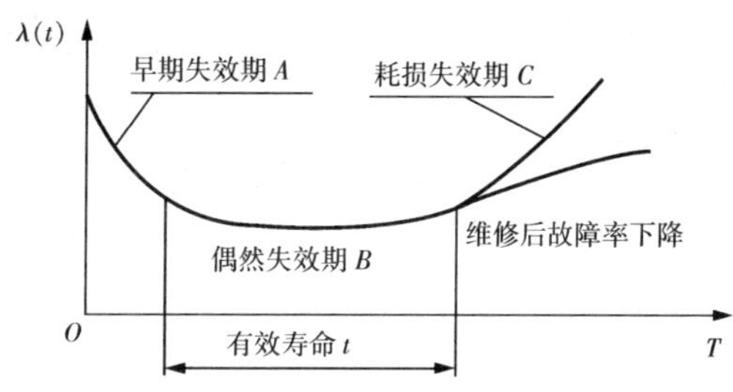

图 2-5 故障率函数曲线

① 早期失效期

早期失效期基本特征是开始时失效率较高,随着时间的推移,故障率逐渐降低。产生早期失效的原因是产品本身存在着某种缺陷,如设计、制造、装配时各摩擦副的配合间隙不得当、精度不符合要求、材料内部缺陷、产品检验差错等致使次品混杂于合格品中。加强汽车走合期的管理可以降低该时期内的故障发生概率。

② 偶然失效期

偶然失效期基本特征是故障率 $\lambda(t)$ 近似等于常数,在这个期间汽车故障率低且性能稳定。产品在这期间失效是随机发生的,何时发生无法预测。原因是由于各种失效因素或承受强应力的随机性,致使故障的发生完全是偶然的,但通过对汽车的维护和修理,可以使这一时期延长。

③ 耗损失效期

耗损失效期基本特征是随着时间的增长,故障率急剧加大。原因是由于汽车产品的老化、磨损和疲劳,引起其油耗增大、性能下降、维修费用增加、运用成本升高;但汽车属可维修性产品,在损耗失效期即将来临之前,可通过调整发动机工作状态,维修、保养和更换整车零部件,使有效寿命延长,推迟耗损期。但是一旦达到耗损失效期的汽车,应按规定报废。

4. 平均寿命与可靠寿命

(1)平均寿命

平均寿命(expectation of life)标志汽车工作时间的长短,它是对整批产品而言的一个指标。若产品寿命 T 的故障概率密度函数为 $f(t)$,则其数学期望

$$E(T)=\int_{0}^{\infty}tf(t)\mathrm{d}t \tag{2-7}$$

称为产品的平均寿命。

(2) 可靠寿命

由可靠度函数 $R(t)$ 知,若给定时间 t 就确定了可靠度;若确定了可靠度,即可求出相应的寿命,即为可靠寿命,用 t_R 表示。如 $t_{0.99}$ 表示可靠度 $R(t)=99\%$ 时产品的寿命。在可靠度寿命中有如下三种特殊情况:

① 特征寿命(characteristic life):可靠度 $R(t)=\exp(-1)=36.8\%$ 时的可靠寿命,称为特征寿命。

② 中位寿命(median life):可靠度 $R(t)=50\%$ 时的可靠寿命,称为中位寿命,记做 $t_{0.5}$。

③ 额定寿命(ruting life):可靠度 $R(t)=90\%$ 时的可靠寿命,称为额定寿命,记做 $t_{0.9}$。

5. 平均无故障工作时间

对可维修产品,平均无故障工作时间是指汽车相邻两次故障的平均间隔时间,记为MTBF(Mean time between failure),或者说平均无故障工作时间是可修复产品在相邻两次故障之间工作时间的数学期望值,即在每两次相邻故障之间的工作时间的平均值,它是汽车最常用的可靠性指标。

$$\mathrm{MTBF}=\mu=\frac{1}{N}\sum_{i=1}^{N}t_i \tag{2-8}$$

式中:t_i——两次故障的间隔时间;

N——产品样本数。

平均无故障工作时间可以很好的体现汽车工作时的稳定性,数值越大则稳定工作的能力就越强,但是并不是越大就越好,这必须考虑设计制造和维护的成本,在工作性能和经济性中取平衡点。

三、汽车可靠性试验及数据采集

1. 可靠性试验

按试验性质,汽车可靠性试验可分为寿命试验(life test)、临界试验(critical test)、环境试验(environmental test)和使用试验(using test)等。

(1)寿命试验

寿命试验是为确定产品寿命分布及特征值而进行的试验。它一般采用台架试验和试验场试验。

寿命试验分为储存寿命试验(storage life test)、工作寿命试验(work life test)和加速寿命试验(accelerated life test)。

① 储存寿命试验是检测产品储存在规定的环境条件(如室温、高温或潮湿等)下而不改变其性能的最长时间的试验,简称储存试验。

② 工作寿命试验是产品按试验方法在规定条件下加负载的工作试验,称为工作寿命试验或简称工作试验。

③ 加速寿命试验是在既不改变产品的失效机理又不增加新的失效因素的前提下,提高试验应力,加速产品失效因素的作用,而促使产品在短期内大量失效的试验。

(2)临界试验

临界试验是为了进一步找出作为安全零件的弱点，进行强制性破坏试验。在试验过程中，对产品施以破坏性应力，以证实实际使用中若发生最大应力时，零件是否具有足够的强度。

(3)环境试验

环境试验是产品在特定使用环境条件下进行的使用试验。观察环境应力的故障效果的试验，称为环境试验。

(4)使用试验

使用试验是指在汽车研制出来后抽样送到使用现场进行实际运行考验的试验。只有当汽车基本满足使用要求之后，才能正式定型成批生产。

2. 可靠性数据的采集

(1)采集数据的方法

可靠性数据的采集方法要根据对象的种类和目的来定。一般是组织专门测定可靠性的专业人员进行可靠性试验。特点是费用高，但由于采集者对数据分析过程有充分的理解，选择的数据适当，能掌握重点，易发现数据谬误，因而可保证数据的完整和准确。

(2)数据采集时的注意事项

① 采集范围。在每一份数据的收集报告中，产品对象范围要明确统一。

② 制订异常工作的标准(即故障的定义)。异常工作的定义一般以原定产品性能指标为准，但在实际执行中往往存在困难，因为生产者与使用者以及操作人员的看法往往不一致。因此，在调查开始前，要尽可能制订明确的故障判别标准。

③ 时间的记录。可靠性的时间是广义的，它是一个重要因素。一般来说，时间主要指工作时间。有的还要考虑运输、储存及停机时间等。

④ 使用条件。主要包括使用场合、气候、使用工况(载荷、车速)及运转形式等。

⑤ 维修条件。使用条件相同而维修条件不同，产品的故障率可相差两倍之多，应考虑维修人员的水平、维修制度、设备条件以及修理水平等。

⑥ 取样方法。可靠性数据应在母体中随机取样进行调查，既不要仅调查发生事故的产品，也不要把缺陷特大、特多的除外。

四、汽车可靠性数据分析

汽车可靠性数据的统计分析方法很多，如参数的点统计法、区间估计法、假设检验法、图分析法及不完全字样分析法等。限于篇幅本节只介绍图分析法。

图分析法即概率纸法，其中又分正态分布概率纸法和威布尔分布概率纸法，此处只介绍威布尔分布概率纸法。由于威布尔概率纸上坐标 $x—y$，$t—F(t)$存在对应关系，假如能够根据样本(或是截尾样本)确定或基本上确定 $x—y$ 坐标下的一条直线，那就可以推断这个样本(或截尾样本)是来自哪个威布尔母体，同时可以从这条直线上确定其分布参数。反之，在 $x—y$ 坐标下明显不是一条直线，那同样可以断定该样本不是来自某个威布尔母体。

一般用概率纸进行图分析步骤如下：

(1)整理数据。设有 n 个产品进行试验，到 r 个产品失效时中止试验(定时截尾试验也有相应中止试验时的失效数)，且记录相应的失效时间 $t_1,\cdots,t_k$(k 为所测数据点数)。

(2)描点。把数据描在威布尔概率纸上(或其他分布的概率纸上),并且当 t_i 值较大时,为了能在一张概率纸上描下所有点,可把坐标标尺适当放大一定倍数。

(3)配置直线。通常是凭目力来配置一条直线,使得各点分布在这一直线附近。

五、汽车可靠性分析常用函数

汽车可靠性分析中常用函数的类型有很多,这里主要介绍正态分布(gaussian distribution)和威布尔分布(weibull distribution)。

1. 正态分布

正态分布是一种最常用的连续型分布,它可以用来描述许多自然现象和各种物理性能,也是机械制造、科学实验及测量技术进行误差分析的重要工具。在可靠性工程中,正态分布对强度和应力的分布、磨损件的失效分布、可靠性设计等方面都起着重要作用。

(1)正态分布的故障密度函数

正态分布的故障密度函数为

$$f(x)=\frac{1}{\sigma\sqrt{2\pi}}\exp\left[-\frac{1}{2}\left(\frac{x-\mu}{\sigma}\right)^2\right] \tag{2-9}$$

式中,μ 为平均值,σ 为方差。如图 2-6 所示,$f(x)$ 曲线在 $x=\mu\pm\sigma$ 处存在拐点;$f(x)$ 曲线在 $x=\mu\pm\sigma$ 区间的面积为 68.26%;在 $x=\mu\pm 2\sigma$ 区间面积为 95.46%;$x=\mu\pm 3\sigma$ 区间的面积为 99.73%。通常把这种正态分布的概率法则称为"3σ" 法则。

(2) 正态分布的不可靠度函数

正态分布的不可靠度函数为

$$F(x)=\int_{-\infty}^{x}f(x)\mathrm{d}x=\frac{1}{\sigma\sqrt{2\pi}}\int_{-\infty}^{x}\exp\left[-\frac{1}{2}\left(\frac{x-\mu}{\sigma}\right)^2\right]\mathrm{d}x \tag{2-10}$$

如图 2-7 所示为正态分布的不可靠度函数。

$$R(x)=\int_{x}^{\infty}f(x)\mathrm{d}x=\frac{1}{\sigma\sqrt{2\pi}}\int_{x}^{\infty}\exp\left[-\frac{1}{2}\left(\frac{x-\mu}{\sigma}\right)^2\right]\mathrm{d}x \tag{2-11}$$

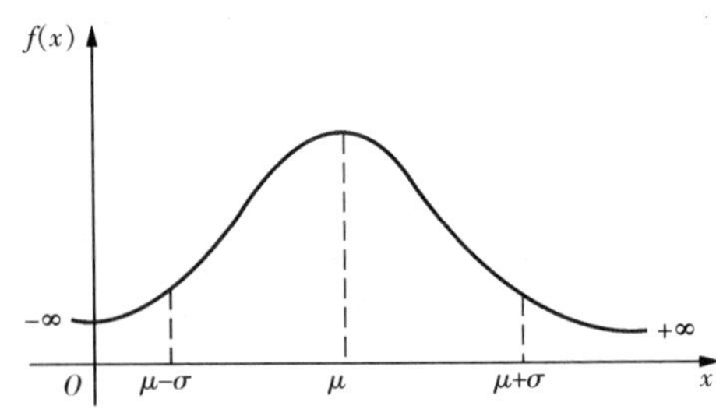

图 2-6 故障密度函数

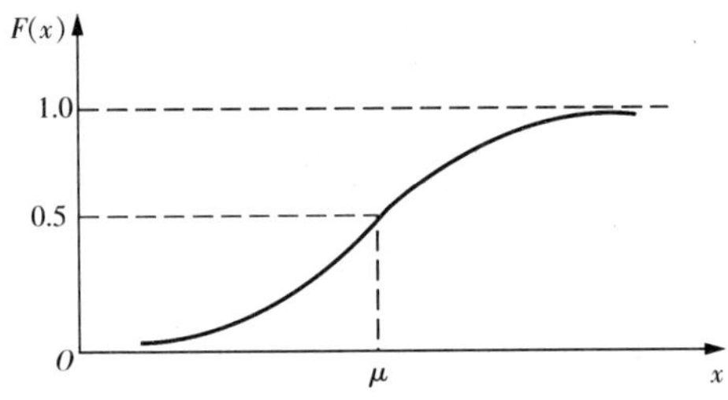

图 2-7 正态分布的不可靠度函数

(3) 正态分布的寿命特征值

若产品的工作寿命是正态分布的随机变量,则其寿命的特征值如下:

平均寿命

$$E(X)=\mu \tag{2-12}$$

方差寿命 $$D(X)=\sigma \tag{2-13}$$

可靠寿命 $$U_p=\frac{T_R-\mu}{\sigma} \tag{2-14}$$

式中：$t_R=e^{\mu+\sigma Z_{1-R}}$，$Z_{1-R}$ 为标准正态分布的 $1-R$ 分位数。

2. 威布尔分布

(1) 威布尔分布表达式

完整的威布尔分布由三个参数决定，其简化表达式为

可靠度 $$R(t)=\exp\left[-\frac{(t-r_0)^m}{t_0}\right]，当 t\geqslant r_0 \tag{2-15}$$

失效度 $$F(t)=1-\exp\left[-\frac{(t-r_0)^m}{t_0}\right]，当 t\geqslant r_0 \tag{2-16}$$

故障概率密度函数 $$f(t)=\frac{m(t-r_0)^{m-1}}{t_0}\exp\left[-\frac{(t-r_0)^m}{t_0}\right]，当 t\geqslant r_0 \tag{2-17}$$

故障率 $$\lambda(t)=\frac{f(t)}{R(t)}=\frac{m(t-r_0)^{m-1}}{t_0}，当 t\geqslant r_0 \tag{2-18}$$

式中：m—— 形状参数；

t_0—— 尺度参数；

r_0—— 位置参数。

(2) 威布尔分布的参数

① 形状参数 m

m 值不同，其威布尔分布曲线的形状也不同。

当 $m<1$ 时，失效率随时间增加而递减，反映了产品早期失效过程的特征，即早期失效期(decreasing failure rate，DFR)。

当 $m=1$ 时，失效率等于常数($\lambda=1/t_0$)，反映了随机失效过程的特征，即偶然失效期(constant failure rate，CFR)。

当 $m>1$ 时，失效率随时间增加而递增，反映了耗损失效过程的特征，即耗损失效期(increasing failure rate，IFR)。

② 尺度参数 t_0

尺寸参数不影响曲线变化的形状和位置，只是改变曲线纵、横坐标的标尺。

③ 位置参数 r_0

参数 r_0 不同时，威布尔分布的概率密度曲线形状不变，只是曲线起点的位置发生变化。参数 r_0 增大，曲线沿着横轴正方向平行移动。

(3) 威布尔分布的应用

在使用威布尔分布分析产品可靠性时，通常用以下几个寿命参数来评价产品的可靠性。

① B10 寿命:累积失效概率 $F(t)=10\%$ 时的寿命;

② 特征寿命:可靠度为 36.8% 时的寿命,即 $R=e-36.8\%$;

③ 中位寿命:可靠度为 50% 时的寿命,也称 B50 寿命。

六、汽车可靠性评价

对汽车可靠性的评价可以从正反两个角度分析,正的方面就是打分法,反的方面就是扣分法。两者评价的实质效果是相同的。

1. 打分法

按 QC/T900—1997 标准,用单项指标加权评分的方法评定汽车、发动机可靠性水平,计算公式为

$$Q=B(T_f+T_b)+80e-CD \tag{2-19}$$

式中:Q—— 汽车(发动机)可靠性评定分数;

T_f—— 平均首次故障里程(时间),当 $T_f>T_{fm}$ 时,令 $T_f=T_{fm}$,km(h);

T_b—— 平均故障间隔里程(时间),$T_b>T_{bm}$ 时,令 $T_b>T_{bm}$,km(h);

D—— 当量故障率;

B、C—— 计算系数(权数)。

不同检验对象,T_{fm}、T_{bm} 和 B、C 值不同,具体规定见表 2-4 与表 2-5。

表 2-4 可靠性评定计算系数

检验对象	‰	‰	B	C
汽车	1500	2500	0.005	0.174
汽油机	48.6	65	0.175	0.09
柴油机	70	90	0.125	0.115

表 2-5 汽车可靠性检验质量分等规定

等　级	一　等	合　格	不合格
可靠性评定分数 Q	$90\leqslant Q\leqslant 100$	$75\leqslant Q\leqslant 90$	$Q<75$

2. 扣分法

汽车在行驶中,若发生故障,则按 QC/T900—1997《汽车整车产品质量检验评定方法》进行故障分类,如表 2-6 所示,并按下式扣分。

$$Q_k=\frac{1}{N}\sum_{j=1}^{4}q_{kj}r_j \tag{2-20}$$

式中:Q_k—— 可靠性行驶检验综合评定扣分数;

N—— 样本数;

r_j—— 所有样本发生的 j 类故障数;

q_{kj}—— 每次发生 j 类故障的扣分数。

第一类故障:致命故障,$q_{kj}=10000$;第二类故障:严重故障,$q_{kj}=1000$;第三类故障:一般故障,$q_{kj}=100$;第四类故障:轻微故障,$q_{kj}=20$。

表 2-6　故障分析

故障类别		分类原则
1	致命故障	涉及人身安全，可能导致人身伤亡引起主要总成报废，造成重大经济损失不符合制动、排放、噪声等法规要求
2	严重故障	导致整车主要性能显著下降并造成主要零部件损坏，且不能用随车工具和易损备件在短时间(约 30min)内修复
3	一般故障	造成停驶，但不会导致主要零部件损坏，并可用随车工具和易损备件或价值很低的零件在短时间(约 30min)内修复
4	轻微故障	不会导致停驶，尚不影响正常使用，亦不需要更换零部件，可用随车工具在短时间(约 5min)内轻易排除

扣分法把汽车可靠性分为二级：合格与不合格。2000 年制定的扣分限值标准见表 2-7 所示。

表 2-7　扣分限值(合格品水平)

里程＼车型	货车			轿车	
	轻、微型	中型	重型	微型	其他
1500km 扣分限值	2100 (1100)	2300 (1100)	2500 (1100)	1400 (750)	800 (400)
5000km 扣分限值	1130 (600)	1130 (600)	1130 (600)	730 (380)	400 (200)

不允许出现第　类故障(致命故障)，因为只要出现一个第一类故障就要扣 10000 分，即使其他检验一分没扣(这是不可能的)，如有 3 辆样车参检，也要扣 10000/3=3333 分，整车评定难以合格；严控严重故障次数，1000 分已与扣分合格限值相差不多了；绝不能轻视一般故障和轻微故障，扣 100 分和 20 分也会积少成多。

【例 2-1】　已知某汽车零件疲劳寿命服从威布尔分布，其形状参数 $m=2$，尺寸参数 $\eta=400\text{h}$，位置参数 $r_0=60\text{h}$。求该零部件工作到 100h 的可靠度。

解：有

$$F(t)=1-\exp[-(t-r_0)^m/t_0]$$

$$R(t)=1-F(t)=\exp[-(t-r_0)^m/t_0]$$

式中，$t_0=\eta^m$，即

$$R(t)=\exp[-(\frac{t-r}{\eta})^m]$$

$$=\exp[-(\frac{100-6}{400})^2]=0.946$$

【例 2-2】　已知某元器件的寿命服从两参数威布尔分布，$m=2.8$，$\eta=1000\text{h}$，求 $t=$

100h 时的可靠度、失效率与中位寿命值。

解：① $t=100\text{h}$ 时的可靠度为 $R(100)$，则

$$R(t)=1-F(t)=\exp(-t^m/\eta^m)$$

$$R(100)=\exp(-100^{2.8}/1000^{2.8})=0.998$$

② 失效率 $$\lambda(t)=f(t)/R(t)=(m/\eta)\times(t/\eta)^{m-1}$$

$$\lambda(100)=(2.8/1000)\times(100/1000)^{2.8-1}=4.4\times10^{-5}$$

③ 中位寿命，即 $R(t)=0.5$ 时所对应的寿命时间，记做 $t_{0.5}$。根据题意列方程为

$$R(t)=\exp[-(\frac{t}{\eta})^m]$$

$$\ln R(t)=\ln\exp[-(\frac{t}{\eta})^m] \quad 即\ \ln R(t)=[-(\frac{t}{\eta})^m]$$

则 $$t=\eta\left[\ln\frac{1}{R(t)}\right]^{1/m}$$

所以 $$t_{0.5}=1000\times(\ln\frac{1}{0.5})^{1/2.8}\text{h}=877.3\text{h}$$

思考与练习

2-1 汽车维修方式有几种？各有什么特点？

2-2 汽车可靠性试验如何分类？

2-3 汽车可靠性分析常用函数有哪些？

2-4 汽车可靠性评价的方法有哪些？

第三章　汽车零件修复方法

学习目标：本章主要介绍汽车零件磨损理论，汽车零件修复方法的分类，机械加工修复法，焊接修复法，喷涂修复法，电镀修复法，粘接修复法，校正修复法。重点掌握磨损理论及修理尺寸法的计算。

第一节　汽车零件磨损理论

一、汽车零件失效的概念

汽车零件的失效(故障)，指汽车在运行过程中，零件逐渐丧失原有的性能或丧失技术文件所要求的性能，从而引起汽车技术状况变差，直至丧失规定的功能。失效不仅是指完全丧失原定功能，而且还包含功能降低以及有严重损伤和隐患、继续使用会丧失可靠性和安全性的零部件。汽车零部件的失效是造成汽车故障的主要原因，同时也会造成很多其他方面的损失。

1. 汽车零件失效的基本类型

汽车整机的失效通常是由于某个零部件首先损坏而引发的。而汽车零件的失效大致有如下几种表现形式：

(1)过量变形，在机构中失去原有的功能，如高温工作条件下的螺栓发生松弛，汽车中的很多弹簧零件失去弹性等。

(2)磨损或腐蚀造成表面损伤，影响零件工作时的精度和灵敏度等。

(3)断裂，如果一旦产生断裂将造成灾难性后果，如曲轴折断。

所谓失效模式就是失效所表现的形式。按失效模式和失效机理对失效进行分类是研究失效的重要内容之一。失效模式是失效件的宏观特征，而失效机理则是导致零部件失效的物理、化学或机械的变化原因，并依零件的种类、使用环境而异。

汽车零件的主要失效形式有零件的磨损、零件的变形、零件的疲劳断裂、零件的热损坏和老化及零件的腐蚀损坏等。

(1)磨损。包括磨料磨损、粘着磨损、疲劳磨损、腐蚀磨损及微动磨损，如气缸工作表面"拉缸"，曲轴"抱轴"，齿轮表面和滚动轴承表面的麻点、凹坑等。

(2)疲劳断裂。包括高应变低周期疲劳、低应力高周期疲劳、腐蚀疲劳及热疲劳等；如曲轴断裂、齿轮轮齿折断等。

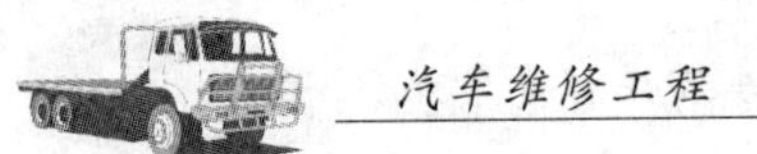

(3)腐蚀。包括化学腐蚀、电化学腐蚀、穴蚀，如湿式气缸套外壁麻点、孔穴等。

(4)变形。包括弹性变形、塑性变形，如曲轴的弯曲、扭曲，基础件(气缸体、变速器壳体、驱动桥壳)变形等。

(5)老化。包括龟裂、变硬，如橡胶轮胎、塑料器件的老化。

2. 汽车零件失效原因

(1)汽车零件的耗损

在汽车技术状况的变化过程中，影响因素是十分复杂的，但汽车零件失效的主要原因仍然是汽车各机构的组成元件(包括零件)在工作过程中相互作用，使机构、总成、汽车的技术状况发生变化。

(2)使用条件对汽车零件技术状况的影响

汽车行驶的道路条件、运行条件、运输条件、气候条件和使用水平等外部条件，都会直接或间接地由驾驶员通过操纵控制系统传送给汽车零件，使汽车零件产生"响应"而改变状况；然后由汽车运行速度、燃料消耗、发动机排放、异响与振动、故障率以及配件消耗等可变参数输出，反映汽车零件失效的状况。

① 运行条件的影响。主要指交通流量对汽车零件运行工况的影响，如载货汽车在城市街道上的速度较郊区要低 50%以上，发动机曲轴转速反而升高 35%左右；换挡次数增加 2～2.5 倍。显然，这种工况必然加速汽车零件技术状况的变化进程。

② 运输条件的影响。城市公共汽车经常处于频繁起步、加速、减速、制动和停车为主的典型的非稳定工况下，若曲轴转速和润滑系油压不能与载荷协调一致地变化，恶化了配合副的润滑条件，则零件的磨损较稳定工况时会大大加剧。

③ 道路条件的影响。道路状况和断面形状等决定了汽车及总成的工况(载荷和速度、传递的转矩、曲轴转速、换挡次数以及道路不平所引起的动载荷)，从而决定汽车零部件和机构的磨损情况，影响汽车的工作能力。

④ 气候条件的影响。气候条件的影响包括环境湿度、风速以及环境温度的影响。

二、汽车零件的磨损失效

1. 汽车零件的摩擦

摩擦的存在，不但使动力消耗增加，而且还会引起零件接触表面的磨损。因此，汽车各零件的相对运动表面之间，通常都采用润滑油来进行润滑以减轻磨损。

(1)摩擦的分类

按零件表面润滑状态的不同，摩擦可分为干摩擦、液体摩擦、边界摩擦和混合摩擦四类。

① 干摩擦。表面间无任何润滑介质隔开的摩擦，称为干摩擦。

零件处于干摩擦状态时，摩擦表面间受到接触面分子间的相互吸引力；由于存在微观凹凸不平而产生的相互嵌合力；由于相对运动引起的摩擦热而造成熔合点的粘结力。这些力的共同作用，使零件之间相对运动的阻力增大。要使两个零件相互运动，必须克服这些摩擦阻力，会使零件表面急剧磨损，所以汽车各零件相互运动的表面应尽量避免干摩擦。

例如，气缸壁上部与活塞环以干摩擦和边界摩擦为主，轴颈与轴承在工作过程中受冲击载荷作用时会出现干摩擦状态。

② 液体摩擦。两摩擦表面被润滑介质完全隔开时的摩擦，称为液体摩擦。

液体摩擦时两摩擦表面被一层厚度为 1.5～2.0μm 的润滑介质完全隔开，避免了两零

件间工作表面的直接接触，摩擦只发生在润滑流体分子之间，故其摩擦阻力很小，零件的磨损也非常轻微。汽车上大部分相对运动的部位都是在液体摩擦状态下进行的，如曲轴和轴承。

③ 边界摩擦。两摩擦表面被一层极薄的边界膜隔开时的摩擦，称为边界摩擦。

油膜厚度通常只在0.1μm以下。它是靠分子内相互的吸引力使油膜分子紧密排列，使其具有一定的承载能力，防止零件表面的直接接触，使摩擦仅发生在边界膜的外层分子之间，减轻了零件的摩擦与磨损。

但由于油膜厚度很小，工作中易受冲击和高温等作用而被破坏，所以不如液体摩擦可靠。例如，气缸壁与活塞环之间的摩擦。若工作中曲轴与轴颈之间润滑油供给不足，易产生边界摩擦。

④ 混合摩擦。两摩擦表面间干摩擦、液体摩擦和边界摩擦混合存在时的摩擦，称为混合摩擦。

零件通常都是在混合摩擦状态下工作的，其摩擦状态随工作条件的变化而变化。例如，曲轴轴颈与轴承之间，当曲轴静止时，重力的作用使轴颈与轴承在最下方接触，两侧形成楔形间隙。当曲轴开始旋转时，自身黏度及其对轴颈表面的吸附作用，使润滑油被轴颈带着转动。由于润滑油是沿着截面积逐渐减小的楔形间隙流动，而润滑油的可压缩性又很小，所以油楔部位产生一个使曲轴抬起的流体动压力，推动曲轴上移。曲轴的转速越高，所产生的流体动压力越大。当转速达到一定值时，流体动压力克服了曲轴的载荷，将曲轴轴颈抬离轴承，进入液体摩擦状态。

此外，工作过程中润滑油供给不充足，或受冲击载荷的作用时，轴颈与轴承之间也会出现边界摩擦和干摩擦状态。

2. 汽车零件的磨损

汽车在使用过程中的失效有很大一部分原因不是汽车零件整体失去工作能力，而是由于零件表面的磨损而促使零件加速失效。据统计，有一半以上汽车零件都是由于磨损而报废，因此磨损是引起零件失效的主要原因。

零件摩擦表面的金属在相对运动过程中不断损失的现象，称为零件的磨损。磨损将造成零件形状尺寸及表面性质的变化，使零件的工作性能逐渐降低，但磨损有时候也是有益的，如磨合。

依表面破坏机理和特征的不同，磨损可分为黏着磨损、磨料磨损、表面疲劳磨损、腐蚀磨损和微动磨损。

3. 影响汽车零件磨损的因素及磨损规律

(1)影响汽车零件磨损的因素

磨损通常是由多种磨损形式共同作用造成的，其磨损强度与下列因素有关。

① 材料性质的影响。不同材料由于成分、组织、结构不同，抵抗磨损的能力也不同，如碳钢件的耐磨性随硬度的提高而提高、铸铁件的耐磨性则取决于碳含量。在钢铁中加入一定的合金元素并进行适当的热处理，可提高零件的耐磨性。

② 加工质量的影响。零件的加工质量主要指标为表面粗糙度及几何形状误差。几何形状误差过大，将造成零件在工作中受力不均，或产生附加载荷，使磨损加剧。表面粗糙度值过大会破坏油膜的连续性，造成零件表面凸起点的相互咬合，同时腐蚀物质更易沉积于零

件表面,使腐蚀磨损加剧。

③ 工作条件的影响。工作条件是指零件工作时的润滑条件、滑动速度、单位压力及工作温度等。

充足的润滑油可以在零件表面形成良好的油膜,避免摩擦表面的直接接触,同时对表面有良好的清洗作用可以减轻零件的磨损。

零件相对运动速度的提高,有利于润滑油膜的形成,使磨损减轻;但运动速度过快,摩擦产生的热量来不及散去,会导致机油黏度下降、油膜变薄、承载能力降低,出现边界摩擦及干摩擦,加剧零件磨损。

当零件表面的单位压力升高,零件的磨料磨损则随之增加。当零件表面载荷超过油膜的承载能力时,摩擦表面间的油膜将被破坏,引起严重的黏着磨损。

零件的工作温度应适当,温度过高会使油膜变薄甚至被破坏,使磨损加剧;但温度过低,腐蚀性介质容易冷凝于工作零件表面,也会使腐蚀磨损增加。

(2)汽车零件磨损规律

零件的磨损是不可避免的,工作条件不同,引起磨损的原因也就不同。但各种零件的磨损却都具有共同规律,这种规律称为零件磨损特性。遵循该磨损规律的曲线,称为磨损特性曲线。零件磨损可分为以下三个阶段。

第一阶段:磨合期。由于新零件及修复件表面较为粗糙,工作时零件表面的凸起点会划破油膜,在零件表面产生强烈的刻划、黏着等作用,同时从零件表面上脱落下来的金属及氧化物颗粒会引起严重的磨料磨损,所以该阶段的磨损速度较快。随着磨合时间的增长,零件表面质量不断提高,磨损速度应降低。

第二阶段:正常工作期。经过磨合期的磨合,零件的表面粗糙度降低,适油性及强度增强,所以零件在正常工作期的磨损变得非常缓慢。

第三阶段:极限磨损期。由于磨损的不断积累,造成的极限磨损期零件的配合间隙过大,油压降低,正常的润滑被破坏,零件之间的相互冲击也随之增加,零件的磨损急剧上升。此时如不及时进行调整或修理,将会造成事故性损坏。

由上述可知,降低磨合期的磨损量,减缓正常工作期的磨损,推迟极限磨损期的来临,可延长零件的使用寿命。

三、汽车零件疲劳断裂失效

零件在交变应力作用下,经过较长时间工作而发生的断裂现象,称为疲劳断裂。疲劳断裂是汽车零件中常见的失效形式之一,也是危害最大的一种失效形式。其特点为:疲劳条件下的破断应力低于材料的抗拉强度 δ_b,而且低于屈服强度 δ_s。

无论塑性材料或是脆性材料做成的零件,在交变应力的作用下,一般都在疲劳裂纹扩展到一定程度后发生突然破坏,而且疲劳断裂过程在宏观形貌上没有留下明显的塑性变形。

金属零件疲劳断裂实质上是一个累积损伤过程,大体上可分为滑移、裂纹成核、微裂纹扩展、宏观裂纹扩展及最终断裂几个过程。

1. 疲劳断裂失效机理

疲劳破坏的宏观断口有独特的形貌,典型的宏观疲劳断口分为三个区域:疲劳源区(或称为疲劳核心)、疲劳裂纹扩展区和瞬时断裂区。

(1)疲劳源区

在交变载荷作用下,金属零件表面产生的不均匀滑移、金属内的非金属夹杂物和应力集中等现象均有可能产生疲劳裂纹核心。

在一定应力循环后,在应力硬化区内由于应力的增加出现局部损伤累积以及空穴集聚,这样在各晶粒内局部地区出现一个或几个相对滑移线,分布不均匀。随着疲劳的进行,原有滑移线的滑移量加大,新出现的滑移线也往往挨着原有的滑移线而共同组成滑移带。滑移带随着疲劳的加剧而逐步加宽加深,在表面出现挤出带和挤入槽。这种挤入槽就是疲劳裂纹的策源地。另外金属的晶冕及金属夹杂物等处以及零件应力集中的部位(尖角、台阶、键槽等)均会产生不均匀滑移,最后也形成疲劳裂纹核心。

(2)疲劳裂纹扩展区

在没有应力集中的情况下,疲劳裂纹的扩展可分为两个阶段,即沿晶阶段和穿晶阶段。

在交变应力的作用下,裂纹从金属材料的表面上的滑移带、挤入槽或非金属夹杂物等处开始,沿着最大切应力方向(通常和主应力方向成400°)的晶面向内扩展,这是裂纹扩展的第一阶段。这一阶段扩展速率很慢,如在有应力集中的情况下,则不出现第一阶段,而直接进入第二阶段。裂纹按第一阶段方式扩展一定距离后,将改变方向,沿着与正应力相垂直的方向扩展,这是疲劳裂纹扩展的第二阶段。这一阶段裂纹扩展途径是穿晶的,扩展速率较快。裂纹成核后的扩展过程主要包括微观和宏观两个裂纹扩展阶段。整个疲劳过程是:滑移——微观裂纹产生——微观裂纹连接——宏观裂纹扩展直至断裂失效。

(3)瞬间断裂区

瞬间断裂区是指当疲劳裂纹扩展到临界尺寸时,剩余截面上的真实应力超过材料强度,零件发生瞬时断裂的区域。它的特征与静载荷下的快速破坏区相似,出现放射区和剪切唇。脆性材料的断口呈粗糙的“晶粒”状结构或呈放射线;塑性材料的断口具有纤维状结构,在零件表面有剪切唇。

疲劳扩展区与瞬时断裂区所占面积的大小与材料的性质及所受的应力水平有关。通常高强度材料塑性差,承受应力水平高,疲劳裂纹稍有扩展即导致过载静断,所以它的疲劳扩展区小,而瞬时断裂区大。塑性材料承受应力水平低时,即使疲劳裂纹有较大的扩展,其剩余截面上的应力仍不高,不会立即断裂,瞬时断裂区所占比例就小。因此,可根据疲劳断口上两个区域所占比例,估计所受应力及应力集中程度的大小。

疲劳断裂因载荷类型不同,其断口形态也不一样,如在双向交变扭转应力作用下,断口呈锯齿状。这是因为轴在双向交变扭转应力作用下,轴颈尖角处将产生很多疲劳源。这些裂纹将同时向与轴线呈40°交角的方向扩展,因为这个方向是最大拉应力方向,最后这些裂纹相交时,便形成锯齿状。

2. 提高汽车零件抗疲劳断裂的方法

提高金属零件疲劳抗力的基本途径是有延缓疲劳裂纹萌生时间和降低疲劳裂纹扩展的速度。

(1)延缓疲劳裂纹萌生时间

方法有强化金属合金表面,控制表面的不均匀滑移,如表面滚压、喷丸和表面热处理等。细化材料晶粒可提高疲劳强度极限,采用热处理方法使晶界成锯齿状或使晶粒定向排列并与受力方向垂直,以防止晶界成为疲劳裂纹扩展的通道。另外提高金属材料的纯度,减少夹杂物尺度以及提高零件表面完整性设计水平，尽量避免应力集中等现象，都是抑制或推迟疲劳裂纹产生的有效途径。

(2)降低疲劳裂纹扩展的速度

① 止裂孔法。即在裂纹扩展的前沿钻孔，以阻止裂纹继续扩展。

② 扩孔清除法。即在不影响强度的前提下，采用扩孔方法加大已产生疲劳裂纹的内孔直径，将疲劳裂纹清除。

③ 刮磨修理法。即用刮磨方法将零件局部表面已产生的裂纹清除。此外，还可以在裂纹处采用局部增加有效截面或补贴金属条等降低应力水平的方法，以阻止裂纹继续产生和扩展。

④ 提高疲劳裂纹的门槛值。Δk 长度。金属零件裂纹扩展的门槛值是指疲劳裂纹不扩展(稳定)的最高应力强度因子幅。

四、汽车零件腐蚀失效

零件受周围介质作用而引起的损坏称为零件的腐蚀。按腐蚀机理可分为化学腐蚀和电化学腐蚀，汽车上约20%的零件因腐蚀而失效。

1. 腐蚀失效的分类

金属腐蚀失效的类型是多种多样的，但是无论哪种腐蚀，在腐蚀过程中，都有一个化学或电化学反应过程。因此，在表面或断口上会留下腐蚀产物。腐蚀是从表面开始向内部扩展的。金属腐蚀后造成金属质量损失，使金属有效面积减小或使金属强度大大降低。

按金属与介质的作用性质把腐蚀失效分为化学腐蚀和电化学腐蚀。化学腐蚀又分为气体腐蚀和在非电解液中的腐蚀；电化学腐蚀又分为大气腐蚀、土壤腐蚀、在电解液中的腐蚀及溶液中的腐蚀。

按照腐蚀的破坏形式把腐蚀失效分为均匀腐蚀和局部腐蚀。均匀腐蚀是指金属的腐蚀作用均匀地发生在整个金属面上，局部腐蚀是指金属的腐蚀作用仅局限在一定的区域内。局部腐蚀比均匀腐蚀的危害性大。

均匀腐蚀的腐蚀程度是用平均腐蚀速率来体现的，其中腐蚀速率可以由质量的变化来评判也可以由腐蚀的深度来表示。局部腐蚀的腐蚀程度则应根据情况用裂纹扩展速率或材料性能降低程度来表示。

2. 腐蚀失效的概念和机理

(1)化学腐蚀的概念和失效机理

金属零件与介质直接发生化学作用而引起的损伤称为化学腐蚀。金属在干燥空气中的氧化以及金属在不导电介质中的腐蚀等均属于化学腐蚀。化学腐蚀过程没有电流产生，通常在金属表面形成一层腐蚀产物膜。

这层膜的性质决定化学腐蚀速度，如果膜是完整的，强度、塑性都很好，膨胀系数和金属相近，膜与金属的黏着力强等，它就有保护金属、减缓腐蚀的作用。如铬和铬的氧化物硬度高，氧化铬膜不易磨掉，发动机活塞环镀铬后，耐腐蚀、耐磨损的性能大大提高。

(2)电化学腐蚀的概念和失效机理

电化学腐蚀是两个不同的金属在一个导电溶液中形成一对电极，产生电化学反应而发生腐蚀作用，使充当阳极的金属被腐蚀。

电化学腐蚀的基本特点是金属在不断遭到腐蚀的同时还有电流产生。金属在酸性溶

液、碱性溶液、盐溶液及潮湿空气中的腐蚀均属于电化学腐蚀。

引起电化学腐蚀的原因是金属与电解质相接触，由于离子交换，产生电流形成原电池，所以使阳极金属受到腐蚀。

(3)其他腐蚀概念和失效机理

由两种不同成分的金属制成的零件，由于两者的电极电位不同而形成的腐蚀电池称为异类电极电池；同一种金属但由于各部位接触的溶液成分不同，如氧的浓度不同或其他浓度差，也可以形成浓差腐蚀电池，如湿式缸套下部的橡胶圈密封处与垫圈接触的表面均会产生浓差腐蚀电池。当金属表面有氧化膜或镀层时，若氧化膜不完整有孔隙，或镀层有破损、裂纹等，在电解质溶液存在的环境下，易形成局部腐蚀电池，也称其为微电池。

金属按电化学机理进行腐蚀时，由于氢离子与阴极电子结合析出氢气，促进阳极腐蚀，这种腐蚀过程称为析氢腐蚀，许多金属在盐酸或稀硫酸中均受到析氢腐蚀。

在汽车上主要用覆盖层保护防止电化学腐蚀。覆盖层有金属性的，如镀铬和镀锡。铬和锡的耐腐蚀性很强，可以保护金属内部。非金属覆盖层用的最广泛的是油漆，其次是塑料。有些零件用化学或电化学方法在表面生成一层致密的保护膜，如发蓝是生成一层氧化膜，磷化是生成一层磷化膜，这都是防止电化学腐蚀的有效方法。

3. 汽车零件的老化

橡胶、塑料制品和电子元件等汽车用零件，随着使用时间的增加，原有的性能会逐渐退化，即所谓的老化，这类元件如轮胎无论工作与否，随着时间的延长，老化现象都会发生的。

五、汽车零件变形失效

零件在使用过程中，由于承载或内部应力的作用，使零件的尺寸和形状发生改变的现象称为零件的变形。变形是零件失效的一个重要原因，例如凸轮轴的变形将影响气缸进、排气门打开和关闭的程度从而影响进排气的质量，离合器摩擦片挠曲过大，将造成离合器分离不彻底，变速器中间轴与主轴弯曲过大，就会破坏齿轮副的正常啮合等。

1. 零件变形失效的类型

零件变形失效的类型有弹性变形失效、塑性变形失效和蠕变失效。

零件在外力作用下发生弹性挠曲，其挠度超过许用值而破坏零件间相对位置精度的现象称为弹性变形失效。此时零件所受应力并未超过弹性极限，应力与应变之间的关系仍遵循胡克定律，材料弹性模量是弹性变形的失效抗力指标。零件的截面积越大，材料弹性模量就越高，则越不容易发生弹性变形失效。

零件的工作应力超过材料的屈服极限产生塑性变形而导致的失效称为塑性变形失效。经典的强度设计都是按照防止塑性变形失效来进行的，即不允许零件的任何部位进入塑性变形状态。随着应力分析技术的发展，目前在设计中已逐渐采用塑性设计的方法，即允许局部区域发生塑性变形。但采用塑性设计方法时，若应力分析不精确、工作条件估计错误或材料选择不合理时，就有可能发生塑性变形失效。例如花键扭曲，螺栓受载后被拉长(塑性变形)等。

在给定外载荷条件下，塑性变形失效取决于零件截面的大小、安全系数值及材料的屈服极限。材料的屈服极限越高，则发生塑性变形失效的可能性越小。

蠕变是指材料在一定应力(或载荷)作用下，随时间延长，变形不断增加的现象。蠕变变形失效是由于蠕变过程不断发生，产生的蠕变变形量或蠕变速度超过金属材料蠕变极限而导致的失效。

上述的零件变形失效除与金属材料、设计刚度和制造工艺有关外，还与使用中的载荷和温度等有关。如安装紧固不当或工作有明显的超载现象均会造成零件的变形。随着工作温度的升高，材料的强度也会降低，因此在较高温度下工作的零件容易产生变形。如离合器片的挠曲变形，制动鼓、排气歧管的变形等。对于基础件（气缸体、变速器壳体、后桥壳体等）由于铸造时时效处理不当，存在着内应力，在使用中因应力重新分配而引起变形。此外，由于修理工艺或方法不正确，例如在焊接时没有对所引起的热应力的副作用采取防止措施，也会引起焊后零件的变形。

2. 零件变形的原因

零件变形失效主要受残余内应力、外载荷、工作温度及修理、装配精度等因素的影响。内应力是指零件内部存在的、与载荷无关的内应力。残余内应力主要有热应力、相变应力、机加工应力及热处理淬火应力。采用自然时效和人工时效可以使内应力松弛。

零件的具体结构决定了零件工作时承受不均衡的外载荷，从而会造成零件局部过载、变形；使用不当造成过大的附加载荷或安装不当造成附加应力，都会使零件变形，如气缸体上的螺纹孔与缸盖相连接。受工作压力作用，螺纹孔产生凸起变形。

工作温度升高，金属弹性极限降低、内应力松弛加快，会使零件屈服强度降低，零件易产生变形，如缸体的变形。

修理过程定位基准选择不当或基准变形过大，必然不能保证机加工后的形状和位置精度；修理时操作不当会引起零件变形，如螺栓拧紧力矩不均匀及拧紧顺序错误等；修理作用如焊接、压力加工等工艺都会产生新的内应力和变形。因此在制订修理过程工艺时，应注意这些问题。

第二节　常见汽车零件修复方法

科学技术的发展为汽车零件的修复提供了多种方法，这些修复方法是根据零件的缺陷特性进行分类的，具有一定的特点和适用范围。

磨损零件的修复方法基本上可分为两类：

(1)对已磨损零件进行机械加工，使其恢复正确的几何形状和配合特征并获得新的几何尺寸，例如修理尺寸法(size repair method)、附加零件修理法(additional parts repair method)。

(2)利用堆焊、喷涂、电镀和化学镀等方法对零件的磨损部位进行增补，或采用胀大、镦粗或缩小等压力加工方法增大(或缩小)磨损部位的尺寸，然后再进行机械加工，恢复其名义尺寸、几何形状、规定的表面粗糙度及精度。

变形零件的修复可采用压力校正法和火焰校正法。

零件上的裂缝、破损等损伤缺陷，可采用焊接、钎焊、钳工机械加工法或粘结修复法等。

一、机械加工修复法

机械加工修复法(machining repair method)是最常用的零件修复方法，汽车上许多重

要零件都是利用机械加工的方法修复。机械加工修复法包括修理尺寸法、附加零件修理法、零件的局部更换修理法以及转向调位和翻转修理法。

1. 修理尺寸法

修理尺寸法是修复配合副零件磨损的一种方法。它是将待修配合副中的一个零件利用机械加工的方法恢复其正确的几何形状并获得新的尺寸(修理尺寸),然后选配具有相应尺寸的另一配合件与之相配,以恢复配合性质的一种修理方法。

(1)轴和孔修理尺寸的确定

如图 3-1 所示 d_m 和 D_m 为轴和孔的基本尺寸;d_r 和 D_r 为轴和孔磨损后的尺寸;d_{r1} 和 D_{r1} 为轴和孔用修理尺寸法修复后的第一级修理尺寸;C 为单侧加工余量;δ_{max} 为零件单侧最大磨损量。

轴和孔各级修理尺寸计算如下:

轴的第一级修理尺寸 $d_{r1}=d_m-2(\delta_{max}+C)=d_m-2(\rho\delta+C)$ (3-1)

孔的第一级修理尺寸 $D_{r1}=D_m+2(\delta_{max}+C)=D_m+2(\rho\delta+C)$ (3-2)

式中:ρ——磨损不均匀系数,一般为 0.5~1;

δ——在修理间隔期中,零件直径的磨损量,$\delta_{max}=\rho\delta$。

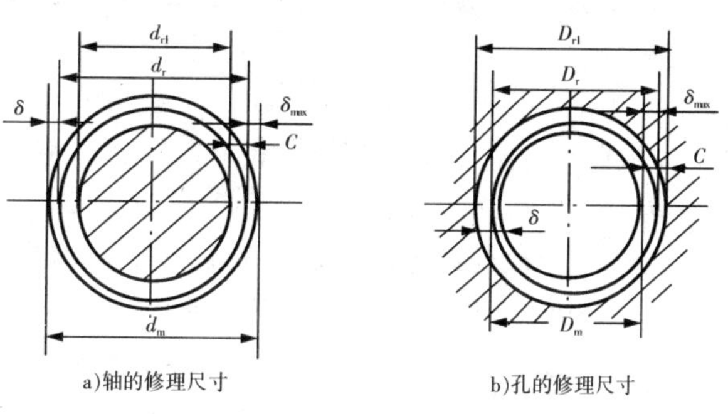

图 3-1 轴和孔的修理尺寸

单侧加工余量 C,数值大小取决于设备精度、磨损情况及工人的技术水平,精车与精磨取 0.05~0.10mm,磨削和研磨取 0.03~0.05mm,汽车修理中一般取 0.03~0.10mm。

令 $r=2(\rho\delta+C)$,n 为修理尺寸的序级号($n=1,2,3,\cdots,n$),则各级修理尺寸为

$$d_{r1}=d_m-r \qquad D_{r1}=D_m+r$$

$$d_{r2}=d_m-2r \qquad D_{r2}=D_m+2r$$

$$\vdots \qquad \vdots$$

$$d_{rn}=d_m-nr \qquad D_{rn}=D_m+nr$$

式中,r 为修理间隔的级差值,各级级差不尽相同,但以 0.25mm 为最多,为便于配件供应,通常使修理尺寸标准化。

(2)修理尺寸法的应用

修理尺寸法适用于汽车上许多主要零件,如曲轴(crankshaft)、凸轮轴(camshaft)、气缸(cylinder)、转向节主销孔(steering knuckle kingpin hole)等。由于零件强度及结构的限制,采用修理尺寸法到最后一级时,零件就应采用其他方法修理。不同零件的修理级别由设计时确定。

【3-1】 汽缸的修理。

维修过程:

当汽缸磨损后,其圆度或圆柱度误差超过允许的限度时,对磨损的汽缸进行机械加工,使其通过尺寸的改变,恢复汽缸正确的几何形状和配合性质,这种方法称为修理尺寸法。扩大后的尺寸叫修理尺寸。

(1)汽缸的修理标准

前后两个汽缸中任意一个汽缸圆度误差达到0.05~0.063mm,或圆柱度误差达到0.175~0.250mm时需要大修。能换缸套者换缸套,不能换缸套的镗缸。镗缸0.25mm为一级,轿车通常最高为四级,而货车最高为六级,第一级不修,从第二级开始镗。桑塔纳轿车发动机汽缸修理尺寸分为三级,从标准直径加大+0.25mm、+0.50mm、+1.00mm。解放CA6102发动机汽缸修理尺寸分为四级,从标准直径加大+0.25mm、+0.50mm、+0.75mm、+1.00mm。

(2)汽缸修理尺寸的计算

汽缸修理尺寸=磨损最大汽缸的最大直径+加工余量

注:加工余量通常为0.10~0.20mm。

例:测得CA6102型汽车发动机的标准缸径为101.60mm,最大磨损汽缸的最大直径为102.35mm,加工余量为0.20mm,则:汽缸的修理尺寸=102.35+0.20=102.55mm。

此值102.55mm接近于第四级修理尺寸。所以应选定为第四级修理尺寸,并选择同一级尺寸的活塞。

2. 附加零件修理法

附加零件修理法(也称镶套修理法)是通过机械加工方法将磨损部分切去,恢复零件磨损部位的几何形状,然后加工一个套并采用过盈配合的方法将其镶在被切去的部位,以代替零件磨损或损伤的部分,恢复基本尺寸的一种修复方法。

汽车上许多零件都可以用这种方法修理,如气缸(cylinder)、气门座圈(valve seat)、气门导管(valve guide)、飞轮齿圈、变速器轴承孔、后桥和轮毂壳体中滚动轴承的配合孔以及壳体零件上磨损的螺纹孔和各种类型的轴颈等,如图3-2所示。

配合部位的表面粗糙度应达到规定要求。为防止套松动,套与轴承孔的配合应为过盈配合或采用其他固定方法。

对于轴颈端磨损,若结构和强度允许,可在轴颈上压入特制的轴套,如图3-3所示,并加工至需要的尺寸和精度。轴套与轴颈应采用过盈配合,为防止松动也可在套的配合端面点焊或沿整个截面焊接。

对于零件螺纹孔的修复,若结构允许可先镗大到一定尺寸,并车出螺纹,螺纹的螺距与原有螺纹螺距相同,然后将特制的具有内、外螺纹的螺纹套旋入零件的螺纹孔中,螺纹套的

内螺纹应与原有螺纹孔的螺纹相同，螺纹套可用锁止螺钉固定。锁止螺钉的数量取决于零件直径。直径为20mm以下的零件，可以用一个锁止螺钉；直径为30～50mm的，可在同一截面的相对位置安装两个锁止螺钉；直径大于120mm的，用三个锁止螺钉固定，并相互间隔120°夹角。形状复杂的易损部位，有些在结构上已预先镶有附加零件，如气缸套(cylinder)、气门座圈(valve seat)、气门导管(valve guide)、座圈(seat)等。这样在修理时只需更换附加零件，可简化修理作业，保证修理质量。

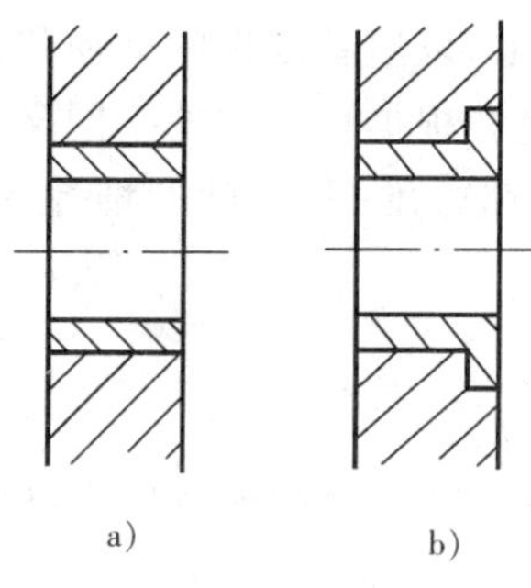

图3-2 磨损孔的镶套

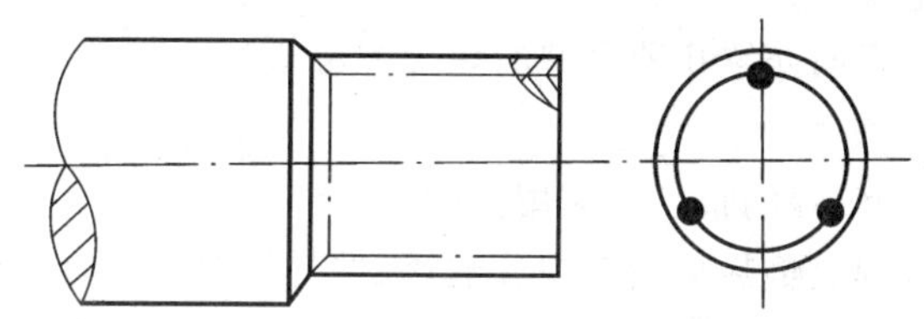

图3-3 轴颈端的镶套修复

3. 零件的局部更换修理法

具有多个工作面的汽车零件，由于各工作表面在使用中磨损不一致，当某些部位损坏时，其他部位尚可使用，为防止浪费，可采用局部更换法。

局部更换法(partial replacement method)就是将零件需要修理(磨损或损坏)的部分切除，重制这部分零件，再用焊接或螺纹联接的方法将新换上的部分与零件基体连在一起，经最后加工恢复零件原有性能的方法。这种修理方法常用于修复半轴、变速器第一轴或第二轴齿轮、变速器盖及轮毂等。零件的局部更换法可获得较高的修理质量，节约贵重金属，但修复工艺较复杂。

4. 转向调位和翻转修理法

转向调位和翻转修理法(steering and reverse repair method)是将零件的磨损或损坏部分翻转一定角度，利用零件未磨损部位恢复零件工作能力的一种修复方法。

转向调位和翻转修理法常用来修复磨损的键槽(keyway)、螺栓孔(bolt hole)和飞轮齿圈(flywheel ring gear)等。

转向调位修理法修复磨损的键槽和螺栓孔的实例如图3-4所示。翻转修理法修复的典型实例是飞轮齿圈。飞轮齿圈啮入部位磨损严重时，将齿圈压出翻转180°后再将齿圈压入飞轮，以利用其未磨损部位工作。

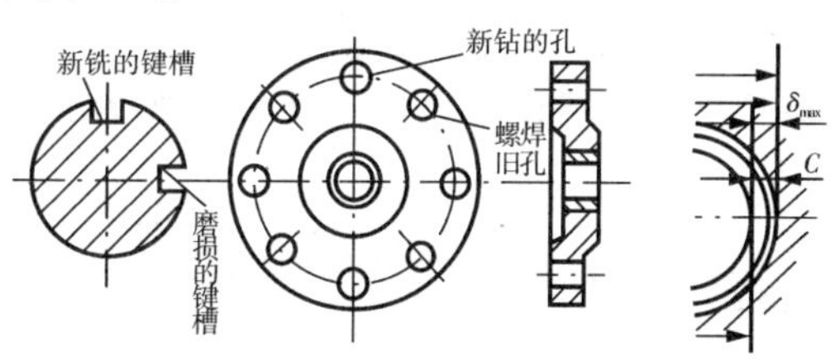

图3-4 零件的转向修理法

转向调位和翻转修理法方便易行，修理成本低，但其应用受到结构条件的限制。

二、焊接修复法

焊接是汽车修理中广泛使用的一种工艺。它可以修复磨损量较大的零件，能增加零件的尺寸，焊层厚度易控制，设备简单，修复成本低，是一种应用较广的零件修复方法，普遍用于修复零件的磨损、破裂和断裂等缺陷。

焊接修复法(welding repair method)修复零件是借助于电弧或气体火焰产生的热量，将基体金属及焊丝金属熔化和熔合，使焊丝金属填补在零件上，以填补零件的磨损和恢复零件的完整。根据使用的热源不同焊接可分为气焊和电焊。电焊根据熔剂层的不同又可分为焊条电弧焊、振动堆焊；堆焊又可分为二氧化碳气体保护焊、埋弧堆焊、电脉冲堆焊、等离子堆焊。下面介绍几种典型的焊接方法。

1. 气焊

(1)气焊的特点及应用范围

气焊火焰热量较电焊分散，工件受热变形大，生产率较低，但火焰对熔池压力及输入量可控制，熔池冷却速度慢，焊缝形状、尺寸和焊透程度易控制，能做到使焊缝金属与基材相近似。同时，由于设备简单，不受电源限制，方便灵活，所以用途较广。气焊主要适用于碳钢、合金薄钣件的焊接，还可用于有色金属和铸铁的焊补。

(2)气焊焊接方法——加热减应焊

加热减应焊，又称对称加热法，即焊补时选定减应区进行加热，以减少焊补时的应力和变形。加热区的温度不得低于400℃，但不能超过750℃，以免引起相变。减应区应选在裂纹延伸的方向或在零件棱角、边缘强度较大处。减应区选定后要进行检验，当减应区加热到500℃～700℃时，零件上待焊补的裂纹如张开1～1.5mm，即说明合理；反之，裂纹紧闭则说明选择不当。

(3)加热减应焊的焊接工艺

① 焊前准备：当焊接部分厚度在6mm以上时，要开90°～120°的V形坡口，如图3-5所示；如所焊部位厚度在15mm以上时，要开X形坡口。

② 施焊要点：施焊火焰应用弱碳化焰或中性焰，加热区应用氧化焰，施焊方向应指向减应区。

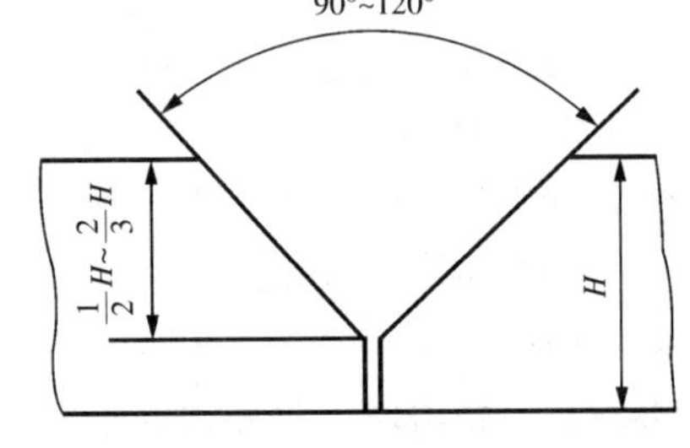

图3-5　加热减应焊时所开破口的尺寸

施焊时，先熔母材，再掺入焊丝，否则熔化不良，并随时用焊丝清除杂质，以防气孔和夹渣产生。施焊时应一次焊完，避免反复加热而造成应力过大。施焊焊条应选QHT1和QHT2。

(4)加热减应焊的应用

发动机缸体的裂纹、气门座孔内的裂纹、曲轴箱内的裂纹、气缸体上平面裂纹，以及变速器壳体均可采用加热减应焊。

2. 焊条电弧焊

焊条电弧焊是利用普通电弧作为热源，以焊条为填充金属材料，采用手工操纵焊条进行

焊接的方法。

(1)焊条电弧焊的特点及适用范围

焊条电弧焊具有设备简单、操纵方便、连接强度高、施焊速度快、生产率高、零件变形小等优点,广泛应用于碳钢、合金钢及铸铁等金属材料不同厚度、不同位置的焊接,在汽车修理中主要用来修复裂纹、破裂和折断等。由于其焊缝硬而脆,塑性差,机械加工性能比气焊差,且在焊接应力作用下易产生裂纹或焊缝剥离。因此,为保证焊接质量,必须在工艺上采取措施。

(2)焊条电弧焊工艺

① 对于较大的零件应进行预热和焊后保温,以减小焊接应力和防止裂纹的产生。

② 当母材的材质较差时,为了防止焊接时裂纹延伸和提高焊补强度,在裂纹两侧钻止裂孔。止裂孔的直径根据板厚来确定,一般为 3～5mm。对于裂纹较深的工件,为了保证焊条金属与基体金属很好的结合,增加焊补强度,在工件裂纹处开破口,可以全部或部分地除去裂纹,其破口的形状如图 3-6 所示。

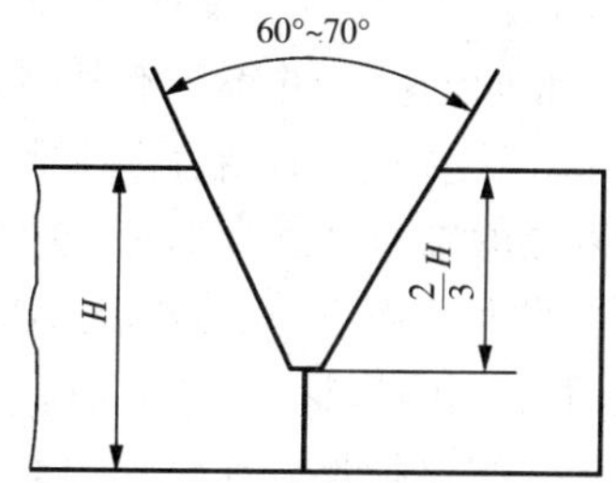

图 3-6 焊条电弧焊焊缝破口

③ 施焊时要采取分段、分层、锤击,以减少焊接应力和变形,并限制母材金属成分对焊缝的影响。

采用分段焊是为了减少焊接应力和变形,如图 3-7 所示。

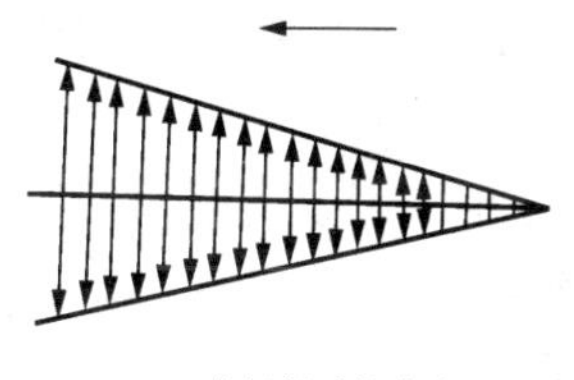

a)一次长焊时的应力

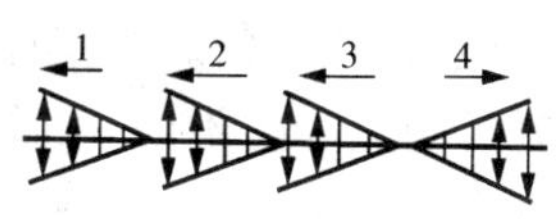

b)分段焊时的应力分布

图 3-7 焊接应力分析

每焊完一段后,应趁热从弧坑开始锤击焊缝,直到温度下降到 40～60℃时为止,再焊下一段。锤击的目的是为了消除焊接应力,砸实气孔,提高焊缝的致密性。

工件较厚时,要采用分层焊,如图 3-8 所示。采用分层焊不但可用较细的焊条,从而使用较小的电流,而且后焊的一层对先焊的一层有退火软化作用,可改善焊缝的力学性能,还可改用低碳钢焊条填满坡口,节约焊条。

如工件的裂纹是从边缘向中心延伸的,则施焊时要从里向外焊,可减小应力和变形。

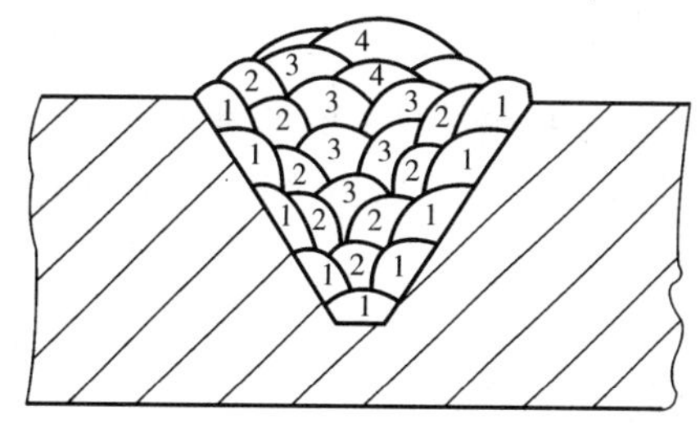

图 3-8 分层焊的顺序

④ 零件焊完后,应检查有无气孔、裂纹,焊缝是否致密、牢固,如有缺陷,应采取必要的补救措施。

3. 振动堆焊

振动堆焊是焊丝以一定的频率和振幅振动的脉冲电弧焊，是机械零件修复中广泛应用的一种自动堆焊方法，其实质是在焊丝送进的同时，按一定频率振动，造成焊丝与工件周期地起弧和断弧，电弧使焊丝在较低电压(12～20V)下熔化，并稳定均匀地堆焊到工件表面。其主要特点是堆焊层厚，结合强度高，工件受热变形小，常用于修复一些轴类零件。

振动堆焊层的硬度是不均匀的，这是由于后一焊滴对前一焊滴或后一圈焊波对前一圈焊波都有回火作用。焊波峰部为回火马氏体及屈氏体，硬度为(40～60)HRC，焊缝搭接凹处为索氏体及珠光体，硬度为(20～40)HRC。大量振动堆焊修复的曲轴装车使用表明，这种软硬相间的组织并不影响其耐磨性，与新曲轴相差不多。

堆焊层与基体的结合强度高达5MPa，这是由于堆焊层与基体的结合是冶金结合，比喷涂修复层的结合强度高的多，使用中很少发现有脱落、掉块现象。由于振动堆焊层与基体金属间有很大的内应力，所以堆焊修复后疲劳强度降低较多，一般高达40%。因此，受大冲击负荷的柴油机曲轴、合金钢及铸铁曲轴不应采用振动堆焊修复。像蒸汽保护下振动堆焊、二氧化碳气体保护焊及埋弧焊的原理与振动堆焊相同，只不过是为了改善焊层的性能，减少焊层的气孔、裂纹和夹渣，堆焊过程都是在气体或焊剂保护下的一种振动堆焊，在此就不再详述。

三、喷涂和喷焊修复法

1. 喷涂修复法

金属喷涂是用高速气流将被热源熔化的金属(丝材、棒材或粉末)雾化成细小的金属颗粒，以很高的速度喷敷到已准备好的零件表面上。

根据熔化金属所用热源的不同，喷涂可分为电喷涂、气体火焰喷涂、高频电喷涂、等离子喷涂以及爆炸喷涂等。由于气体火焰喷涂具有设备简单、操作简便、应用灵活、噪声小等优点，因此在汽车零件修理中应用最广，主要用于修复曲轴(crankshaft)、凸轮轴轴颈(camshaft journal)、传动轴(transmission shaft)、气缸等。

气体火焰喷涂又称氧—乙炔喷涂，所用设备主要由喷涂枪、氧气瓶和乙炔发生器等组成。在喷涂粉末中，可分为打底粉末(或称过渡层)和工作粉末两类。打底粉末是以某一种(或多种)材料为核心，在核心外面包敷一层(或多层)另一种材料的复合粉末。目前应用最广的复合粉末是镍包铝复合粉末，工作粉末采用的是自熔性合金粉末。

(1)打底粉末

喷涂根据喷涂粉末的不同，喷涂层可具有耐磨、耐腐蚀、耐热等多种性能，但由于涂层与基体的结合强度较低(0.2MPa)，从而限制了它的使用。为了提高喷涂层的结合强度，研制了打底粉末。目前常见的镍包铝粉末有80Ni20A1、90Ni10Al和95Ni5Al三种，它们的结合强度可达0.35～0.5MPa，从而保证了涂层与基体材料的良好结合。

(2)工作粉末

基层表面喷以打底粉末后，形成一个适性的表面层，然后再喷以工作粉末，就可获得一定的结合强度。为了适应工件不同工作的要求，设计了具有不同性能的工作粉末，按合金粉中粉末基本元素的组成及合金含量，熔合金粉末主要有以下几种：

① 镍基合金粉。又称镍铬硼硅系合金，其中含有一定的铁和碳。

② 铁基合金粉。又称铁镍硼硅系合金，属于此类合金粉的还有铁铬镍硼硅系及铁铬碳硼系等多种。

③ 钴基合金粉。又称钴铬钨硼系合金。

(3)喷涂工艺

喷涂工艺过程包括喷涂前工件表面的准备、喷涂(喷打底层和工作层)和喷后处理及加工。

① 工件表面的准备

喷涂前工件表面的准备是喷涂成败的关键，通过表面准备使待喷涂表面绝对干净，并形成一定粗糙度，才能保证涂层与工件的结合强度。

a. 去油污和锈层：用有机溶剂、蒸汽或碱水除油，并用砂布除锈。往往油污渗透较深的各种铸件，还需用火焰多次烘烤直到油污彻底清除为止。

b. 表面加工：其主要目的是除去表面的变性层，消除不均匀磨损，并获得一定表面粗糙度的干净表面。零件表面的粗糙处理一般采用车螺纹、镍拉毛和喷砂等。由于车螺纹和镍拉毛会降低零件的抗疲劳性能，因此对于曲轴之类要求抗疲劳性能比较高的工件，须采用喷砂处理。

c. 预热：预热可以去掉待喷表面的水分，降低涂层与工件的温差，从而减少涂层的应力积累，改善微扩散焊接条件，提高结合强度，但因受到工件表面氧化的限制，预热温度不宜过高，一般在100℃～200℃。

d. 键槽、油孔处理：当喷涂表面有键槽、油孔时，应用碳棒等堵塞，堵塞物应稍高于涂层厚度。

② 喷涂

a. 喷打底层：在已经过特殊处理并预热好的工件表面上，均匀地喷上一层镍包铝粉末，作为打底层，厚约0.1mm即可。根据经验，只需将原工件上的金属光泽盖上即可。

喷涂火焰以采用中性焰为宜，喷涂距离要根据火焰功率大小来决定，一般以火焰喷向工件末端受压变弯20～30mm为宜，此时距离约为18～200mm，这个距离可获得粉末温度、飞行速度及沉积效率间的较好配合。

b. 喷工作层：工作层应满足工件使用要求，轴类零件一般应在车床上喷涂，这样可保证涂层厚度均匀，并减轻劳动强度。工件线速度应控制在20～30mm/s，火焰应选用中性焰。为达到一定涂层厚度，喷工作粉末时应来回多次喷涂，且总厚度不应超过2mm，太厚则结合强度会降低。

③ 喷后处理及加工

由于涂层性质脆硬，结合强度较低，又需保持涂层表面的多孔性，因此在选择加工方法、切削工具及加工规范时必须考虑此特点，以防止涂层加工时崩落、脱层和表面孔隙被堵塞。目前车削常采用YG6或YG8硬质合金刀头，车削速度约为20～40mm/min。对于精度及表面粗糙度要求高的零件，如曲轴等须采用磨削加工，磨削一般用粒度为46或60、硬度为L或K的碳化硅砂轮，磨削深度约为0.01～0.05mm。

④ 涂层性质

涂层性质与很多因素有关，如粉末材料、喷涂工具、喷涂工艺等，尤其是所选用的材料不同，因而其性能各异。

a. 硬度：涂层的组织是在软基体上弥散分布着的硬质相，并含有12%的气孔，其硬度值主要取决于所选用的喷涂材料，用显微硬度计测定的粉313涂层的显微硬度：基体约为

480HM、硬质相约为1200HM。

b. 耐磨性：涂层的耐磨性优于新件和其他修复层，这是由涂层组织决定的。涂层这种软硬相兼的结构能保证摩擦面之间最小的磨损系数，并能保持润滑油；此外，涂层中气孔的存在，有助于在磨损表面上形成油膜，起到减摩贮油作用，但是在磨合期或干摩时磨损较快，且磨下的颗粒易堵塞油道而烧瓦，因此必须重视。

c. 涂层与基材的结合强度：涂层与基材的结合主要靠机械结合，因此结合强度较低，电喷涂只有0.2MPa，氧乙炔焰喷涂可达0.4MPa以上，如果工件表面有水、油、锈等，则结合强度更低。

d. 疲劳强度：喷涂对零件疲劳强度的影响比其他修复法小，一方面是因为喷涂前表面加工量小；另一方面是由于喷涂时基体没有熔化，基材损伤小。

2. 喷焊

(1) 喷焊的特性

喷焊是用高速气流将用氧—乙炔火焰加热熔化的自融合金粉末喷涂到准备好的零件表面上，并经再一次重熔处理形成一层薄而平整呈焊合状态的表面层——喷焊层。它可使工件表面具有耐磨、耐蚀、耐热及抗氧化的特殊性能。

它与喷涂工艺相似，但可达到堆焊的效果。一般喷涂的缺点是涂层与工件之间机械结合，结合强度低、内应力大；而堆焊层虽与工件是冶金结合，但堆焊时基体的熔池较深且不规则，堆焊层粗糙不平，基体冲淡率大。氧—乙炔焰喷焊能克服上述缺点，涂层薄而均匀，表面光滑，结构致密，冲淡率极小，且焊层与基材结合强度高，因而得到了广泛应用，可用于修复旧件，也可用于新件的表面强化。

(2)喷焊设备

氧—乙炔喷焊设备，包括喷焊炬、氧气和乙炔供给装置。为了适应不同工艺及工况要求，喷焊炬分为中小型和大型两类：

① 中小型焊炬外形及结构与普通气焊炬无大的区别，不同的结构是在焊炬上装有粉斗机构。这种焊炬可以边喷边熔，也可以停止供粉后用于重熔，目前国内生产的型号有SPH－1/h、SPH－2/h和SPH－4/h等，型号中的数字表示每小时最大送粉量。

② 大型焊炬一般制成手枪式，有喷涂焊炬和重熔焊炬。

(3)喷焊(涂)用合金粉末

喷焊(涂)用合金粉末牌号编制：

① 牌号前加“粉”字表示喷焊(涂)合金粉末。

② 牌号由三位数字组成，第一位数字表示喷焊(涂)合金粉末类型，其系列按表3－1编排；第二位数字表示不同喷焊(涂)方法，其系列如表3－2所列；第三位数字表示同一类型合金粉末的不同序号。

表3－1 喷焊(涂)粉末类型

牌号	合金类型	牌号	合金类型	牌号	合金类型
粉1××	镍合金	粉3××	铁基合金	粉5××	复合合金
粉2××	钴合金	粉4××	铜基合金		

表 3-2　喷焊(涂)方法

牌　号	喷焊(涂)方法
粉×0×	氧—乙炔喷焊
粉×1×	氧—乙炔喷涂
粉×2×	等离子喷焊

(4)喷焊工艺

氧—乙炔喷焊工艺一般为：工件表面准备——喷前预热——喷涂粉末——重熔处理——冷却及加工等工序。

① 工件表面准备

主要包括去除油污、铁锈、氧化物及对表面进行电镀、渗碳、氧化等，有时为了容纳一定焊层厚度还需开槽。

② 喷前预热

其目的是为了防止涂层脱落，预热温度应根据材质的性质而定。通常碳钢的预热温度为250℃～300℃，合金钢为350℃～400℃，预热温度以不使零件变形为宜。

③ 喷涂与重熔

氧—乙炔焰喷焊有两种基本操作方法，即边喷边熔一步法和先喷后熔两步法。

边喷边熔一步法喷焊是喷涂和熔化在同一操作过程中完成。喷焊时先预热工件，然后再送粉熔化。这种连续的喷熔直到整个待喷表面被喷焊层覆盖为止。喷焊时要求火焰为中性焰或轻微的碳化焰，喷嘴与工件的距离为100～150mm或火焰内焰与工件的距离为10mm。一步法喷焊对工件热影响小，适用于面积小或形状不规则的零件。

先喷后熔两步法是喷涂和重熔分开进行的，先将合金粉用轻微碳化焰喷涂到零件上，形成一定厚度，然后立即用中性焰或弱碳化焰对涂层进行重熔处理。喷涂时要求喷嘴与工件距离为150mm；重熔时要求喷嘴与涂层表面距离为20～30mm且火焰与零件表面成60°～70°夹角。先喷后熔两步法适用于轴类及外形简单的大批生产场合。

④ 冷却及加工

由于焊层延展性差，线胀系数较大，在冷却过程中易产生裂纹或工件变形，因此喷焊后可埋入石棉、草灰中缓冷；对于合金钢件、不锈钢件，应在喷焊后进行等温退火。

喷焊层的加工可用车削和磨削来进行。

车削加工时，应选用强度较高、耐磨性较好的刀具，切削速度可选5～17m/min，进给量为0.3～1.0min/r，背吃刀量为0.5mm。磨削加工时，最好采用人造金刚石或氧化硼砂轮，对于镍基或铁基粉末焊层，也可选用碳化硅砂轮进行磨削。

(5)喷焊层性能及用途

喷焊层性能取决于喷焊合金粉末材料，当粉末牌号一定时，其性能如下：

① 硬度和耐磨性

喷焊层组织为在奥氏体基体上分布着碳化物和硼化物的硬质相，其硬度可达1000～1200HV。这些硬质相分布在整个焊层内，正是由于这些软硬不同的硬质相使喷焊层具有优良的耐磨性。

② 结合强度

焊层与基材的结合不同于喷涂，它是冶金结合，用 Ni45 在 40Cr 上喷焊，测定其结合强度在 5.99～6.29MPa 之间。

由于喷焊层具有较高的结合强度和较好的耐磨性，目前被广泛用于修复阀门、气门、键轴、凸轮等零件。

四、电镀和刷镀修复法

电镀(plating)是汽车零件修复工艺的重要方法之一。由于电镀过程温度不高，不会使零件受损、变形，也不影响基体组织结构，且可以提高机械零件表面的硬度，改善零件表面性能，同时还可恢复零件的尺寸，因此在汽车修理行业得到广泛的应用。例如，各种铜套镀铜修复，不但可修复零件，延长零件寿命，还可节约大量贵重金属铜；活塞环多孔镀铬，其磨损可降低 2/3 等；特别是汽车上的许多重要零件，在使用过程中只磨损 0.01～0.05mm 就不能使用了，这种情况用电镀修复最为方便。

电镀可以采用有槽电镀和无槽电镀等方法进行。刷镀又称涂镀，是新近发展起来的一种零件修复工艺。其特点是设备简单，不需镀槽，能在不解体或半解体的条件下快速修复零件，可用于对轴、壳体、孔类、花键槽、轴瓦瓦背、平面类及盲孔、深孔等各类零件的修复。刷镀机动灵活，可用于零件的局部修复，且镀层均匀、光滑、致密，尺寸精度容易控制，修理成本低，因此在修理行业得到推广和广泛的应用。

1. 刷镀的基本原理

刷镀的基本原理与槽镀相同。刷镀，顾名思义就是利用刷子似的镀笔在被镀工件上来回摩擦而进行电镀的方法，其原理如图 3-9 所示。零件作为阴极装在机床的卡盘上，石墨镀笔接阳极，刷镀时用外包吸入纤维的镀笔吸满镀液在工件上相对运动，这时镀液中的金属离子在电场力作用下，向工件表面扩散，镀在工件表面形成镀层。镀笔刷到哪里，哪里就形成镀层，直至达到所需厚度。

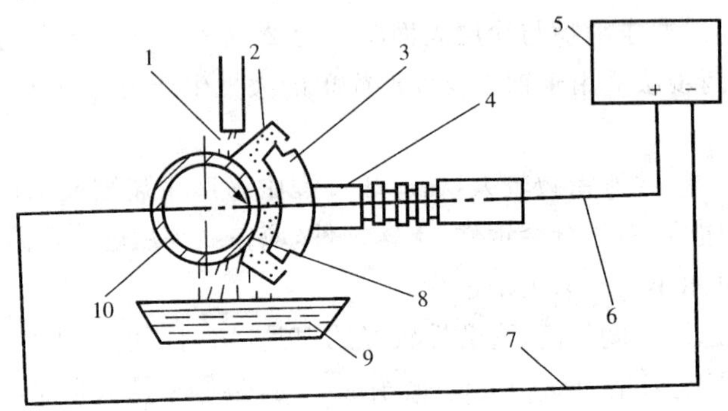

图 3-9 刷镀原理简图

1—刷镀液；2—阳极包套；3—石墨阳极；4—刷镀笔；5—电源；6—阳极电缆；7—阴极电缆；8—刷镀层；9—贮液盒；10—工件

2. 刷镀设备

刷镀设备(plating equipment)，主要包括刷镀电源(power brush)、刷镀笔(brush pen)及辅助工具(aids)等。

(1)刷镀电源

刷镀电源用直流电源，它要求其输出的外特性是平直的，输出的电压为0～25V，并能无级调节。目前，国内刷镀电源种类繁多，但是其基本结构可分为两大类，即硅整流电源和晶体管电源。

(2)刷镀笔

刷镀笔由导电手柄和阳极两部分组成，阳极和导电手柄用螺纹相联或压紧。导电手柄的作用是连接电源和阳极，使操作者可以移动阳极做需要的动作，以实现金属的刷镀，其结构如图3-10所示。

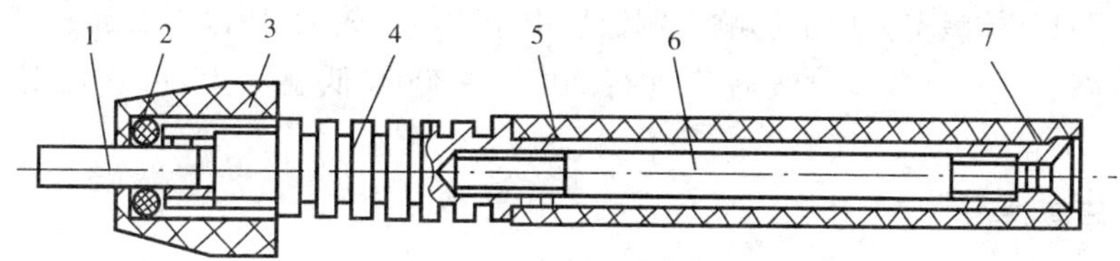

图3-10　导电手柄结构

1—阳极；2—O形密封圈；3—锁紧螺母；4—手柄套；
5—绝缘套；6—联接螺栓；7—电缆插座

阳极是镀笔的工作部分，一般用石墨作阳极。为了适应零件不同形状刷镀的需要，阳极有圆柱形、平板形、瓦片形、圆饼形、半圆形和板条形等。

(3)刷镀辅助工具

主要有转胎和镀液循环泵，主要作用是夹持工件和泵送镀液。

3. 刷镀溶液

刷镀溶液(plating solution)按其作用不同可分为表面准备液(surface preparation solution)、电镀溶液(plating solution)、退镀溶液(stripping solution)和钝化溶液(passivation solution)四大类。刷镀溶液中最常用的是表面准备液和电镀溶液两种。

(1)表面准备液(又称预处理液)

它的主要作用是除去被镀零件表面的油污和氧化物，以获得洁净的待镀表面。表面准备液有电净液和活化液两种。电净液用于镀前工件除油。一般工件电净时，工件接负极，镀笔接正极。利用氢气产生的大量气泡对油膜产生撕裂作用来除油，同时镀笔在工件上反复擦拭，促使溶液中的化学物质与其发生皂化或乳化反应而将油污带走，起到除油效果；但对某些氢脆敏感零件(如弹簧钢、高碳钢)不宜采用上述方法，以防氢脆。活化液的作用是除去待镀工件表面的氧化膜、杂质和残留物，从而使基体金属露出其纯净的显微组织，以利于金属的沉积。活化处理分为阳极活化和阴极活化，但以阳极活化居多。

(2)电镀溶液

电镀溶液很多，常见的有镍、铜、铬、镉、锡、锌、铟、银、金等盐镀液和合金镀液数十种，以满足被镀件的不同需要。

4. 刷镀工艺

刷镀的工艺过程包括：一般预处理——电净——水冲——活化——水冲——镀过渡层——水冲——镀工作层——镀后处理。

电净完了的标志是水冲后，被镀表面水膜连续；活化好的标志是低碳钢表面呈银灰色，中、高碳钢呈深黑灰色，铸铁表面呈深黑色。过渡层一般用特殊镍或碱铜作过渡层。工作层一般根据工件的不同需要和要求选取后进行刷镀。

5. 刷镀层的性能

镀层与基体的结合强度是衡量刷镀层质量好坏重要指标之一，镍、铁等刷镀层的结合强度大于镀层本身的结合强度，并且远高于喷涂，比槽镀高。

① 硬度。刷镀层硬度比槽镀镀层硬度高，一般硬度可达 50HRC 以上。

② 刷镀层的耐磨性。刷镀的耐磨性比 45 淬火钢好，其中镀铁层是 45 淬火钢耐磨性的 1.8 倍。

③ 刷镀层对基体疲劳强度的影响。刷镀层由于内应力较大，所以对金属疲劳强度影响较大，一般会下降 30%～40%，但镀后若进行 200℃～300℃低温回火，可降低对疲劳强度的影响。

五、粘接修复法

粘接修复法(bonding repair method)是应用粘接修剂将两个物体或损坏的零件牢固地粘接在一起的一种修复方法。它具有工艺简单、设备少、修复成本低、不会引起变形和金属组织的变化，在机械及汽车修复中得到了广泛的应用。在汽车修理中常用于修复车身零件，粘补水箱散热器、油箱和其他壳体上的穿孔和裂纹，也用于粘接制动蹄、离合器摩擦片及缸体的堵漏等。

粘接剂的种类繁多，包括有机粘接剂如环氧树脂、酚醛树脂、Y－150 厌氧胶、J－19 高强度粘接剂等，无机粘接剂常用的是氧化铜粘接剂。汽车零件粘接修复中常用的是环氧树脂胶、酚醛树脂胶、氧化铜胶等粘接剂。

1. 环氧树脂胶粘接

环氧树脂胶是一种人工合成的树脂状化合物，它能使多种材料表面产生较大的粘接力，是目前广泛使用的一种粘接剂。环氧树脂本身不能单独作为粘接剂使用，在使用时必须加入固化剂、稀释剂、增塑剂和填料等等。

环氧树脂粘接剂的特点是：黏附力强、固化收缩小、机械强度高，且耐腐蚀、耐油、电绝缘性好，适合工件工作温度在 150℃以下使用。它的缺点是性脆，韧性较差。

2. 酚醛树脂粘接

酚醛树脂是由酚醛类在催化剂中经缩合而得到的一类树脂，可以单独使用，也可以和环氧树脂混合使用。

酚醛树脂有较高的粘接强度，耐热性好，但脆性较大，不耐冲击。汽车修理中常用它来粘接制动蹄片及离合器摩擦片。酚醛树脂与环氧树脂混合使用时，其用量为环氧树脂的 30%～40%，同时还要加增塑剂和填料。为了加速固化，可加入 5%～6%乙二胺，这样既改善了耐热性，又提高了韧性。

3. 氧化铜粘接

氧化铜粘接具有耐热性好(耐热温度为 600℃～900℃)、粘接工艺简单、使用方便、操纵容易且固化过程体积略有膨胀等特点，宜采用槽接或套接，适用于缸体上表面裂纹、气门室裂纹、管接头防漏等粘接。其特点是粘接脆性大，耐冲击能力差。氧化铜粘接剂是由粒度为 320 的纯氧化铜粉和密度为 1.7g/cm^{3}的正磷酸调和而成。调制工序为：将纯的氧化铜粉和无水磷酸放在铜片上用竹片调匀，待能拉出 7～10mm 的细丝时，即可使用。

六、校正修复法

汽车的某些零件在使用过程中往往发生变形，修理中需要校正。常需校正的汽车零件有前轴梁、车架零件、曲轴、凸轮轴、传动轴以及连杆等等。

在汽车修理中常采用三种校正方法，即静压校正（static correction）、敲击校正（percussion calibration）和火焰校正（flame correction）。

1. 静压校正

绝大多数零件是在冷状态下静压校正的。轴类零件弯曲的静压校正方法如图 3－11 所示。将轴支撑在两 V 形块上，用压力机在轴上施加压力，压力方向与轴弯曲的方向相反。轴受压后的变形量可由置于轴下的百分表观察。

静压校正会使零件产生内应力，在零件使用中这种内应力还会与由工作负荷作用产生的应力汇集在一起，从而有可能出现第二次变形。为了提高零件校正的稳定性和加强承载能力，校正后的零件要进行热处理。图 3－12 表示对用 45 钢制作的零件加热 1h 后，其温度对恢复校正后的零件承载能力的影响。从图中可以看出，当零件加热到 400℃～500℃时，承载能力恢复到原来的 90%。能加热到这种温度的零件是那些在制造中已经过温度不低于 450℃～500℃热处理的零件，如连杆、前轴梁等。高频淬火的零件（曲轴、凸轮轴）要保持校正的稳定性，就要在不超过 180℃～200℃的温度下保温一段时间，消除内应力。这样能使承载能力恢复到原来的 60%～70%。静压校正会使零件的疲劳强度降低 15%～20%。

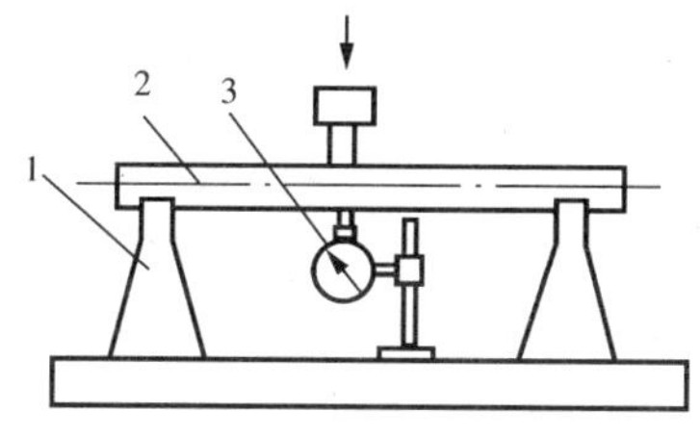

图 3－11　轴的静压校正示意图

1—V 形块　2—轴　3—百分表

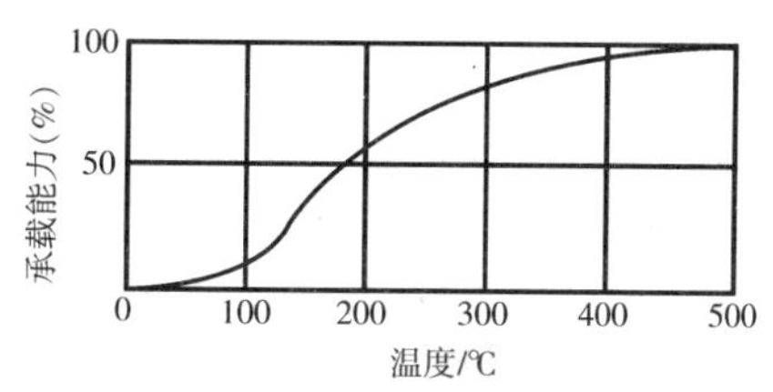

图 3－12　温度对恢复校正后的零件承载能力的影响

2. 敲击校正

敲击校正法是利用有圆形敲击头的汽锤对零件非工作表面进行连续的敲击，如校正曲轴时就敲击曲柄臂（如图 3－13 所示）。敲击校正法不存在静压校正法所固有的缺点。其优点是校正后的稳定性好，校正的精度高（可达 0.02mm）、生产率高，疲劳强度不受影响。

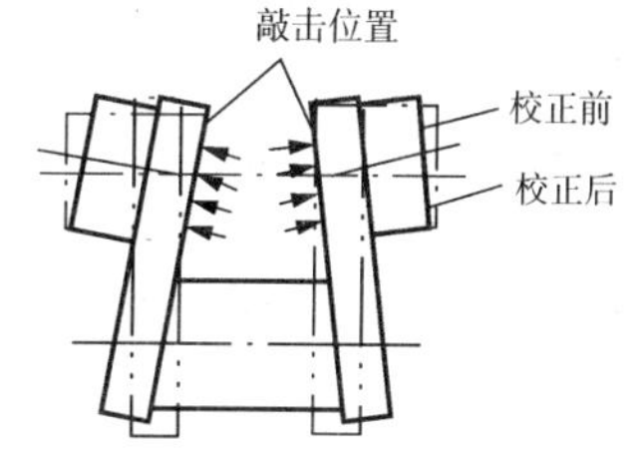

图 3－13　曲轴的敲击校正示意图

3. 火焰校正

火焰校正是氧—乙炔热点校正的简称，是一种比较先进的校正方法。它的校正效果较好，效率高，尤其适用于一些尺寸较大、形状复杂的零件。火焰校正零件的变形稳定，对疲劳强度影响较小，是一种值得推广的方法。

火焰校正是利用气焊炬迅速加热工件弯曲凸起处的某一点或几点后再急剧冷却的校正

方法，如图 3－14 所示。当工件凸起点温度迅速上升时，表面金属膨胀而使工件向下弯曲，上层金属受压应力，在高温下产生塑性变形。假设它本来要膨胀 0.10mm，由于受周围冷金属限制只膨胀了 0.05mm，其余 0.05mm 产生了塑性变形。但冷却后却仍然要收缩 0.10mm，由于塑性变形的 0.05mm 无法收缩，从而收缩量大于膨胀量 0.05mm，那么表层就缩短了 0.05mm，使工件向上弯曲，这就对原有的下弯量起到了校正作用。

火焰校正时零件支撑在 V 形块上，用百分表检测弯曲情况，如图 3－15 所示，并用粉笔做好记号，然后使工件凸点向上，用火焰将凸点迅速加热到 700℃～800℃，然后立即用水冷却。校正时，可在凸处多烧几点，直至校直为止。

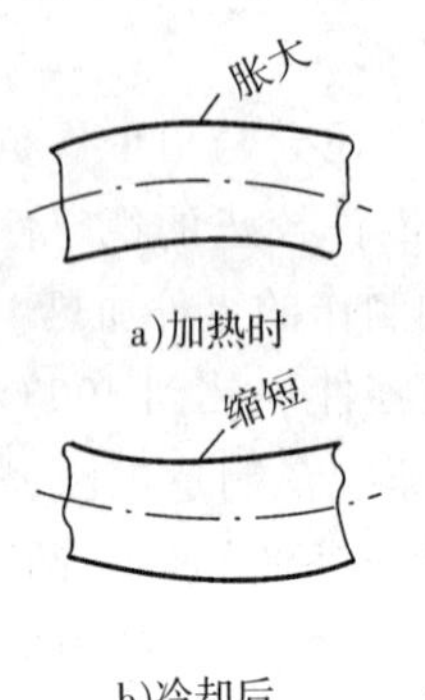

图 3－14　火焰校正的应力及变形

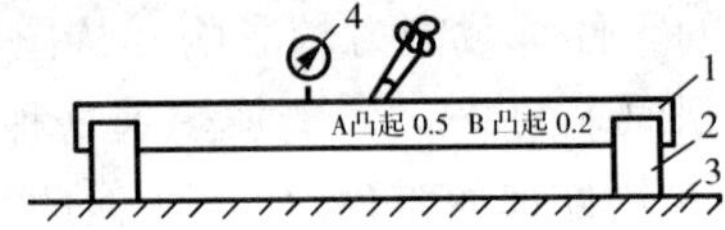

图 3－15　火焰校正法

1—工件；2—V 形块；3—平板；4—百分表

对曲轴进行火焰校正时，在几个轴颈的曲柄侧面选加热点，用各加热点校正的综合效果使曲轴校直。但由于选择加热点、加热长度、宽度和深度都凭经验确定，因此较难掌握。对于塑性较差的合金钢零件、球墨铸铁及弯曲较大的零件，宜多选几个加热点。每点加热温度可稍低些，使工件均匀校直，不可让某一点温度过高。另外，对铸铁件校正时不宜用水冷却，应自然冷却，以防应力过大而断裂。

火焰校正的关键是加热点温度要迅速地上升，焊炬热量要大，加热面积要小。如果加热时间拖长，加热面积过大，整个工件断面的温度都升高了，就降低了校正效果。加热长度一般不宜超过工件长度的 70％。加热温度根据零件的不同宜用 200℃～800℃，最高不超过 1000℃。加热深度不得超过零件厚度的 60％，以 30％～50％为宜。加热深度只能凭经验掌握，所以较难控制。这种方法最适合校正传动轴和车身。

【例 3－2】 半轴的修复。

维修过程：

如图 3－16 所示，将半轴花键端严重磨损部位切掉磨平，用同样材料制造切下部分，用对接焊（或摩擦焊）连接两部分，校直，车花键外圆，铣花键，热处理，光磨花键部分至最终尺寸。

【3－3】 变速器盖球形支座修复。

维修过程：

如图 3－17 所示，变速器上端变速器盖变速杆球形节座的球面处，由于磨损严重，可将支座部分割掉，用灰铸铁作一个新的支承座，用接合凸肩与变速器盖压合，用焊接焊牢。

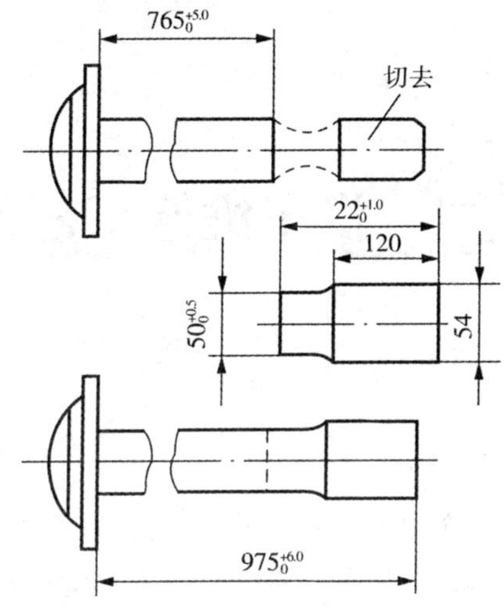

图 3－16　用局部更换法修复半轴

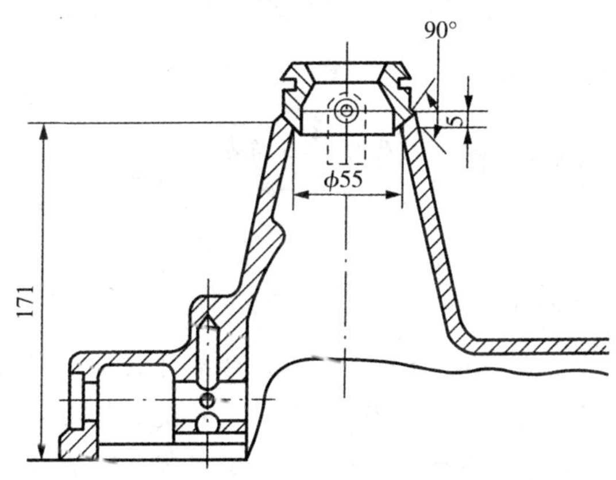

图 3－17　变速器盖球形支座的修复

思考与练习

3－1　常见汽车零件的失效类型有哪些？

3－2　常见的汽车零件修复法有哪些？

3－3　在汽车修理中，常采用哪几种校正方法？请对各种校正方法做相应的比较。

第四章 汽车维修工艺过程

学习目标：本章主要介绍汽车接收的主要内容、具体要求；汽车清洗的基本方法；汽车解体的概念、原则和一般工艺过程；汽车零件检验分类的主要内容和基本方法。重点掌握汽车解体的原则和一般工艺过程以及汽车零件检验分类的主要内容和基本方法。

第一节 汽车维修工艺组织

一、汽车维修工艺过程概述

汽车维修工艺(vehicle maintenance technology)是维修汽车时进行的各种技术作业的总称。汽车维修的各种作业按一定方式组合，并按一定顺序完成这些作业的过程，称为汽车维修工艺过程。汽车修理可分成许多工艺作业，按规定顺序完成这些作业的过程称为工艺过程。由于修理组织的方法不同，工艺过程亦各不相同。

下面介绍就车修理法(personalized repair method)和总成交换修理法(exchanged assembly repair method)的工艺过程。

(1)就车修理法的工艺过程(如图 4-1 所示)

汽车经过验收并进行外部清洗后，拆成总成，然后分解成零件，并加以清洗。所有零件经检验后可分为可用件、需修件和不可用件三类。可用的零件可直接送至总成装配，需修的零件送至零件修理车间修复后再送至总成装配，不可用的零件用新件或修复件替换。当总成零部件配备齐后，可进行总成装配。总成经磨合试验后，将试验合格的总成送至汽车总装。汽车车架、车身和电气仪表的修理是在总成拆散修理装配的同时进行的。汽车总装完毕经试验并消除所发现的缺陷后，进行汽车外表涂装，然后交验收员验收后交车。

就车修理方法的特点是：所有的总成都是由原车拆下的总成和零件装成的，由于各总成的修理周期不同，采用就车修理法时，必须等修理周期最长的总成修竣后方能装配汽车，因此大修周期较长。

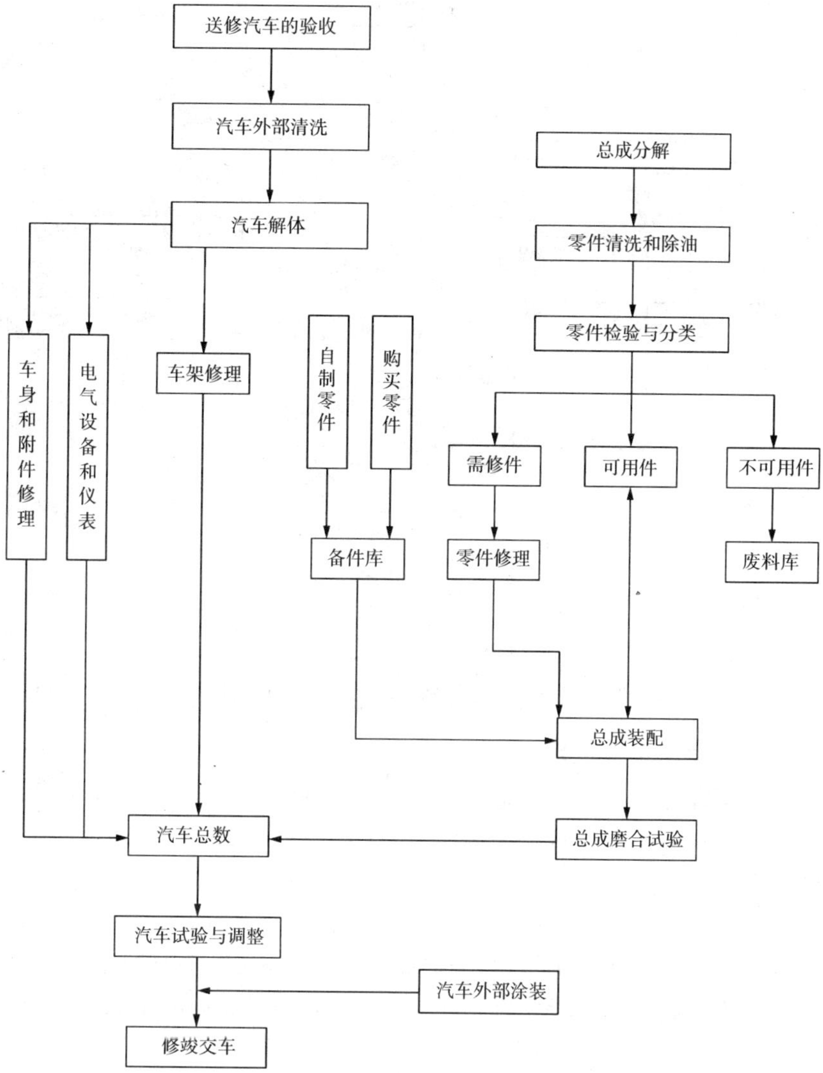

送修汽车的验收
汽车外部清洗
汽车解体
车身和附件修理
电气设备和仪表
车架修理
自制零件
购买零件
备件库
总成分解
零件清洗和除油
零件检验与分类
需修件
可用件
不可用件
零件修理
废料库
总成装配
总成磨合试验
汽车总数
汽车试验与调整
汽车外部涂装
修竣交车

图 4-1　就车修理法修理汽车的工艺过程

(2)总成互换修理法的工艺过程(如图4-2所示)

汽车大修时将验收并经外部清洗的汽车拆成总成,修理汽车车架(或轿车车身)。然后用备用总成库的周转总成、组合件和零件来装配汽车。而拆下的总成经拆散、检验分类和修复后,交备用总成库,以备其他车辆修理时使用。由于采用了备用零件和周转总成,就不会破坏汽车修理装配的连续性,可大大缩短大修时间。

以上两种汽车维修工艺过程中均包含汽车的接收、清洗、拆卸、零件检验四大部分,这是汽车维修工艺流程中的先期阶段,为以后的零件修复、装配等作业提供必要的准备。其工作质量对汽车修理质量、成本和生产效率有重要的影响。

汽车维修工艺的组织形式包括维护与修理作业的基本方法、作业方式与劳动组织形式三个方面。维修企业只有根据自己的生产计划、设备条件、人员素质及外部环境等因素,合理地组织生产,才能获得良好的经济效益。

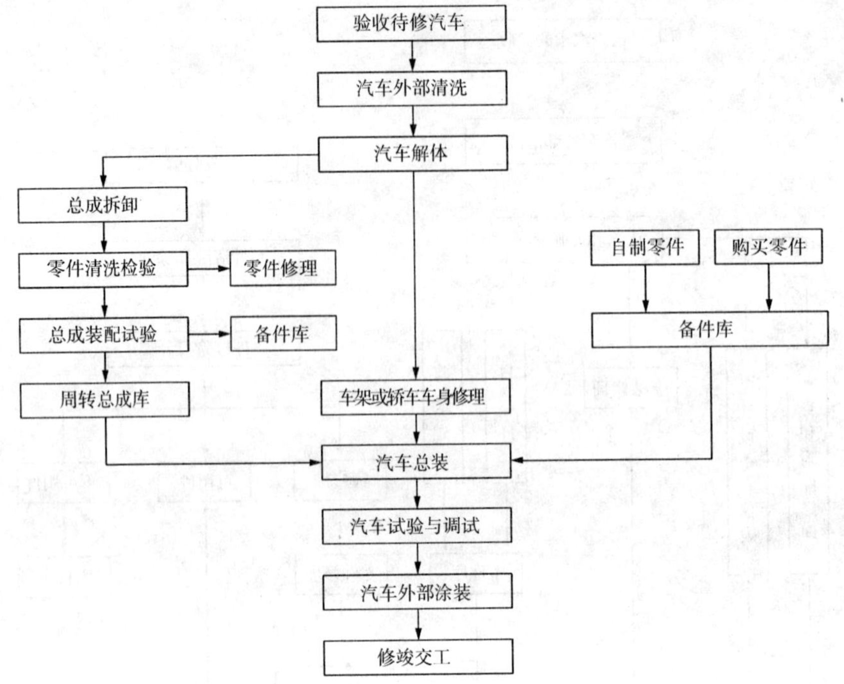

图 4-2　总成互换修理法修理汽车工艺过程

二、汽车维护工艺的组织形式

汽车维护作业的组织形式分全能工段法(almighty law section of law)和专业工段法(professional section of law)两种。

1. 全能工段法

它将除外表养护作业外的一些其他规定作业组织在一个工段上,并把执行各工艺作业的工作人员编成一组,在定额的时间内,分部位和有顺序地完成各自的作业。

全能工段法按作业方式又可分为固定工位作业法(fixed station operating method)与平行交叉作业法(cross-paralled operating method)两种形式。

(1)固定工位作业法

固定工位作业法是指技术水平较高的全能工人对汽车的固定部位完成保养作业。

(2)平行交叉作业法

平行交叉作业法是指专业工种的工人在不同部位进行专业作业。

2. 专业工段法

专业工段法是指把规定的各项保养作业,按其工艺特点,分配在一个或几个工段上,各专业工人在指定工段完成各自工作,工段上配备专门设备。当专业工段按照保养作业顺序排列时,则可组织成流水线生产。

若企业生产规模大、汽车类型单一且企业的维护场地允许,则可用专业工段法,流水线作业生产。若企业的汽车数量较少、车辆类型和工作制度又显著不同,维护作业组织宜采用全能工段法和专业工作组。

确定汽车维护工艺组织形式时,还应考虑企业厂房内维护工作场地的实际情形。常用的工段布置形式有尽头式和直通式,如图 4-3 和图 4-4 所示。

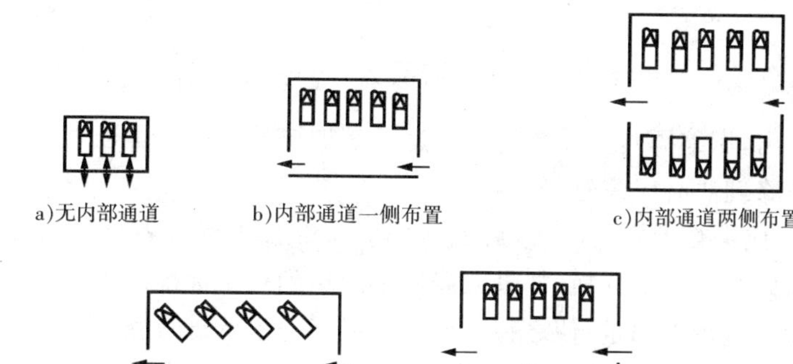

a)无内部通道　b)内部通道一侧布置　c)内部通道两侧布置

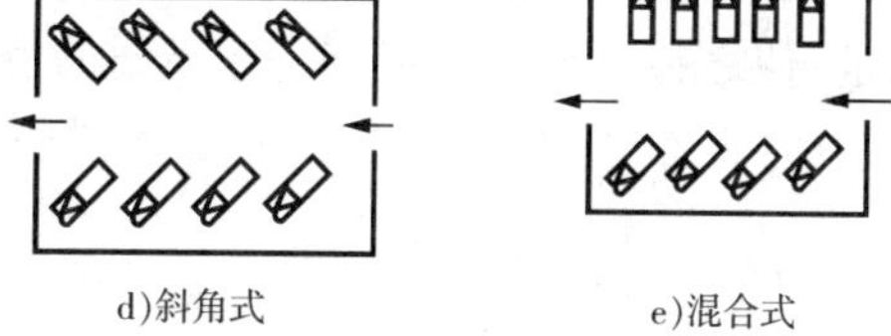

d)斜角式　e)混合式

图 4-3 尽头式工段布置

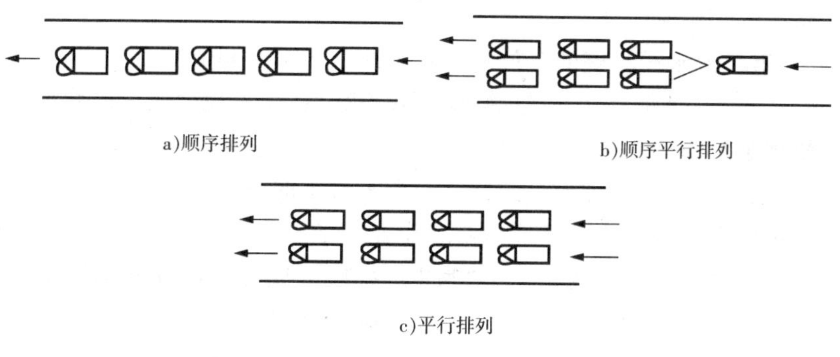

a)顺序排列　b)顺序平行排列

c)平行排列

图 4-4 直通式工段布置

三、汽车修理工艺的组织形式

1. 汽车修理的基本方法

汽车修理的基本方法有就车修理法(personalized repair method)和总成互换修理法(unit exchange repairing method)两种。

(1)就车修理法

在汽车修理过程中,从汽车上拆下的零件、组合件及总成,除报废件用新件替代外,其余的在修理后仍装回原车。特点是不需要储备周转零件(或总成),有利于单件成本核算。但该方法停修时间长,适用于生产规模不大、承修车型复杂、送修单位不一的修理厂。

(2)总成互换修理法

在汽车修理过程中,除车架和车身外,其他总成都换装已经修好的备用品,换下的总成经修理后入库作周转用。这种方法利用了周转的总成(或组件),可保证汽车装配的连续性,大大缩短汽车大修在厂日,同时也有可能对汽车装配和某些总成的修理组织流水作业。总成互换修理法适用于生产规模大、承修车型单一且具有一定周转总成的修理厂。

采用总成互换修理法时,需要确定周转总成的数量。合理的总成储备量,既可保证修理作业的需要,又能尽可能地减少积压。储备的周转总成数量是否经济合理,取决于两个因素,即计划期需要的周转总成数(承修同类车型车辆数)和修复该总成所需的时间(天数)。

其计算公式为：

$$计划期(年)所需总成数目=该总成修复所需天数\times\frac{计划期需换总成数}{计划工作日数+机动}+机动总成数$$

从上式可以看出，压缩周转总成数的唯一途径是加快总成的修理进度。

采用总成互换修理法时应注意如下几点：

① 对换下的总成进行大修，且大修后能达到应有的技术标准者，该周转总成可由修理厂对所有同型的送修车辆实施互换；如果大修后不能达到技术标准的规定，该周转总成应以运输企业或车队为单位予以固定，使之在同一企业或同一车队进行互换。

② 在进行总成修理时总成中的零件（除标准件外），一般不进行互换，以免影响原配合精度。

2. 汽车修理的作业方法

汽车修理的作业方法有流水作业法（flow method of vehicle repair）和定位作业法（method of vehicle repair on universal post）两种。

(1)汽车修理流水作业法

由各专业工组在流水线相应的工位上按确定的工艺顺序和节拍完成汽车的拆装及修理作业。特点是专业化程度高、修理质量好、生产效率高，适用于规模较大的修理厂。

(2)汽车修理定位作业法

汽车在固定工位上进行修理作业的方法。大修汽车的解体及装配是以车架为基础在固定工位上进行，拆卸下来的总成及零件的修理作业分散到各专业车间或工组进行。该法的优点是占地少，生产调度比较方便；缺点是拆装过程中总成与零部件的运送距离长、劳动强度大。该作业方法适用于生产规模不大或承修车型复杂的汽车修理厂。

3. 汽车修理的劳动组织形式及其选择

汽车修理的劳动组织形式有两种：综合作业法（consolidated operating method）和专业分工法（professional division of labor law）。

(1)综合作业法

整个汽车修理作业除车身、轮胎、机械加工和锻焊等作业由各专业工种配合完成外，其他修理作业（如拆装等）的修理工作均由一个修理工组来完成。这种作业法的作业范围广，要求修理工人具有较高的技术水平，同时修理功效低，速度慢，修理质量难以保证。它适合生产规模小、承修车型较复杂的小型汽车修理厂。

(2)专业分工法

汽车的整个修理作业，按工种、工位、总成或工序划分为若干作业单元，每个单元由专人或一个工组来承担完成。这种劳动组织形式有利于提高修理工人的单项作业技术熟练程度，可采用专用工具，而且修理质量好，效率高。它适用于生产规模较大、承修车型单一的大型修理厂。

汽车修理厂在组织汽车修理生产时应根据自身条件和特点，选择最合适的工艺组织形式，多、快、好、省地完成汽车修理。

凡承修车型单一且承修车辆数量较大的汽车修理厂，宜以总成互换修理法为主，就车修理法为辅。作业方式可采用间歇流水式，总成修理可按流水作业顺序来安排工位，并组织修理生产流水线。在劳动组织形式上宜采用专业分工法。

凡承修车型复杂的汽车修理厂，宜以就车修理法为主、总成互换修理法为辅。在作业方式上，汽车拆装可采用定位作业，由综合工组进行；总成修理可根据专业分工采用流水作业顺序来安排工位，避免增加车间内起重运输的困难。在劳动组织方面，宜采用专业修理，综合拆装。

对于生产规模较小的企业，宜采用就车修理法、定位和综合作业法。

如何选择最合理的修理工艺组织方法，经过研究，总结出如下几点：

(1)在汽车修理的基本方法上，采用就车修理与总成互换、组合件互换相结合的方法。对部分结构复杂、修理费时、不易与整体修车进度相配合的总成或组合件，应采用互换办法；其余部分则采用就车修理法。这样既可以减少修理车辆的在厂日，又可解决周转总成不足的困难。

(2)在劳动组织上，采用综合拆装与专业修理相结合的形式。对于整车拆装，应成立综合拆装组，按部位固定分工和整车拆装顺序来同时进行工作，注意平衡每名工人的工作量，避免作业过程相互干扰。对于总成和组合件的修理，应采用以工种或工件为对象进行专业分工，并通过小组内调度达到进度平衡。这样有利于按照工艺路线组织广泛的平行交叉作业。

(3)在作业方法上，汽车拆装采用定位作业，使之在固定的场地进行，便于集中采用起重运输设备和拆装工具。总成或组合件的修理应尽可能使各个专业组按流水线的顺序安排在一条生产线上。

第二节　汽车的接收

汽车进厂修理时，应由进厂检验人员根据车辆技术鉴定书所填写的送修项目以及驾驶员口头反映，并按照汽车修理技术检验规范的有关规定，进行车辆的进厂检验，以便从车辆外表了解车辆的技术状况，并作出必要的记录，分别通知有关部门作施工准备。此外，还须检查车辆技术装备的齐备性，并负责验收。

一、调查待修车辆使用及维修情况

通过向送车人员和驾驶员了解车辆的使用及维修情况，初步掌握待修车的技术状况。调查的内容主要有：

1. 车辆使用情况

调查车辆累计行驶里程和维修间隔里程；各总成在使用中出现过哪些故障和损坏；车辆动力性的变化和燃油、润滑油的消耗情况；使用中有无事故发生等。

2. 车辆维修情况

调查历次维修实施日期；维修中对各总成技术状况的评价和登记，修理和更换过哪些主要零部件；气缸压缩压力和磨损测量登记等。

二、车体外部检查

1. 车容

查看汽车外部有无撞、碰伤，各部油漆是否脱落，车门、玻璃、铰链、门锁把手、坐垫、靠背等各种零部件是否齐全或有无腐蚀、损坏等。

2. 安全机构

检查转向、制动、传动系等机构是否有缺损、渗漏及螺栓(母)松动等现象。

3. 基础件

检查气缸体、变速器壳体、后桥壳、前桥及车架等有无渗漏、严重变形及破损等。

4. 轮胎

查看轮胎磨损及损坏情况，若有不正常磨损应查明原因。

三、仪器设备检测诊断

为实施视情修理和强制维护制度，车辆大修的检测诊断主要是通过不解体检测设备进行。没有检测手段的企业，汽车大修前的检测诊断应到交通主管部门认定的检测站进行，以便全面检测，准确确定修理的深度和广度。

检测诊断的主要内容包括汽车的动力性(最高车速、加速能力、底盘输出功率、发动机功率、转矩和供给系统、点火系统的状况等)、安全性(制动、侧滑、转向、前照灯等)、可靠性(异响、磨损、变形、裂纹等)、经济性(燃料消耗)及噪声和废气排放状况等。能表征上述内容的具体检测参数及其数值，除部分通用者外，大多需根据不同车辆的结构特点、故障规律和使用条件，通过大量的测试数据记录来加以确定。

检测诊断结果是对待修车辆技术状况和技术性能进行技术评定的重要依据。

四、发动机的检验

发动机的检验，是为了判定发动机是否达到大修技术条件，从而确定汽车的修理类别。发动机启动后，应先查听有无异响，然后检查气缸压力，最后测量气缸的磨损情况。

1. 发动机的异响判断

发动机常见的异响有：活塞敲缸响、活塞销响、连杆轴承响、曲轴轴承响、窜气声、正时同步齿轮响、气门脚响等。

2. 检查气缸压缩压力

气缸压缩压力是否符合要求，将直接影响到发动机的动力性能。

(1)检查气缸压缩压力的必备条件

① 发动机工作温度正常。

② 曲轴转速应不低于 180r/min(用启动机带动)。为了减少曲轴转动阻力，当测量气缸压缩压力时应拆去全部火花塞。

③ 为了减少进气阻力，节气门和阻风门均应开至最大位置。

(2)气缸压缩压力的检查方法

用气缸压力表紧压在被检查气缸的火花塞孔上，如图 4-5 所示。然后用起动机带动曲轴转动，使被测气缸压缩 2～3 次，直到表针不再上升为止，则表针指示的读数就是被测气缸的压力。气缸压缩压力值应不低于原厂规定标准压力的 70%。

发动机各气缸压力均匀一致，其压力差不应超过最高气缸压力的 10%，否则将会影响发动机工作的稳定性。

(3)气缸压缩压力不足的原因

各缸压缩压力均低于所在地区原厂标准压力规定的 70%，一般是由于气缸与活塞环磨损造成的。

个别气缸压缩压力低于规定，是由于气缸严重拉伤，活塞环开口重叠，气门烧蚀、无气门脚间隙、气门与气门座不密封、气缸衬垫损坏等原因造成的。

相邻两缸压缩压力低于规定，且两缸压力相等或相近，其原因多为相邻两缸之间的气缸衬垫损坏和缸盖螺栓(母)松动所致。

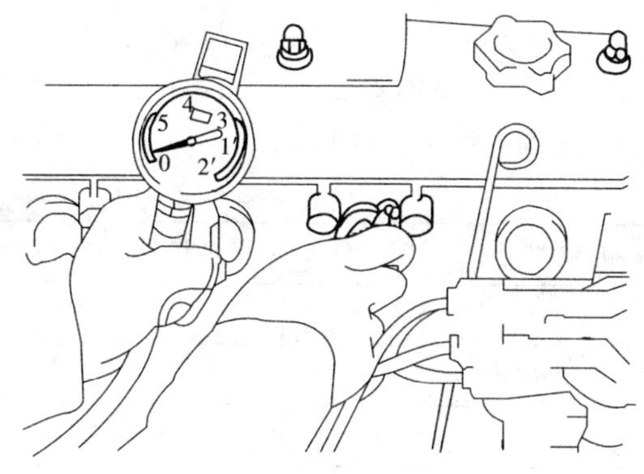

图 4-5 测量气缸压力

3. 就车检查气缸的磨损情况

就车检查气缸磨损情况，一般在汽车行驶检验后进行。

(1)拆去气缸盖，摇转曲轴，使被测气缸的活塞移至下止点。

(2)用量缸表测出气缸的最大磨损直径。

(3)找出或测出气缸的最小磨损直径。

此处应注意未刮过“缸肩”处的直径即是气缸最小磨损直径；刮过“缸肩”的气缸可从车辆维修卡或车历记录簿上查出上次镗磨缸直径，作为气缸的最小直径。没有资料可查时，可以根据活塞裙部尺寸近似计算出气缸磨损最小直径，即活塞尺寸加上配合间隙。最大磨损直径与最小磨损直径之差，就是气缸的磨损量，这是确定发动机修理类别的主要依据。

五、待修汽车的技术鉴定与承修合同的签订

1. 技术鉴定

待修车的技术鉴定，即根据上述对整车的技术检验对汽车的技术状态作出综合评定，并确定修理类别和修理范围。

特殊情况修理类别的确定：

(1)发动机工作状态不佳，但是气缸磨损又没有达到每 100mm 缸径 0.4mm 的大修标准，日汽车行驶里程尚未达到大、中修间隔里程时，一般应确定对发动机进行换环维护。

(2)在汽车行驶没有达到大、中修间隔里程的条件下，若发动机的技术状况虽好，但底盘的某些总成性能恶化，例如基础件严重损伤或变形过大则应作为总成大修处理，也可通过小修或维护恢复汽车的技术性能来实现。

(3)在高原和高寒地区使用的车辆，其修理间隔里程的限额应为标准限额的 90%。

(4)对事故损伤的汽车是否需要进行大修，应根据损坏程度和已行驶里程数来确定。对于损坏严重或接近大修间隔里程的汽车，一般按汽车大修处理；对损坏较严重或接近中修里程的汽车，一般按汽车中修处理；若汽车大、中修不久，且损坏不甚严重，一般按小修处理；若个别气缸因事故拉伤，一般只更换损坏的气缸套。

2. 承修合同的签订

即承修单位与送修单位应签订合同，商定送修要求、修理车日和质量保证等。合同签订后必须严格执行，并填写进厂检验单。如表 4-1 所示为承修合同式样。

表 4-1　汽车维修承修合同

甲方(托修方):__________　　联系电话:__________

乙方(承修方):__________　　联系电话:__________

1. 托修车辆基本信息:

车牌号码	车辆类型	厂牌型号	颜　色	发动机号	VIN 代码/车架号	上牌照日期

2. 托修车辆维修项目:

维修项目	
附加作业项目	

3. 维修配件提供方式:

车辆维修需更换的配件由承修方提供	配件选用:原厂配件□、副厂配件□、修复配件□、其他□
承修、托修双方混合提供配件应另附清单说明	

4. 维修预算金额(概算费用)——承修方可预收 30%以下的维修费用:

维修项目	工时定额	总工时费	材料费	合计

5. 维修期限(交车日期):

竣工交付日	年　月　日	交付地点	

6. 验收方式及验收标准:

验收方式	托修方当场验收并签字确认□
验收标准	经竣工检验符合:国家标准□、原厂标准□、地方标准□

7. 质量保质期:

质量保质期	二级维护□、总成维修□、整车修理□　质量保质期为:车辆行驶　千米或者　日

8. 结算方式:

人民币现金结算	转账支票结账	其他方式

9. 补充协议:

新增维修项目			
新增维修工时费和材料费		延长维修期(天)	

10. 承修、托双方约定的其他条款:

11. 本合同正本一式两份,承、托修双方各执一份。本合同经承、托修双方签字或盖章后生效。

托修方(签章):　　　　承修方(签章):

签约日期:　年　月　日　　　　签约日期:　年　月　日

第三节 汽车的清洗

一、整车清洗(vehicle cleaning)及清洗设备

1. 汽车的外部清洗

汽车在维修前均需进行外部清洗,清洗尘土、油垢和泥沙等。外部清洗一般采用压力为0.2～10MPa 的冷水进行冲洗。对于密度较大的厚层污物,在水中加入适量的化学清洗剂并提高喷射压力和温度。

汽车外露表面的污垢,不仅影响车子整洁,加剧外表腐蚀,而且影响着车辆的维修质量,增加维修成本。目前国内外汽车维修业都十分重视车辆的整车清洗,并不断研制专用清洗设备。

例如国内许多汽车自动化清洗站(台),采用电子、液压和机械等技术,并设有污水处理、废水回收、排污与挖泥等综合性设备,全部采用电子计算机程序控制。而国外的汽车外部清洗技术更先进,如早在 20 世纪 70 年代末,原西德奥瓦斯公司采用了"阿波罗"宇宙飞船上的微波技术,对汽车采用无水清洗,尘土和污物在高强电场的作用下,自行离开车身表面。由于去除了传统清洗法中清洗剂或刷子对车身的冲击和摩擦,在清洗过程中可保持车身漆层完好无损,且清洗效率高,仅需几秒钟即可完成一部汽车的外部清洗作业。

2. 清洗设备

整车清洗设备的结构形式分为固定式和可移式两类。

(1)固定式清洗设备(fixed cleaning equipment)

具有清洗效率高、劳动强度低等优点,应用于大批量汽车的外部清洗作业。就其清洗方式而言,可分为喷射冲洗式和滚刷刷洗式两种。前者依靠压力水的冲击清除汽车车身及底盘部分的泥土污垢,主要适用于载货汽车的外部清洗作业;后者则主要依靠滚刷与车身表面的刷洗摩擦作用清除车身表面的灰尘、污垢,主要适用于轿车、旅行车和大客车等的车身表面清洗作业。

(2)可移式外部清洗设备(portable external cleaning equipment)

是小型汽车的清洗设备,如图 4-6 所示,其清洗装置以及电动机、水泵等均安装在可移动的小车上,机动灵活,使用方便。但由于采用单喷嘴且出口流量小,所以清洗效率较低,一般只用于维修作业量不大的小型企业。

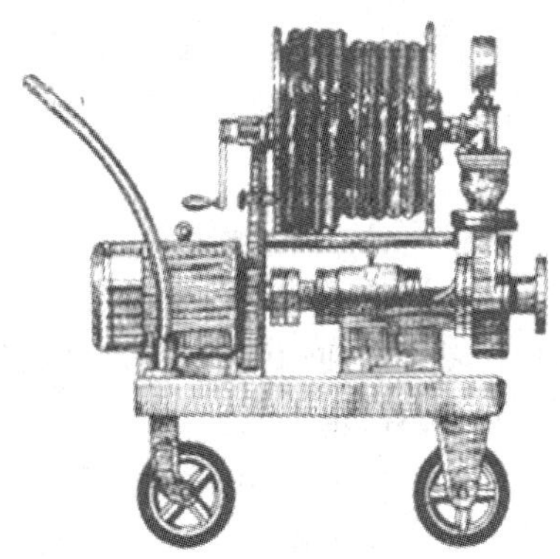

图 4-6 汽车外部清洗机

另一种新型的可移式汽车外部清洗设备由电动机、柱塞泵总成、高压喷水枪总成(图 4-7)、高压旋流喷刷器总成(图 4-8)等主要部分组成。

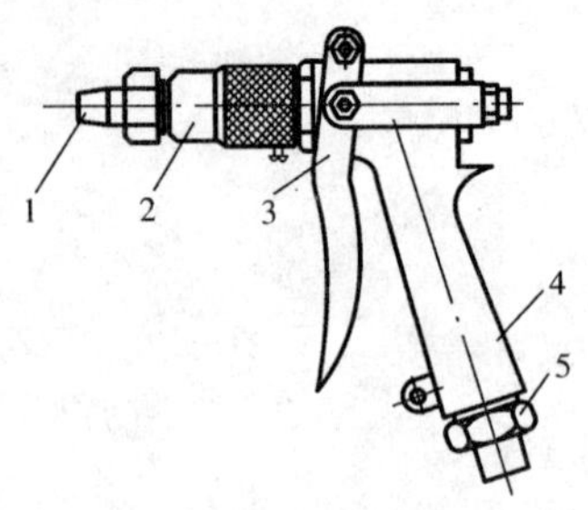

图 4-7 高压喷水枪总成

1—喷嘴；2—调节套；3—进水开关；4—枪体；5—进水接头

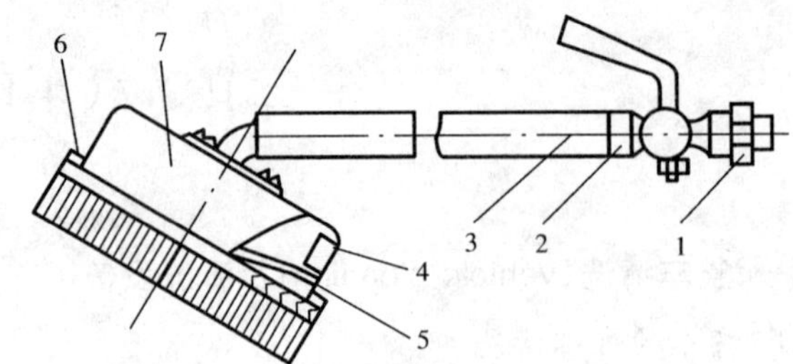

图 4-8 高压旋流喷刷器总成

1—进水接头；2—进水开关；3—刷把；4—叶片；5—喷嘴；6—棕刷；7—外壳

柱塞泵在电动机的驱动下产生高压水。高压水流经高压软管进入喷水枪或旋流喷刷器。一般情况下，若要冲洗汽车底盘、轮胎等用高压喷水枪，而清洗车身则使用高压旋流喷刷器。扳动开关，高压水经喷嘴产生旋转冲击水柱。若转动调节套，则可改变喷射水流的状态，以适应清洗的需要。旋流喷刷器的外壳固定，进入该外壳的高压水由两个喷嘴切向喷出，冲击喷刷器叶片产生转动力矩，从而使喷刷器壳内的转子带动刷子做旋转运动。刷把上设有进水开关，通过控制喷射水量达到清洗目的。

可移式喷刷清洗机既能清洗汽车底盘部分的油污，又能刷洗除净车身表面的尘埃，故可广泛用于各类车辆的外部清洗。

二、零件清洗

汽车维护、修理过程中，对拆卸下来的零部件进行清洗是极为重要的。因为它们大多沾有油泥、积炭、水垢和铁锈等。零件的清洗方法决定清洗质量和生产效率的高低。

1. 零件清洗的工艺目的

对零件进行清洗，一是便于检验分类，了解和掌握零件的磨损规律，确定修理尺寸和加工方法；二是可提高装配质量，减少运动件和摩擦副的磨料磨损，延长零部件的使用寿命；三是为修理工作做好备件准备。另外，为保持维修车间整洁，改善作业环境提供了可靠保证。

2. 零件清洗的工艺要求

零件的清洗不同于汽车的外部清洗，它在清洗方法和清洗材料上呈现出了多样性。为不致破坏零件的使用性能，提高清洗质量和工效，应注意以下几点：

(1)清洗程度要有针对性

在汽车修理作业中，各种不同的零件，对清洁要求的程度是不尽相同的。如配合零件的清洗程度要高于非配合零件；间隙配合零件高于过渡和过盈配合零件；精密配合零件高于一般配合零件；对需喷、镀、粘接的零件表面，清洗要干净、彻底。清洗时要根据上述特点，选择清洗方法和清洗剂。

(2)避免零件的磕碰和划伤

零件在清洗过程中，应遵循轻拿缓放、排列有序的原则，尽量不要叠放。同时注意，在手工清除活塞、喷油嘴、气缸等的积炭时，要用专门工具。

(3)防止零件腐蚀

轴承孔、光洁表面和轮齿、散热器等在受到潮气或在清洗过程中受腐蚀性溶剂的作用，会产生斑痕或被腐蚀。清洗时要合理选择清洗剂，对清洗过的零件，应用压缩空气吹干，并采取防腐和防氧化措施。

(4)确保操作安全

防止火灾或毒害、腐蚀人体的事故发生，避免环境污染。

(5)选择清洗方法和清洗材料时

在保证清洗质量和清洗效率的前提下，要兼顾设备造价、材料成本和经济性。

3. 零件清洗的工艺方法

目前国内外汽车修理企业对零件清洗所采用的方法，主要有以下几种：

(1)手工清洗(hand washing)

在汽车维修作业过程中，有时要用刮刀或刷子等手工清洗活塞、气门、气门导管，缸口、喷油嘴、燃烧室等上的积炭、油漆、结胶、密封材料。手工清洗过程中，根据需要利用清洗剂在清洗箱或盆中进行。

(2)高压喷射(high-pressure jet cleaning)

利用射流式高压喷射器提供的常温或热的高压清洗溶液，清洗气缸体、变速器等。

(3)冷浸泡(cold soaked cleaning)

将需要清洗的金属零件放置在网状筐中或用铁丝悬吊住，置于盛有冷浸化学剂的清洗箱中，上下运动几次，即可清洗干净，然后用清水冲洗，并用压缩空气吹干。它适用于传统化油器的清洗，可有效地清除胶质、油漆、积炭、油泥和其他沉积物。

(4)热浸泡(heat soaked cleaning)

最常见的是将一定浓度的氢氧化钠溶液置于蒸煮池(俗称火碱锅)中，加热至80℃～90℃时，将零件放入浸泡。这种方法对清洗零件上的油漆、油泥及水道内表面的铁锈和沉积物等有效而且经济。如果利用旋转式清洗机对零件进行热喷洗，则效果更佳。

(5)蒸汽清洗(steam flushing)

将含皂质的水由水泵泵入加热盘管，盘管中的水被火焰喷射器加热至150℃左右，并经增压后由清洗轮的喷嘴喷射到零件上，在喷射摩擦力的作用下除掉脏物。

(6)超声波清洗(ultrasonic cleaning)

超声波是一种交变声压，当它在液体介质中振动传播时，能使液体介质形成疏密状态，产生超声空化效应。当超声振动的频率和强度达到一定程度时，则不断地形成足够数量的空腔，然后不断闭合，在无数个点上形成数百兆帕的爆炸力和冲击波，对油污、积炭产生极大的剥离作用，加上清洗液的热力和化学作用，可获得良好的清洗效果。

4. 金属件

(1)油污清洗(greasy dirt cleaning)

冷洗：用煤油、柴油或汽油作清洗剂，清洗后用压缩空气吹干。此种方法成本较高，但较为方便，适用于零件的一般维护和小修。

热洗：用碱溶液作清洗剂，效果与洗油相同，且费用较低。常用碱溶液配方见表4－2。

表 4-2 常用碱溶液配方

单位:g

零件材料 \ 配方成分 \ 品名		苛性钠	碳酸钠	磷酸三钠	肥皂	硅酸钠	重铬酸钠	液态肥皂	水
钢铁零件	1	100						2	1 000
	2	7.5	50	10	1.5				1 000
	3	20		50		30			1 000
铝合金零件	1		10				0.5		1 000
	2		4			1.5			1 000
	3					1.5		2	1 000

注:清洗钢铁零件,在无上述配方条件时,只单纯把苛性钠加入水中作清洗液也可。

清洗方法:清洗溶液温度应保持在 70℃～90℃,把零件放入煮洗 15～20min,取出后用清水冲洗,再用压缩空气吹干。操作过程中要注意:碱液不要落到皮肤上,以免烧伤。

(2)清除积炭(carbon deposition cleaning)

可用机械的或化学的方法清除,或者两种方法并用。

机械法:用刮刀、铲刀、金属丝刷清除。

化学法:用化学溶液清除,配方见表 4-3。清洗时溶液温度应保持在 80℃～90℃,将积炭零件浸泡,待积炭软化后,用毛刷或棉纱擦拭干净。清除积炭后,铝合金零件还应用热水冲洗。

表 4-3 清除零件积炭的溶液配方

单位:g

零件材料 \ 配方成分 \ 品名		苛性钠	碳酸钠	硅酸钠	肥皂	重铬酸钠	水
钢铁零件	1	25	33	1.5	8.5		1 000
	2	100				5	1 000
	3	25	31	10	8	5	1 000
铝合金零件	1		18.5	8.5	10		1 000
	2		20	8	10	5	1 000
	3		10		10	5	1 000

(3)非金属零件的清洗

① 橡胶零件(如制动皮碗、皮圈等)应用酒精或制动液清洗。不得用洗油、碱溶液清洗,以防发胀变质。

② 制动器和离合器的摩擦衬片轻微油污时,应用汽油刷洗干净。

③ 皮质零件(如皮质油封等)一般用干净布擦净即可。

(4)清除水垢(scale cleaning)

清洗水垢多用酸洗法或碱洗法,因为酸性或碱性溶液对水垢均有溶解作用。修理厂家通常使用盐酸处理水垢。

盐酸对于金属的腐蚀性很强,必须在酸中加入缓蚀剂,以减轻酸对金属的腐蚀作用,同时又不减弱对水垢的清洗作用。

用盐酸清洗水垢，其溶液浓度以8%～10%为宜，盐酸缓蚀剂优洛托平的加入量为3～4g/L(水)，将溶液加热至50℃～60℃，清洗持续时间为50～70min。用盐酸溶液处理之后，应该用加有重铬酸钾的清水冲洗。

采用3%～5%的磷酸三钠溶液清洗，能消除任何成分的水垢。其溶液应加热到60℃～80℃，清除水垢后用清水冲洗。

(5)除锈(derusting)

除锈时根据具体情况，可采用机械方法、化学方法或电化学方法。

① 机械法除锈

常用的方法有刷、磨、抛光、喷砂等，可依靠人力用钢丝刷、刮刀、砂布等刷、刮或打磨锈蚀层，也可用电动机或风动机作动力，带动各种除锈工具，清除锈层，如磨光、刷光、抛光和滚光等。其磨光轮可用砂轮，抛光轮用纤维织品制成，刷光轮一般用金属制成，滚光则是把零件装入滚筒内，由磨料(砂或碎玻璃)摩擦除锈。

② 化学除锈

利用金属的氧化物容易在酸中溶解的性质，用一些酸性溶液清除锈层，故称酸洗。主要使用的有硫酸、盐酸、磷酸或几种酸的混合溶液，并加入少量缓蚀剂。常用的酸洗除锈配方如下：

a. 硫酸液除锈。对钢铁零件，用密度1.84g/cm^{3}的硫酸65ml，溶于1L水中，加入缓蚀剂3～4g或每升水中加入密度为1.84g/cm^{3}的硫酸200g。

注意：稀释硫酸时，切记“必须把硫酸缓缓倒入水中，并不断搅拌”的操作规范，决不能把水倒入硫酸中。

b. 盐酸溶液除锈。对钢铁零件，用密度为1.19g/cm^{3}的盐酸，在室温(20℃)条件下，酸洗30～60s；对铜及其合金零件，在1L水中加3～10g缓蚀剂和1L盐酸混合后，室温条件下使用。

c. 磷酸溶液除锈。采用温度为80℃、浓度为2%的磷酸水溶液。酸洗后不用水冲洗，在钢铁表面生成一层磷酸铁，可防止零件继续腐蚀，能与漆层良好结合。此法主要用于油漆、喷塑等涂装前除锈，但不适用于电镀前除锈。

对腐蚀不十分严重、精密度较高的中小型零件，可采用磷酸8.5%、铬酐15%、水76.5%的溶液，在85℃～95℃温度下清洗20～60min。

(6)清除旧漆层(old paint layer cleaning)

清除旧漆层的各种溶液可分为有机退漆剂和碱性溶液退漆剂两种。

① 有机退漆剂

有关资料推荐的有机退漆剂配方见表4-4。

表4-4　有机退漆剂配方(成分含量为质量百分比)

成分 配方	二氧甲烷	甲　酸	硝棉胶	石　蜡	乙基纤维素	乙　醇	甲　苯	缓蚀剂	备　注
1	83			3	6	8	10	0.02	后两种不计入百分比内
2	70～80	6～7	5～6	1.2～1.8		8～10			

见上表，二氯甲烷为低分子溶剂，甲酸和乙醇为表面活性剂，可使退漆剂经漆膜很快扩散，并使漆膜和底漆一起剥落。处理时间为20～40min，膨胀后用木刮板刮掉，再用稀释剂或汽油擦拭。

② 碱性溶液退漆剂

碱性溶液可使漆层软化或溶解。主要用苛性钠、磷酸三钠和碳酸钠。表面活性剂采用脂肪酸皂、松香水、烷基芳香基磺酸酯等。缓蚀剂用滑石粉、胶淀粉、乙醇酸钠等。表4－5为有关资料推荐的碱性退漆剂的配方。

表4－5 碱性退漆剂的配方

配方 成分	含量		
	1	2	3(成分按质量)
磷酸氢二钠	8g		
磷酸三钠	6g		
碳酸钠	3g		10%
软肥皂	0.5g		
水玻璃	3g		
水	1L		
苛性钠	5～10g	5%～10%浓度水溶液	77%
多羟醇			5%
甲酚钠			5%
表面活性物质			3%
温　度	90℃～95℃	90℃～100℃	6%～15%上述混合物加85%～90%的水，加热至93℃
时　间	煎泡1～5h	20～30min	
配　制	上述药品逐次溶于水中，搅拌均匀		
退漆后处理	取出零件后用48℃温水刷洗、烘干	取出零件用40℃～50℃热水冲刷、自来水冲、干燥	

第四节　汽车的拆卸

汽车经外部清洗后，进入拆卸工位，回收所有的润滑油和冷却液，将汽车拆成总成，然后再将总成拆成零件。汽车解体的工作质量，将直接影响汽车和总成的修理质量和速度。汽

车解体的质量和工作效率，在很大程度上取决于工艺程序的安排、劳动组织的形式、拆卸工具设备的选用和工人的操作技术，因此拆卸时应注意以下原则和要求。

一、拆卸的工艺要求

汽车拆卸前，应首先检视举升或支撑装置是否牢靠，然后放尽冷却水、机油、齿轮油（最好在热状态下），并收集在专用容器中。拆卸时，严格按工艺规程分工位、有秩序地进行，使用专用工具，杜绝使用锤子、扁铲、活扳手等“万能”工具，并保证“工具、机件、油水、泥土”四不落地；对重要配合副、有平衡和方向要求及装配加工后没有互换性的零部件，应核对或做好标记，以防错乱；同一总成或同一组件，应存放在一起，为修理、组装提供方便；零部件和总成在吊装、运送时，注意轻起缓放，避免损伤。

二、汽车拆卸程序

汽车的拆卸一般不是按照结构进行分类，而是将汽车划分为若干个拆卸单元按工作部位进行分工，以平行交叉作业的方式进行。这样可以使整个工序相互配合，减少工人在拆卸过程中工作位置的变换，减少辅助工作时间和工具的数量，使拆卸作业顺利高效地进行。工艺程序如下：

(1)先拆去车厢，进行外部清洗，并在热状态时，放掉各类车用油。

(2)拆去电气设备及各部分的导线，拆去驾驶室。

(3)拆去发动机总成、变速器总成及传动轴、后桥等总成。

(4)再将各总成放至各自的工作台上，接着拆成零件。

三、汽车拆卸原则

(1)拆卸前应熟悉被拆卸总成的结构，必要时应查阅资料，按拆卸工艺程序进行。严防拆卸工艺程序倒置，从而造成不应有的零件损伤。

(2)经检验鉴定确认技术状况良好、可再用一个大修周期的总成，不再解体。

(3)应遵守正确的拆卸方法，由表到里。按先总成后零件的顺序，先将汽车拆成总成，然后再由总成依次拆成组合件、零件。为了保证组合件的装配关系，拆卸时应核对原来的标记并作好记号。

(4)合理地使用拆卸工具和设备。拆卸时所选用的工具与被拆卸的零件相适应，如拆卸螺母、螺钉应根据尺寸，选取合适的扳手、套筒或螺丝刀，尽可能不使用活动扳手；对于衬套、齿轮和轴承等应尽可能用专用工具拉器或气压机拆卸。

(5)拆卸时应为装配创造条件，对非互换的零件，应核对记号，且成对放置，以防装配时出现差错并应确保精度；对平衡要求较高的旋转零件，也应注意其装配记号；拆下来的零件应分类存放，以利于查找。

四、螺纹连接件的拆卸

1. 双头螺栓的拆卸

双头螺栓的拆卸应使用专用扳手。如果没有专用的拆双头螺栓的扳手，可用双螺母法拆卸，即用两个螺栓本身的螺母，同时拧在螺栓中部，并相对拧紧，此时两螺母与螺栓之间通过螺纹部分的接触锁紧力使之相对稳定，按拆卸的一般方法逆时针转动下螺母，整个螺栓即可拧出。

2. 断头螺栓的拆卸

(1)断头螺栓露出工件表面有一定长度，当不能用拆卸双头螺栓方法拆卸时，可在断头螺栓露出部分锯一槽口用旋具拧出,或用锉刀在断头螺栓露出部分锉一扁榫头用活动扳手拧出。

(2)螺栓断在螺孔内,可在断头螺栓上钻一适当的孔,打入淬火棱锥旋出断头螺栓,或在断头螺栓所钻的孔内攻出反向螺纹,并拧入反向螺纹螺钉,按一般拆卸螺栓的方法将断头螺栓拧出。如果条件允许,也可以将断头螺栓钻掉,重新攻制加大的螺孔。

(3)断头螺栓露出工件少许,除用拆卸螺栓断在螺孔内的方法外,也可以在断头上焊一螺母,然后按一般拆卸螺栓的方法拧出断头螺栓。

3. 锈死螺栓的拆卸

(1)先将螺母旋进少许,然后试着将螺栓拧出。

(2)在螺母与螺杆间加注汽油或洗油,浸润 20~30min,同时用手锤在螺母四周轻击,再设法将螺栓或螺母拧出。

(3)用喷灯或气焊枪对准螺母加热,并趁热迅速拧出。

若上述方法均无效,只有小心地凿去螺母。

4. 成组螺纹连接件的拆卸

(1)按规定顺序先四周、后中间对角线拆卸。先将各螺栓拧松 1~2 圈,然后逐一拆卸,以免力量最后集中在某一个螺栓上,而导致难以拆卸或使零件变形。

(2)拆卸悬臂部件的环形螺栓组时,应特别注意安全。除仔细检查是否垫稳、起重索是否捆牢外,应先从下面开始按对称位置拧松螺栓。最上部的一个或两个螺栓应在最后分解吊离时取下来,以免造成事故或损伤零部件。

(3)在整个螺栓组确实拆完后,方可用旋具或撬棒等工具将连接件分离。

五、过盈配合件的拆卸

拆卸过盈配合件,应使用拉器、压力机等专用工具。如无专用工具,可用木锤、铜锤、橡胶锤或垫以木棒(块)、铜棒(块)用铁锤敲击。无论采用何种方法拆卸,都应注意首先拆下销钉等附加固定或定位装置,并应注意拆卸方向和着力点要正确。

1. 滚珠轴承的拆卸

用压力机拆卸滚珠轴承时,必须使垫块抵住轴承内圈,且着力点要正确。若用轴承拉器拆卸滚珠轴承,着力点应在轴承的内圈。

2. 滚锥轴承的拆卸

拆卸时一般将内外圈分别拆卸。如拆卸 6020 轴承时,先将拉器胀套放在外圈的底部,然后旋入胀杆使胀套张开,勾住外围,再扳动手柄,使胀套外移,外圈即可拉出。拆卸内圈时,先将拉套套在轴承内圈上,转动拉套使其收拢后下端凸缘压入圈沟槽,然后转动把手拉出内圈。如果轴承内圈过紧无法拆下,则应破坏内圈,但要注意不能使轴受到损伤。

六、其他注意事项

(1)应趁热放油。发动机、变速器、主减速器等总成中的润滑油,应在汽车刚停车时趁热放油,以使废油彻底放尽。

(2)应在 40℃以下分解发动机,以防气缸盖,进、排气支管变形。

(3)为防止零件变形,对于多螺栓的紧固件,如气缸盖、离合器盖等,应按照从四周至中央的顺序或对称交叉的顺序分次均匀地拧下螺栓。

第五节　汽车零部件的检验和分类

零件检验和分类(inspection and classification of automotive parts)是一项极其重要的工序,它直接影响修理质量和修理成本,因此,必须以科学的态度做好零件的检验和分类工作。

一、汽车零件检验和分类要求

1. 零件分类(classification of automotive parts)

零件检验和分类的目的是通过检验确定零件的技术状况,并将零件分为可用件、需修件和不可修件三类。

(1)可用件(available parts):指合乎使用技术标准的零件,即许用件。

(2)需修件(repairing parts):指零件损伤超过容许极限,但通过修理可恢复到符合技术标准,称为需修零件。

(3)不可修件(repairable parts):指不符合技术标准的零件,即零件的损伤已超过容许极限,无法修复,或虽然可修并能恢复到符合技术标准,但所需成本不符合经济要求,也称为更换件。

要做好零件检验和分类工作,必须要有科学的零件检验分类技术条件和正确的检验分类方法,以及能保证检验精度的检验设备。

2. 技术条件(technical conditions)

零件检验和分类的技术条件是确定零件技术状况的依据,一般应包括以下内容:

(1)零件的主要特性,包括零件的材料、热处理性能以及零件的尺寸等;

(2)零件可能产生的缺陷和检验方法,并用图标明缺陷部位;

(3)缺陷的特征;

(4)零件的极限磨损尺寸、容许磨损尺寸和容许变形量或偏差;

(5)零件的报废条件;

(6)零件的修理方法。

零件可能出现的缺陷是编制零件检验分类技术条件的主要内容,不同的零件由于其工作条件不同、结构不同,其出现缺陷的规律是不一致的,必须根据统计调查资料来确定。

3. 检验内容

零件质量检验的主要内容有:

(1)几何形状精度(geometry accuracy):检验项目有圆度、圆柱度、平面度、直线度、线轮廓度和面轮廓度。检验时,一般采用通用量具,如游标量具、螺旋测微量具、量规和机械杠杆量仪等。

(2)相互位置精度(position accuracy):检验项目有:同轴度、对称度、位置度、平行度、垂直度、斜度以及跳动。检验一般采用心轴、量规与百分表等通用量具互相配合进行测量。

(3)表面质量(surface quality):主要检查疲劳剥落、腐蚀麻点、裂纹及刮痕等。裂纹可用渗透探伤、磁粉探伤及超声波探伤等方法检查。

(4)内部缺陷(internal defects):指零件内部有裂纹、气孔、疏松和夹杂物等。其内部缺陷主要用射线及超声波探伤检查。

(5)机械物理性能(mechanical and physical properties):硬度、硬化层深度和磁导率等可用电磁感应法进行无损检验,硬度还可用超声波、剩磁等方法检验。零件的表面应力状态可采用X射线、磁性及超声波等方法测量。

(6)质量和平衡(quality and balance):活塞、连杆及活塞连杆组的质量差可用称重法检查;对于高速旋转运动的零件可利用平衡机进行静、动平衡检查。

二、零件检验的基本方法

1. 直观检查(visual inspection)

这是一种不用仪器,仅凭眼看、手摸、耳听来检验和判断零件技术状态的方法。这种方法简便易行,在实践中应用较广,汽车上差不多有一半以上的零件,可用直观检查方法确定其技术状态。

(1)目测法(visual method):对于表面毛糙、沟槽、明显裂纹、刮伤、剥落(脱皮)、折断、缺口或破洞等损伤,以及零件的重大变形、严重磨损、表面退火或烧蚀、橡胶零件等材料的变质等,都可以通过眼看、手摸或借助于放大镜观察,检验来确定是否需要修理或报废。

(2)敲击法(hammering method):汽车上部分壳体及盘形零件有无裂纹,铆钉连接的零件有无松动,轴承合金与底板接合是否紧密,均可用敲击听音的方法检验。即用小锤轻击被检验零件,若零件发出的金属敲击声清脆,表明技术状态良好;若发出的声音沙哑,可以判定被检验的零件有裂纹、松动或接合不紧密的情况。

(3)比较法(comparison):用新的标准零件与被检验的零件相比较,从对比中鉴别被检验零件的技术状态是否符合要求。

2. 量具测量法(gauge measurement)

零件因磨损或变形引起尺寸和几何形状的变化,或者因长期使用引起技术性能(如弹性)的下降等,一般应通过量具和仪器测量其现有的尺寸和数据,用测出的数据与允许使用的技术标准相对照,来确定零件是否需要修理和更换。

用量具和仪器检验零件,一般能获得较为精确的数据。但选择使用要得当,在测量前必须认真检查量具的精确度,对零件的测量部位以及读数等都要正确。尽管如此,往往还会产生测量误差。所以在测量时应取多次测量的算术平均值。表4-6所示为汽车常见零件的磨损测量方法,表4-7是汽车常见零件的变形测量方法。

表4-6 汽车常见零件的磨损测量方法

项 目	测量部位	测量工具
气缸磨损量	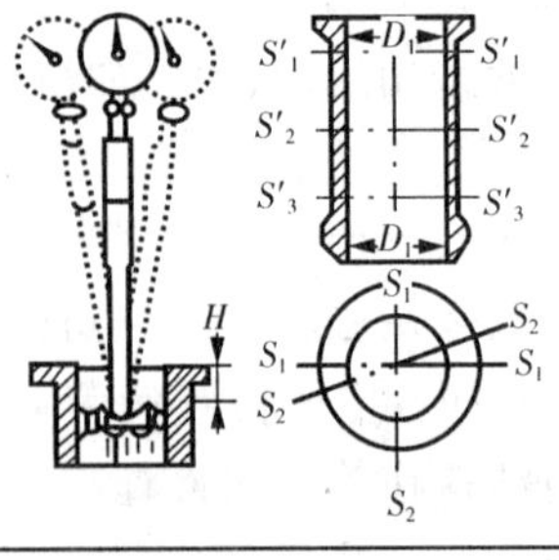	量缸表

（续表）

项　目	测量部位	测量工具
活塞裙部磨损量	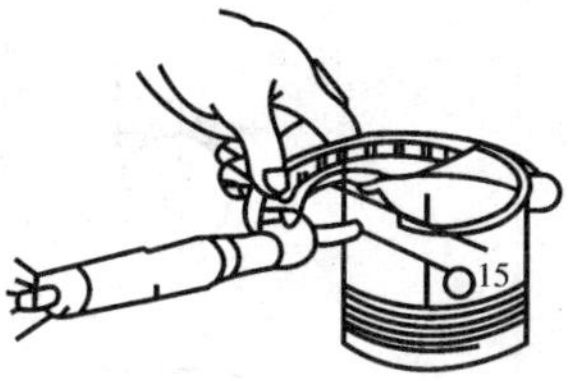	外径千分尺
活塞销座孔磨损量	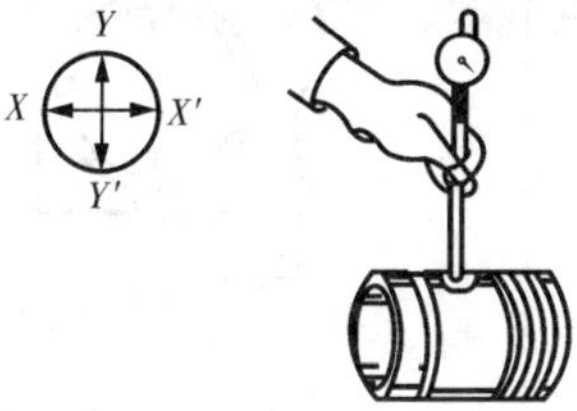	内径千分尺
气门杆磨损量	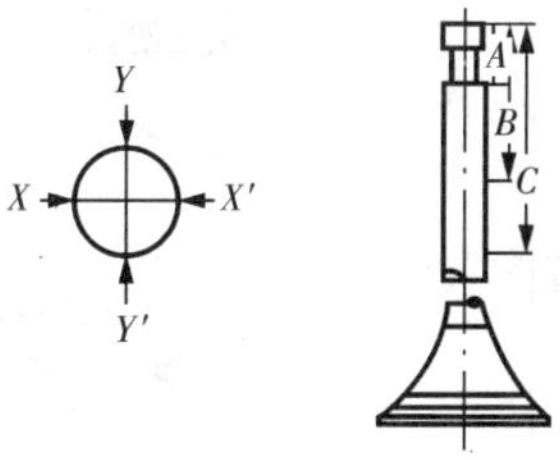	外径千分尺
气门导管磨损量	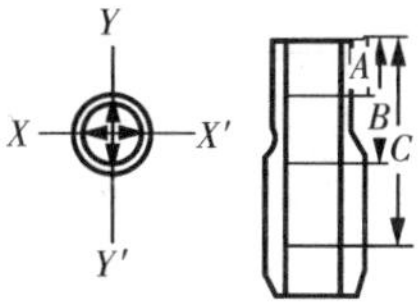	内径千分尺
连杆衬套磨损量	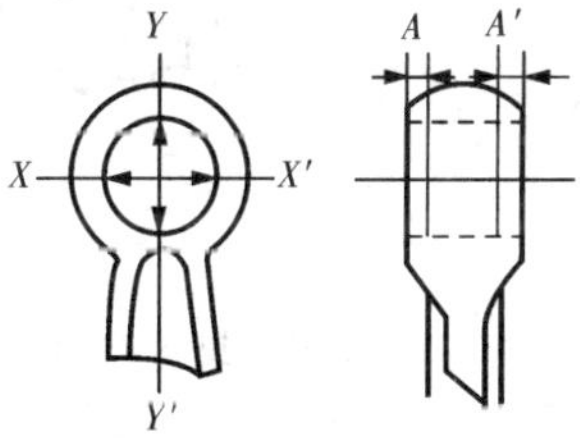	内径千分尺
曲轴轴颈磨损量	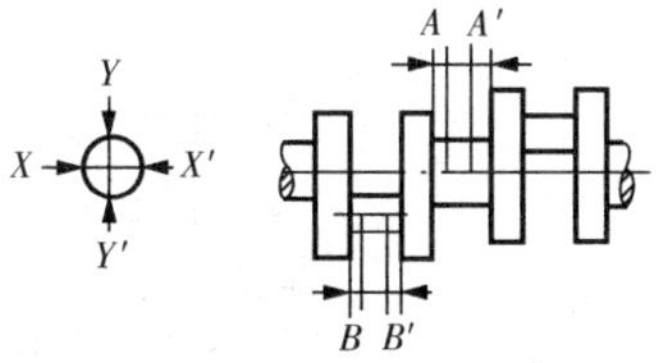	外径千分尺
凸轮轴轴颈磨损量	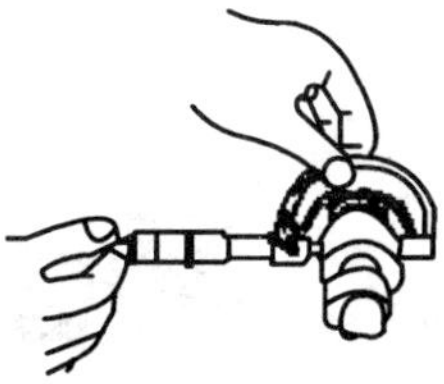	外径千分尺

（续表）

项　目	测量部位	测量工具
凸轮轴凸轮磨损量	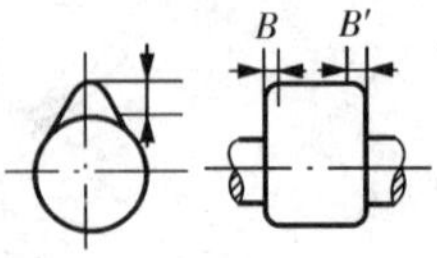 B B′	外径千分尺
凸轮轴轴承磨损量	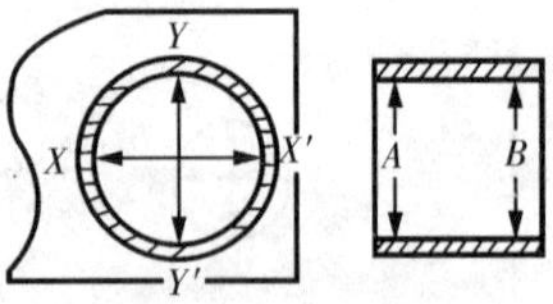 Y X X′ Y′ A B	内径千分尺
离合器摩擦片磨损量	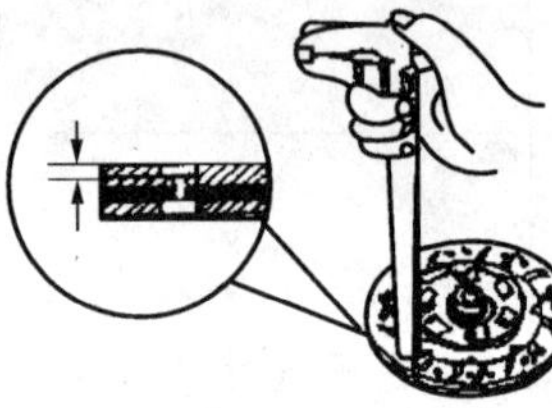	游标卡尺
制动鼓内径磨损量	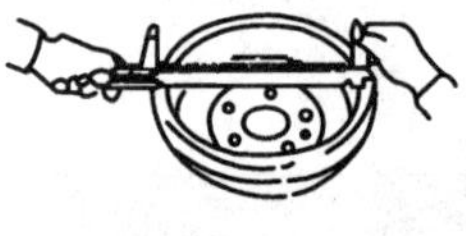	游标卡尺
齿轮齿厚磨损量	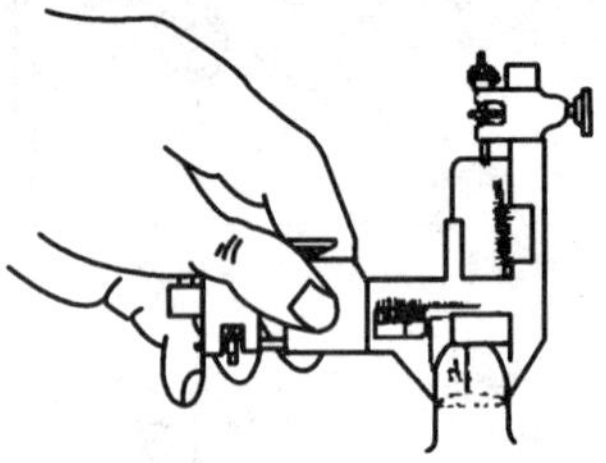	齿轮游标卡尺

表 4-7　汽车常见零件的变形测量方法

项　目	测量部位	测量工具
气缸盖平面度	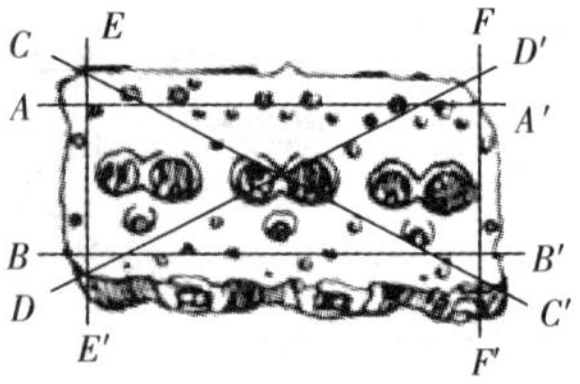 C E F D′ A A′ B B′ D C′ E′ F′	规板、厚薄规
气缸体上平面平面度	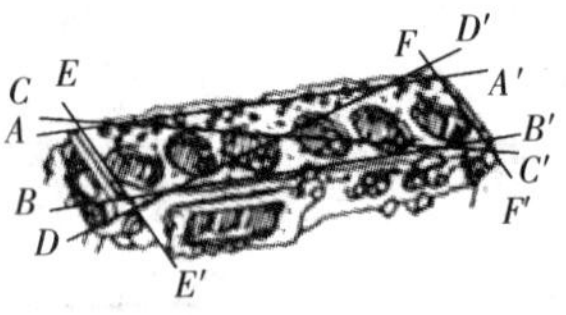 F D′ C E A′ A B′ C′ B F′ D E′	规板、厚薄规

（续表）

项　目	测量部位	测量工具
连杆的弯、扭曲	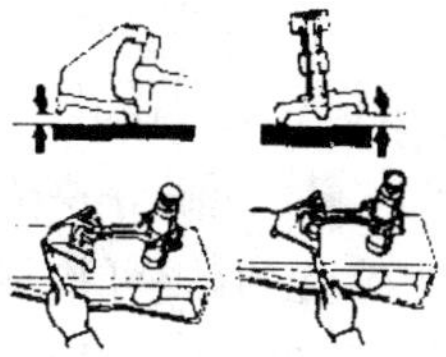	连杆校正器、厚薄规
曲轴弯曲	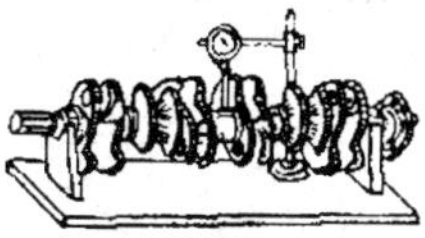	百分表及支架、V 形铁
凸轮轴弯曲	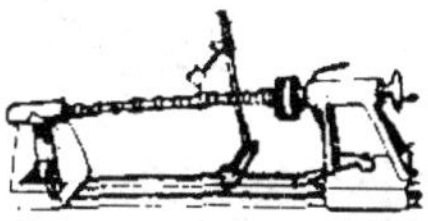	百分表及支架、V 形铁
飞轮端面圆跳动		百分表
离合器摩擦片总成圆跳动	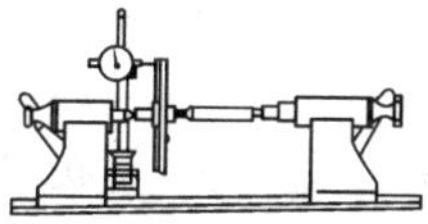	百分表及支架、顶尖
传动轴圆跳动	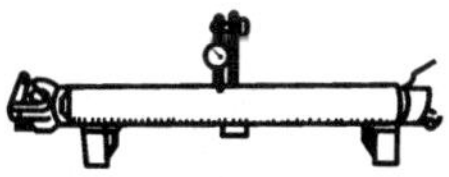	百分表及支架、V 形铁
半轴圆跳动及突缘端面圆跳动	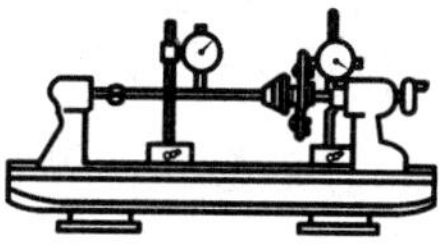	百分表及支架、顶尖
气门弹簧垂直度	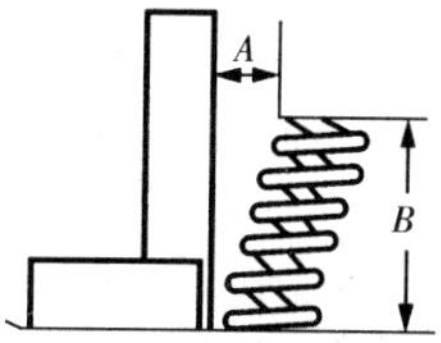 A B	直角尺、厚薄规

3. 探伤法(defectoscopy)

一些汽车主要件或重要件，如曲轴、连杆、工字梁、转向节、转向垂臂及轴、转向弯臂、横或直拉杆、球头销、半轴、半轴套管等，经长期使用后，易引起疲劳裂纹，在维护和修理时应予探伤。常用探伤方法是：

(1)磁粉探伤(magnetic particle inspection)

磁粉探伤的机理是：有裂纹、气孔、砂眼等缺陷的机件经磁化后，其表面或近表面缺陷处的磁力线必然会变形逸出并构成磁极，形成可检测的漏磁场。此时在机件表面撒上磁粉或浇上磁悬液，磁粉颗粒便会吸附在缺陷周围，以磁痕形式显示出缺陷形状。在进行磁粉探伤时，常采用图 4-9 所示的线圈磁化法。这种方法有助于发现与线圈轴线垂直的缺陷，例如轴类机件的横向裂纹。

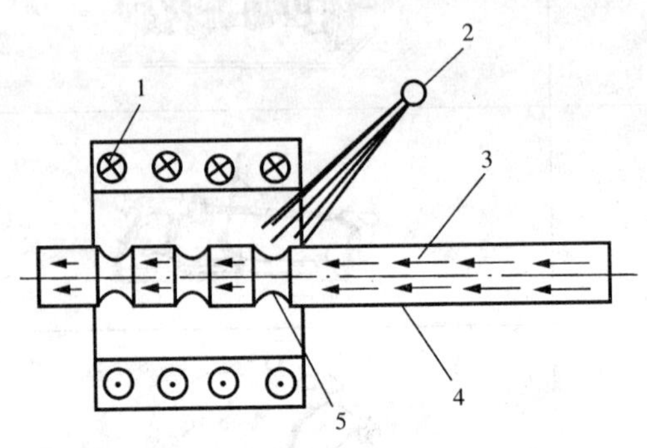

图 4-9　磁粉探伤的磁化方式

1—励磁线圈；2—磁悬液容器；3—磁力线；4—探伤机件；5—裂纹；

机件在线圈内是否容易磁化，与机件的长径比有密切关系，比值越小越难于磁化，当其比值小于 2 时，不宜采用此法。

采用磁粉探伤还可选用剩磁法。首先，将机件磁化，待截断电流或移去外加磁场后，再将磁粉或磁悬液施加到机件表面上。机件如有缺陷，即有磁痕显示。

(2)磁力探伤法(magnaflux)

磁力探伤法具有设备简单，测量准确、迅速等优点，在汽车修理企业中被广泛地采用。

磁力探伤的原理是：当磁力线通过被检验的零件时，零件被磁化。如果零件表面有裂纹，在裂纹部位的磁力线就会因裂纹不导磁而被中断，使磁力线偏散而形成磁极。此时，在零件表面撒以磁性铁粉或铁粉液，铁粉便被磁化并吸附在裂纹处，从而显现出裂纹的部位和大小。当裂纹方向与磁场方向平行时，裂纹切断磁力线的数目少，裂纹的两边不会发生磁极，不能吸附铁粉。所以，利用磁力探伤时，必须使裂纹垂直于磁场方向。因此，在检验时，要估计裂纹可能产生的位置和方向，而采用不同的磁化方法。横向裂纹要使零件纵向磁化，纵向裂纹要使零件横向磁化(或称环形磁化)。如图 4-10 所示。

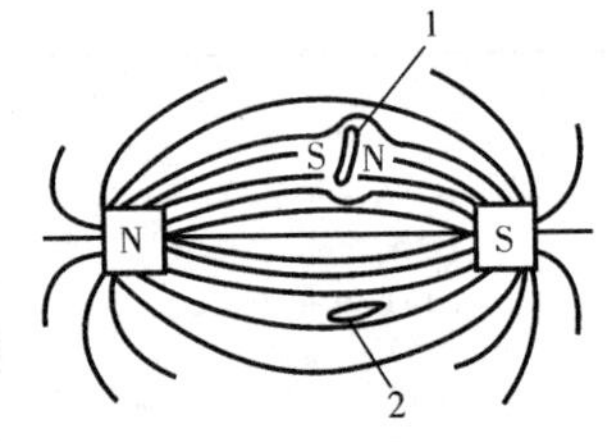

图 4-10　磁场的形成

1—横向裂纹；2—纵向裂纹

纵向磁化是将被检验的零件置于马蹄形电磁铁的两极之间，当线圈绕组通入电流时，电磁铁产生磁通，经过

零件形成封闭的磁路，在零件内产生平行零件轴线的纵向磁场，这样便可以发现横向裂纹。

横向磁化是指电流直接通过零件时，零件圆周表面产生环形磁力线，当裂纹平行于零件轴线方向时，便可形成磁极，吸附磁性铁粉，因而可以发现隐伤所在部位。

零件的外形对磁力线分布均匀性有很大影响。如果对直径均匀的长轴作纵向磁化时，轴的两端电磁感应比中部大得多，不易在中部发现隐伤，因此，对很长的轴要逐段进行磁化检验。

零件经磁化检验后，会多少留下一部分剩磁，因此必须进行退磁。否则，零件在使用时会吸引铁屑，造成磨料磨损。最简单的退磁方法是将零件从交流的磁场中慢慢地退出，或直接向零件通以交流电并逐渐减小电流强度到零为止。但是采用交流电退磁时，仅在零件表面有效，因此，对于用直流电磁化的零件最好仍用直流电退磁。向零件通以直流电退磁时，应不断改变磁场的极性，同时将电流逐渐减小到零。

(3)渗透探伤法(penetration inspection)

是利用渗透剂对机件缺陷的毛细管作用，来显示缺陷部位。具体步骤是：

① 探前处理。彻底清除机件被探表面的油污。

② 渗透处理。对被探表面喷射渗透剂，并使渗透剂能充满缺陷内。

③ 清洗处理。在保证缺陷内渗透剂不致流出的前提下，将被探表面清洗干净。

④ 干燥处理。将被探表面晒干或晾干。

⑤ 显相处理。将显相剂均匀地喷射到被探表面上。

⑥ 观察缺陷痕迹。

(4)涡流探伤法(eddy current inspection)

利用电磁感应进行探伤，该法主要用来检测机件的疲劳裂纹。它不能直观地反映缺陷所在部位，而是通过声响或灯光信号报警给予提示。一般先以模拟试块取得检测经验，再实际检测机件未知缺陷。

(5)荧光探伤法(fluorescence detection)。

荧光探伤是利用紫外线的照射使荧光物质发光的原理来显现零件表面缺陷的一种探伤方法。

荧光探伤原理：荧光物质的分子可以吸收和放出光能，当其在紫外线照射时，每个分子都吸收一定的光能。如果分子所吸收的光能较正常情况时多，则分子可以放出一定的光能，以恢复它的平衡状态，这就是可以见到的荧光。在裂纹处的荧光物质可以发出明亮的光，因此，可以很容易地发现裂纹。为了检验零件表面的缺陷，在零件表面涂上一层渗透性好的荧光乳化液，它能渗透到最细的裂纹中去，经过一段时间以后，将零件表面的荧光溶液洗去，但缺陷内仍保留有荧光液，在紫外线的照射下而发光，从而可以确定缺陷的位置、形状和大小。原理如图 4-11 所示。

(6)气雾剂探伤(aerosol inspection)。

气雾剂由渗透气雾剂、清洗气雾剂和显相气雾剂三个部分组成，分装在不同的罐内。它适用于各种金属和非金属等零件表面探伤。

气雾剂探伤原理：当渗透气雾剂喷射在被检验零部件上时，如零件有表面缺陷，渗透药物便会渗入缺陷里，然后用清洗剂洗去表面多余药物，最后喷射上显相气雾剂，缺陷中的渗透剂便被吸出，在显相药物中显出缺陷的轮廓。

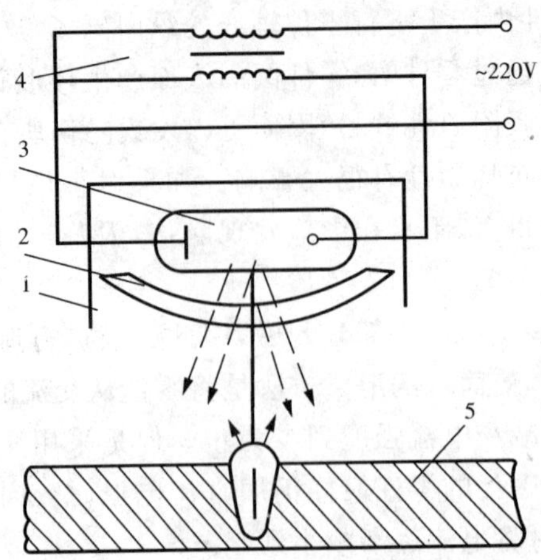

图 4－11　荧光探伤原理图

1—反光镜；2—滤色镜；3—水银石英灯；4—变压器；5—零件

4. 零件平衡的检验(part balance test)

对于高速旋转的零件如曲轴、飞轮、离合器压盘、传动轴、皮带轮毂等在装配前应进行平衡试验。零件不平衡将给零件本身和轴承造成附加载荷，使其在工作中发生振动，从而加速零件的磨损和损伤。所以零件和组合件在进行总装前要进行平衡试验，以提高修理质量和延长总成的使用寿命。

零件和组合件的平衡分为静平衡和动平衡两种。产生不平衡的原因有：零件的尺寸不精确、制造质量不均匀、由于装配中的误差使零件的旋转中心或轴线发生偏移。如零件的静不平衡是由于零件的重心离开了零件的旋转轴线而产生的零件弯曲；质量沿长度分布不均匀而引起动不平衡。

(1)静不平衡(static unbalance)

零件的静不平衡状态，如图 4－12 所示。$O—O$ 线是圆盘的旋转轴线，圆盘的重心为 B，重心与旋转轴线的距离为 r。假如把圆盘按图中所示的方式支撑在轴承上，它是不能随时静止的(除重心在 B'的位置可以静止)。由于力矩 $Q \cdot r$ 的作用随时都有自行转动的趋势，我们称这种现象为静不平衡状态。

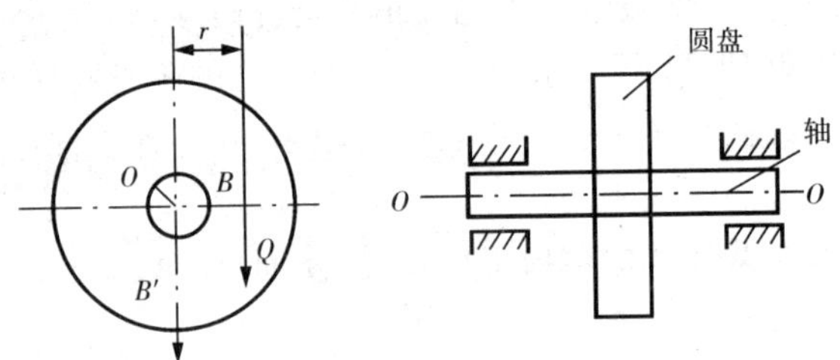

图 4－12　静不平衡

当静不平衡零件旋转时，由于物体的重心离开它的旋转轴线，因而产生离心力。离心力 F 的大小可按下式计算：

$$F = Qr\omega^2/g = Qr(n\pi/30)^2/g \tag{4-1}$$

式中：Q——旋转圆盘的质量，kg；

r——重心距旋转中心的偏移量,cm;

n——圆盘的转速,r/min;

ω——圆盘的角速度,rad/s。

即离心力 F 的大小与转速的平方成正比。因此零件高速旋转时,离心力是很危险的。

零件静平衡的检验是在一个专门的检验台架上进行的。将装在检验零件上的心轴平置在两导轨上。如心轴滚动一两圈,且始终停止在一个静止点,则对应于心轴的最下方是重心偏离的位置方向,表示这一零件具有静不平衡。

一般消除不平衡重量的方法有:在不平衡重量相对称的一边附加一重量;另一种方法是在不平衡重量一侧去掉一部分金属。

(2)动不平衡(dynamic unbalance)

经过静平衡检验的零件,还可能是动不平衡的。如处于静平衡状态的旋转运动零件,可能产生动不平衡。因此,整个轴的重心一定位于旋转轴线上,这样的轴放在静平衡台上检查,一定是平衡的。

当动不平衡零件旋转时,由于零件沿长度方向上的质量不均匀而产生的离心,就是动不平衡零件旋转时所产生的附加力。由于这个附加力的作用,不仅会减弱零件的强度,而且会使轴承负荷增加引起振动。汽车上的曲轴和传动轴等高转速的运动零件,在汽车修理时,都应该进行动不平衡检验。汽车主要零件及组合件的允许平衡值如表 4-9 所示。

表 4-9 汽车主要零件及组合件的允许不平衡值

零件及组合件的名称	平衡性质	允许不平衡值(g·cm)	
		载重汽车	轻型汽车
曲 轴	动平衡	100~150	10~50
飞 轮	静平衡	35~90	10~35
离合器片组合件	静平衡	18	10~18
曲轴带飞轮和离合器组件	动平衡	75~150	15~150
传动轴组合件	动平衡	50~100	5~15
带轮胎的车轮组合件	静平衡		250~500
制动鼓与轮毂组合件	静平衡		400
离合器总成	静平衡	70~100	10~35

(3)汽车零件的平衡

下面介绍几种主要零件在汽车修理中取得平衡的方法。

① 曲轴:曲轴一般都有平衡重,有的发动机曲轴的平衡重与发动机曲轴制成一体。有的发动机曲轴平衡重则用螺栓紧固在曲轴上。进行平衡时,可在曲轴平衡重或轴臂上用钻孔或铣面的方法取得平衡。

在修理和拆装发动机时,不要随便拆下曲轴的平衡重。

② 飞轮:发动机飞轮一般都进行静平衡。当进行平衡时,可在飞轮上或圆柱面上钻孔以取得平衡。

③ 离合器压盘:离合器压盘一般进行静平衡,平衡时通常在离合器压盘上钻孔以取得平衡。

④ 曲轴、飞轮及离合器总成:在曲轴、飞轮及离合器总成分别进行平衡检验后,再将它们装合在一起进行动平衡试验。

当平衡度超过一定限度时应将总成拆散，分别重新进行平衡试验，直到总成的不平衡度在允许的限度以内时，再进行动平衡检验。如果不平衡，取得平衡的方法是在飞轮上取下金属或在离合器壳上加装平衡片。

一般曲轴、飞轮及离合器上都做有记号表明它们的装配关系。在修理拆装过程中应注意按记号装配。

⑤ 传动轴总成：在修理过程中，传动轴总成都进行动平衡试验。取得其平衡的主要方法是在传动轴轴管两端焊接平衡片或在十字轴轴承盖上加装平衡片。

【例 4-1】 下面以奇瑞东方之子轿车搭载的 4G63S4M 发动机为例，看看如何拆装曲轴飞轮组件及相关零部件的检验。

维修过程：

(1)4G63S4M 发动机曲轴、气缸体及飞轮的拆卸

1)注意事项

① 为了保证组合件的装配关系，不加速曲轴轴颈的磨损，对拆卸的曲轴轴承进行标记或核对原来的标记并作好记号。

② 拆卸曲轴轴瓦时应核对记号，且成对放置，以防装配时出现差错并应为装配创造条件。

③ 对不同部位的螺栓拆卸后分类放置。

2)拆卸顺序

如图 4-13 所示(图中数字为拆卸顺序)。

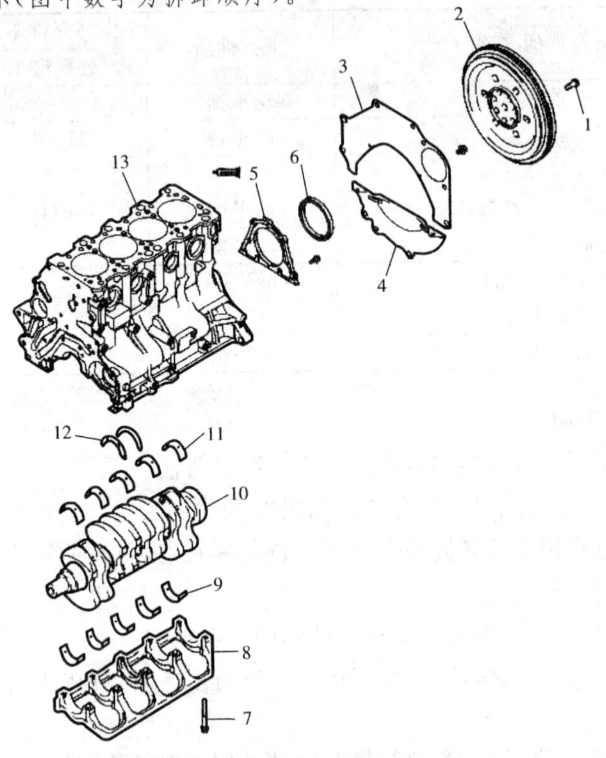

图 4-13

1—飞轮螺栓；2—飞轮；3—后盖板；4—钟形罩；5—后油封盖；6—油封；7—主轴承盖螺栓；8—主轴盖；9—曲轴下轴承；10—曲轴；11—曲轴上轴承；12—曲轴止推轴承；13—气缸体

(2)4G63S4M发动机曲轴、气缸体及飞轮的零件检验和分类

1)曲轴油隙测定(塑料线间隙规)

① 擦净主轴轴颈及轴承内径的机油。

② 安装曲轴。

③ 将塑料线间隙规切成与轴承宽度相同的长度,然后放在曲轴轴颈上,使其与轴中心线平行。

④ 小心地安装主轴承盖,并按规定扭矩拧紧螺栓。

⑤ 小心地拆下主轴承盖。

⑥ 用塑料线间隙规包装袋上印有的量尺,测量被压扁的塑料线的最宽部位的宽度,得出间隙值。标准值:0.02~0.04mm,极限值:0.1mm。如图4-14所示。

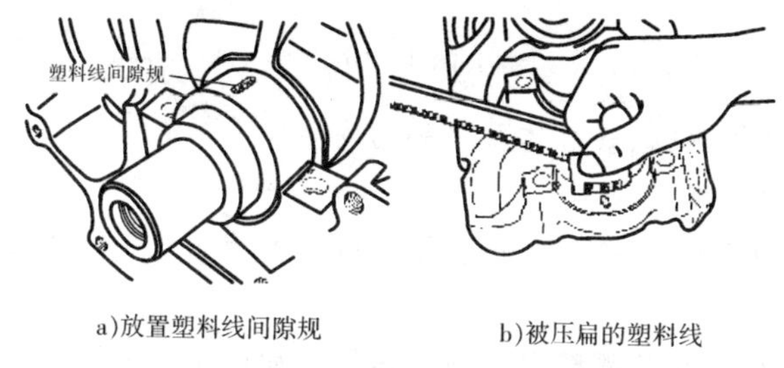

a)放置塑料线间隙规　　b)被压扁的塑料线

图4-14

2)气缸体检验

① 肉眼观察有无划伤、锈蚀、腐蚀等缺陷,也可用流动检测试剂进行检查。若存在明显缺陷,应修整或更换。

② 用直规和塞尺检查缸体上平面是否翘曲,并确认表面不得有垫屑或其他异物。标准值:0.05mm,极限值:0.1mm。如图4-15所示。

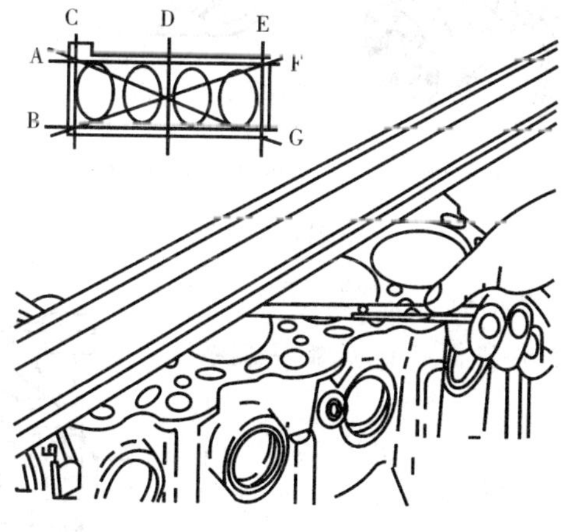

图4-15

③ 如果翘曲过量,要在允许范围内校正或更换。

缸体及缸盖允许磨掉的厚度之和最大为:0.2mm。

缸体高度(新的):284mm。

④ 检查气缸壁是否有划伤及咬缸，若不合格，则应修正(加大尺寸)或更换。

⑤ 利用量缸表检测气缸内径及圆柱度，磨损严重时按加大直径修正气缸，更换活塞及活塞环。标准值：气缸内径 85.00～85.03mm。检测位置如图 4－16 所示。

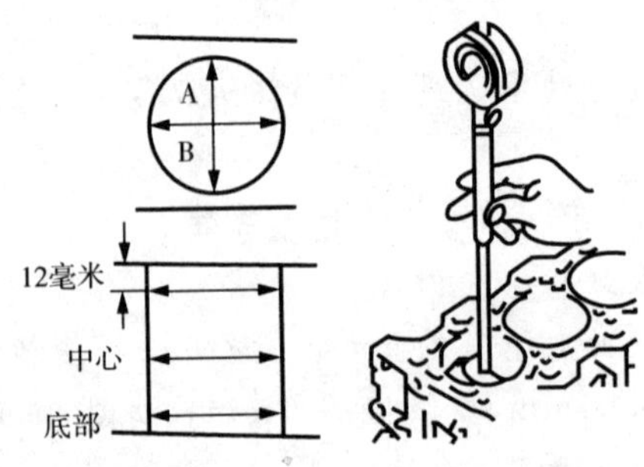

图 4－16

(3)4G63S4M 发动机曲轴、气缸体及飞轮的安装

1)曲轴止推轴承的安装

① 将曲轴止推轴承(两片)安装在气缸体的第 3 主轴孔处。为方便安装，应涂抹少许机油于止推轴承表面。

② 止推轴承有凹槽一侧必须朝向曲轴曲柄臂。如图 4－17 所示。

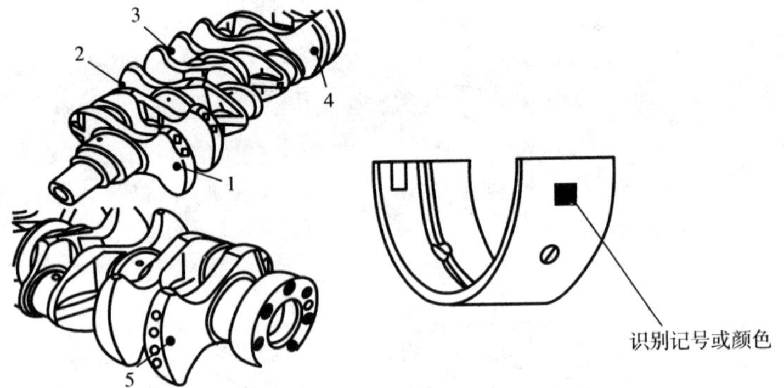

a)主轴承孔尺寸识别标记　　b)曲轴承尺寸识别记号或颜色

图 4－17

2)主轴承盖/主轴承盖螺栓的安装

① 将主轴承盖上的箭头朝向正时齿带一侧安装。如图 4－18 所示。

② 拧紧主轴承盖螺栓之前，应确认螺栓长度小于极限值。如果大于极限值，应更换螺栓。极限值(A)：71.1mm。

③ 对螺栓的螺纹部分和座面涂布机油。

④ 按照规定顺序，用 25N·m 的扭矩拧紧主轴承盖螺栓。

⑤ 各螺栓头部涂油漆记号。

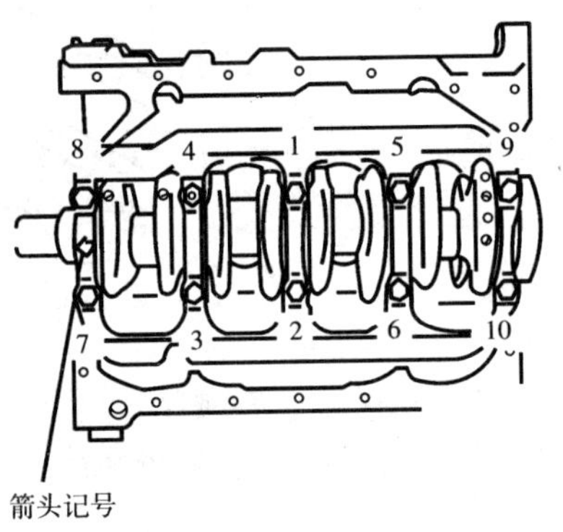

图 4－18

⑥ 从螺栓上的油漆记号开始，再向拧紧方向拧转 90°～100°的主轴承盖位置上涂油漆记号。

⑦ 按规定的拧紧顺序将每个螺栓拧紧 90°～100°，直至螺栓上的油漆记号和主轴承盖上的油漆记号对准为止。如图 4-19 所示。

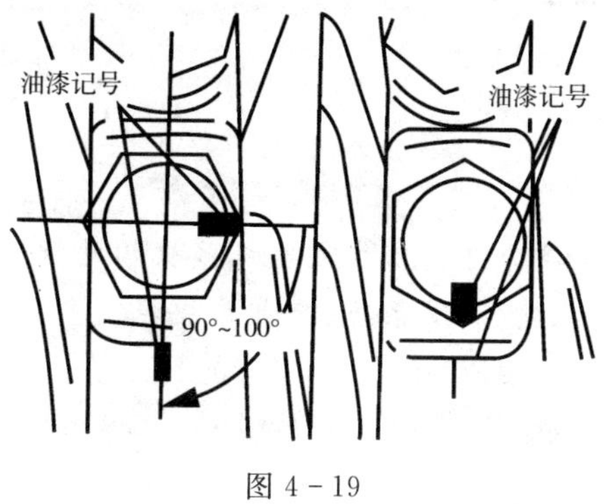

图 4-19

注意：

a. 拧紧角度不小于 90°。

b. 不能保证所规定的拧紧性能，所以拧紧时应特别注意拧紧角度。

c. 如果螺栓过度拧紧（超过 100°的角度）时，应完全拧松螺栓，然后从步骤①开始重新拧紧。

⑧ 主轴承盖安装好后，确认曲轴是否圆滑转动，并检查轴向间隙。若轴向间隙超过使用极限值，则应更换第三个曲轴止推轴承。

标准值：0.05～0.18mm；

极限值：0.25mm。

3）油封的安装

使用指定密封胶。

注意：

① 保证在密封胶未干的状态下（≤15 分钟）快速安装后油封盖。

② 安装后，应使密封区域远离润滑油及冷却液约 1 小时。

以上是对 4G63S4M 发动机部分拆装和零件检验的案例介绍，有关发动机的详细维修内容请参阅本书关于发动机的维修部分。

思考与练习

4-1　什么是汽车维修工艺过程？

4-2　就车修理法和总成互换修理法的区别有哪些？

4-3　汽车车体外部检查包括哪些内容？

4-4　怎样清洗汽车零部件上的油污、积炭和水垢？

4-5　汽车拆卸原则有哪些？

4-6　怎样正确拆卸螺纹连接件？

4-7　零件检验分类的目的是什么？

4-8　汽车零件检验的方法有哪些？

第五章 汽车发动机维修

学习目标：本章主要介绍发动机主要机械机构的维修方法与工艺，包括曲柄连杆机构、配气机构、润滑系统、冷却系统等。重点掌握发动机主要零部件的维修方法与工艺要求。

第一节 气缸盖和气缸体机体组的维修

一、气缸盖和气缸体的损伤分析

1. 裂纹

气缸盖(cylinder head)与气缸体(cylinder casing)的裂纹，是气缸盖和气缸体损坏的主要形式，通常也是它们报废的主要原因。气缸体与气缸盖容易发生裂纹的部位往往与它们的结构有关，不同形式的发动机的易裂部位都有一定的规律。

2. 变形

气缸盖下平面及气缸体上、下平面的翘曲变形，破坏了零件正确的几何形状，不仅影响发动机(engine)的装配质量，影响飞轮壳(flywheel case)及变速器(gearbox)的装配关系，造成离合器(clutch)、变速器工作时发响和磨损加剧，还将造成气缸密封不严、漏水、漏气、甚至燃烧气体冲坏气缸垫，这将直接影响发动机的动力性、经济性和可靠性。

二、气缸盖的维修

1. 气缸盖的分解图

气缸盖的分解图如图 5-1 所示。

2. 缸盖的分解

(1)拆下后正时链条室螺栓，如图 5-2 所示。

(2)拆下后正时链条室。

(3)拆下进气和排气凸轮轴和凸轮轴支架。如图 5-3 所示，按数字顺序分几步拧松凸轮轴支架螺栓，为了重新安装，在拆卸前必须在凸轮轴支架上做标记。

(4)拆下气门零部件。

(5)从缸盖上拆下左右凸轮轴张紧器，如图 5-4 所示。

(6)拆下缸盖螺栓，如图 5-5 所示。缸盖螺栓应分二到三步松开，拆卸顺序不正确可能会造成缸盖翘曲或裂纹。

(7)拆下缸盖。

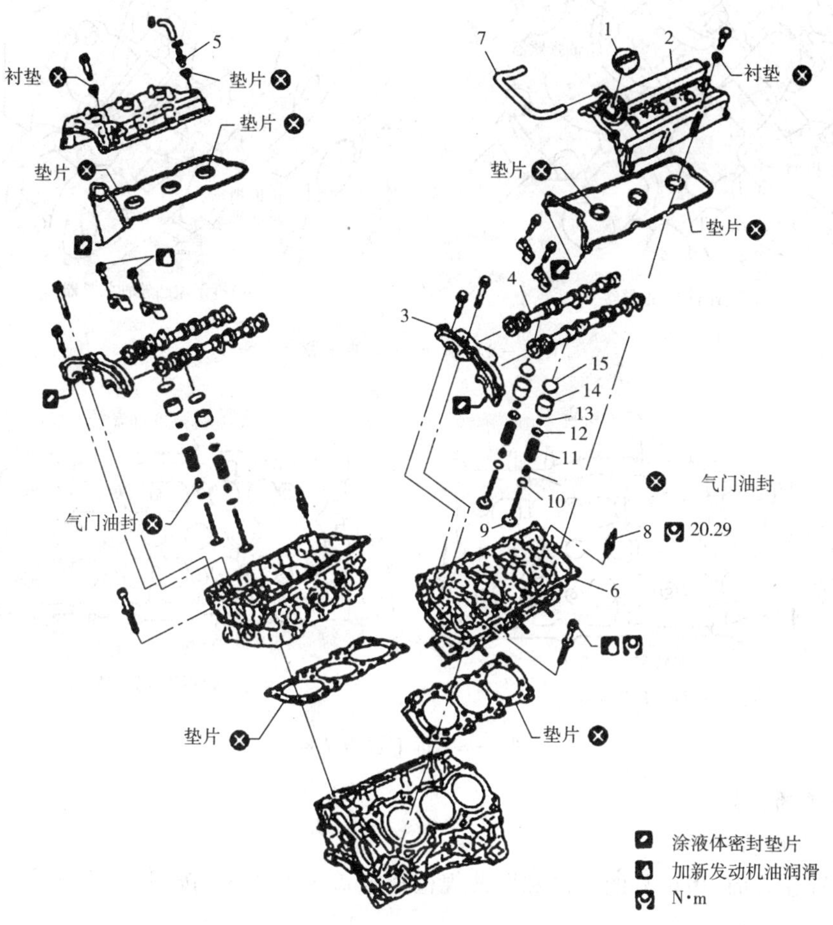

图 5-1　气缸盖的分解

1—机油滤清器;2—摇臂室罩;3—凸轮轴支架;4—凸轮轴;5—PCV 阀;6—缸盖;7—通风管 8—火花塞;9—气门;10—气门弹簧座;11—气门弹簧;12—气门弹簧保持器;13—气门锁块;14—气门挺杆;15—垫片

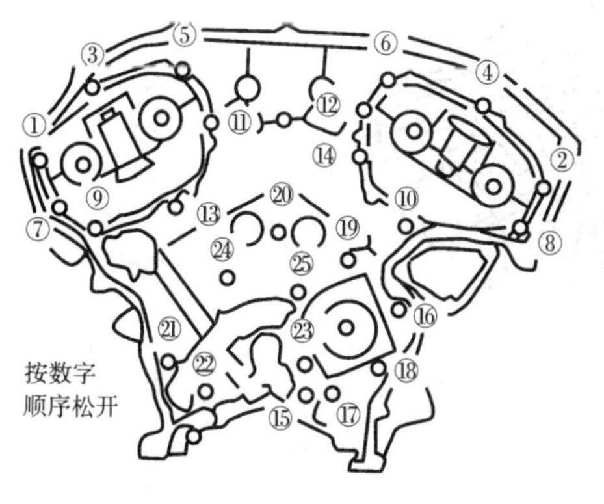

图 5-2　拆下螺栓

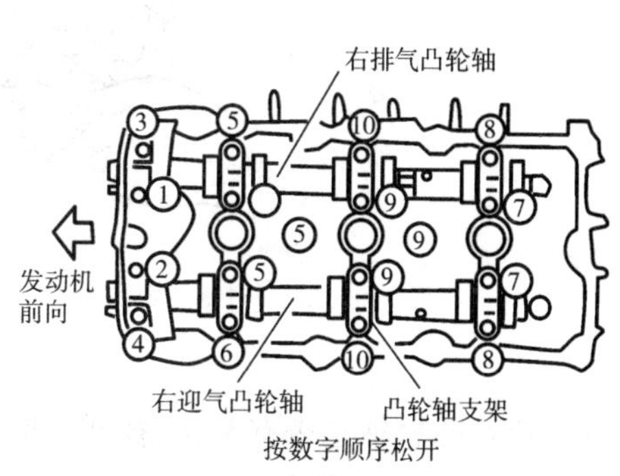

图 5-3　拧松螺栓

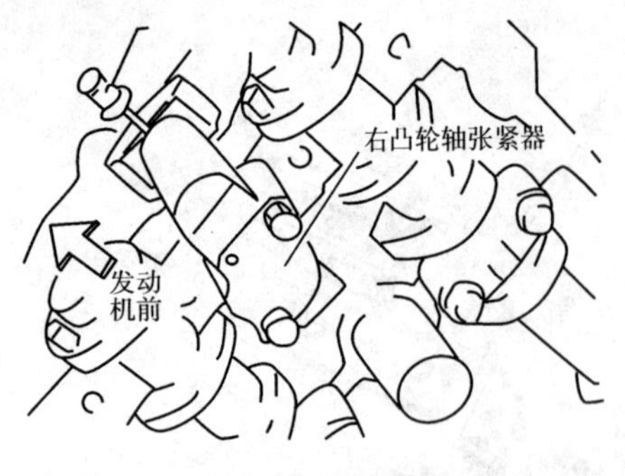

a)拆下右凸轮轴张紧器

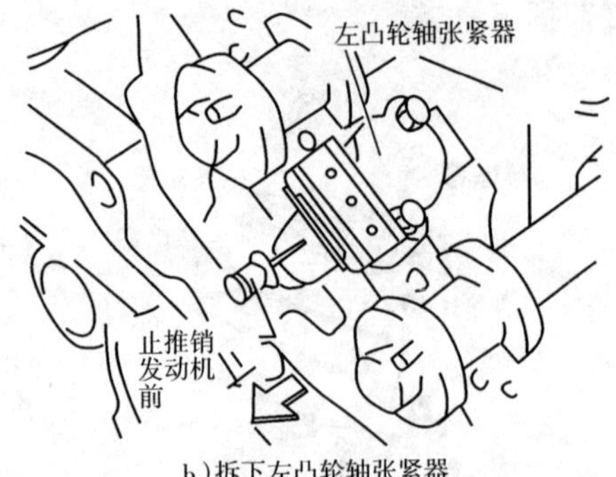

b)拆下左凸轮轴张紧器

图 5-4　拆下凸轮轴张紧器

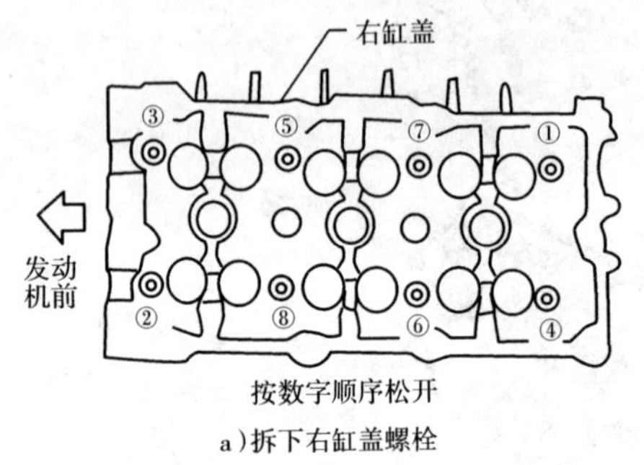

a)拆下右缸盖螺栓

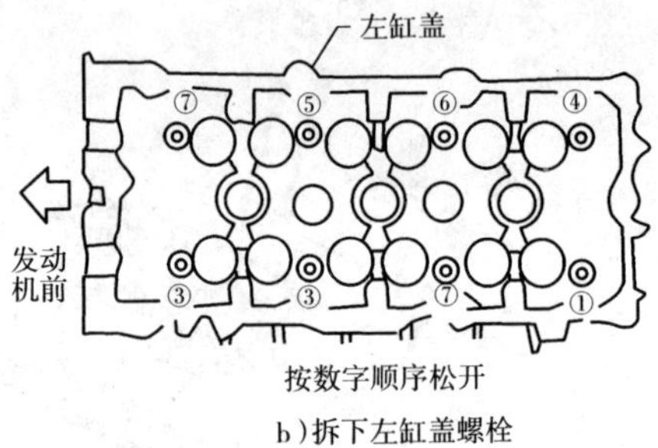

b)拆下左缸盖螺栓

图 5-5　拆下缸盖螺栓

3. 缸盖的检修

(1)检查缸盖变形。

清洁缸盖表面,用可靠的直尺和厚薄规检查缸盖表面平面,按图 5-6 所示沿六个位置进行检查。

缸盖表面不平度为限值 0.1mm,如果超出规定限值,将其更换或重修其表面。

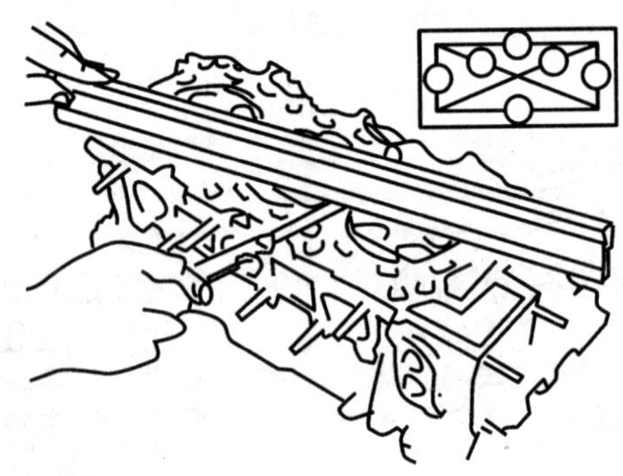

图 5-6　检查缸盖变形

(2)检查凸轮轴是否有刮伤、擦伤及磨损。

(3)凸轮轴径向跳动的检查。

测量中轴颈的径向跳动,其径向跳动(指针总读数)限值为 0.05mm。如果超过限值,更换凸轮轴。

(4)凸轮轴凸轮高度的检查。

① 测量凸轮轴凸轮高度。

② 如果磨损超过限值,更换凸轮轴。根据表5-1选择凸轮轴,其他机型按相应维修手册提供的参数选择。

表5-1 凸轮轴技术数据

发动机类型	凸 轮	标准凸轮高度	凸轮磨损极限
VQ20DE	进 气	36.940~37.130mm	0.2mm
	排 气	37.640~37.830mm	
VQ30DE	进气和排气	43.940~44.130mm	

(5)凸轮轴轴颈间隙的检查。

① 安装凸轮轴支架并拧紧螺栓至规定扭矩。

② 测量凸轮轴轴承的内径。标准内径,No.1为26.000~26.021mm,No.2、3、4为23.500~23.521mm。

③ 测量凸轮轴轴颈的外径。标准外径,No.1为26.000~26.021mm,No.2、3、4为23.500~23.521mm。

④ 如果间隙超过限值,更换凸轮轴或缸盖。标准值为0.045~0.086mm,限值为0.015mm。

(6)凸轮轴端向窜动的检查。

将凸轮轴装到缸盖上,测量凸轮轴端向窜动量,如图5-7所示。凸轮轴端向窜动量,标准值为0.015~0.188mm,限值为0.24mm。

(7)凸轮轴链轮的端面跳动。

① 将凸轮轴链条轮装在凸轮轴上。

② 测量凸轮轴链轮端面跳动量,如图5-8所示。端面跳动量(总指针读数)应小于0.15mm。

③ 如果超过限值,更换凸轮轴链轮。

图5-7 检查凸轮轴端向窜动

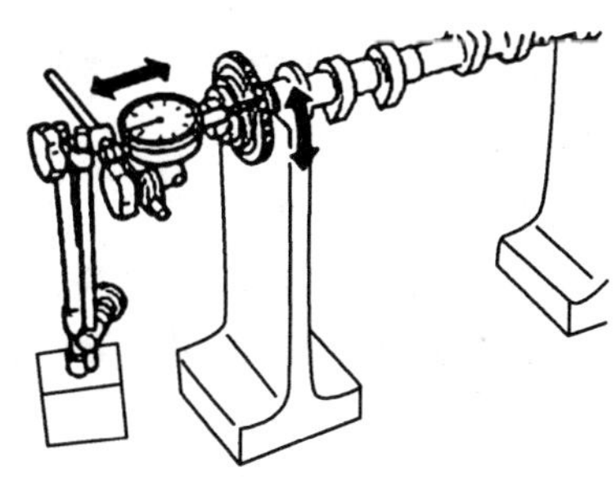

图5-8 检查凸轮轴链轮的端面跳动

(8)气门导管间隙。

① 如图5-9所示测量气门的偏移量,气门及气门导管在图示方向磨损最严重。

气门偏移量限值(千分表读数):进气门为 0.24mm,排气门为 0.28mm。

② 如果超过限值,检查气门与气门导管的间隙。

a. 测量气门杆直径及气门导杆内径;

b. 检查间隙是否在规定值以内,气门与气门导管的间隙限值,进气门为 0.08mm,排气门为 0.1mm;

c. 如果超过极限,更换气门或气门导管。

(9)气门导管的更换。

① 拆下气门导管时,将发动机缸盖浸在加热的油中,加热到 100℃～130℃。

② 用压力器(压力为 20kN)或用锤子和适当的工具将气门导管敲出。

③ 铰缸盖上的气门导管孔,其直径为 10.175～10.196mm。

④ 将缸盖加热到 100℃～130℃,再将维修用气门导管插入气缸盖,如图 5-10 所示。凸出部分长度“L”应为 12.6～12.8mm。

⑤ 铰气门导管,最后尺寸为 6.000～6.018mm。

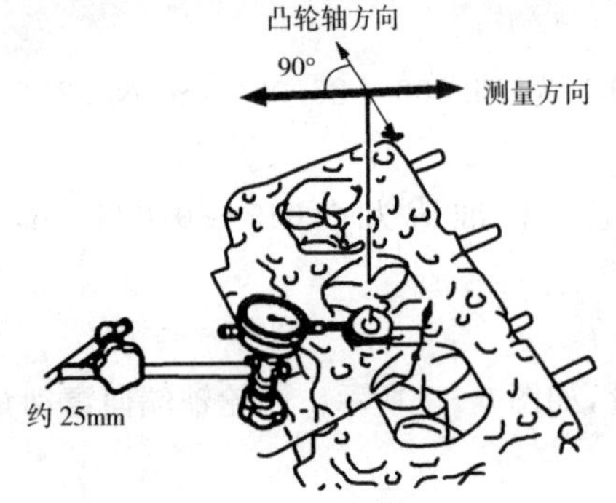

图 5-9 气门偏移量的测量

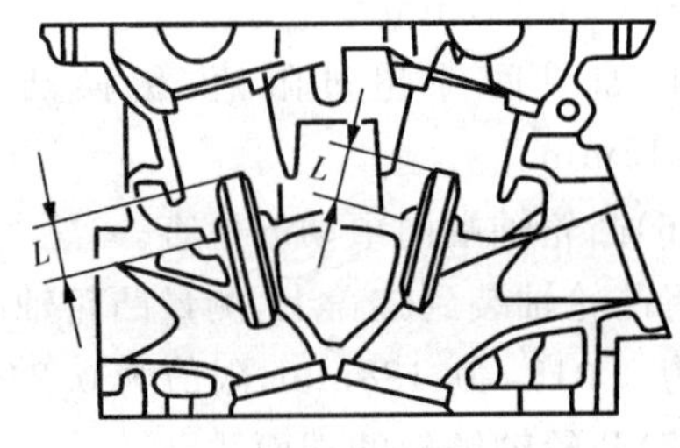

图 5-10 测量尺寸“L”

(10)气门座的检查。

检查气门座与气门接触面是否有任何凹痕,如果磨损严重,重磨气门座或更换气门座。在修复气门座之前,检查气门及气门导管是否磨损。如果磨损,再重磨气门座。

(11)气门弹簧的检查。

① 气门弹簧不垂直度应小于 2.0 mm,如果超过限值,更换弹簧。

② 检查气门弹簧压力,在弹簧高度为 27.55mm 时,其标准值为 454N,限值为 428N。如果超过限值,更换弹簧。

(12)气门挺杆的检查。

① 检查接触和滑动表面是否磨损划伤。

② 检查气门挺杆和气门挺杆导向孔的直径,见表 5-2。

表 5-2 气门挺杆外径与其导管内径尺寸

气门挺杆外径		挺杆导管内径	
VQ20DE	29.960～29.975mm	VQ20DE	30.000～30.021mm
VQ30DE	34.960～34.975mm	VQ30DE	35.000～35.021mm

三、气缸体的维修

1. 缸体的分解图

缸体的分解图如图 5－11 所示。

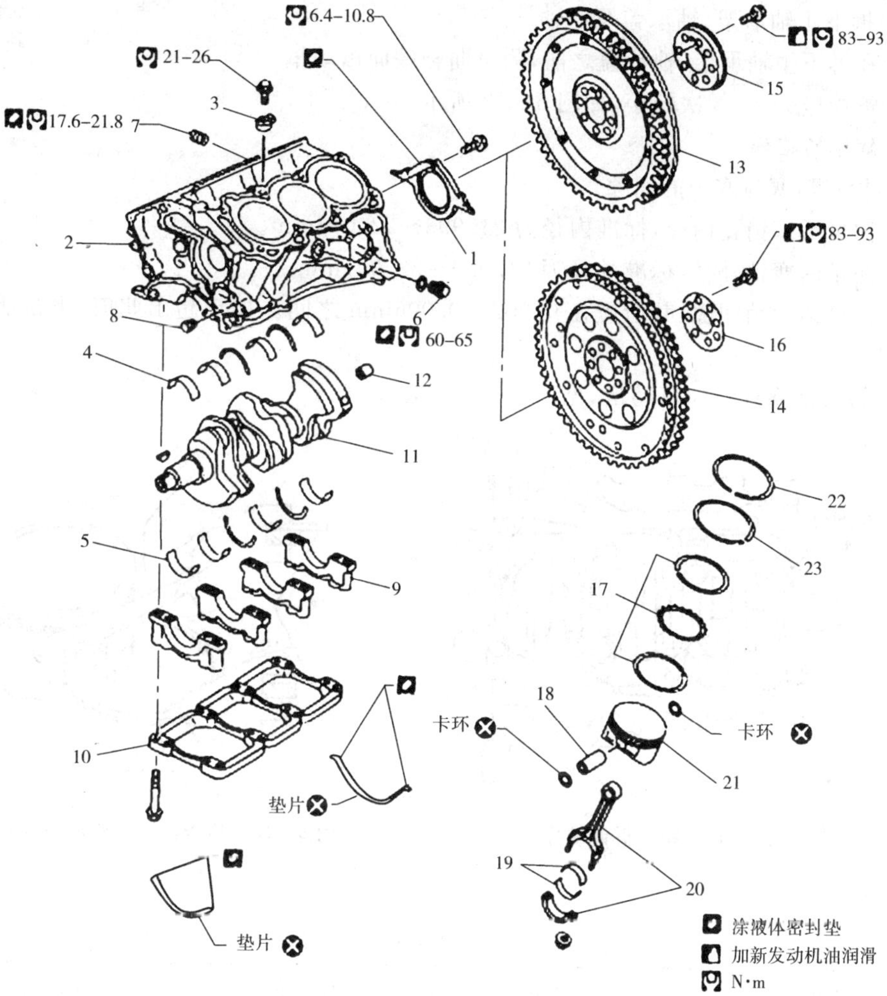

涂液体密封垫
加新发动机油润滑
N·m

图 5－11　缸体的分解

1—后油封保持器；2—缸体；3—爆震传感器；4—上主轴承；5—下主轴承；6—放水塞(左侧)；7—放水塞(右侧)；8—放水塞(水泵侧)；9—主轴承盖；10—主轴承架(VQ30DE 发动机)；11—曲轴；12—导向衬套或导向转换器；13—带信号盘飞轮(M/T 型)；14—带信号盘驱动盘型(A/T 型)；15—飞轮加固盘；16—驱动盘加固盘；17—机油环；18—活塞销；19—连杆轴承；20—连杆；21—活塞；22—顶环；23—第 2 环

2. 缸体的分解

(1)放掉冷却液和机油。

(2)将发动机放在工作台上。

(3)拆下发动机。

(4)拆下缸盖、油底壳及正时链条。

(5)同连杆一起拆下活塞。在分解活塞及连杆时，先取下卡环，然后将活塞加热至

60℃～70℃或在室温下使用活塞销压力台拆下活塞销。

(6)拆下后油封保持器。

① 当不需更换活塞环时，确认活塞环安装于初始位置。

② 更换活塞环时，若无打印标记，可随意哪边向上安装。

(7)拆下主轴承架、轴承盖及曲轴。

① 在拆下主轴承架、轴承盖之前，测量曲轴端向窜动量。

② 螺栓应分 2～3 次拧松，如图 5－12 所示。

3. 缸体的检修

(1)检查活塞与塞销的间隙。

① 测量活塞销孔内径，标准内径为 21.993～22.005mm。

② 测量活塞销外径，标准外径为 21.989～22.001mm。

③ 计算活塞销间隙，其值应在 0.002～0.006mm 之间。如果超出此值，更换活塞组件及活塞销。

(2)检查活塞环端向窜动量，见图 5－13 和表 5－3。

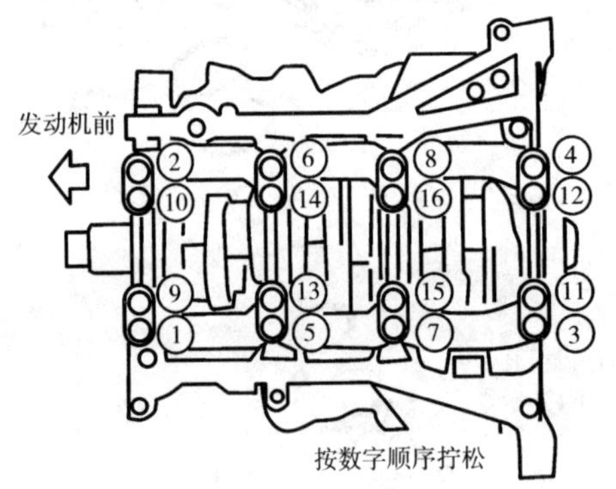

图 5－12　螺栓拆卸顺序

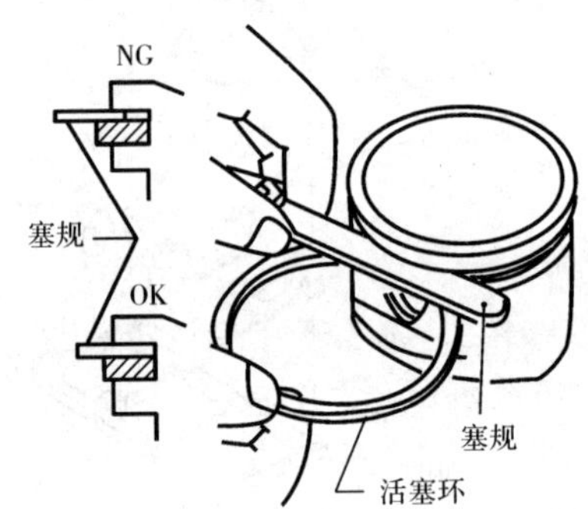

图 5－13　检查活塞环端向窜动量

表 5－3　活塞环端向窜动量

活塞环	发动机	标　准	限　值
顶　环	VQ20DE	0.045～0.080mm	0.11mm
	VQ30DE	0.040～0.080mm	
二　环	VQ20DE	0.030～0.070mm	0.10mm
	VQ30DE		

如果超出规定值，更换活塞或活塞环组件。

(3)检查活塞环侧隙，如图 5－14 所示。如果超出规定值(表 5－4)，更换活塞环。如果换新环后端向窜动量仍超过限值，重镗气缸并用大号活塞及活塞环。更换活塞时，检查缸体表面是否划伤或擦伤，如发现有划伤和擦伤，打磨或更换缸体。

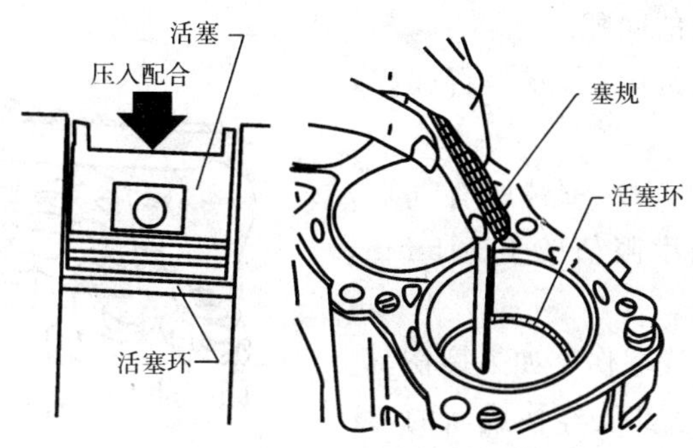

图 5－14　检查活塞环侧隙

表 5－4　活塞环侧隙

活塞环	发动机	标　准	限　值
顶　环	VQ20DE	0.18～0.37mm	0.51mm
	VQ30DE	0.22～0.41mm	0.55mm
二　环	VQ20DE	0.30～0.54mm	0.65mm
	VQ30DE	0.50～0.74mm	0.85mm
油　环	VQ20DE	0.20～0.69mm	0.95mm
	VQ30DE		

(4)检查连杆弯曲及扭转，如图 5－15 所示。

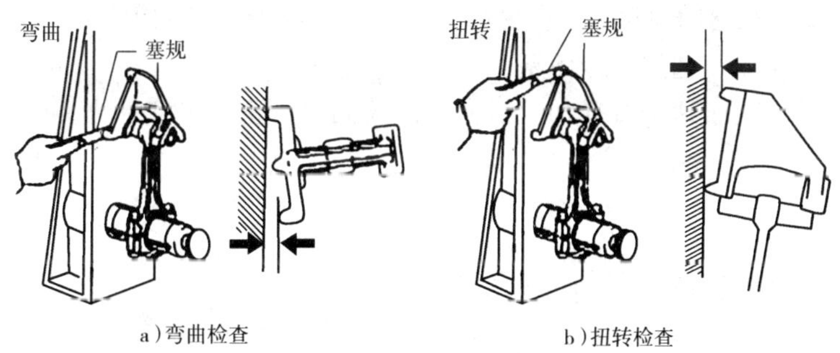

a）弯曲检查　　b）扭转检查

图 5－15　检查连杆弯曲及扭转

弯曲限值每 100mm 长度为 0.15mm，扭转限值每 100mm 长度为 0.30mm。如果超过限值应校正，否则更换连杆组件。

(5)检查缸体变形及磨损。

① 清洁缸体上表面并测量变形。用可靠的直尺和厚薄规检查缸盖表面平面，如图 5－16所示沿 6 个位置进行检查，其变形限值为 0.10mm。

② 如果超出规定值，重修表面。重修限值取决于对发动机缸盖的重修量。

③ 必要时更换缸体。

(6)检查活塞与缸筒的间隙。

① 用内径表测量气缸内径，看是否磨损，并测量其圆度和圆柱度。

如果超过限值(表 5-5)，重镗所有气缸，必要时更换缸体。不圆度限值为 0.015mm，圆柱度限值为 0.010mm。

② 检查是否有刮伤或擦伤。如果擦伤，进行珩磨。如果缸体及活塞都已经换成新的，按缸体上表面打出的等级编号选择相同编号的活塞。打在那里的数字可能是阿拉伯数，也可能是罗马数字。

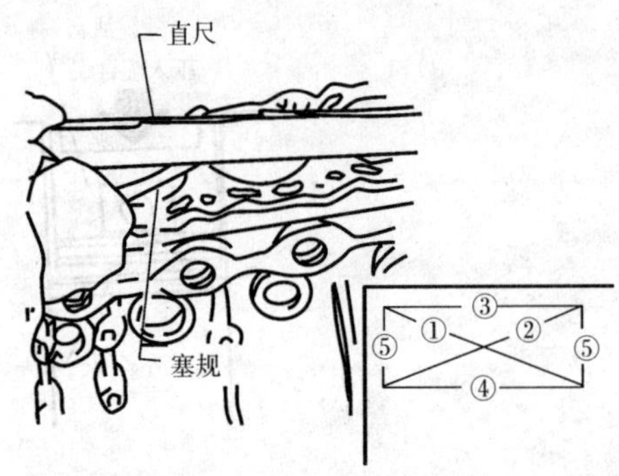

图 5-16　检查缸体变形

表 5-5　气缸内径

等级号	发动机	标准内径	磨损极限
1	VQ20DE	76.000～76.010mm	0.20mm
	VQ30DE	93.000～93.010mm	
2	VQ20DE	76.011～76.020mm	
	VQ30DE	93.011～93.020mm	
3	VQ20DE	76.021～76.030mm	
	VQ30DE	93.021～93.030mm	

③ 测量活塞裙部直径。

④ 检查活塞与缸筒的间隙是否在规定值以内，活塞与缸筒的间隙“B”：0.010～0.030mm。

⑤ 根据活塞磨损量选用大号活塞。

⑥ 缸筒尺寸取决于活塞直径加上活塞与缸筒间隙。重镗尺寸计算：

$$D=A+B-C$$

式中：D——镗后缸径；

A——所测活塞直径；

B——活塞与缸筒间隙；

C——珩磨余量，0.02mm。

⑦ 安装主轴承盖，并拧紧到规定力矩，以免在最后装配时使缸筒变形。

⑧ 切削缸筒。当需要镗任何一缸时，所有其他各缸也应一起镗。对缸筒的一次切削量不要过大，不应超过 0.05mm。

⑨ 珩磨缸筒，以达到规定的活塞与缸筒的间隙。

⑩ 测量加工后缸筒的圆度及圆柱度，测量应在缸筒冷却后进行。

(7)检查曲轴。

① 检查主轴颈与连杆轴颈是否擦伤、磨损或有裂纹。

② 用千分尺测量轴颈的圆柱度及圆度。圆度值为 0.002mm，圆柱度为 0.002mm。

③ 测量曲轴径向跳动量，如图 5-17 所示。径向跳动量（总指针读数）应小于 0.10mm。

(8)检查主轴瓦间隙。

① 将主轴瓦按正确位置装于缸体及主轴承盖上。

② 将主轴承盖和轴承架（VQ30DE）装于缸体上，按正确顺序拧紧所有螺栓。

③ 测量每个主轴瓦的内径“A”。

④ 测量每个曲轴主轴颈的外径“D_m”。

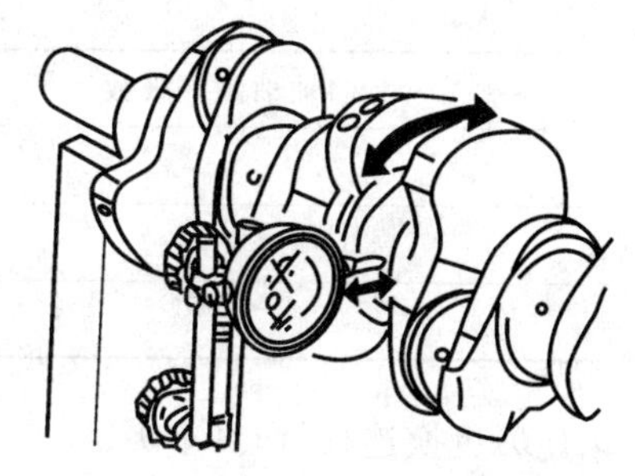

图 5-17 测量曲轴径向跳动量

⑤ 计算主轴瓦间隙：主轴瓦间隙（$A-D_m$），标准为 0.035～0.053mm，限值为 0.065mm。

如果超过限值，就要更换轴瓦。如果用任何轴瓦都不能将间隙调到标准范围内，则研磨曲轴轴颈并改用小号轴瓦。

⑥ 如果继续使用旧曲轴，则测量主轴瓦间隙并选择主轴瓦厚度。如果换用新的曲轴则选择主轴瓦厚度。

各缸体主轴颈的等级编号冲压在各自的缸体上，每个曲轴主轴颈的等级编号冲压在各自的曲轴上，这些编号为阿拉伯数字或罗马数字。根据表 5-6 适当选择主轴瓦厚度。

表 5-6 选择主轴瓦厚度

		缸体主轴颈编号			
		0	1	2	3
曲轴主轴颈等级数	0	0(黑色)	1(棕色)	2(绿色)	3(黄色)
	1	1(棕色)	2(绿色)	3(黄色)	4(蓝色)
	2	2(绿色)	3(黄色)	4(蓝色)	5(粉红色)
	3	3(黄色)	4(蓝色)	5(粉红色)	6(紫色)

(9)检查连杆轴瓦（大头）。

① 将连杆轴瓦装到连杆及连杆盖上。

② 将连杆盖装到连杆上，将螺栓拧紧至规定的力矩。

③ 测量连杆的内径“C”。

④ 测量各曲轴销轴颈的外径“D_p”。

⑤ 计算连杆轴瓦间隙。连杆轴瓦间隙（$C-D_p$），标准为 0.034～0.059mm，限值为 0.070mm。超过限值，更换轴瓦。

⑥ 如果用任何轴承都不能将间隙调整到标准范围内，就要研磨曲轴销轴颈并使用小号轴承。

⑦ 如果换用新曲轴，则根据表 5-7 选择连杆轴瓦。

表 5-7 选择连杆轴瓦

曲轴轴颈等级数	选择轴瓦等级数
0	0(黑色)
1	1(棕色)
2	2(绿色)

(10)更换连杆衬套(小头)

① 打入连杆小头衬套直到其与连杆端面平齐,一定要对齐油孔。

② 打入连杆小头衬套后,铰衬套孔,使得连杆衬套与活塞销的间隙达到规定值0.005～0.017mm。

【例 5-1】 飞度轿车 L13A3 型发动机气缸体与气缸盖的检修。

维修过程:

飞度轿车 L13A3 型发动机机体组零件如图 5-18 所示,包括气缸体、气缸盖及气缸垫等。

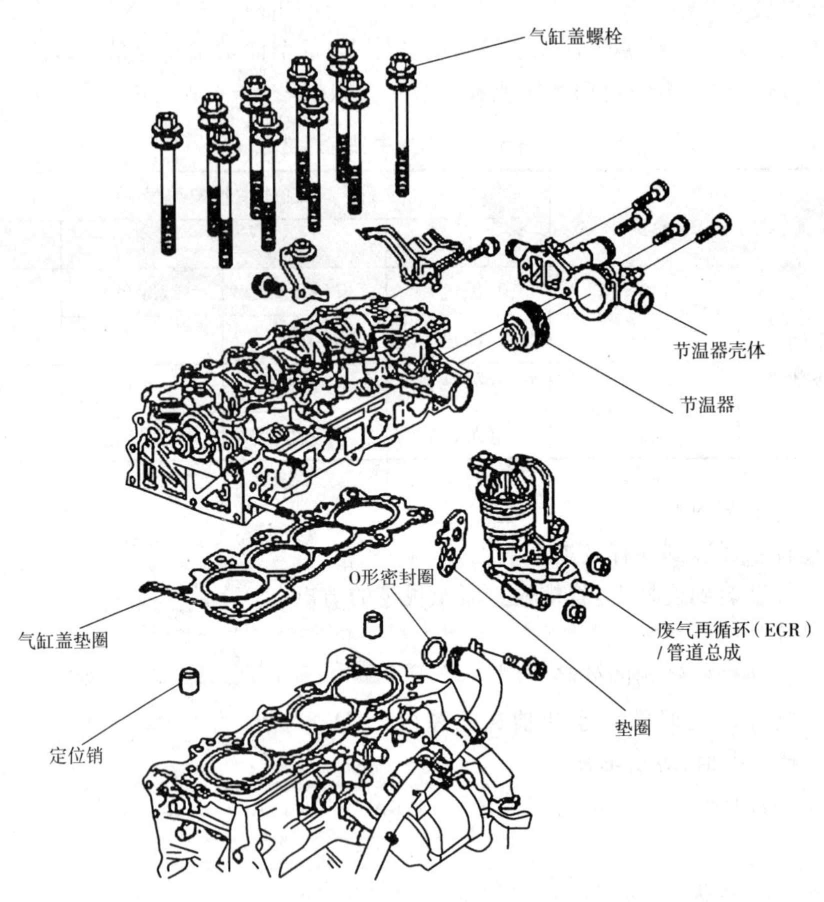

图 5-18 气缸体、气缸盖及其附件

(1)气缸盖的检查

检查气缸盖有无翘曲。如果翘曲量小于 0.08mm,则气缸盖表面无需整修。如果翘曲

量介于 0.08mm 至 0.2mm 之间，则应整修气缸盖表面。基于 120mm 高度的最大表面整修极限为 0.2mm。气缸盖高度的标准值为 119.9～120.1mm。

(2)气缸体的检测

① 如图 5－19 所示，在气缸的三个不同的高度上，沿 x 和 y 方向测量磨损和圆柱度。如果任一气缸的测量值超过气缸孔加大尺寸的维修极限，则应更换气缸体。气缸孔标准尺寸为 73.00～73.02mm，维修极限为 73.07mm。加大 0.25mm 气缸孔尺寸为 73.25～73.27mm。气缸孔的圆柱度极限为 0.05mm。

② 检查气缸孔是否有划痕或刮伤。如果有划痕等，应对气缸进行珩磨或更换气缸体。

③ 如图 5－20 所示，检查气缸体与气缸盖接合表面是否翘曲变形。发动机缸体的翘曲量最大为 0.07mm，维修极限为 0.10mm。

④ 如图 5－21 所示，检查活塞与气缸之间的间隙。其间隙标准值为 0.010～0.040mm。维修极限为 0.05mm。

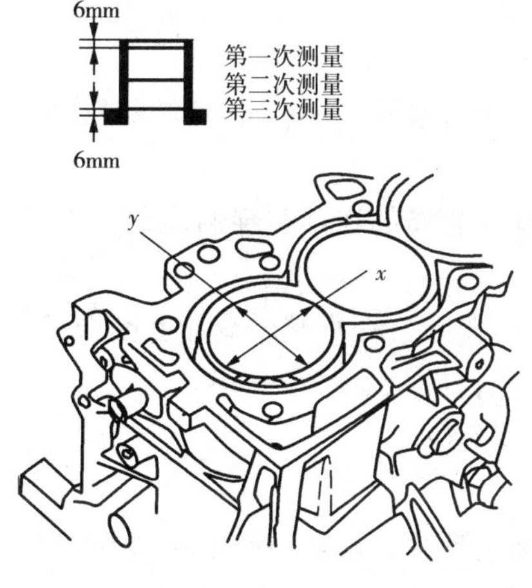

图 5－19　气缸测量

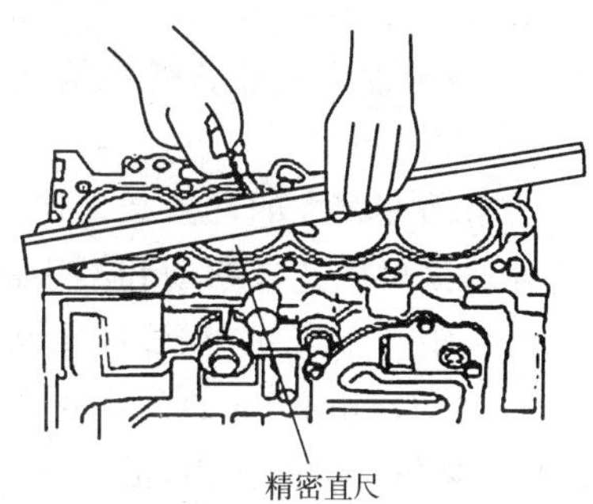

图 5－20　检查气缸体翘曲

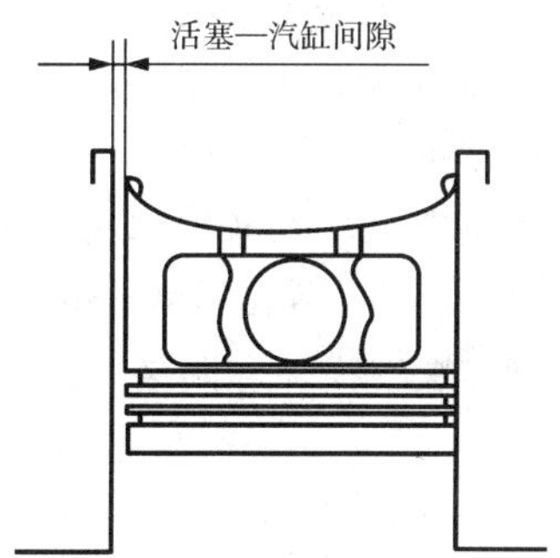

图 5－21　检查活塞与气缸间隙

第二节　曲柄连杆机构的维修

一、活塞连杆组的损伤分析

1. 活塞(piston)的损伤

(1)活塞环槽(piston groove)的磨损

活塞使用过程中磨损最大的地方是活塞环槽。其中第一环槽的上平面往往磨损最严重。环槽磨损后,槽的断面变成梯形,侧隙变大,使气缸的气密性变差。同时,还会加重泵油作用,引起"窜油"和"窜气"。

(2)活塞裙部(piston skirt)的磨损

裙部的磨损要比环槽小得多,但裙部与气缸间隙过大时,将发生导向不良,造成敲缸和润滑油耗量增大。

(3)活塞销座孔(piston-pin bore)的磨损

销座孔的磨损往往发生在上下方向,结果可以引起活塞销(piston pin)松动发响。

(4)活塞顶部(piston head)的损伤

在爆震或早燃等不正常燃烧情况下,活塞顶部有可能局部烧结和穿洞。

2. 活塞销的损伤

(1)活塞销在较大的冲击载荷作用下,与活塞销座孔和连杆小端轴套相互配合处会产生磨损,这种磨损可以造成松动和不正常的金属敲击声响。

(2)活塞销产生弯曲变形,且导致活塞销本身出现裂纹。

3. 活塞环(piston ping)的损伤

由于磨损和高温的作用,活塞环在工作中将逐渐出现弹力减弱,端隙、侧隙、背隙增大等现象。如果安装方法不当,就有可能在运转中发生活塞环断裂。此外,在维护、小修更换活塞环时,如缸肩未刮平,也会造成第一道环撞断。

4. 连杆组件(connecting-rod group)的损伤

连杆(connecting rod)在工作中由于受复杂的交变载荷作用,或因发动机超负荷运转、爆震等,均可使连杆体(connecting rod body)发生弯曲、扭曲和双重弯曲,造成活塞在气缸中歪斜。活塞与气缸、连杆轴承(connecting rod bearing)与连杆轴颈(connecting rod journal)的偏磨,活塞销与衬套内孔油膜间隙不当和润滑油的不足,将会导致连杆大小头内圆产生不正常磨损。另外,连杆螺栓(connecting rod bolt)紧固不良,材质选择不当或工艺不善等,均可造成连杆螺栓拉伸变形、螺纹损坏和断裂。

二、活塞连杆组的检验

1. 活塞圆度的检验

许多活塞裙制成圆形,短轴在活塞销方向。圆度应符合要求。活塞圆度的检验应在圆度检验仪上进行,如图 5 - 22 所示。圆度检验仪是一个成 120°角的"V"形角架,检验时,活塞放置在"V"形角架上,百分表垂直装在支柱上。具体测法是:

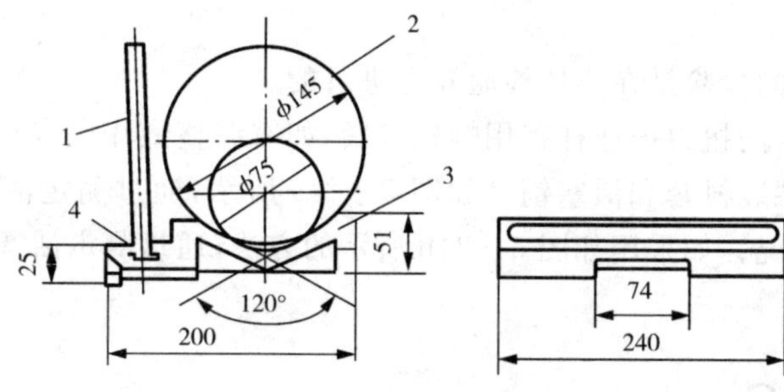

图 5－22　活塞圆度的检验

(1)把百分表支柱固定于"T"形槽内，将活塞轻放到"V"形角架上。

(2)调整百分表的触头使之与活塞的圆柱表面刚好接触并且垂直，旋转百分表测度盘，使指针指向"0"位，并将刻度盘固定。

(3)轻轻转动活塞，每转过 36°读取一次刻度盘示值。活塞转动一周后，刻度盘指针应仍指在"0"位。

(4)示值记录方法如图 5－23 所示。

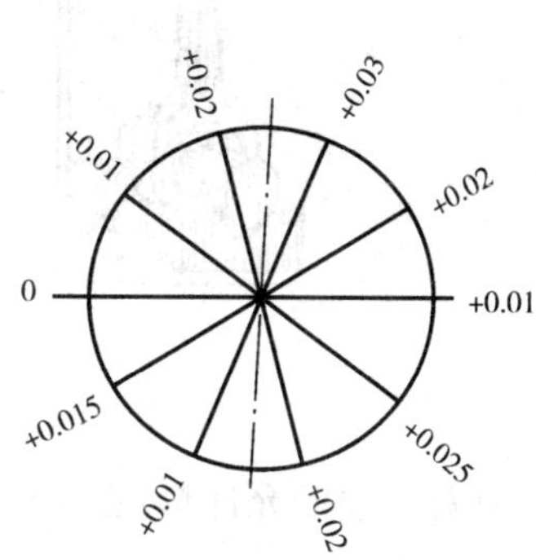

图 5－23　活塞圆度检验的示值示意图

采用圆度检验仪所获得的数据，必须通过进一步计算才能求出实际圆度。例如，根据图 5－23 中给出的数据进行计算。

最大直径处：0.01＋0.03＝0.04mm

最小直径处：0＋0.01＝0.01mm

圆度：0.04－0.01＝0.03mm

2. 活塞环的检验

活塞环端隙即为活塞环置于气缸内，在环的开口处呈现的间隙。

活塞环侧隙即活塞环在环槽内的上下间隙。

活塞环背隙即活塞环装入气缸后，活塞环背面与活塞环槽底之间的间隙。

不同形式的活塞环，其端隙、侧隙、背隙的大小不同。表 5－8 为部分型号的活塞环的各部位间隙。

表 5－8　活塞环各部端隙(mm)

发动机型号	活塞环开口间隙			活塞环侧隙		
	第一道气环	第二道气环	油　环	第一道气环	第二道气环	油　环
解放 CA6102	0.50～0.70	0.40～0.60	0.30～0.50	0.055～0.087	0.055～0.087	0.04～0.08
东风 6100	0.35～0.55	0.35～0.55	0.50～1.00	0.055～0.087	0.04～0.072	0.09～0.24
桑塔纳	0.30～0.45	0.25～0.40	0.25～0.50	0.02～0.05	0.02～0.05	0.03～0.08
捷　达	0.30～0.45	0.25～0.40	0.25～0.50	0.03～0.07	0.02～0.06	0.02～0.06
奥　迪	0.30～0.45	0.25～0.40	0.25～0.50	0.02～0.05	0.02～0.05	0.02～0.05
切诺基	0.15～0.35	0.15～0.35	0.15～0.35	0.043～0.081	0.043～0.081	0.03～0.20

3. 连杆的检验

连杆弯曲和扭转的检验是在连杆检验器上进行的。

检验前，应按规定的扭力把连杆盖用螺栓拧紧，如有调整垫片也应装入，然后，把连杆装在检验器上，连杆小端装衬套和活塞销。如图 5－24a 所示，通过测定活塞销的两端高度差即可了解连杆弯曲状况。如采用如图 5－24b 所示的方法，通过测定活塞销两端高度差了解连杆的扭转状况。

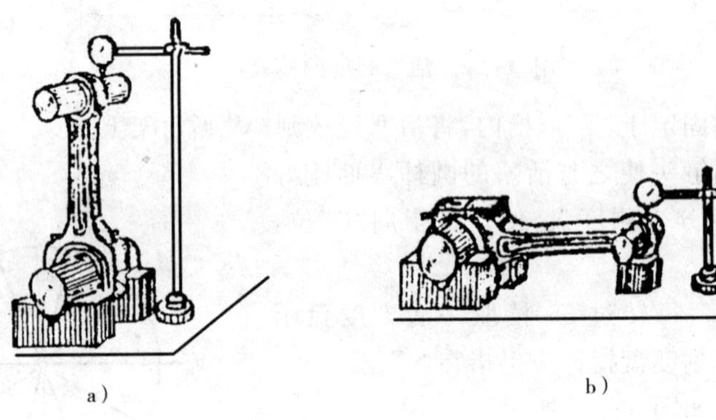

图 5－24

连杆弯曲的允许量：在 100mm 长度上为 0.05mm。连杆扭转的允许量：在 100mm 长度上为 0.01mm。

三、活塞连杆组的修理

1. 活塞

(1)活塞环槽的磨损，可以用活塞环槽高度的修理尺寸进行车削修整，再选择与之相配的活塞环。

(2)修理活塞销座孔的方法有铰削、镗削和磨削等。

铰削活塞销座孔时，应尽量选用能同时铰削两个销孔的活动铰刀，目的是保证两销孔的同轴度。铰削方法如下：

① 把铰刀夹在台虎钳上，使其与钳口垂直。

② 将活塞销孔插入铰刀。

③ 如图 5－25 所示，两手握住活塞顺时针转动并轻轻下压。

④ 当活塞销孔下方与刀片下端平齐时，停止铰修，使活塞从铰刀下方脱出(每调换一次进刀，均应从座孔的两个方向多铰一次)。

⑤ 边铰边用工艺活塞销试配(工艺活塞销是比多组活塞销直径下限尺寸小 0.01mm 的一组活塞销，当它在铰好的活塞销孔中能够靠自重徐徐下滑时，则说明铰削完毕)。

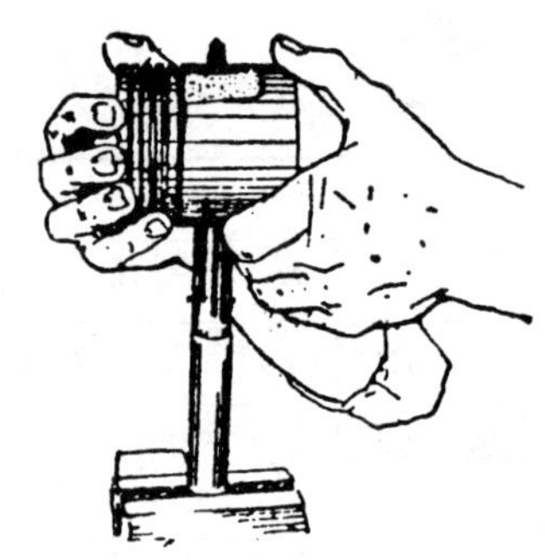

图 5－25

(3)活塞销座孔经修整后，应进行活塞销座孔中心线与活塞中心线的垂直度检验。

2. 活塞销的换修

活塞销磨损后，配合间隙大于 0.05mm 时，应换用加大尺寸的新活塞销；如小于

0.05mm 时，可磨削到较小程度再采用镀铬、胀粗等方法修复。

3. 连杆的校正

可采用图 5-26 所示的方法校正连杆的弯曲、扭转变形。校正作业后，应将连杆加热至 400℃～450℃，保温 0.5～1 小时，目的是消除残余应力。

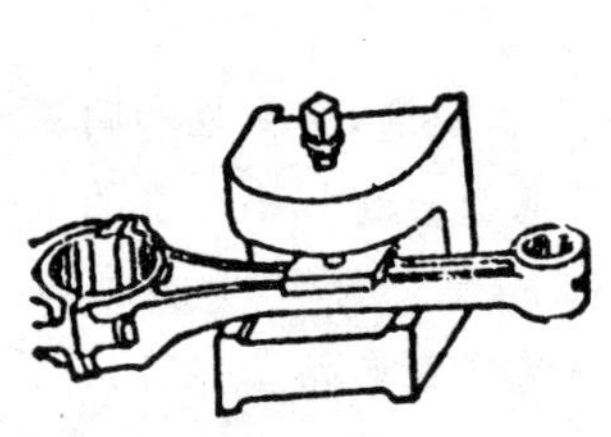

a)校正弯曲

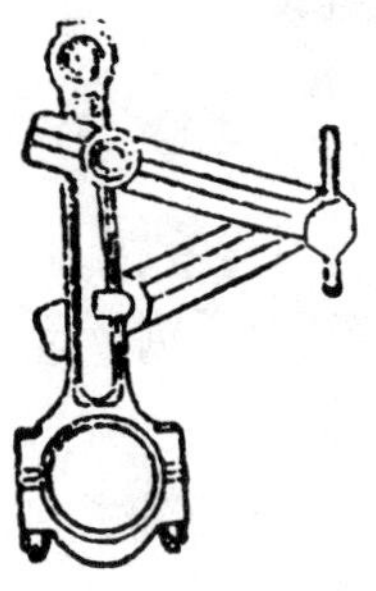

b)校正扭曲

图 5-26 连杆的校正

【例 5-2】 爱丽舍轿车 TU5JP/K 型发动机活塞连杆组零件的检修。

维修过程：

爱丽舍轿车 TU5JP/K 型发动机活塞连杆组的零件如图 5-27 所示。

(1)活塞的检修

1)活塞的结构

活塞由铝合金精铸而成，其结构如图 5-28 所示。活塞的标准直径为 78.455～78.470mm，加大尺寸为 78.855mm；活塞销孔的偏心距为 1mm±0.15mm。三道环槽的环高分别为 1.83～1.87mm、2.04～2.06mm、3.03～3.06mm。活塞销孔与活塞销为间隙配合，其间隙为 0.010～0.016mm。活塞的质量差应不大于 3g。活塞裙部为“半拖式”，以避免与曲轴平衡块干涉。

2)活塞的检查

① 检查活塞有无变形或裂纹。

② 用外径千分尺测量活塞的直径。

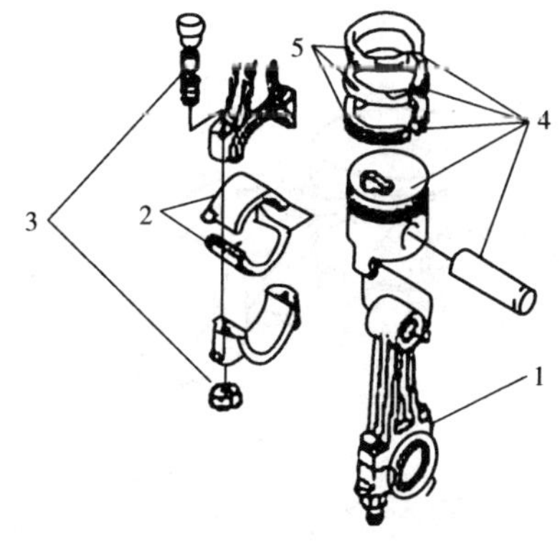

图 5-27 活塞连杆组分解图

1—连杆；2—连杆轴承；3—连杆螺栓与螺母；4—活塞组；5—活塞环

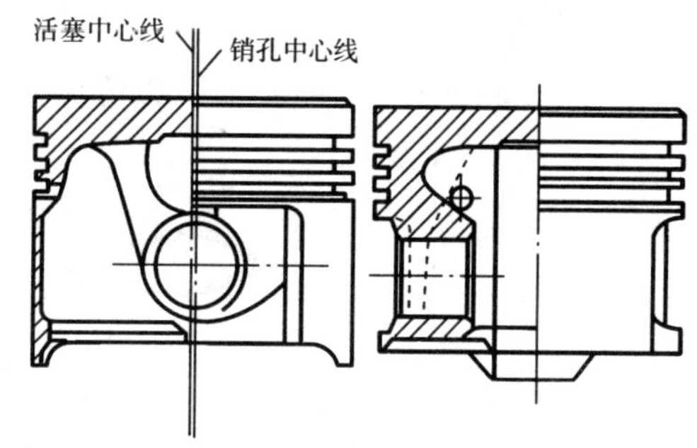

图 5-28 活塞结构

③ 检查活塞与活塞销的配合间隙。在活塞销上涂抹润滑油后，用拇指应能将活塞销压入活塞销孔。

3)活塞的选配

按气缸直径选择活塞。如扩大了气缸孔直径，必须采用加大尺寸的活塞，以保证活塞与气缸壁的正常配合间隙。

(2)活塞销的检修

1)活塞销的结构

活塞销连接活塞与连杆，具有较高的机械强度和刚度，且韧性和耐磨性好。活塞销采用“半浮式”连接，即活塞销与活塞孔为间隙配合，活塞销与连杆小头孔为过盈配合。

2)活塞销的检查

握住活塞，将连杆沿竖直方向上下移动，检查活塞销与活塞销孔应无移动的感觉。

3)活塞销的选配

活塞销拆下后不能再用，必须更换新的活塞销。

(3)活塞环的检修

1)活塞环的结构

活塞上有两道气环和一道油环，如图 5－29 所示。第一道气环为球墨铸铁桶形环，外圆表面经喷铝处理，具有较高的强度和冲击韧性，且耐热、耐磨，桶形环与气缸壁的圆弧形接触，对气缸壁表面的适应性和对活塞偏摆的适应性较好，有利于密封。第二道气环为灰铸铁正扭曲锥形环，有朝上标记“TOP”。第三道为普通铸铁 U 形截面组合油环。

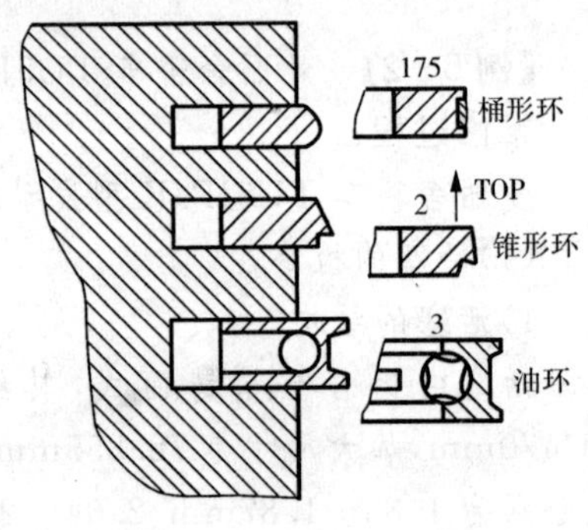

图 5－29 活塞环结构

2)活塞环的检查

① 如图 5－30 所示，用活塞将活塞环推入气缸内距底部 15～20mm 处，然后用塞尺测量活塞环的开口间隙，各活塞环的开口间隙均应为 0.30～0.50mm。

② 如图 5－31 所示，检查活塞环侧隙，其间隙应为 0.30～0.70mm。

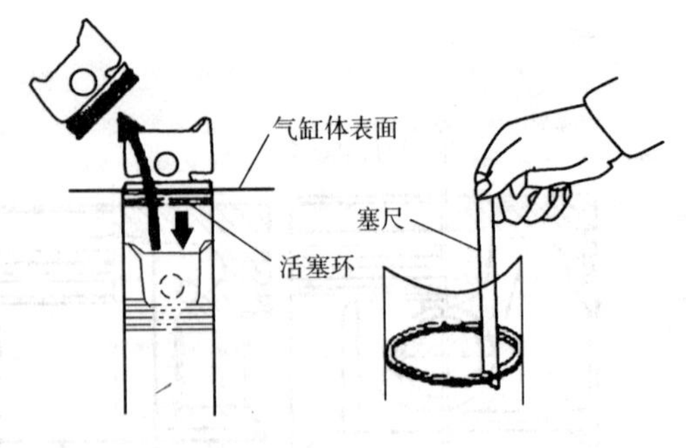

图 5－30 检查活塞环开口间隙

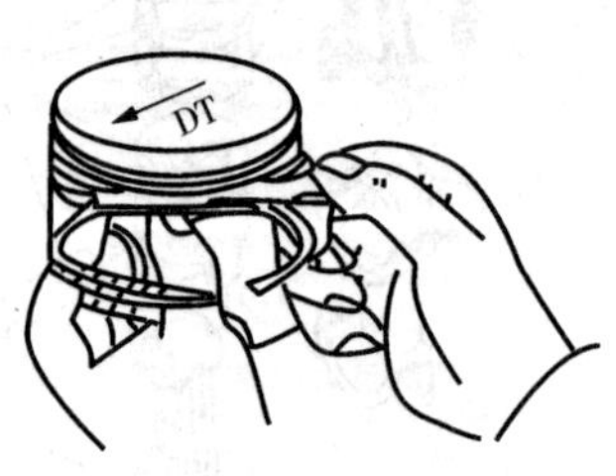

图 5－31 检查活塞环侧隙

(4)连杆的检修

1)连杆的结构

连杆由 45M5UA2(法国钢号)钢模锻而成。杆身截面呈“工”字形，连杆小头为整体式，

其孔径为19.450～19.463mm，连杆小头孔与活塞销为过盈配合。连杆大头为分体式，用连杆螺栓连接，其孔径为48.642～48.655mm。连杆大头与连杆小头两孔中心距为133.5mm±0.07mm。各连杆的质量差不能超过3g。

2)连杆的检查

① 在拆下活塞连杆组之前，用百分尺检查连杆大头在曲轴上的轴向间隙，如图5-32所示，其间隙应为0.15～0.30mm。如果间隙过大，则应更换连杆。如果更换连杆仍不能使连杆大头在曲轴上的轴向间隙恢复到正常范围内，则应更换曲轴。

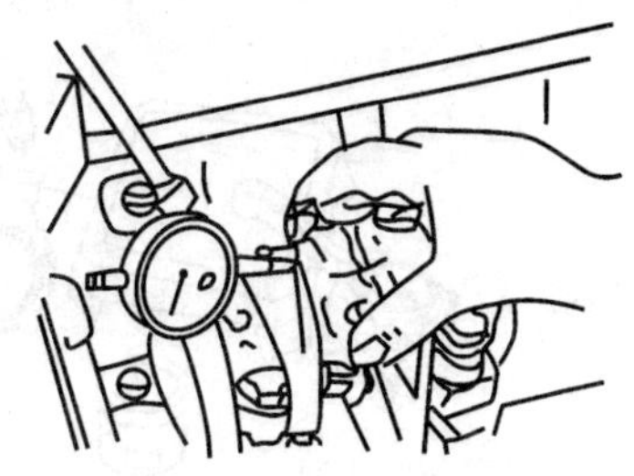

图5-32　检查连杆轴向间隙

② 用连杆检验矫正仪检查连杆的弯曲和扭曲，如图5-33所示，其变形不应超过0.05mm/100mm。如果连杆有弯曲和扭曲，则必须进行矫正或更换连杆。连杆体与连杆盖为配对装合，安装时不能装错。

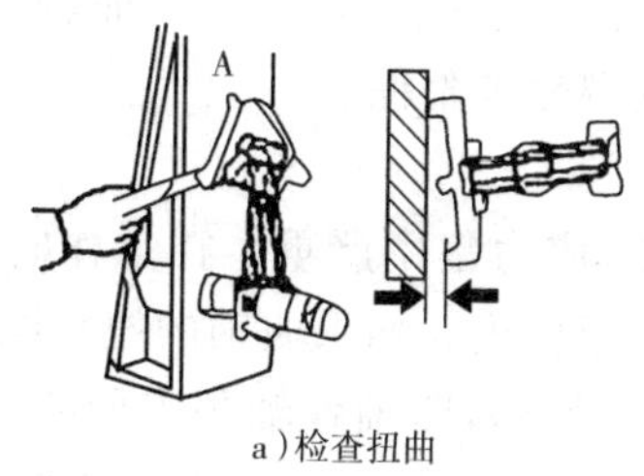

a)检查扭曲

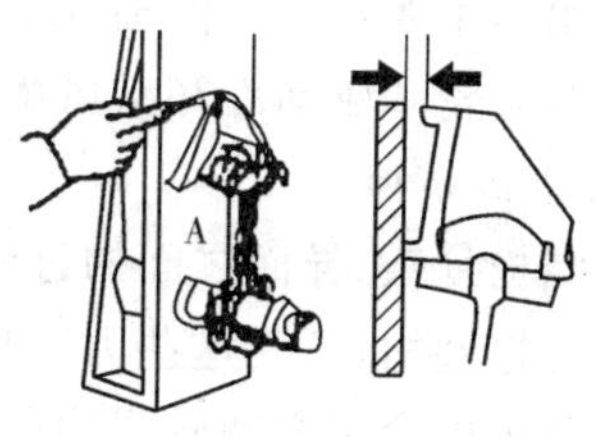

b)检查弯曲

图5-33　检查连杆变形

(5)连杆轴承的检修

连杆轴承由薄钢片与减摩合金制成，轴承上无油槽。连杆轴承的厚度有两种，一种是生产标准厚度，另一种是修理加厚厚度，见表5-9。当曲轴连杆轴颈修磨后，造成连杆轴颈直径减小，应使用修理加厚厚度的连杆轴承。

表5-9　连杆轴承与连杆轴颈的尺寸(mm)

连杆轴承类型	连杆轴颈直径	连杆轴承厚度
生产标准厚度	45.000	1.817±0.03
修理加厚厚度	47.700	1.976±0.03

(6)活塞连杆组的装配

活塞连杆组的装配过程如下：

① 如图5-34所示，用电加热器将连杆小头加热至230℃左右，加热温度可用焊锡丝来判断，当放在连杆小头的焊锡丝开始熔化时，其加热温度即为230℃左右。

② 在活塞销上涂抹润滑油，使活塞和连杆处于正确的相对位置，如图5-35所示，装上活塞销。

③ 用活塞环专用拆装钳装上各道活塞环。应注意第二道气环上的“TOP”标记必须朝上。在环槽中转动活塞环，检查活塞环在环槽中有无卡滞。

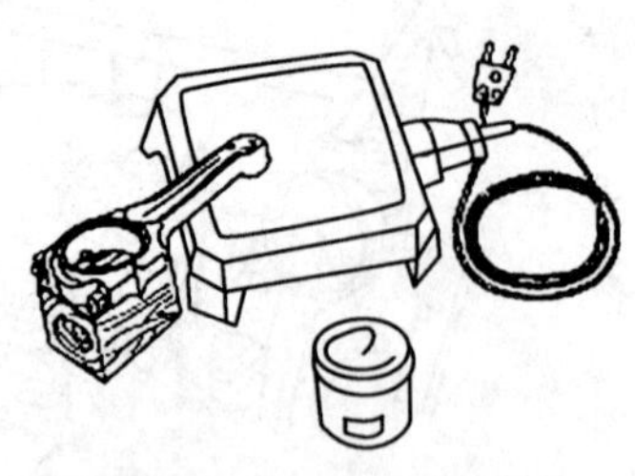

图 5-34 加热连杆小头

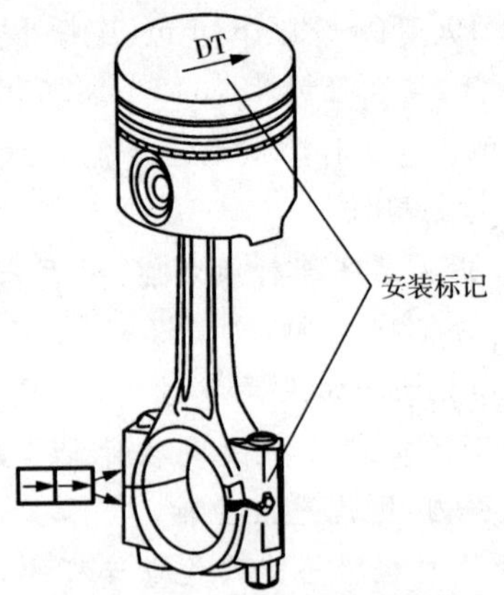

图 5-35 活塞安装方向

四、曲轴飞轮组的修理

曲轴飞轮组的主要零件有曲轴(crank shaft)和飞轮(flywheel)。在曲轴上还装有驱动配气机构的正时齿轮和驱动冷却系风扇、水泵的皮带轮等附件。

1. 曲轴的损伤分析

曲轴本身结构复杂,异面之间的过渡区域很小,应力集中严重。在工作时,要承受自身旋转运动的离心惯性力,还受这些力所形成的合力矩作用。如果曲轴的扭转刚度不够,那么在高速运动时就可能会引起曲轴强烈的扭转共振。另外,曲轴各轴颈表面要承受很大的单位压力,且有很高的滑动摩擦速度,摩擦副的散热条件也较差。上述情况可能导致曲轴的弯曲变形、裂纹断裂、疲劳破坏和轴颈磨损等。

2. 曲轴的检验

(1)曲轴裂纹的检验

裂纹的检验应在曲轴清洗后进行。检验裂纹的方法主要有磁力探伤、油渍及锤击法等。

(2)曲轴弯曲的检验

曲轴弯曲变形后,曲轴主轴颈的同轴度偏差增大。检验时,一般是将曲轴的第一道和最后一道主轴颈搁置在检验平板的“V”形块上(或磨床顶针间),将百分表触头垂直触及在中间一道主轴颈上(通常此处变形量最大),慢慢转动曲轴一周,此时百分表指针所示的最大摆差即为该轴颈对前后两主轴颈轴线的同轴度偏差。曲轴主轴颈的同轴度偏差,一般应不大于 0.15mm,否则应予校正,低于此限可利用磨销轴颈予以修正。

(3)曲轴扭曲的检验

曲轴扭曲检验时,可将曲轴置于检验平台的“V”形块上。例如二缸机曲轴,则将第一、第二缸连杆轴颈转到水平位置。用百分表分别测量第一缸连杆轴颈和第二缸连杆轴颈至平板的距离,求得在同一方位上两个连杆轴颈的高度差 ΔA,则扭转变形的扭转角

$$\theta=\frac{360\cdot\Delta A}{2\pi R}$$

式中:R——曲柄半径(mm)。例如 EQ6100,$R=(57.5\pm0.10)$ mm;CA6102,$R=57.15$mm。

(4)曲轴轴颈(crankshaft journal)磨损的检验

如图 5 - 36 所示，根据轴颈的磨损规律，在每一道轴颈上选取两个截面Ⅰ-Ⅰ和Ⅱ-Ⅱ。在每一道截面上取与曲轴平行及垂直的两个方向 $A-A$ 和 $B-B$，用外径千分尺进行测量。此时，轴颈同一横断面上测得的最大差数值的一半，即为圆度误差；轴颈在纵断面上测得的最大差数值的一半，即为圆柱度误差。曲轴主轴颈和连杆轴颈的圆度、圆柱度误差不得大于 0.025mm，超过该值，则需按修理尺寸对轴颈进行光磨。

3. 曲轴的校正

(1)曲轴弯曲的校正

曲轴弯曲超过允许极限时应进行校正。

① 冷压校正

将曲轴置于压力机平台的“V”形块上，在压头与轴颈之间垫以铜皮，转动曲轴。当百分表指示在弯曲的最大值处时，在曲轴弯曲相反方向加压。如图 5 - 37 所示。压力应缓缓增加，并注意观察百分表的示值。对于钢质曲轴，压变量应为曲轴弯曲量的 10～15 倍，并保持 1～2min 后，再释放压力。曲轴校正后需经时效处理，此时应将曲轴加热到 300℃～500℃，保温 0.5～1 小时以消除冷压时产生的内应力。

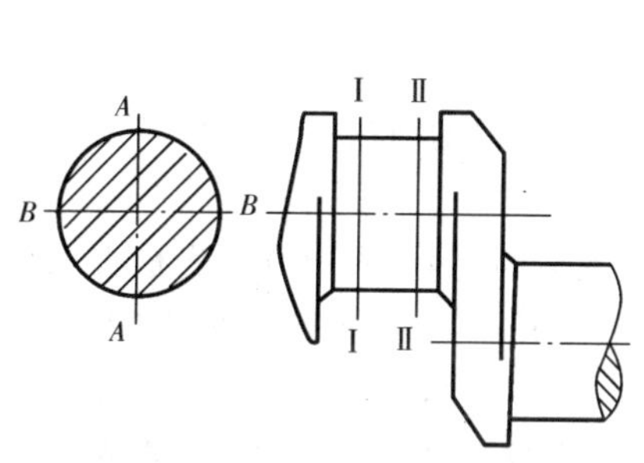

图 5 - 36　曲轴轴颈的测量位置

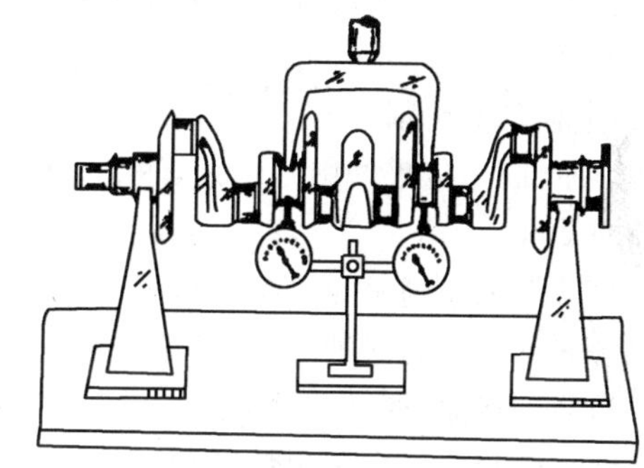

图 5 - 37　曲轴冷压校正

曲轴弯曲变形量较大时，必须经反复多次校正，防止一次压校变形量过大造成曲轴的折断。

② 表面敲击校正

适用于弯曲度不大的曲轴，根据弯曲的方向和程度，使用球形手锤、平头凿或气锤敲击曲柄臂表面的非加工面，使曲柄变形，曲轴轴线发生位移，从而达到校正弯曲的目的。

(2)曲轴扭曲的校正

曲轴若产生轻微的扭曲变形，可直接在曲轴磨床上结合对连杆轴颈的磨削予以修正。当扭曲变形的扭转角超过 8°时，应进行校正，以保证配气相位和点火正时的准确性，以及满足曲轴的动平衡要求。

曲轴扭转变形较大时，可采用液压扳杆校正。若结合火焰局部加热，校正效果更好。校正时，曲轴轴颈的支承很重要。当曲轴产生弯曲变形，扭转角过大，无法经过光磨曲轴和校正消除时，一般应报废。

4. 曲轴轴颈的磨削

曲轴主轴颈(Crankshaft Main Journal)和连杆轴颈磨损后，其圆度、圆柱度偏差若超过

0.025mm，则应按修理尺寸进行光磨。曲轴轴颈的磨削应在弯、扭校正后进行，其步骤如下：

(1)确定轴颈的修理尺寸

根据曲轴颈前一次的修理尺寸、磨损程度和磨削余量来选定连杆轴颈和主轴颈的修理尺寸。曲轴连杆轴颈和主轴颈的修理尺寸，汽油机一般有6～8级，柴油机一般有10～12级，每级以0.25mm递减，并在数值前面标以"－"号，表示轴颈渐渐缩小。在保证磨削质量的前提下，应尽可能选择最接近的修理尺寸级别，以延长曲轴使用寿命。曲轴的连杆轴颈和主轴颈，应分别磨削成同一级修理尺寸，以便选配统一的轴承，保证合理的配合间隙。

(2)选择磨削定位基准

一般采用起动爪螺孔倒角和曲轴后端凸缘盘轴承座孔为定位基准，起动爪螺孔倒角和曲轴后端凸缘盘轴承座孔近似于加工基准孔。

磨削连杆轴颈时，宜采用曲轴前端正时齿轮轴颈和曲轴后端凸缘盘外圆柱面作为定位基准。正时齿轮轴颈和凸缘盘外圆柱面，一般不易磨损，且装夹方便、工作可靠。同时，这两个表面加工精度较高，它们的公共轴线相对主轴颈公共轴线的误差很小，因此磨削后的误差也小。

若上述基准面在使用过程中遭到损坏，则在曲轴磨削前，应对定位基准进行检修，使之符合技术要求。

(3)主轴颈的磨削

磨削曲轴时，应先磨削主轴颈，然后磨削连杆轴颈。因为主轴颈中心线是确定和检验曲柄半径的基准。

以起动爪螺孔倒角和后端轴承座孔为定位基准，装夹固定后，采用百分表检查主轴颈轴心线与磨床轴心线的同轴度，以避免由于装夹过紧(或过松)，定位基准失准，磨床主轴松动等造成的曲轴弯曲、摆动和偏心等。

磨削用砂轮一般宜采用粒度为40～60目、硬度为中软2或2，以陶瓷为黏结剂的普通氧化铝砂轮。

正确选择磨削规范，以保证轴颈表面淬火层不致因磨削时温度升高而产生退火或裂纹。常用的磨削规范如表5－10所示。

表5－10 曲轴磨削规范

加工方法	砂轮的圆周速度(m/min)	轴颈的圆周速度(m/mm)	横进刀量(mm/次)	用切入法磨削时的横向进给量(mm/次)	纵向进给量砂轮移动速度(mm/s)
粗　磨	25～30	12～15	0.005～0.015	0.02～0.05	不大于15
精　磨	30～40	15～25	0.005～0.010	—	

磨削时如轴颈磨削量较大，可以分粗磨和精磨两步进行。粗磨最好采用纵向进刀，以保证精度。如图5－38所示。在精磨结束前，应使砂轮沿整个轴颈表面往复地走1～2次，以降低表面粗糙度。

(4)连杆轴颈的磨削

连杆轴颈在磨床上磨削时应装花盘(卡盘)，要调整连杆轴颈轴线，对正好中心才能进行

磨削。如图 5－39 所示。磨削有同心与不同心两种方法，这是由于连杆轴颈磨削是不均匀的。同心法就是磨削后保持连杆轴颈的轴线位置不变；不同心（偏心）法是按磨损后的连杆轴颈表面来定位进行磨削的，这样轴颈的轴线位置与轴颈半径均发生了变化。

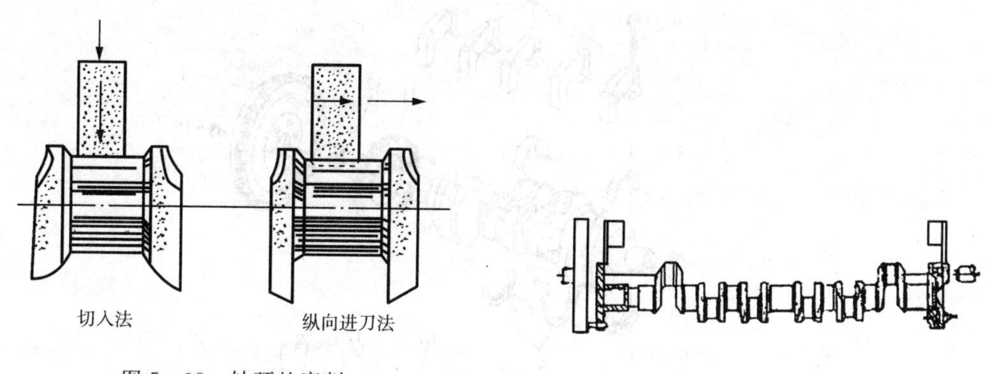

图 5－38 轴颈的磨削

图 5－39

采用同心法磨削，可能增大磨削修理尺寸间隔，采用不同心法磨削可以减少轴颈的磨削量，增加修理次数，但应尽量减少轴颈轴线的偏移量，曲轴半径偏差不应超过 0.30mm，并且力求各轴颈的偏磨量一致。

连杆轴颈磨削时，一般是先磨削两端的连杆轴颈，因为它的扭转变形最大，磨削量也最大。当这两个连杆轴颈磨完以后，再按曲轴的分配角利用磨床的分度机构旋转曲轴，使另一对连杆轴颈转到机床主轴中心位置，用同样的方法进行调整和磨削，磨削方法和磨削规范与磨削主轴颈相同。

5. 飞轮组的修理

(1)飞轮组的常见损伤

飞轮组常见损伤有飞轮齿圈(flywheel gear ring)的磨损、飞轮工作面的磨损、飞轮螺栓损伤、齿圈齿打坏等。

(2)飞轮组的修理

① 飞轮齿圈如只有个别牙齿损坏，可继续使用。齿圈齿轮如单向磨损可翻面使用，翻面后，应在齿轮端头重新倒角。若牙齿打坏三个以上，或连续打坏两个牙齿，齿圈松动，齿圈齿轮磨损超过齿长 30％时，应更换齿圈。新齿圈与飞轮外圆的配合过盈量一般为 0.30～0.06mm。新齿圈牙齿端面应有一定倒角。更换时，应将新齿圈加热到 350℃～400℃趁热压入，直至止口，冷却后即具有一定紧度。

② 飞轮工作表面不得有裂纹和严重烧伤痕迹，工作表面若磨损起槽深度超过 0.5mm，或平面度误差大于 0.15mm 时，应采用平面磨床予以磨削加工。飞轮平面加工后，其总厚度一般不得减少 1.20mm。

③ 飞轮螺栓孔磨损后，其圆度误差大于 0.035，可采用扩孔修理，然后配制相应加大尺寸的螺栓。

④ 飞轮与曲轴装合后，其工作面摆差（在半径 150mm 处测量）不得大于 0.10mm，以保证飞轮组的平衡要求。

⑤ 飞轮磨削后，以及与曲轴装合后，均需做平衡试验，其不平衡量应符合原厂规定。

【例 5－3】 桑塔纳 2000GSi 轿车 AJR 型发动机曲轴飞轮组零件的检修。

维修过程：

桑塔纳2000GSi轿车AJR型发动机曲轴飞轮组零件如图5-40所示。

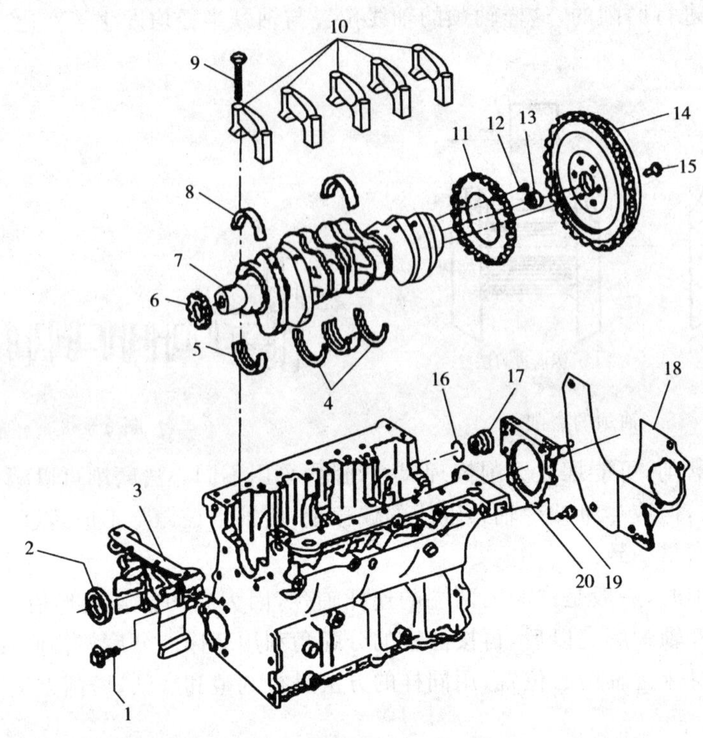

图5-40　曲轴飞轮组分解图

1—螺栓(16N·m)；2—密封圈；3—前密封凸缘；4—止推环(位于第3道轴颈)；5—主轴承(用于带润滑油槽气缸体)；6—润滑油泵链轮；7—曲轴；8—主轴承(用于不带润滑油槽气缸体)；9—主轴承盖螺栓(65N·m+90°)；10—主轴承盖；11—发动机转速传感器脉冲轮；12—螺栓(10N·m+90°)；13—滚针轴承；14—飞轮；15—螺栓(60N·m+90°)；16—密封圈；17—螺塞(100N·m)；18—中间支板；19—螺栓(16N·m)；20—曲轴后密封凸缘

(1)曲轴轴颈的标准尺寸

曲轴主轴颈标准尺寸为54.00mm，连杆轴颈标准尺寸为47.80mm。曲轴轴颈的修理尺寸为每级缩小0.25mm，曲轴轴颈可缩小0.75mm。

(2)曲轴轴向和径向间隙的检查

如图5-41所示，检查曲轴轴向间隙时，可在曲轴前端面处安装一个百分表，将曲轴后移至极限位置，将百分表调整为零，再将曲轴前移至极限位置，此时读出百分表的读数，即为曲轴轴向间隙值。曲轴轴向间隙为0.07～0.21mm，磨损极限值为0.30mm。曲轴径向间隙的检查与连杆径向间隙的检查方法基本相同。曲轴径向间隙为0.01～0.04mm，磨损极限值为0.15mm。

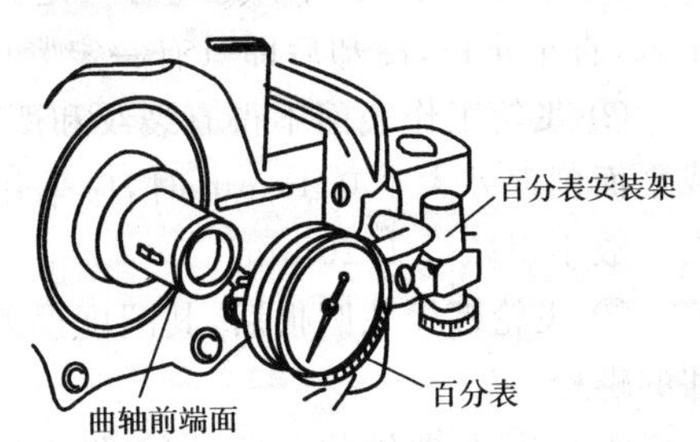

图5-41　检查曲轴轴向间隙

(3)曲轴前端油封的更换

可不解体发动机，更换曲轴前端油封。

1)曲轴前端油封的拆卸

① 拆下发动机附件传动带(V形带)。

② 拆下同步带。

③ 拆下曲轴同步带轮,用专用工具3099固定同步带轮,如图5-42所示。

④ 在曲轴同步带轮和工具之间放入两个垫片。将曲轴同步带轮的中间螺栓旋入曲轴以提供支承。拉出器3023的内件从外件中旋出约2圈(约3mm),拧紧滚花螺钉。

⑤ 在拉出器3203的螺纹头上涂润滑油,并将其尽可能深地拧入到油封内,如图5-43所示。

⑥ 松开滚花螺钉,将内件对着曲轴转动,直到拉出油封为止。

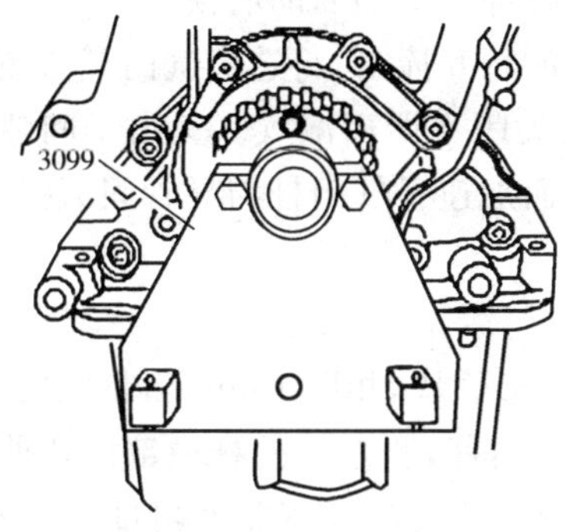

图5-42 固定曲轴同步带轮

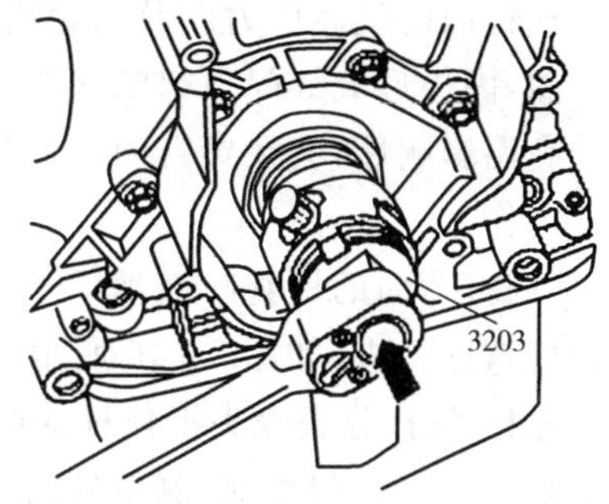

图5-43 将拉出器拧入油封内

2)曲轴前端油封的安装

① 在油封的密封唇上涂少量润滑油。

② 如图5-44所示,将导向套筒2080A定位在曲轴颈上。

③ 将油封导入导向衬套内。

④ 如图5-45所示,用曲轴同步带轮中间螺栓将油封压入。

⑤ 安装曲轴同步带轮,并用锁定器3255锁定。

⑥ 更换曲轴同步带轮与曲轴的连接螺栓。螺栓拧紧力矩为90N·m+90°(1/4圈)。

⑦ 安装同步带和发动机附件传动带(V形带)。

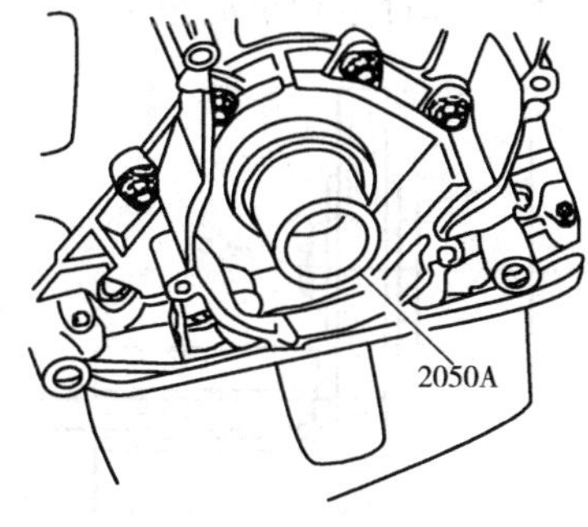

图5-44 安装导向套筒

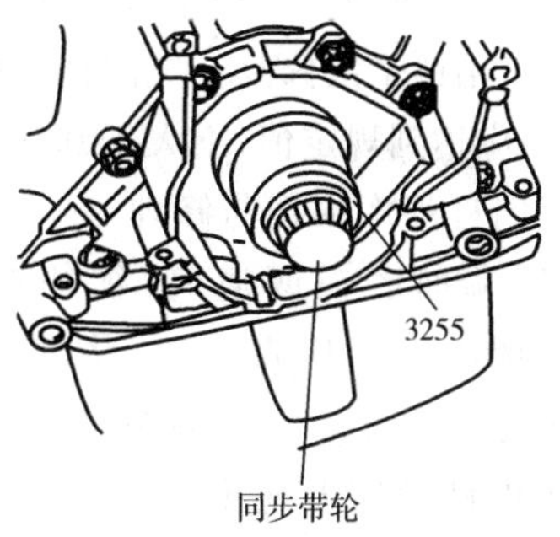

图5-45 压入油封

第三节　配气机构的维修

一、气门(valve)机构的修理

1. 气门的修理

发动机在运动中，气门将不停地开启和关闭。由于气门与气门座(valve seat)的相互撞击、敲打，引起工作面的起槽和变宽；气门还要受高温气体的冲击，使工作面烧伤，出现斑点和凹陷；气门杆(valve stem)在气门导杆内不断摩擦，使配气间隙增大，而在管内晃动，引起气门头部的偏磨，使之关闭不严而漏气；气门还将发生杆部及下端面的磨损。

由于气缸内的气体压力以及凸轮通过挺杆与气门的相互撞击，将造成气门杆弯曲，由于杆身的弯曲，因而形成气门顶部的变形和偏摆，使气门关闭不严而漏气。又由于间隙过大，润滑油受高温影响后，会在导管内产生积炭和结胶，从而加速了气门杆与导管间磨损而使其不能正常工作。

(1)气门杆弯曲的检查与修理

气门杆弯曲检查，如图5-46所示，平板上放置“V”形铁块，相距100mm，将气门杆置于“V”形铁块上，将百分表触头抵住杆的中间，用手转动气门杆，测量气门杆中部的弯曲度，再将百分表触头移至气门头部，测量气门头部径向跳动量。若气门杆弯曲度超过0.03mm或气门头部的摆差超过0.05mm时，均可用手压机冷压校直。

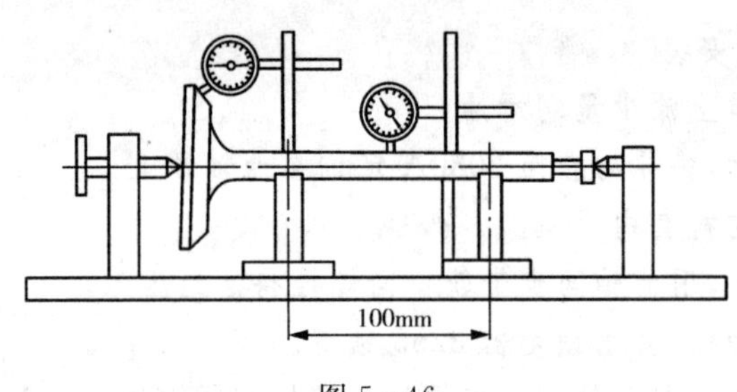

图5-46

(2)气门杆磨损检查与修理

气门杆磨损可通过外径千分尺的测量而确定，气门杆的允许磨损量应小于0.04mm，如果超过规定，可用镀铬法修复。气门杆磨修后圆度和圆柱度误差应达到规定值(不大于0.01mm)。

(3)气门杆端面损伤与修理

气门杆端面磨损或疤痕，往往造成端面不平，气门关闭不严。检查方法：将气门杆放置到两“V”形铁块上，用百分表触头抵住气门杆端面测量，对所指杆身摆差应不大于0.03mm。气门杆端面磨损修理，可用光磨气门机修理，或用砂轮修理，如图5-47所示。其修理工艺是：将气门

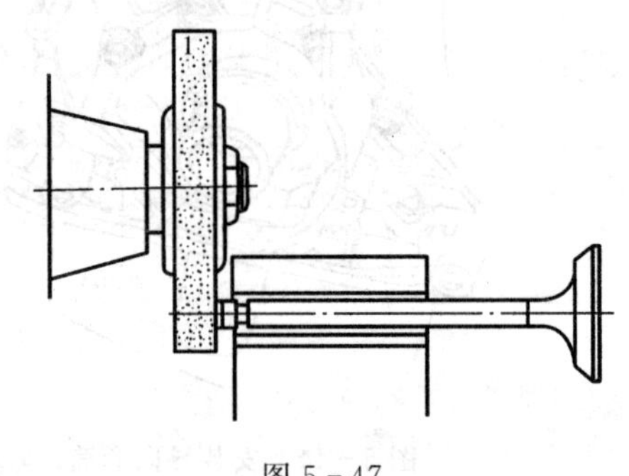

图5-47

杆平放在"V"形铁块上，一手按住气门杆，一手转动气门头，并使杆端面轻抵砂轮上磨平。

(4)气门工作面磨损检查与修理

气门工作面磨损，将破坏气门与气门座的密封性，会导致漏气，并改变气门间隙。

检查气门工作面磨损，观察工作面表面是否有疲劳脱层引起点蚀、擦伤引起的刻痕和较大的斑痕、烧伤和偏磨引起凹陷。气门工作面修理，是在气门光磨机上进行修磨。

气门工作表面光磨工艺：首先检查砂轮是否平整，按气门杆外径选择适当夹心，将气门杆夹住，使气门头伸出夹心长度 40mm 左右，按气门规定角度调整夹架，打开冷却液开关。光磨前，先开动夹架电动机，检查气门是否摇摆，再开动砂轮电动机进行光磨。光磨时，一手转动横向手柄，使气门慢慢向右移动，一手转动纵向手柄，使砂轮渐渐移近气门工作面。这时气门工作面在砂轮上左右慢慢移动，以保证砂轮平整，但必须注意气门移动不能超过砂轮面，以防打坏砂轮和气门。直至把旧痕、缺陷及麻点全部磨去后，再用"0"号砂布磨光气门工作面，最后关闭冷却液开关，关闭电动机。

光磨后气门工作面圆度和圆柱度误差为 0.01mm，表面粗糙度为 1.25μm，气门工作面与气门杆同心度偏差不大于 0.03mm。如修磨后气门头部圆柱度柱面厚度小于 1mm，则需要更换。

若气门或气门座修理条件差，很难达到规定标准，或在汽车维修中各方面磨损不大时，可采用研磨方法，使气门与气门座的工作结合面获得有效而良好的配合，保证密封。

气门研磨可分为手工研磨和机动研磨两种。

① 气门手工研磨

研磨前，应用汽油清洁气门、门座及气门导管，并将气门按顺序排列或作出记号，以免错乱。

在气门杆上套上一个细小圆柱弹簧，如图 5-48 所示。在气门斜面上涂抹一层薄薄的粗研磨砂(不宜过多，以免流入导管内)。同时，在气门杆上涂以润滑油，将气门杆插入导管内。

使用气门研磨起子或橡皮捻子，使气门往复、旋转运动，与气门座进行研磨，注意旋转角度不宜过大，以免磨出磨痕，一般为 10°～30°为宜。提起和转动气门，变换气门与座的相对位置，以保证研磨均匀，手工研磨过程中，研磨不应过分用力，也不要提起气门，用力在气门座上撞击敲打，否则会将气门工作面磨宽或磨出凹形槽痕。

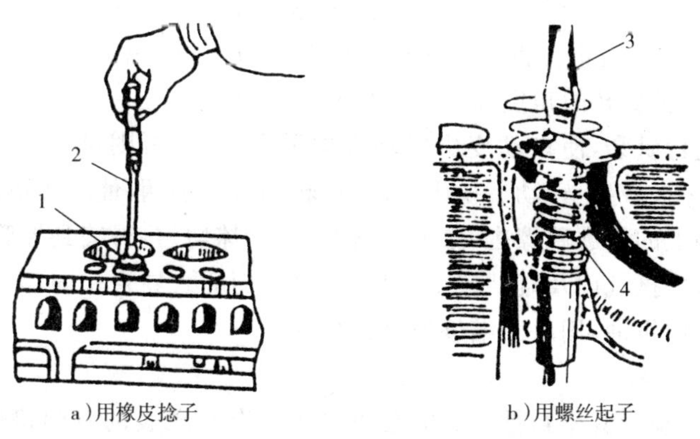

a)用橡皮捻子　　b)用螺丝起子

图 5-48　手工研磨气门

1—橡皮囊；2—木柄；3—起子；4—弹簧

当气门工作面与气门座工作面磨出一条较整齐而无斑痕、麻点的接触环带时，可将粗研磨砂洗去，再换用细研磨砂，继续研磨。直到工作面上出现一条整齐灰色的无光环带时，再洗去细研磨砂，涂上润滑油，继续研磨几分钟即可。研磨时，不要使研磨砂掉入气门杆和导管间，以免使气门杆和导管受到不应有的磨损。

气门研磨，其工作面接触宽度应符合原厂规定。如无规定时，一般进气门可采用1.20～1.50mm，排气门可采用1.50～2.0mm。

② 气门机动研磨

先将气门座擦拭干净，把气缸盖置于研磨机工作台上，如图5-49所示。紧固在专用角铁托架上，在每个气门导管上套装细小圆形弹簧一只，在配好的气门工作面上涂抹一层均匀的粗研磨砂，然后将气门杆部浸润机油，并随即装入导管内。

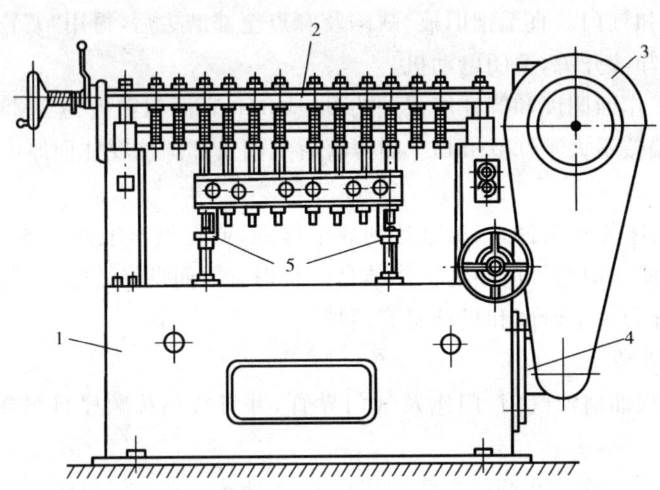

图5-49　气门研磨机

1—床台；2—摆动和往复机构；3—减速器；4—电动机；5—高低调节支柱

摆动手柄，使转轴停留在向上提起的位置。移动气缸盖，使各气门座孔对准运转轴的垂直平面。在转轴下端接头上套入研磨转柄。转柄长度：气门在气缸盖上为140mm（在气缸体上为89mm）。

当转轴在提起位置时，转动工作台的升降手轮，使转柄压住气门顶部，直至气门与气门座的距离达到1～3mm为止。再查看转柄是否与气门在同一中心线上，然后将偏心轮上的距离加以调整，使转轴旋转的角度在45°～90°的范围内。

开动研磨机进行研磨，使自动变更气动机构手柄运转，否则可用手柄转动变更起动方法，直至抓轮往返一次，停止转动。换研磨砂时，转动升降手柄，使缸盖下降，将气门提起，用布将气门斜面及座上的粗磨砂擦去，涂上细研磨砂，涂抹均匀，再装到导管内，继续精磨。精磨后，将气门取出，擦拭气门及气门座干净后，再将气门插入导管孔内，并在气门与座面相接触的圆周上涂抹一层机油，用手工继续研磨几分钟。

2. 气门密封性试验

气门研磨后，须检查其密封性。其方法可采用带有气压表的专门检验气门密封性的检验仪器进行检查，如图5-50所示。检查时，先将空气容桶紧密地压在气缸盖（或气缸体）上的气门头部周围，再压缩橡皮球，使空气容筒内达到66.6kPa的压力。如果在半分钟内，气

压表的读数不下降，则表示气门与气门座密封良好。

图 5－50　用气门密封检验器检验气门密封情况

1－气门；2－气压表；3－空气容桶；4－同橡皮球相通气孔；5－橡皮球

若无仪器检查，则可用以下几种方法进行检查：

(1)用软铅笔在气门工作面上每隔 4mm 划一条线，如图 5－51a 所示。再将气门装入，让划上均等若干线条的气门工作面与相配气门座工作面接触，并将气门转动 1/8～1/4 转，然后取出气门，检查铅笔线条。如铅笔线条均被切断，如图 5－51b 所示，则表示密封良好；如果有些未断，则表示密封不严，需要重新研磨。

(2)在气门工作面上涂抹一薄层轴承蓝，将气门在气门座上旋转 1/4 圈，再将气门提起，若轴承蓝布满气门座工作面一周而无间断，又十分整齐，即表示密封良好。

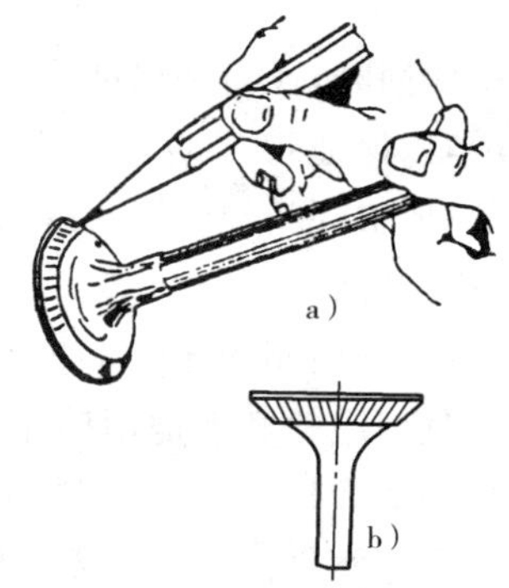

图 5－51　用铅笔划线检查

(3)将气门在相配的气门座上轻拍数次，查看气门和气门座的工作面，如有明亮而完整的光环，可以认为达到密封要求。

(4)可用煤油或汽油浇在气门顶面上，视气门与座接触处是否有渗漏现象，如果没有则表示合理。

3. 气门座损伤的检查和修理

气门座磨损主要是由于冲击引起的塑性变形，同时还受到高温气体的烧蚀。气门座磨损后，会出现气门工作斜面宽度增大、表面具有冲击硬化层、呈现斑点等现象，造成气门关闭不严而漏气。

气门座磨损后，如工作面磨损过宽，超过 2mm，气门座工作面烧蚀出现斑点、凹陷，下陷到一定程度时，应进行铰削；如气门座圈有裂纹、松动和严重烧蚀时，则应重镶气门座圈。

(1)气门座的铰削

通常用如图 5－52 所示的气门座铰刀。国产气门座铰削工具见表 5－11。

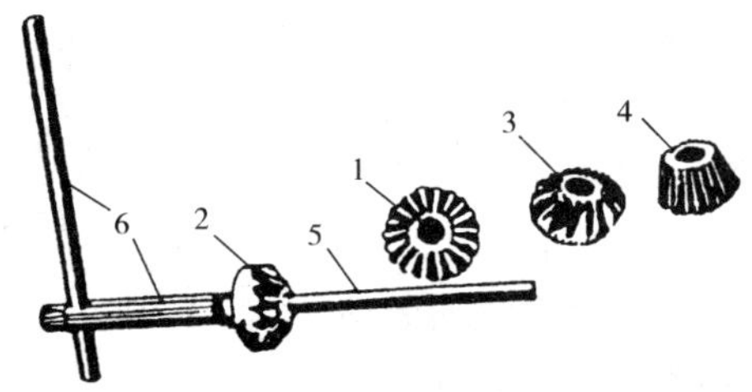

图 5－52　气门座铰刀

1－15°座面铰刀；2－45°细刃铰刀；3－45°粗刃铰刀；4－75°座面铰刀；5－导杆；6－铰刀把

表5-11 国产气门铰刀规格(mm)

型 号	工作角用	上倒角用	下倒角用	刀杆直径	扳手长
QQJ-001	52×30°(粗) 52×30°(精) 48×45°(粗) 48×45°(精)	52×15° 48×15°	50×60° 46×75°	ϕ9.5	235
QQJ-002	43×45°(粗) 43×45°(精) 40×45°(粗) 40×45°(精)	43×15° 40×15°	40×70° 38×75°	ϕ9	235

铰削时,铰刀是以插入气门导管内的铰刀导杆来定中心的,以保证铰出的气门座中心与气门导管的中心重合。因此,要求气门导管镶入后和气门杆相配合适后,再进行气门座的铰削。

(2)气门座的光磨工艺

气门座的磨削是用砂轮代替了铰刀,用手电钻或电动机作动力代替了手工铰削,或以压缩空气为动力的风动砂轮机来修磨气门座。用光磨机修磨气门座速度快、质量高,特别适用于修磨硬度高的气门座,效果更好。

(3)气门座镶配

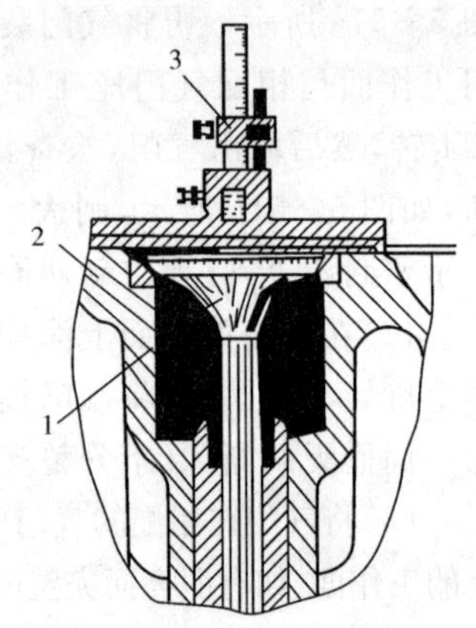

图5-53 气门下陷量检查

1—气门;2—气缸盖;3—深度游标尺

气门座多次铰削或磨削后,直径增大,而气门经多次研磨或光磨后直径减小,使气门工作面位置改变,这将减小压缩比和充气效率。因此要检查气门的下陷量,如图5-53所示:当气门顶平面低于气缸盖(或气缸体)平面2mm,或气门座工作面低于气缸盖或气缸体平面2mm,以及原气门座有裂纹、严重烧伤、松动时应重新镶气门座。

【例5-4】 东风雪铁龙爱丽舍轿车TU5JP/K型发动机气门间隙的检查与调整。

维修过程:

车辆运行了一段里程(约25000km)或配气机构装配后,应检查和调整气门间隙,以保证发动机的密封性和配气相位的正确。

如图5-54所示,发动机冷态下,进气门的间隙应为0.20mm,排气门的间隙应为0.40mm。

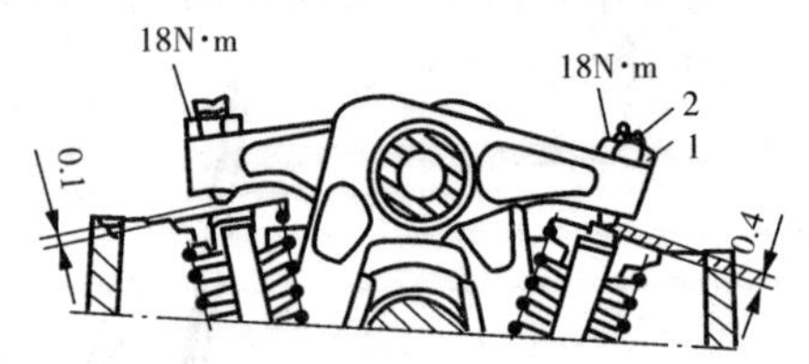

图5-54 气门间隙及调整部位

气门间隙应在发动机冷态下调整。在气门完全关闭时,松开锁紧螺母,用旋具旋转调整螺钉,即可改变气门间隙。用厚度为气门间隙的塞尺在气门间隙处来回拉动,若塞尺能拉动且稍有阻力,为间隙适当。然后,按规定的力拧紧锁紧螺母,再复查气门间隙。

【例5-5】 别克凯越轿车F16D3型发动机气门座的检修。

维修过程:

气门座的检修方法如下:

① 拆卸并分解气缸盖。

② 检查气门座是否烧蚀或磨损。若有,应对气门座进行修复。

③ 气门座的铰削角度如图5-55所示。用气门座铰刀铰削气门座。工作面角度45°用KM—340—13铰刀,上部角度30°用KM—340—13铰刀,下部角度60°用KM—340—26铰刀。

研磨气门座,如图5-56所示。

④ 检查气门座工作面宽度。进气门座工作面宽度为1.17～1.57mm,排气门座工作面宽度为1.4～1.8mm。

⑤ 检查气门与气门座的密封性。

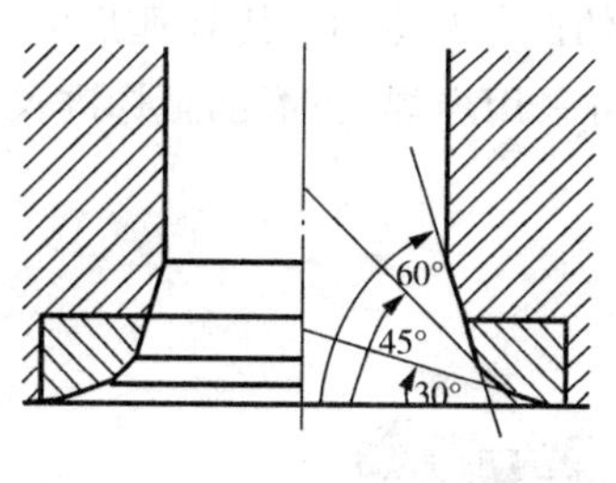

图5-55 气门座的角度

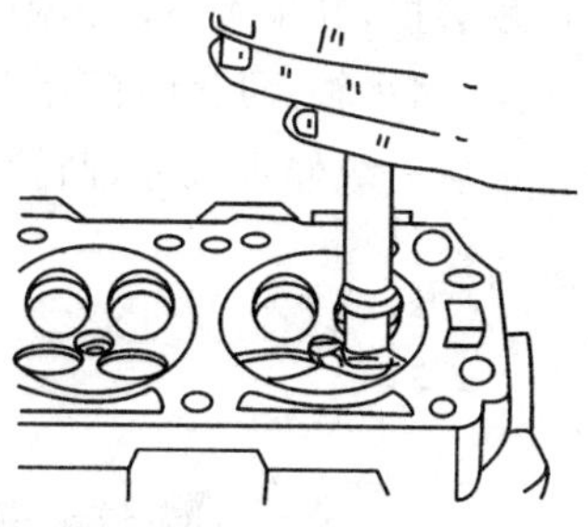

图5-56 研磨气门座

二、气门驱动机构的修理

1. 凸轮(cam)的修理

(1)凸轮的损伤分析

凸轮的损伤形式有凸轮工作表面磨损、擦伤和点蚀(疲劳剥落)。

凸轮磨损的主要原因:凸轮的运动,使其接触形式是点接触。在离凸轮基圆最远处——凸轮顶端处,气门的升程最大,此处单位接触压力最高,造成凸轮表面的不均匀磨损,凸轮尖顶磨损尤为严重,因而造成气门升程降低,影响充气性能和排气效果,使发动机性能变坏。

凸轮擦伤的原因:它是由于高的表面接触应力下润滑条件不良,部分区域的金属表面直接接触,造成金属的黏着而引起的刻痕。

凸轮点蚀(疲劳剥落)原因:凸轮受周期性交变压应力载荷,使表面产生弹性或塑性变形,变形处开始硬化而产生裂纹,并进一步发展,最后成点状或片状剥落。

(2)凸轮损伤的检查

凸轮的擦伤和疲劳剥落,一般可检视发现。对凸轮磨损,用标准凸轮廓线制成的样板置于凸轮尖顶轮廓处,如产生缝隙超过规定值,则为磨损;亦可用外径千分尺测量凸轮全高,即凸轮顶点中心线到基圆最低点距离。

(3)凸轮损伤的修理

凸轮的擦伤和疲劳剥落则需要更换凸轮。对凸轮磨损后的修理方法,应根据其升程高度减小值而定,如EQ1090在0.3～0.8mm、CA1091在0.5～0.8mm范围时,可直接在专用凸轮轴磨床上磨削。当升程高度值磨损超过 0.8mm 时,先振动堆焊,即以一定频率振幅的电脉冲自动堆焊,再经过凸轮轴磨床磨削至标准轮廓尺寸,如图5-57所示。

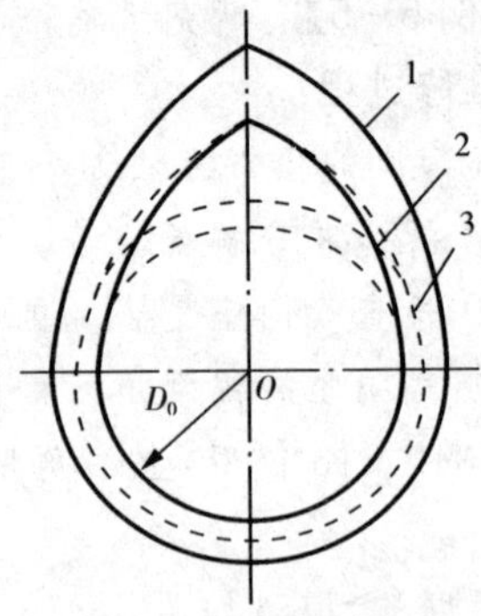

图 5-57　凸轮磨损及修复
1—新凸轮外形；2—磨损凸轮外形；3—修复凸轮外形

2. 凸轮轴(cam spindle)的修理

(1)凸轮轴弯曲变形的检查

将凸轮轴安装于车床两顶针间,或以 V 形铁块安放于平板上,以两端轴颈作为支点,如图 5-58 所示。用百分表测杆触头与中间轴颈表面接触,并缓转凸轮轴一圈。如百分表摆差在 0.05~0.10mm 范围内,可以结合凸轮轴轴颈磨修加以修正;如百分表摆差大于 0.10mm,应采用冷压校正修理,要求校正后的弯曲度应不大于 0.03mm。

(2)凸轮轴轴颈磨损的检查与修理

凸轮轴轴颈磨损,其检查方法是测量轴颈的圆度和圆柱度误差,如超过规定值,应修理。可用修理尺寸法,缩小轴颈尺寸,配用相应修理尺寸的凸轮轴轴承,其修理尺寸见表 5-12 所示。若超过最后一级修理尺寸,凸轮轴轴颈磨损,可采用堆焊,再磨削至标准尺寸。

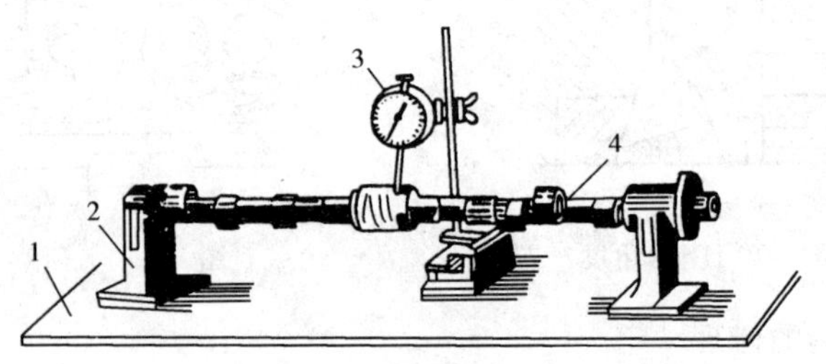

图 5-58　凸轮轴弯曲检查
1—平板;2—V 形铁块;3—百分表;4—凸轮轴

表 5-12　凸轮轴颈修理尺寸(mm)

车型及名称 / 等级 / 尺寸	EQ1090			CA1091	
	级差	轴颈直径	轴承内径	轴颈直径	轴承内径
标准尺寸	0.00	$51.5^{-0.060}_{-0.090}$	$51.5^{+0.030}_{0}$	$53.9^{+0.070}_{+0.051}$	$54^{+0.030}_{0}$
第一级修理尺寸	−0.10	$51.4^{-0.060}_{-0.090}$	$51.4^{+0.030}_{0}$	—	—
第二级修理尺寸	−0.20	$51.3^{-0.060}_{-0.090}$	$51.3^{+0.030}_{0}$	—	—
第三级修理尺寸	−0.30	$51.2^{-0.060}_{-0.090}$	$51.2^{+0.030}_{0}$	—	—
第四级修理尺寸	−0.40	$51.1^{-0.060}_{-0.090}$	$51.1^{+0.030}_{0}$	—	—

(3)凸轮轴上传动齿轮损伤的检查与修理

凸轮轴上驱动分电器及机油泵传动齿轮的轮齿磨损,如齿厚磨损均大于 0.50mm,可堆焊车削后,重铣齿(再进行热处理)。

(4)凸轮轴其他损伤的检查与修理

凸轮轴上偏心轮表面磨损应不大于规定值，否则应堆焊修复。正时齿轮键与键槽磨损如超过规定值，可换新键。凸轮轴装正时齿轮固定螺母的螺纹损坏，如多于两牙，可有堆焊修复，重新攻丝或更换新件。

【例 5－6】 大众捷达轿车 ATK 型发动机配气机构零件的检修。

维修过程：

捷达轿车 ATK 型发动机采用两气门配气机构。配气机构零件如图 5－59 所示。

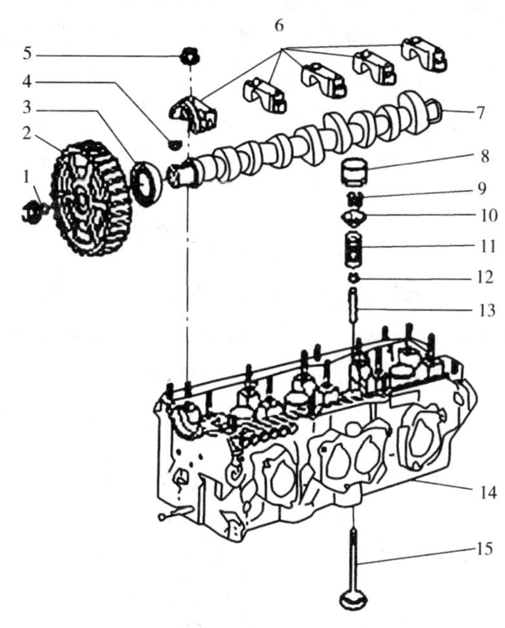

图 5－59　配气机构分解图

1—螺栓(100N・m)；2—凸轮轴同步带轮；3—凸轮轴油封；4—半圆键；5—凸轮轴轴承盖螺母(20N・m)；6—凸轮轴轴承盖；7—凸轮轴；8—液压挺杆；9—气门锁块；10—气门弹簧座；11—气门弹簧；12—气门杆油封；13—气门导管；14—气缸盖；15—气门

(1)凸轮轴的拆装

1)凸轮轴的拆卸

凸轮轴的拆卸顺序如下：

① 拆下正时同步带。

② 将曲轴往回转动一些。

③ 用支架(3036)固定凸轮轴正时带轮，拆下凸轮轴正时同步带轮，取下凸轮轴上的半圆键。

④ 拆下气缸盖罩盖。

⑤ 按凸轮轴的 5—1—3—2—4 轴颈的顺序拆下凸轮轴轴承盖。

⑥ 取下凸轮轴。

(2)凸轮轴的安装

按与拆卸相反的顺序安装凸轮轴。安装时应注意：

① 安装凸轮轴前,应更换凸轮轴油封。

② 放置凸轮轴时,凸轮轴第1缸凸轮必须朝上。

③ 安装轴承盖时,要保证孔的上、下部分对准。

④ 用润滑油润滑凸轮轴轴承表面与凸轮轴轴颈。

⑤ 将2、4道轴承盖以交叉方式拧紧,拧紧力矩为20N·m。

⑥ 在1、5道轴承座表面涂上密封胶AMV 174 004 01。

⑦ 将3、1和5道轴承盖以20N·m的力矩拧紧。

⑧ 以100N·m力矩拧紧凸轮轴正时同步带轮螺栓。

⑨ 安装完毕后,应小心地转动曲轴至少两圈,以防止发动机在启动时敲击气门。

(2)凸轮轴油封的更换

凸轮轴油封的更换过程如下:

① 拆下正时同步带。

② 将曲轴往回转一些。

③ 用支架(3036)固定凸轮轴带轮,拆下凸轮轴正时同步带轮,取下凸轮轴上的半圆键。

④ 将凸轮轴正时同步带轮固定螺栓及垫圈拧入凸轮轴螺纹孔内。

⑤ 如图5-60所示,将油封提取器(2085)的内件从外件中拧出2圈(大约3mm),并用滚花螺钉锁紧。

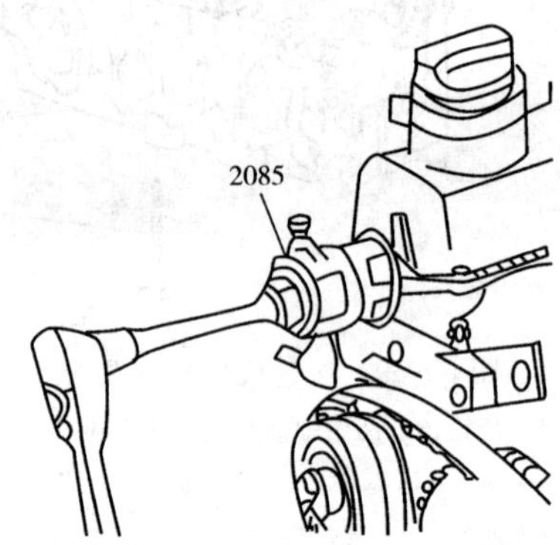

图5-60　安装油封提取器

⑥ 润滑油封提取器的螺纹,拉出油封。

⑦ 将油封提取器夹到虎钳上,用卡钳取出油封。

⑧ 用专用工具(10—208)将油封装入油封座。

⑨ 润滑油封唇口。

⑩ 按与拆卸相反顺序装上其他零件。

(3)液压挺杆的检查

启动发动机,并使其运转到风扇开启。将发动机转速提高到约2500r/min,并运转2min。如果液压挺杆还有噪声,用下述方法检查有问题的液压挺杆。

① 拆下气缸盖罩。

② 顺时针旋转曲轴,直到待查液压挺杆对应的凸轮朝上。

③ 检查凸轮和液压挺杆之间的间隙。

④ 轻轻地用楔形木棒或塑料棒压下液压挺杆。如果凸轮和液压挺杆之间能够插入 0.2mm 塞尺，则应更换液压挺杆。应注意：更换液压挺杆后，30min 内不得启动发动机。否则气门与活塞撞击。

(4)气门座的检修

1)气门座最大允许修复尺寸

如图 5－61 所示，将气门插入并压紧到气门座上，测量气门杆尾部与气缸盖上边缘之间的距离 a。

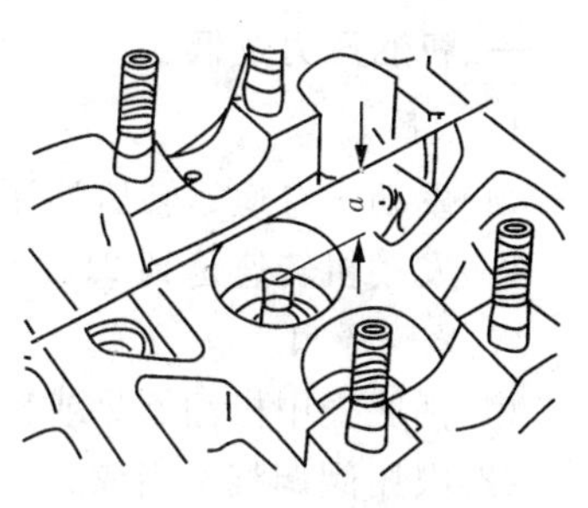

图 5－61　测量气门杆尾部与气缸盖上边缘之间的距离

测量尺寸减去最小尺寸即为气门座最大允许修复尺寸。进气门最小尺寸为 33.8mm，排气门最小尺寸为 34.1mm。如果最大允许修复尺寸等于或小于 0mm，则应更换气门，并重新测量。如果最大允许修复尺寸仍然等于或小于 0mm，则应更换气缸盖。

2)气门座修复尺寸

如图 5－62 所示，进、排气门座修复尺寸：a 为 39.4mm，b 为最大允许研磨尺寸，c 约为 2.0mm，z 为气缸盖底平面，工作面角为 45°，修正角为 30°。

如图 5－63 所示，排气门座修复尺寸：a 为 32.4mm，b 为最大允许研磨尺寸，c 约为 2.4mm，z 为气缸盖底平面，工作面角为 45°，修正角为 30°。

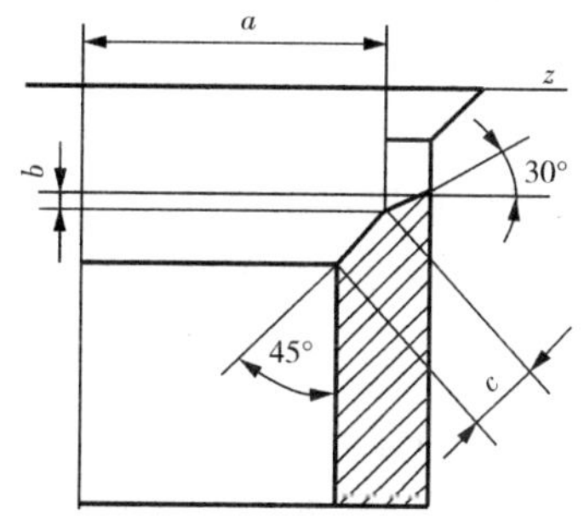

图 5－62　进气门座修复尺寸

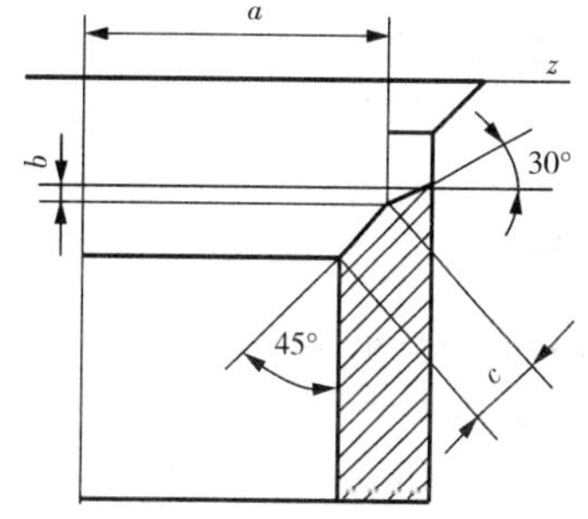

图 5－63　排气门座修复尺寸

第四节　润滑系统的维修

为了保证发动机的正常工作并延长其使用寿命，要求发动机的润滑系经常处于良好的技术状态。机油压力降低和机油变质是衡量润滑系技术状况变坏的主要标志。其主要原因可能是：机油使用久了黏度会降低或者是汽油、水进入油底壳使机油黏度变小；机油粗滤器滤芯堵塞及旁通阀打开困难，使主油道油压低于正常值或油管接头处漏油，发动机曲轴主轴承、凸轮轴轴承间隙过大；机油泵工作不良、润滑油料品质不佳等因素的影响使机油压力降低。润滑系技术状况的好坏不仅取决于润滑系组成机件本身的技术状况，而且与发动机的技术有关。因此，必须及时对润滑系各部件进行恢复性修理，在保证其工作正常的基础上，对发动机定期保养，定期更换润滑油，这样才能使润滑系油压正常，润滑可靠。

一、机油压力过低

1. 故障现象

(1)发动机怠速运转后油压警告灯仍然闪亮。

(2)发动机转速达到 2150r/min 以上后,油压警告灯闪亮,报警蜂鸣器同时鸣响报警。

2. 故障原因

(1)油底壳中机油不足或机油黏度过小。

(2)限压阀调整不当或失效。

(3)机油泵工作不良。

(4)曲轴、凸轮轴或中间轴与轴承配合间隙过大。

(5)机油集滤器堵塞。

(6)吸油管松动或破裂。

(7)油压开关失效。

3. 故障排除

(1)用机油尺测量油底壳中的机油量,并观察其黏度是否符合要求。必要时,应添加或更换机油。

(2)拆下机油压力开关,检查油压开关是否损坏。如果损坏,应换用新件。

(3)检查限压阀在工作时是否正常,并进行必要的调整。

(4)限压阀调整无效时,应拆下油底壳检查机油集滤器是否堵塞,吸油管是否松动、破裂等,并视情况予以清洗更换。

(5)检查机油泵工作是否正常。机油泵泵油不良,应维修。

(6)检查机油滤清器是否过脏,旁通阀能否打开。必要时,应换用新件。

(7)检查曲轴、凸轮轴及中间轴与轴承的配合间隙是否过大,并视情况予以修复。

二、机油泵零件的维修

1. 泵壳检查和修理

检查油泵孔的磨损程度,螺孔是否损坏,泵壳有无裂纹。机油泵壳主动轴孔与轴的配合间隙应为 0.03~0.075mm,最大不得超过 0.20mm。间隙超过规定或晃动泵轴有明显空旷感觉时,应将主动轴涂镀修复或用镶套法修复。机油泵壳螺纹损坏,应进行堆焊,重新钻孔攻螺纹修复;泵壳破裂应更换或焊修。

2. 泵盖检查和修理

齿轮式机油泵驱动齿轮啮合时,产生的轴向力一般都向下,它使齿轮端面与泵盖内表面磨损。泵盖如有磨损或翘曲,凹陷超过 0.05mm 时,应以车、研磨等方法进行修理。泵盖上装有限压阀时,还应检查弹簧的弹力和阀体,必要时应换用新品。

3. 泵轴检查和修理

用千分表检查泵轴是否弯曲,如果指针摆差超过 0.06mm,应进行校正。主动轴与轴套孔的配合间隙,使用限度为 0.15mm。从动轴如有明显的单面磨损,可将其压出,把磨损面掉转 180°再压入孔内继续使用。主动轴上端铆固的传动齿轮与泵壳尾端之间的间隙一般为 0.025~0.075mm,最大不超过 0.15mm,超过时可在泵壳尾端焊补或加垫调整。

4. 齿轮检查和修理

检查主、从动齿轮啮合间隙,可用塞尺在互成 120°处分三点测量。发动机机油泵啮合

间隙的标准值为 0.05mm，磨损量最大不超过 0.20mm。齿隙增大的原因是由于齿轮的磨损或主动轴与泵壳、从动轴与齿轮轴孔之间磨损引起的。如果齿轮磨损不严重，可将齿轮转面使用；如磨损超过使用极限，应成对更换齿轮。主、从动齿轮表面上如果有毛刺，可用油石光磨。

三、机油泵的分解和清洗

(1)拆下机油集滤器和油管。

(2)用厚薄规检查机油泵传动齿轮齿面间隙与机油泵尾端的轴向间隙。机油泵传动齿轮齿面间隙——磨损极限：0.20mm；新 0.05mm。机油泵轴向间隙——磨损极限：0.15mm。

(3)拆下机油泵紧固螺钉，分开泵盖和泵壳，取下衬垫和从动齿轮。

(4)如果更换传动齿轮，应用锉刀锉掉传动齿轮横销头部，捅出横销，取下传动齿轮。

(5)清洗分解后的全部零件，以便对零件进行检测。

四、机油盘的修理

1.8L 电喷型汽油机的机油盘为钢板冲压成形，密封紧固在发动机的下部。机油经过机油盘中带有滤网的机油收集器进入机油泵，压力机油在发动机内的油路中通过全流旋装式机油滤清器，流入沿缸体下部纵向分布的主轴道，分配到发动机各压力润滑部位。

1. 拆检机油盘

当发动机使用过久，机油会从两侧面渗漏或从前、后两端渗漏，若污染了发动机时要拆检机油盘。当汽车发生意外事故或机油盘受到碰撞发生变形时，会产生漏油，或者影响曲轴连杆机构工作，或者影响机油收集器正常工作，因此都要拆检机油盘。当需要维修机油泵或曲轴连杆机构时，也要拆下机油盘。

2. 检修机油盘的密封

机油盘在拆下之前应首先放净机油盘中的机油，而后松开周围凸缘上的固定螺栓，撬开黏结的密封垫，取下机油盘，并按下列步骤操作：①拆下机油盘后，应将机油盘清洗干净，同时清除凸缘和缸体上残留的密封垫。②检查渗漏部位和平整凸缘，使之恢复原来的形状。③拆下并清洗防溅挡板，拆下并清洗机油收集器。④装好机油收集器，装好防溅挡板；换一只新的密封垫。⑤平稳地装上机油盘，均匀地拧紧固定螺栓。螺栓拧紧力矩为 15N·m。

五、机油滤清器的更换

机油滤清器装在发动机侧面。机油滤清器为一次性整体旋装式，内装全流式纸质滤芯。新换装的机油滤清器应能承受 1.8MPa 的压力试验。

通常情况下，汽车每行驶 8000km 要更换机油，每换两次机油应更换一次机油滤清器，根据不同情况，更换机油滤清器的行驶里程可定为 12000～16000km。

更换机油滤清器之前，应首先更换机油。在更换机油时，先拆下机油滤清器，放净机油。可先装机油滤清器，再添加机油；或先加机油，后装机油滤清器。安装机油滤清器时应检查安装表面，先用机油涂抹新滤清器的密封衬垫。安装表面应当平整光洁，不得有脏物和原密封衬垫残留物。拧动滤清器到橡胶密封衬垫与缸体上的底座紧密接触后，再拧紧 3/4～1 圈。装好后，启动发动机，检查接触面是否有机油渗漏。

【例 5-7】 风神蓝鸟轿车发动机润滑系部件的检修。

维修过程：

风神蓝鸟轿车发动机润滑系统油路如图 5－64 所示。

(1)润滑油压力的检查

① 检查润滑油油面高度。

② 取下润滑油压力开关。发动机和润滑油可能很热，应防止被润滑油烫伤。

③ 安装油压表。

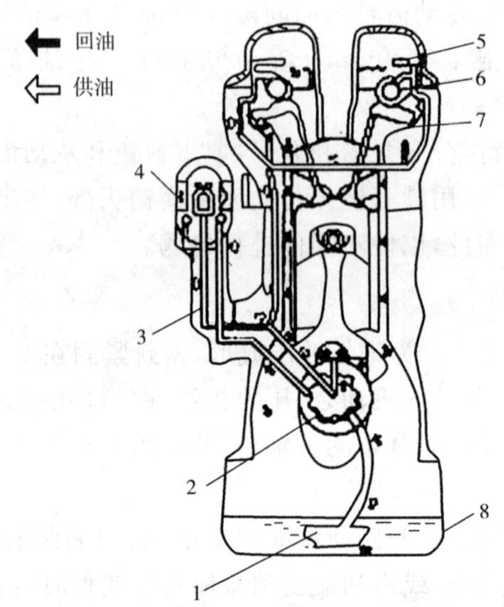

图 5－64　润滑系统油路示意图

1—集滤器；2—润滑油泵；3—润滑油滤清器支架；4—润滑油滤清器；
5—润滑油管；6—凸轮轴；7—液压冲击调整器；8—油底壳

④ 启动发动机并暖机至正常工作温度。

⑤ 在发动机空载运转时检查油压。发动机怠速运转时，润滑油压力应大于 78kPa。发动机转速为 3200r/min 时，润滑油压力应为 314～392kPa。如果油压过低，应检查润滑系统油路及润滑油泵是否泄漏。

⑥ 卸下油压表。

⑦ 装上润滑油压力开关。

(2)润滑油泵的检修

① 拆下传动 V 形带。

② 拆下气缸盖。

③ 拆下油底壳。

④ 拆下集滤器和缓冲板。

⑤ 拆下前罩总成。

⑥ 分解润滑油泵，如图 5－65 所示。

⑦ 如图 5－66 所示，用塞尺检查润滑油泵间隙。其标准间隙见表 5－13。如果顶部间隙②超出极限值，则应更换齿轮组件或更换整个润滑油泵总成。如果泵体与齿轮间隙①、③、④、⑤超出极限值，则应更换前罩总成。

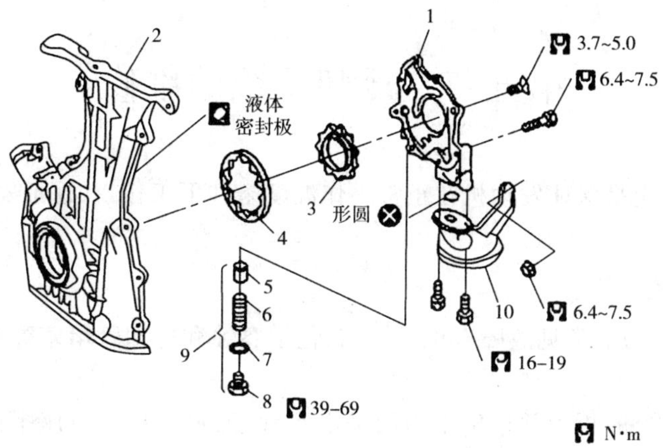

图 5－65　润滑油泵分解图

1—润滑油泵盖 2—前罩 3—内齿轮 4—外齿轮 5—调压阀 6—弹簧；7—垫圈 8—螺塞 9—调压阀组件 10—集滤器

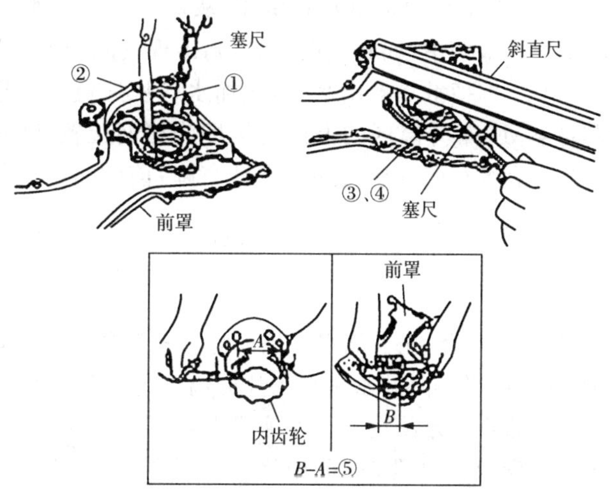

图 5　66　检查润滑油泵间隙

表 5－13　润滑油泵间隙

项　目	标准值/mm
泵体与外齿轮间隙①	0.114～0.200
内齿轮与外齿轮顶间隙②	小于 0.18
泵体与内齿轮间隙③	0.05～0.09
泵体与外齿轮间隙④	0.05～0.11
内齿轮与泵壳铜焊部位的间隙⑤	0.045～0.091

⑧ 装配润滑油泵。装配时，在内齿轮和外齿轮上涂上发动机润滑油，换上新油封及 O 形圈，并确认 O 形圈安装正确。

⑨ 按与拆卸相反的顺序安装润滑油泵。

第五节 冷却系统的维修

冷却系统的作用是保证发动机在正常工作温度条件下工作，并保证发动机工作可靠、耐久、冷却良好。

一、散热器的检验

散热器(radiator)的常见故障有机械损伤、化学腐蚀和冷却管堵塞等。

1. 检漏

(1)在汽车上检漏：拆掉并堵塞水箱的进出水管，加水至加水口座平面以下 10～20mm 处，用水箱盖性能检验器，借助专用接头装在加水口座上，使用检验器的打气筒向散热器内施加 0.8kPa 的压力，表指针读数不应下降(观察时间不得少于 5min)，如果下降，则说明有渗漏，应拆下散热器做专项检查。

(2)在水槽中检漏：①将空水箱的进出水管堵死，从加水口座处通入压力为 30～80kPa 的压缩空气，并将水箱浸没于水槽中，如有气泡复出，则出现气泡处即为渗漏处，宜做好标记备修；②冷却管堵塞的检验。拆掉散热器出水管，从加水口快速倒入一桶热水(不可溢出)，然后，用手摸散热器芯体各处，未升温区的上面边缘即为堵塞位置；③水箱盖的性能检验。用手推动打气手柄，注意读取水箱阀开启(此时，表针突降)前的压力示值，此数值应符合工厂规定。

2. 散热器的修理

(1)上下储水室

① 拆下储水室，应有两人配合，先在储水室顶面焊两只钩环或钢片，解焊缝时每人各执一把一斤重的烙铁解焊缝，手提钩环，使水室与主片分离。为避免加热时间过长使主片与冷却管同时脱焊，可以使散热器直立水槽内并使水淹没芯部。

② 储水室局部出现少量腐蚀针孔时，可用烙铁在此局部热镀一层焊条，作为暂时性修补。

③ 储水室碰伤塌陷的修复。在凹坑的底部焊一钩环，在拉起的同时，用小锤修整四周，使表面平整，然后将钩环解焊。

(2)疏通冷却管

① 在修理厂可将散热器拆下，放在清理槽，用 10%～15%的苛性钠和工业苏打(每升水溶解 100g 左右)溶液将钢制散热器浸没并煮半小时，在加热过程中，应不断摇动散热器，加速溶液流动。煮毕用热水清洗(但不能用此办法修理铝散热片的散热器)。

② 在大修理厂，可直接将上储水室拆掉，直接用通条疏通。

(3)更换冷却管

大修时应尽量恢复散热器的性能，对于临时应急掐死、折断的冷却管需拆除，以便更换新管。

(4)梳理散热片

为保证散热器的散热效率，减小其通风损失，降低风扇动力损耗，应及时将倒伏的散热片扶正，可依照各散热器的具体结构不同，自制梳理工具，对散热片进行梳理。

(5)散热片的修补

对缺损的散热片,应使用同样厚度的薄钢片以略大于缺损的尺寸剪制,把中间和冷却管交叉的部位剪成“U”缺口,在接口和冷却管处涂以焊剂并焊牢。

散热器经修理后进行压力测验,以检验修复后的散热器是否符合要求。

二、节温器的修理

1. 节温器(thermostat)的损伤检验

东风EQ6100和解放CA6102发动机冷却系使用蜡式双阀门节温器,应检查节温器外壳有无锈蚀或渗漏,修理时应予除锈,以便焊修。如节温器阀门关闭不严,需更换阀门;阀门最大升程应低于8mm;否则应更换节温器。

2. 节温器修复后的性能检测

节温器的检修:将节温器卸下,放在装有热水的容器中,不要放在容器的底部;逐渐提高水温,用温度计测量阀门开始开启时的温度,再逐渐加热,检查节温器完全开启时的温度。东风EQ6100和解放CA6102发动机中冷却系蜡式双阀门节温器,阀门在76℃±2℃时开启,在86℃±2℃时应完全开启。开启过程不允许有阻滞现象,全开阀门升程应大于8.5~9mm,此时水泵转速为3000r/min,阀门全开流程为每小时13立方米。

【例5-8】 广州本田飞度轿车L13A3型发动机冷却系统部件的检修。

维修过程:

飞度轿车L13A3型发动机冷却系统部件的位置如图5-67所示。

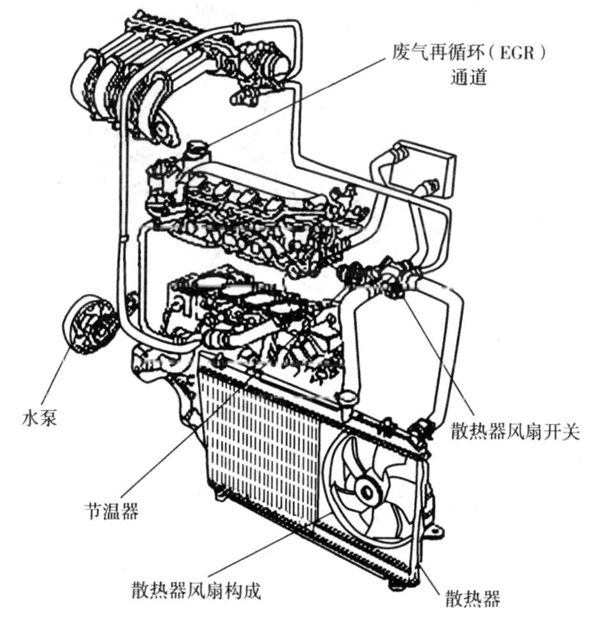

图5-67 冷却系统的布置

(1)散热器的检查

待发动机冷却后,小心地取下散热器盖,向散热器注入冷却液,直至漏斗颈。如图5-68所示,将压力测试仪及适配器(Ⅱ—901122—09)连接在散热器上,并施加93~123kPa的压力，观察冷却液是否泄漏及压力是否下降。

(2)水泵的检查与更换

① 拆下发动机附件传动带，拆下水泵带轮。

② 如图5－69所示，逆时针转动水泵，检查水泵是否能自由转动，检查有无泄漏。排放孔有少量渗水为正常。如果水泵损坏，应更换水泵。

③ 放净冷却液。

④ 如图5－70所示，拆下水泵。

⑤ 清洁密封圈凹槽和水泵与气缸体的接合面。

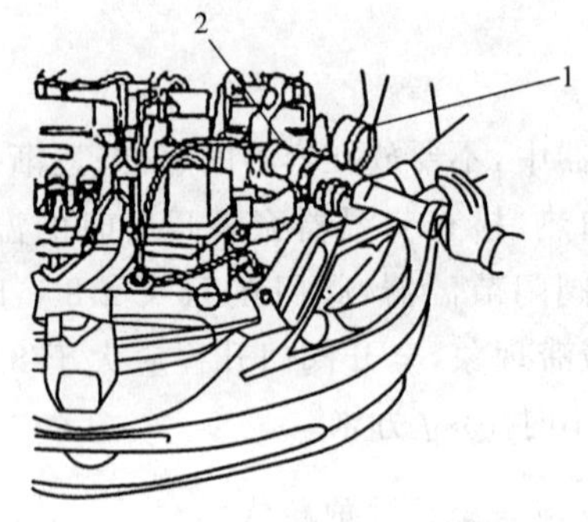

图5－68　检查散热器泄漏

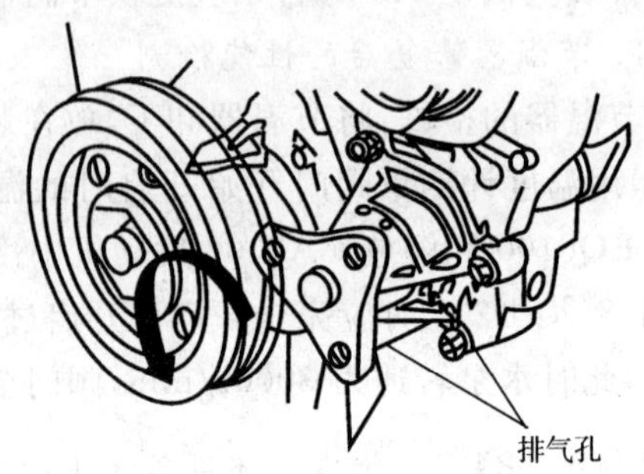

图5－69　检查水泵

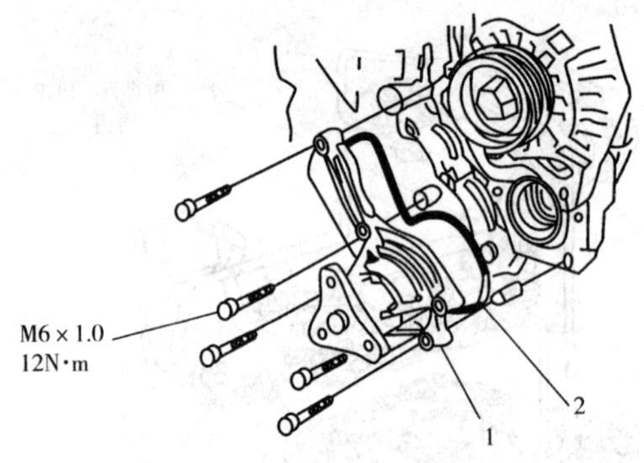

图5－70　拆下水泵

1—水泵；2—水泵垫

⑥换上新的密封圈，按与拆卸相反的顺序安装水泵。

⑦加注冷却液。加注时，应打开加热器阀，以便排出冷却系统中的空气。

(3)冷却液的更换

① 启动发动机。把加热器温度控制盘设定为最大加热，或空调控制系统设定为Hi。关闭点火开关。用手触摸，确认发动机和散热器已冷却。

② 取下散热器盖。松开冷却液排放塞，排净冷却液，拆下气缸体上的排放螺塞，换一个新垫圈，重新装上排放螺塞，并可靠地紧固散热器上的排放螺塞。

③ 向储液箱中添加本田纯正四季2型防冻液/冷却液(50%防冻液与50%水的混合物，不可加水)，直至“MAX”标记。

铝合金散热器、M/T 的加注量:带加热器的冷却液加注容量(包括 0.4L 储液箱容量)为 4.0L,不带加热器的为 3.4L。

铜质散热器、M/T 的加注量:带加热器的冷却液加注容量(包括 0.4L 储液箱容量)为 4.1L,不带加热器的为 3.4L。

④冷却液加注后,盖上散热器盖,启动发动机并使其运转预热。关闭发动机,检查冷却液液位。如液位较低,应加注冷却液。完成后,旋紧散热器盖,启动发动机并使其运转,检查有无泄漏。

思考与练习

5-1 气缸的损伤形式有哪些?维修方法是什么?

5-2 活塞连杆组的损伤形式有哪些?

5-3 曲轴飞轮组的维修工艺是什么?

5-4 配气机构常见部件的磨损形式有哪些及其维修方式是什么?

5-5 润滑系统常见故障及其修理方式有哪些?

5-6 冷却系统常见故障及其修理方式有哪些?

第六章 汽车底盘维修

学习目标：本章主要介绍离合器、变速器、万向传动装置、驱动桥、前轴和转向系、制动器和悬架的修理工艺。重点掌握上述总成的失效损伤及检验方法与修理工艺过程。

第一节　离合器的维修

一、离合器的失效形式

1. 从动盘

从动盘(driven plate)是离合器(clutch)的摩擦元件，常见的失效有摩擦片磨损、烧蚀、开裂和油污、铆钉松动、减振弹簧折断和钢片翘曲变形。其中磨损和烧蚀是主要的失效形式，产生油污的主要原因是变速器(transmission)第一轴回油螺旋线回油能力降低或油封损坏，使油从第一轴花键处漏出所致，也有曲轴后油封漏油所致；从动盘钢片(driven plate steel)翘曲变形是因为变速器第一轴与曲轴中心线不同轴，使从动盘工作中产生周期性弯曲所致。另外，由于使用不当使从动盘花键(driven plate spline)、减振弹簧(damping spring)与减振器盘(shock absorber plate)磨损也是失效的主要形式。

2. 压紧弹簧

常见的螺旋压紧弹簧(cmpression spring)弹力减弱及断裂是弹簧失效的主要形式，原因是弹簧长期使用疲劳所致。另外，膜片(dia-phragm sping)弹簧形式的离合器，其膜片内端与分离轴承(bearing)接触处也会产生磨损。

3. 压盘与离合器盖

压盘(platen)工作面的磨损、烧蚀是主要失效形式。离合器盖(clutch cover)与压盘的传力部位产生磨损，盖还会产生变形与裂纹。翘曲变形往往是因为装配或安装工艺不当、装配时不使用专用工具、螺栓拧紧顺序不对等原因所致。

4. 分离及操纵传动件

分离杠杆(separation lever)、分离轴承及操纵传动件(control transmission parts)的失效形式主要是配合部位的磨损。

离合器上述表现造成其工作可靠性下降，主要表现为离合器打滑、起步发抖、分离不彻

底和产生噪声。

二、离合器常见故障分析与排除

1. 离合器打滑

(1)故障原因

① 离合器踏板自由行程过小。

② 摩擦衬片(friction lining)表面油污。

③ 弹簧变形或压紧力不足。

④ 飞轮(flywheel)或压盘变形等。

(2)排除方法

① 调整离合器踏板自由行程。

② 修磨或更换摩擦衬片。

③ 更换弹簧。

④ 更换飞轮或压盘。

2. 离合器发响

(1)故障原因

① 分离轴承损坏或缺油。

② 摩擦衬片粘油或磨损、离合器中心偏斜、弹簧损坏。

③ 分离叉或连杆卡住等。

(2)排除方法

① 更换分离轴承。

② 更换相应的零件。

③ 修理或更换分离叉或连杆。

3. 分离不彻底

(1)故障原因

① 离合器踏板(clutch pedal)自由行程过大。

② 离合器液压管路(clutch hydraulic line)中有空气。

③ 离合器主缸(clutch master cylinder)或工作缸失效。

④ 离合器盖或压盘失效。

⑤ 离合器从动盘花键毂及变速器第一轴花键过脏等。

(2)排除方法

① 调整离合器踏板自由行程。

② 放掉液压管路中的空气。

③ 修理离合器主缸或工作缸。

④ 修理或更换离合器盖或压盘。

⑤ 清洗从动盘花键毂及变速器第一轴。

三、离合器零部件的检修

1. 飞轮摆差的检查

如果飞轮摆差过大就会影响离合器的正常工作。在大修发动机时应检查飞轮摆差，看

是不是在规定范围内。一般最大值不得超过 0.2mm，如果超过这个范围，则应修理或更换(注意装配记号)，并且要注意修理或更换后需对曲轴总成做动平衡试验。它的检查可用一个带架的百分表进行端面圆跳动量测定。(如图 6-1 所示)。

2. 从动盘的检修

从动盘是传递动力的主要部件，它的损坏频率也是相当高，为了减缓从动盘的损坏并延长其使用寿命，在使用中需注意正确的操作方法。在正常使用下摩擦片的磨损是比较缓慢的，而不正确的使用和调整不当会加快摩擦片的磨损，甚至会烧焦、开裂。从动盘的损坏形式是很多的，主要有以下几个方面：摩擦片磨损减薄、开裂、烧焦、沾有油污、铆钉松动或断裂、从动盘钢片挠曲、减振弹簧损坏、从动盘毂损坏及从动盘端面不平等。

(1)摩擦片厚度检查

摩擦片磨损后，其厚度不得小于规定值。如图 6-2 所示，用游标卡尺测量摩擦片表面及铆钉头的深度，这个深度最小极限为 0.3mm，如果超过此值，那么就要更换摩擦衬片。

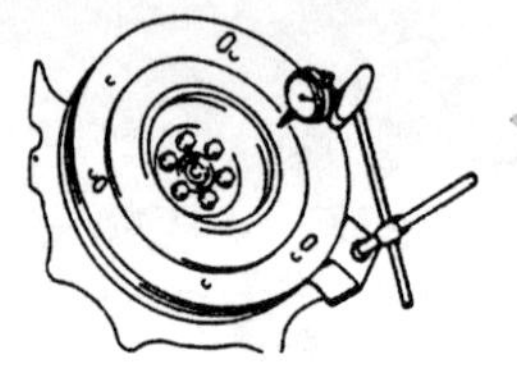

图 6-1　飞轮端面圆跳动量的检查

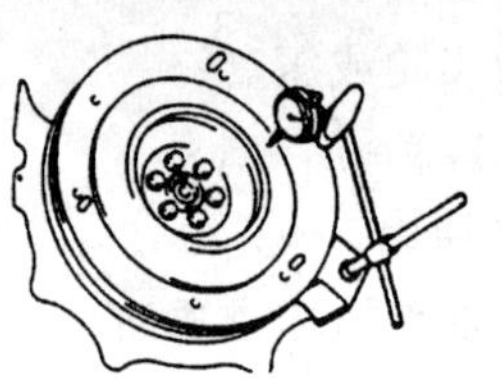

图 6-2　从动盘摩擦片磨损的检查

(2)从动盘端面圆跳动检查

如图 6-3 所示，用一个带架的百分表在距外缘 2.5mm 处测量，其最大值不得超过 0.4mm，如果超过此值就用扳钳加以校正或更换一新的从动盘(见图 6-4)。

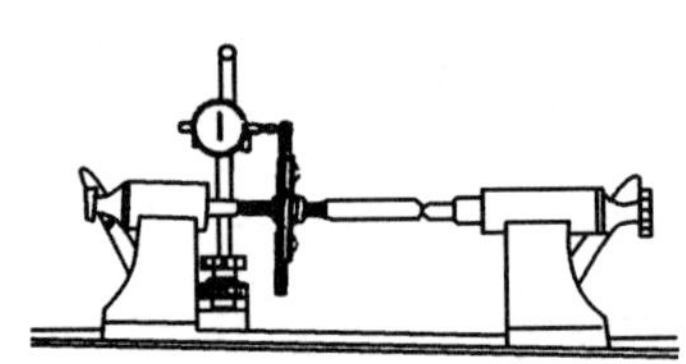

图 6-3　从动盘端面圆跳动量的检查

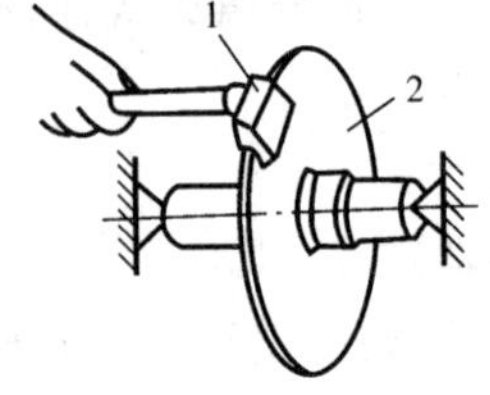

图 6-4　从动盘的校正

1—扳钳；2—从动盘

3. 压盘检修

压盘的损伤主要是刮伤、不平或烧蚀等。轻度刮伤或烧蚀可以用光磨修复，刮伤比较严重或变形的要予以更换。压盘的平面度检查方法如图 6-5 所示，最大值不得大于 0.1mm，当离合器压盘损坏不能使用时，需要换压盘。首先用钻床将固定离合器盖上的传动片的铆钉钻掉，使离合器盖与压盘分离，更换新压盘时要在压盘与离合器盖之间接触部位涂上一层润滑脂，然后用专用螺栓将压盘与离合器之间按规定扭矩拧紧，再进行铆接即可。

4. 膜片弹簧与螺旋弹簧检查

离合器上的膜片弹簧或螺旋弹簧(Coil Spring)因长期受载荷作用容易产生疲劳，会产生弹性减弱、折断、弯曲等现象，从而影响离合器的正常工作。膜片弹簧要对其弯曲进行校正，同时还要测量膜片弹簧与分离轴承端的磨损深度和宽度。它的测量方法如图 6-6 所

示，桑塔纳轿车离合器膜片弹簧的磨损深度不得超过 0.3mm，否则应更换。螺旋弹簧要对其自由高度进行测量，测量方法是将螺旋弹簧放置水平，用直角尺测量其自由长度(如图 6-7 所示)，当其超过允许范围时要更换。

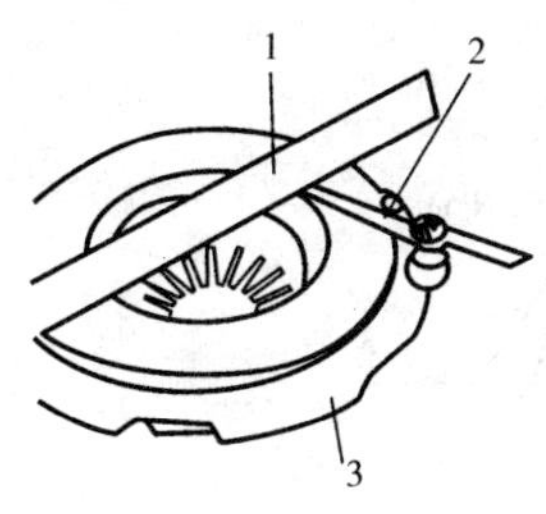

图 6-5 压盘平面度的测量

1—钢尺板；2—厚薄规；3—压盘

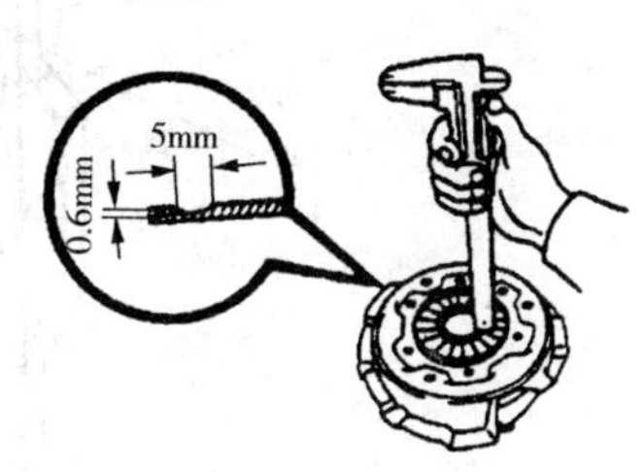

图 6-6 膜片弹簧内端磨损的测量

5. 离合器分离轴承的检修

分离轴承在离合器分离时参与工作。由于它的工作条件差，分离轴承容易产生烧蚀和磨损。检验时，用一只手拿住分离轴承，用另一只手转动外圈，听是否有沙沙声，如有则需更换。当转动感到阻力很大时也要更换，检验方法如图 6-8 所示。

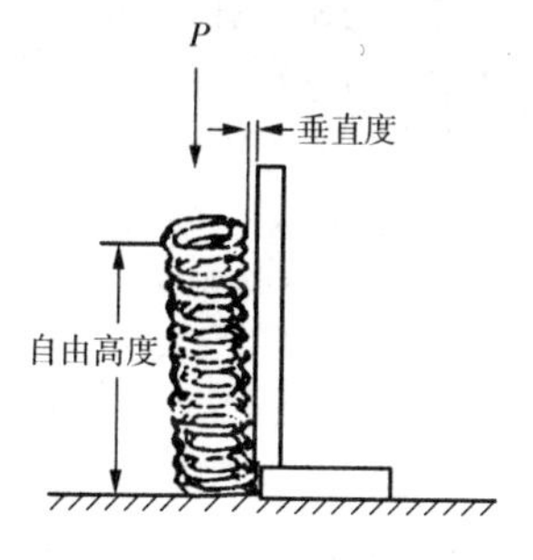

图 6-7 离合器弹簧

图 6-8 检查分离轴承

6. 离合器主缸、工作缸的检修

对于离合器操纵为液压式的操纵机构，主缸与工作缸性能的好坏直接影响着离合器的工作性能，特别是皮碗的好坏将直接影响推力的大小，皮碗老化及破损都有可能造成漏油。另外缸筒的内壁也不能过多磨损，它的极限是 0.125mm，活塞与缸筒之间的间隙不得超过 0.20mm，否则就要更换新件。

7. 导向轴承的检修

导向轴承(guide bearing)又称飞轮轴承。它通常是一次性加注润滑油。当轴承磨损严重时会出现异响，可以用手转动观看其是否发卡、阻力过大或破损，如果损坏应更换。

【例 6-1】 广州本田飞度轿车离合器踏板高度与自由行程的调整。

维修过程：

在调整离合器踏板之前，先拆除驾驶员侧地板垫。

飞度轿车离合器踏板的调整顺序如下：

(1)如图 6-9 所示，松开离合器踏板调整螺栓的锁紧螺母，将离合器踏板调整螺栓旋出，直到不与离合器踏板接触为止。

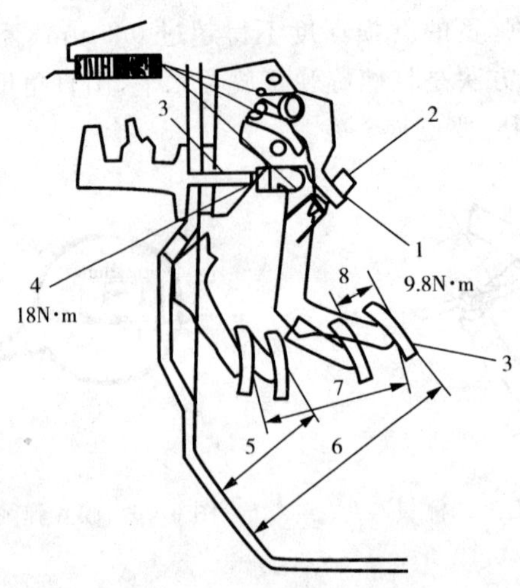

图 6-9　调整离合器踏板

1—螺母;2—离合器踏板调整螺栓;3—踏板;4—锁紧螺母

5—推杆 6—踏板高度 7—踏板行程 8—自由行程 9—分离高度

(2)松开推杆的锁紧螺母,转动推杆,使离合器踏板的高度、行程、自由行程、分离高度均符合规定。离合器踏板高度为 163mm,离合器踏板行程为 130～140mm,离合器踏板自由行程为 6～20mm,离合器踏板分离高度(至地板的最小值)为 72mm。

(3)拧紧推杆的锁紧螺母。

(4)放松离合器踏板,将离合器踏板调整螺栓旋进,直到与离合器踏板接触为止,再将离合器踏板调整螺栓旋进 3/4～1 圈。

(5)拧紧离合器踏板调整螺栓的锁紧螺母。

第二节　变速器的维修

一、变速器主要零件的失效的形式

变速器零件的主要失效形式是各配合副磨损及壳体变形和裂纹。这将导致变速器工作可靠性下降,产生自动脱挡、乱挡、换挡困难、振动、噪声及漏油等故障。

自动脱挡(auto-off files)是变速器最常见的故障,由于齿的不正确啮合而产生的轴向分力大于原来的轴向锁止力,将齿轮从啮合状态自动推至空挡位置;其次,锁止力减小是自动脱挡的条件因素,齿的啮合长度不够、自锁机构工作失效等,也将削弱锁止条件。

乱挡是与变速杆配合的有关部件间隙过大而造成变速杆位的失准。换挡困难对于有同步器的变速器是因同步器同步元件或锁止元件功能失效所致。抖动是变速器齿轮径向或轴向振动在变速杆上的反映。噪声是齿轮传动中产生冲击,相互碰撞所引起的。

变速器主要零件失效规律及对总成工作可靠性的影响分析如下:

1. 变速器壳

变速器壳(transmission case)的主要失效形式是变形、裂纹和轴承孔磨损。主要是作用在壳体上的工作负荷和自身重力所致。

变速器壳是既受弯矩又受转矩的复杂变形。第一轴与中间轴、中间轴与第二轴的齿轮传动中，径向分力通过轴与轴承施加于壳体前、后支撑端，造成轴承孔偏磨和壳体变形，使上、下两轴线间距加大，并造成后大前小且不平行，导致两轴线平行度误差超标。齿轮传动中轴分力将造成壳体扭转，导致上、下平面的平面度误差(翘曲变形)。紧急制动、超载运行，长时间低挡行驶等都将加重上述变形。

对于悬臂式固定于发动机体或飞轮壳后端面的变速器来说，在自身重力及冲击力的作用下，前端将发生微磨损和变形，甚至发生固定螺栓的断裂。由于平面下方受挤压力大，其磨损和变形也大，将造成壳体前端面与第一、二轴轴线不垂直。其后果和飞轮壳后端面与曲轴轴线不垂直相同，即变速器直接挡易自动脱挡、第一轴轴承损坏、第一轴回油螺旋线处易漏油，以及离合器从动盘易损坏。

2. 轴及齿轮

轴颈(Journal)与轴承及轴颈与齿轮的磨损、松旷，不仅使轴承产生噪声，而且其配合间隙的增加也会使啮合齿轮的中心距加大，破坏了正常啮合。对于固定轴来说，如倒挡轴或定轴式中间与壳体间是过盈或过渡配合，当其磨损间隙过大时，将漏油。轴与齿轮及轴与凸缘配合磨损过大时，不仅会产生传动噪声，而且输出轴花键处还可能漏油。

常啮合齿轮损坏较小，滑动换挡齿轮磨损较大。往往因换挡冲击造成齿端磨损而使齿长减短，以及由于换挡摩擦、齿轮轴向间隙过大、挂挡不到位等造成齿的楔形磨损，使其在啮合中产生轴向分力，这是自动脱挡的原因。

3. 同步器

汽车上常用的惯性式同步器(Inertial-type Synchronizer)的常见失效形式是摩擦锥面螺纹牙齿磨损和锁环或锁销的锁止倒角磨损。螺纹牙齿尖部磨损过深时，锁止倒角磨损，使锁止作用不可靠，换挡困难，造成未同步前齿轮强制啮合而产生挂挡噪声。

4. 操纵件

操纵件(control parts)的主要失效形式是各配合处磨损。变速杆球节配合处及球头与拨叉槽配合处的磨损，是造成乱挡的主要原因。自锁装置磨损失效及拨叉与槽间的磨损则是自动脱挡的原因之一。

二、变速器零部件检修

1. 齿轮的检修

变速器齿轮(transmission gear)的损坏有齿厚磨损变薄、齿长磨损、齿面磨损成阶梯形、齿面擦伤、剥落、牙齿破损或缺油烧蚀、齿轮键槽磨损等，可用齿轮模板卡规等检查。齿面有轻微斑点或边缘有破坏，在不影响质量的前提下可用油石(细砂条)修磨。当齿厚磨损超过0.2mm，齿长磨损超过原齿长的15%，或斑点面积超过齿面15%以上时，则应更换。齿轮磨损程度，可用千分表测量齿轮与内座圈之间的游隙，检查齿轮游隙时应装好滚柱轴承，然后用千分表测量齿轮与内圈之间的游隙。一、二挡齿轮游隙为0.009mm～0.060mm，若超过0.15mm，应予以更换。

2. 变速器轴的检修

变速器轴(Transmission Shaft)的损坏有裂纹、弯曲、前端轴颈磨损、装滚动轴承的轴颈磨损、与齿轮花键槽配合的花键齿磨损、装凸缘的键槽磨损等。

(1)输出轴的检修

输出轴颈及轴颈间隔圆盘磨损过大,不仅会使齿轮啮合间隙过大,而且轴会在轴承内圈中滑磨而导致轴颈烧蚀。检验时可用卡尺测量输出轴圆盘(法兰)和内圈法兰的厚度,如图6-10所示。若磨损严重应予以更换或采用涂镀修复。

用游标卡尺测量输出轴轴颈的外径,如磨损严重应予以更换或采用涂镀修复。

用千分表测量输出轴的径向圆跳动,测量时以输出轴两端轴颈为支承,将千分表触头置于输出轴中部(如图6-11所示),最大径向圆跳动不得超过0.05mm,否则应予以校正或更换输出轴。

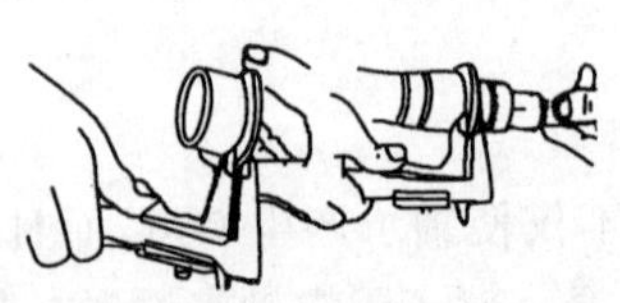

图6-10　检查输出轴法兰盘厚度

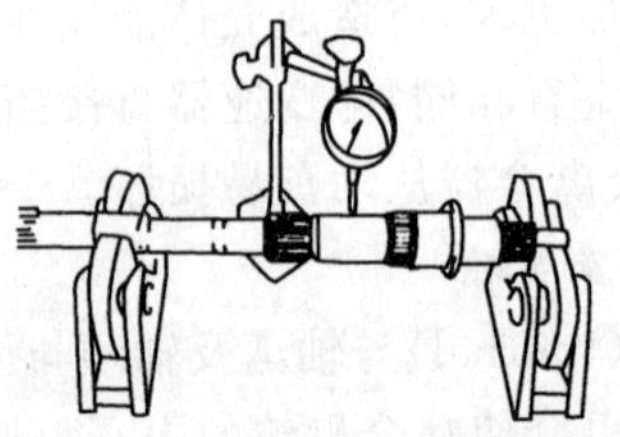

图6-11　检查输出轴径向圆跳动

(2)输入轴的检修

变速器输入轴(transmission input shaft)的花键是与离合器从动盘的花键槽套合的,常见的损伤有键槽的磨损及轴的弯曲,接合牙齿有时因装配不当,使用中会造成损坏。输入轴的轴承也是易损部件。出现上述损伤时,应予以更换或修理。

检查输入轴的弯曲度,如果超过0.03mm,应冷压校正。

输入轴轴承如磨损松晃,应予更换。轴颈如磨损逾限可采用涂镀修复。

3. 同步器的修复

桑塔纳普桑轿车变速器采用锁环式同步器(the lock ring synchronizer),这种同步器损坏的原因主要是由于锁环的磨损以及个别牙齿的断裂,而导致换挡时同步作用失效。

锁环式锥面螺旋齿槽磨损会导致与齿轮外锥面配合间隙增大,降低摩擦效能。常用的检查方法是将锁环放在齿轮端部外锥面上,用力压紧使其相对转动来检查摩擦效能,再用厚薄规测量同步环背和齿轮花键端面的间隙(如图6-12所示),对该车同步器标准间隙为1.35mm～1.90mm,最小间隙0.80mm,若间隙小于0.80mm时,表明锁环内锥面磨损严重,应更换锁环。

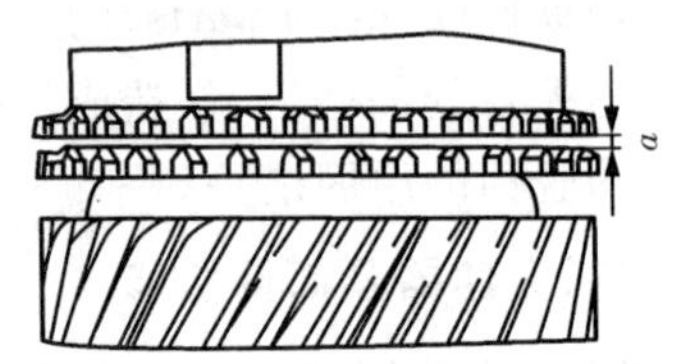

图6-12　测量同步环的磨损量

锁环牙齿磨损一般表现为沿轴向牙齿磨薄,或使牙齿尖角度发生变化,而使同步作用降低,一般应予以更换。若牙齿角度改变不大,可用细锉修磨至标准角度。

锁环上的三个缺口的磨损,是由于长期使用与滑块摩擦所致。检验时可将锁环、滑动啮合套毂、啮合套等均装在轴上,并将啮合套放在空挡位置,使轴固定,让滑块处于缺口的中间位置,此时可轻轻拨动同步器锁环,当锁环与滑块之间的间隙消除时,锁环上牙齿顶端与齿毂上牙齿的一侧齐平,若拨动啮合套,则其内齿恰好与锁环上的牙齿相抵,而不能挂入挡位,这就说明锁环上的缺口符合要求(如图6-13所示)。若缺口因磨损变大或因更换锁环不当,使缺口过小,都会使换挡困难。因此,通过校验发现锁环上的缺口磨损过大时,一般应更换新件。若更换新件后发现锁环上缺口过小时,可锉修。

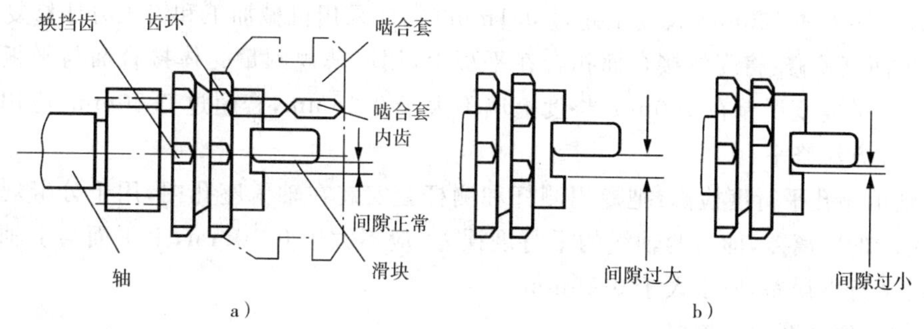

图 6－13　锁环缺口磨损检查

4. 变速器操纵部分零件的检修

变速器操纵部分零件主要的损坏形式是磨损和弯曲变形。

(1)操纵杆(control bar)的检修

检查选挡外横杆有无弯曲变形，在拨叉外横杆时有无发卡，横杆轴锁紧螺栓及锁紧钢丝能否锁紧，否则应更换横杆或钢丝。若横杆变形，可校正修复。

检查选挡外横杆轴花键及杆轴，若磨损严重应予以更换。

(2)拨叉(fork)的检修

拨叉常见的损坏现象是叉的弯曲与扭曲。叉上端的导动块以及叉下端面的磨损等。拨叉如出现扭曲变形应冷校。导动块和端面严重磨损时以更换。拨叉下端端面厚度与套毂环槽配合间隙，最大不得超过 1mm(如图 6－14 所示)。

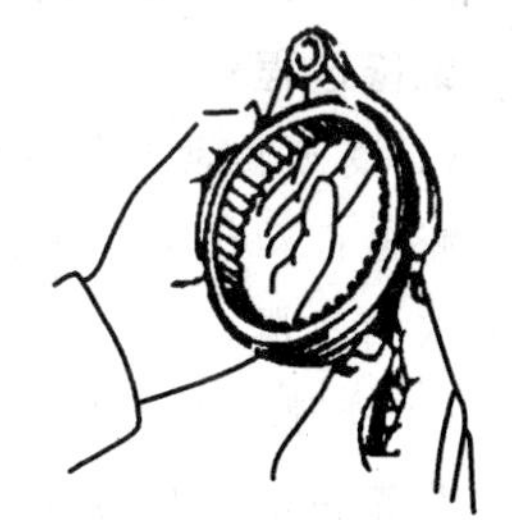

图 6－14　拨叉和毂套环槽配合间隙测量

(3)拨叉轴(fork shaft)的检修

拨叉轴弯曲、锁销定位球及凹槽的磨损、定位弹簧折断或弹力不足等，均会导致出现变速器跳挡、乱挡等故障。

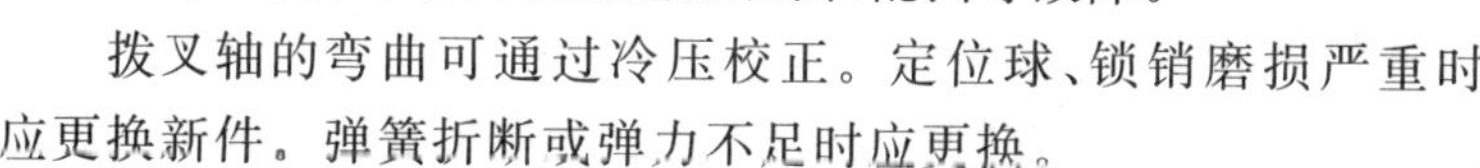

拨叉轴的弯曲可通过冷压校正。定位球、锁销磨损严重时应更换新件。弹簧折断或弹力不足时应更换。

5. 变速器壳体和盖的检修

变速器壳体和盖的常见损伤为壳体裂纹和变形、轴承座孔磨损、螺纹孔损伤等。

(1)壳体裂纹的检修

① 变速器壳体和盖应无裂纹，否则应修复或更换。

② 变速器盖的结合平面的平面度在全长上应不大于 0.15mm，最大不超过 0.30mm，否则应修磨。

检查壳体裂纹可采用目视法或敲击听声法。敲击听声法即用小铁锤敲击壳体，通过响声判断有无裂纹存在。若发出清脆的金属敲击声，表明壳体良好；若响声沙哑，则表明壳体有裂纹，应检查裂纹部位所在处。

若壳体裂纹超过 100mm 或超过两处、裂纹与轴承座孔相通时，壳体应予报废。

若裂纹较小且未延伸到轴承座孔，可用环氧树脂胶粘接或螺钉填补修复；若裂纹在轴承座孔附近等重要部位，可用焊接修复。

(2)壳体变形的检修

① 垂直度检修：用角尺检查变速器壳前端面相对上接合面或轴承座孔中心线的垂直

度。垂直度误差在100mm长度上超过0.1mm时,应采用机械加工和钳工方法修复校正。

② 平面度检修:将壳体接合面扣合在平板上,用厚薄规测量壳体接合面与平板之间的间隙。一般平面度误差在100mm长度上应不大于0.15mm,若超过0.30mm,应用刨、铣、磨、锉、铲等方法修平。

③ 轴承座孔平行度检修:把专用测杆和测杆套安装在轴承座孔内,用千分卡规测量两根测杆两端的距离差,即为两轴线的平行度误差,应不大于0.10mm;上平面与上轴承座孔中心线的平行度误差,应不大于0.15mm。

(3)轴承座孔磨损的检修

用外径千分尺测量轴承外径,用量缸表测量轴承座孔内径,两尺寸之差即为轴承与座孔的配合间隙。标准配合间隙一般为0~0.05mm,使用限度为0.12mm。若配合间隙超过使用限度,应修复。磨损严重时应采取镶套法修复。

先将磨损的轴承座孔镗削至一定尺寸(镗削轴承座孔一般在镗床或专用镗具上进行),用过盈配合的方法镶上新套,过盈量一般为0.02~0.05mm。镗孔时,应注意孔的尺寸精度和位置精度,金属套内径应留有2~4mm的加工余量。

【例6-2】 桑塔纳2000GSi型轿车变速传动机构的检修。

维修过程:

(1)变速传动机构的结构

变速传动机构为两轴布置形式,包括输入轴总成和输出轴总成。各前进挡均采用惯性锁环式同步器。

(2)变速传动机构的拆卸

变速传动机构的拆卸顺序如下:

① 从车上拆卸变速器总成,将变速器总成画在支架上,如图6-15所示。

② 如图6-16所示,拆下变速器后盖。

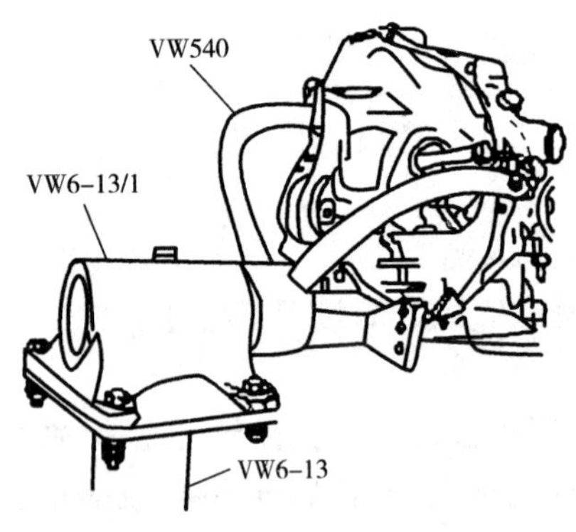

图6-15 将变速器总成固定在支架上

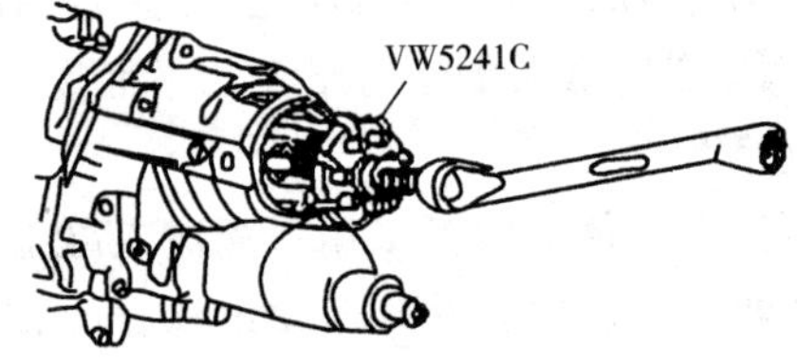

图6-16 拆下变速器后盖

③ 拆下轴承支座。

④ 如图6-17所示,拆下输入轴总成和输出轴总成。

(3)输入轴总成的分解

输入轴总成的零件如图6-18所示。

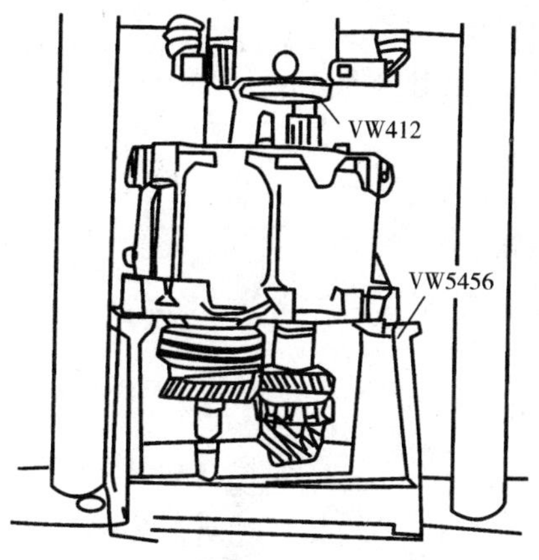

图 6－17　拆下输入轴总成和输出轴总成

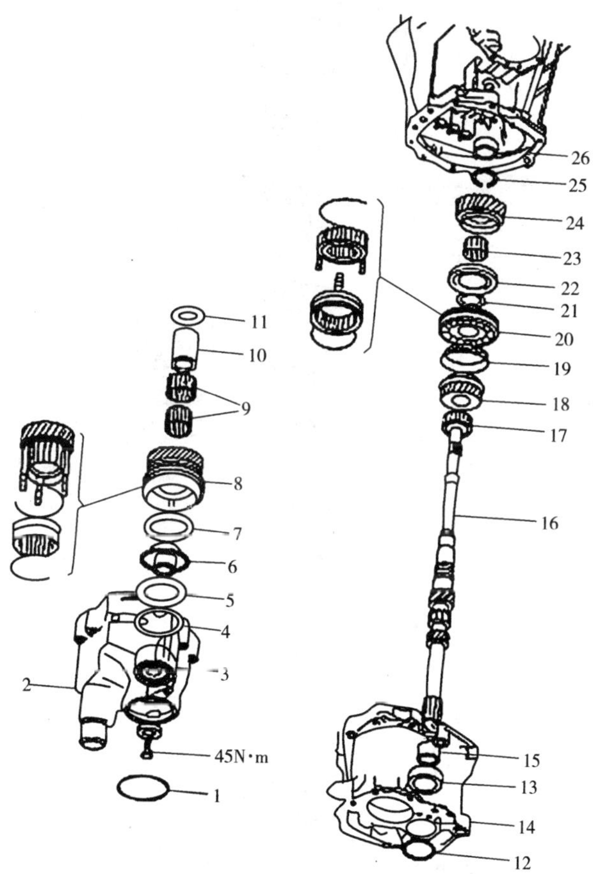

图 6－18　输入轴总成分解图

1—后轴承罩盖；2—变速器后盖；3—输入轴后轴承；4、12、21—锁圈；5—挡油圈；6— 5 挡同步器套备；7— 5 挡同步环；8— 5 挡同步器和齿轮；9— 5 挡齿轮滚针轴承；10— 5 挡齿轮滚针轴承内圈；11—固定垫圈；13—轴承支座；14—中间轴承；15—中间轴承内圈；16—输入轴；17— 3 挡齿轮滚针轴承；18— 3 挡齿轮；19— 3 挡同步环；20— 3 挡/4 挡同步器；22— 4 挡同步环；23— 4 挡齿轮滚针轴承；24— 4 挡齿轮；25—有齿锁圈；26—输入轴滚针轴承

① 拆下 4 挡齿轮的有齿锁圈。

② 取下 4 挡齿轮、同步环和滚针轴承。

③ 拆下同步器锁圈。

④ 取下 3 挡/4 挡同步器、3 挡同步环和齿轮。

⑤ 取下 3 挡齿轮滚针轴承。

⑥ 取下输入轴的中间轴承内圈。

(4)输出轴总成的分解

输出轴总成的零件如图 6－19 所示。

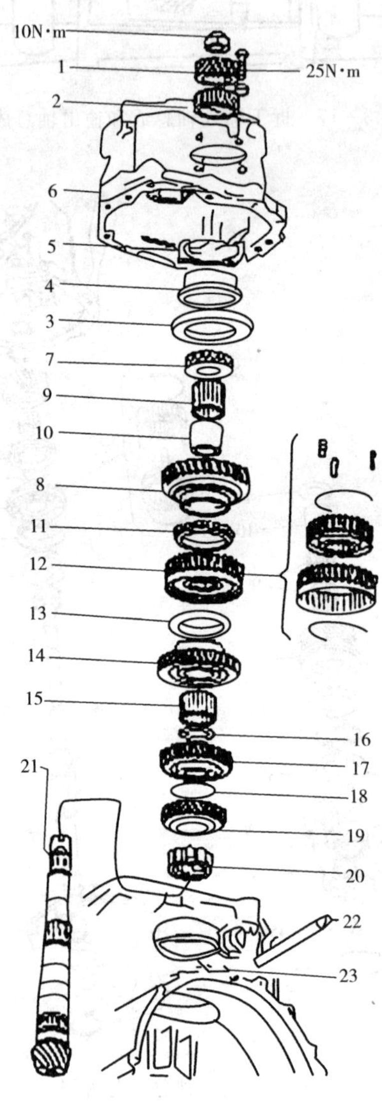

图 6－19　输出轴总成分解图

1－5 挡齿轮；2－输出轴外后轴承；3－轴承保持架；4－后轴承外圈；5－调整垫片；6－轴承支座；7－输出轴内后轴承；8－1 挡齿轮；9－1 挡齿轮滚针轴承；10－1 挡齿轮滚针轴承内圈；11－1 挡同步环；12－1 挡/2 挡同步器；13－2 挡同步环；14－2 挡齿轮；15－2 挡齿轮滚针轴承；16－挡圈(厚度为 1.5mm 和 1.6mm)；17－3 挡齿轮；18－挡圈；19－4 挡齿轮；20－输出轴前轴承；21－输出轴；22－圆柱销；23－输出轴前轴承外圈

① 拆下输出轴内后轴承和1挡齿轮。

② 取下滚针轴承和1挡同步环。

③ 取下滚针轴承的内圈、同步器和2挡齿轮。

④ 取下2挡齿轮的滚针轴承。

⑤ 拆下3挡齿轮的锁圈和3挡齿轮。

⑥ 拆下4挡齿轮的锁圈和4挡齿轮。

⑦ 拆下输出轴的前轴承。

(5)变速传动机构的检查

① 检查主减速器主动锥齿轮。如果损坏，应与从动锥齿轮一起更换，并确定主减速器齿轮和主动锥齿轮的调整垫片厚度。

② 检查所有齿轮和轴承。如果需要更换，除更换所损坏的零件外，还应将其他轴上的相应齿轮更换。

③ 更换1挡齿轮的滚针轴承内圈或输出轴的后轴承时，应确定输出轴调整垫片的厚度。

④ 检查同步器。

如图6-20所示，将同步环压在各自齿轮的锥面上，检查间隙A值。间隙A的规定值见表6-1。

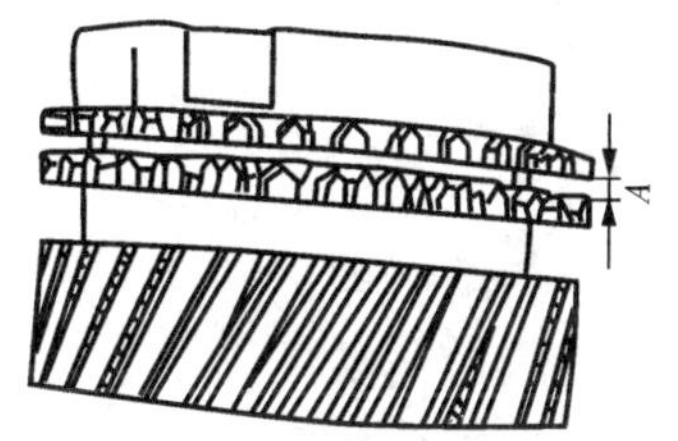

图6-20　检查同步环间隙A

表6-1　同步间隙A　　单位：mm

同步环	间隙A	
	新零件	磨损极限
1挡和2挡	1.10～1.17	0.05
3挡和4挡	1.35～1.90	0.05
5挡	1.10～1.17	0.05

将同步环贴在平滑的表面上(如平板、玻璃等)，检查同步环的扭曲。

如图6-21所示，用轻度的压力将同步环装在各自齿轮的锥面上，移动齿轮的锥面，检查同步环侧面间隙(成椭圆形)。

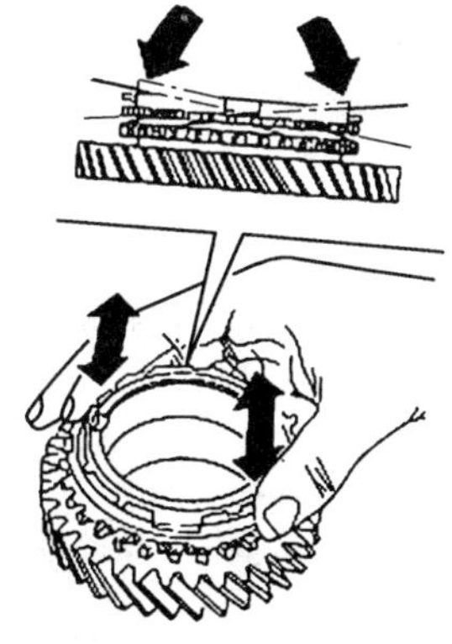

图6-21　检查同步环侧面间隙

如果上述任何一项不符合要求，则应更换同步环。

(6)变速传动机构的装配

按与拆卸相反的顺序安装变速传动机构。

【例 6-3】 一汽大众宝来轿车变速器操纵机构的检修。

维修过程：

宝来轿车变速器换挡操纵机构零件如图 6-22 所示。

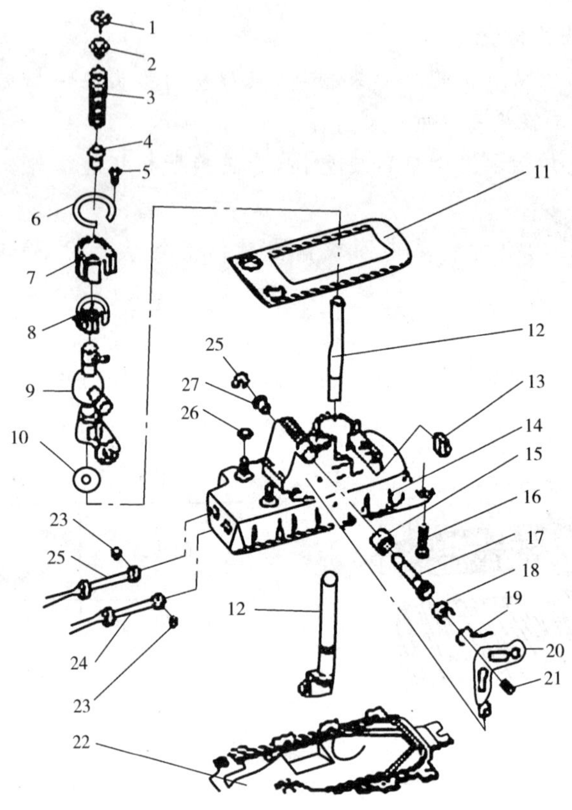

图 6-22 换挡操纵机构分解图

1—卡簧；2、4、15、27—隔套；3、19—弹簧；5—螺钉(5N·m)；6—密封垫；7—减振套；8—轴承外套；9—变速杆导向套；10—减振垫圈；11—垫片；12—变速器变速杆；13—减振块；14—换挡机构壳体；16—螺栓(25N· m)；17—支撑销；18—导向套；20—选挡拉索支架；21—螺钉(5N·m)；22—底板；23、28—自锁垫圈；24—选挡拉索；25—换挡拉索；26—螺母(25N·m)

换挡操纵机构的调整如下：

(1)锁定挂挡拉索和选挡拉索

如图 6-23 所示，将挂挡拉索和选挡拉索向前拉到止点(箭头 1)，然后向左转动锁定(箭头 2)，确保锁止机构的可靠性。

(2)设置换挡轴

① 如图 6-24 所示，将换挡轴向下压(箭头 1)，当将换挡轴向下压的同时，将 90°弯角件 A 转动一适当角度(箭头 2)。

② 如图 6-25 所示，拉开变速杆防尘套。

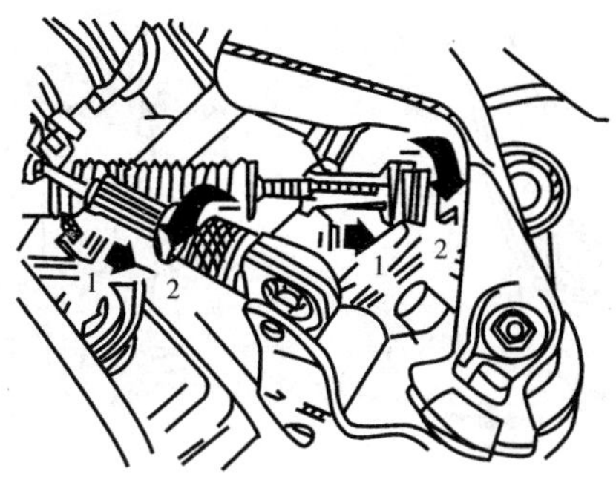

图 6-23 锁定挂挡拉索和选挡拉索

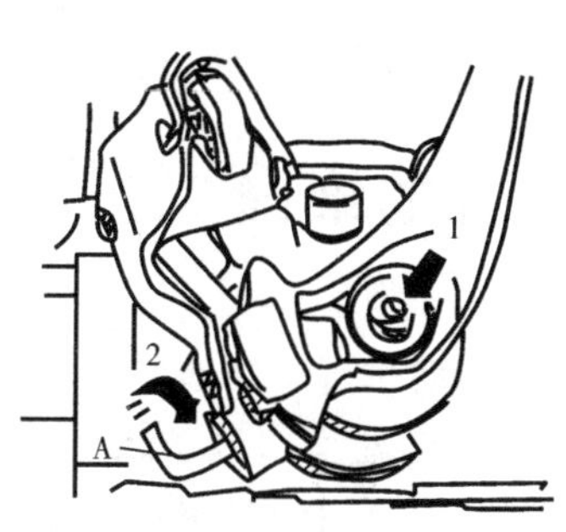

图 6-24 设置换挡轴

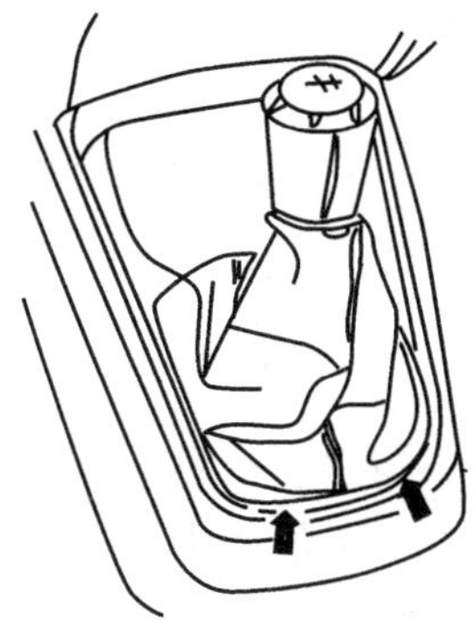

图 6-25 拉开变速杆防尘套

(3)设置变速杆

① 用变速杆选择空挡。

② 如图 6-26 所示,把销子 T10027 插入 A 孔和 B 孔。

③ 如图 6-27 所示,转动挂挡拉索和选挡拉索的锁止机构(箭头),直到停止位置,弹簧将锁止机构压向原位。

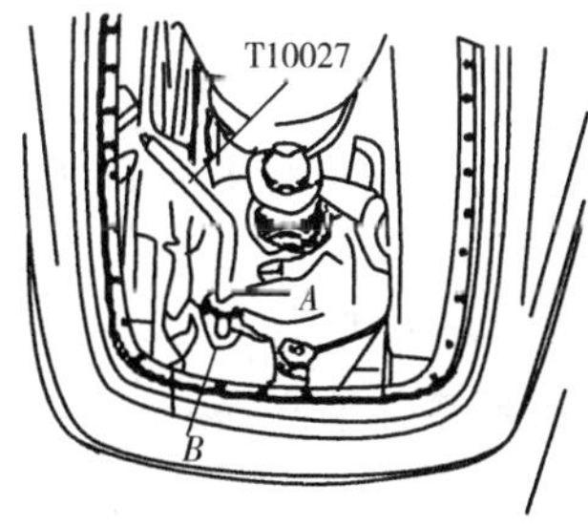

图 6-26 插入销子

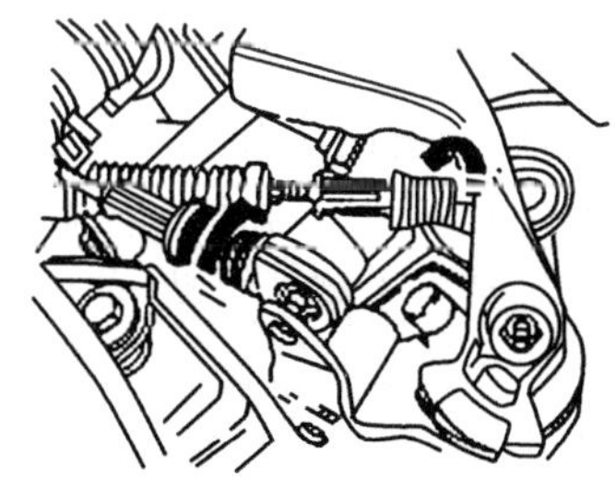

图 6-27 转动挂挡拉索和选挡拉索的锁止机构

④ 如图 6-28 所示,转动 90°弯角件 A 返回到原来的位置(箭头)。

⑤ 如图 6-29 所示,换挡轴此时能够移动(箭头)。

⑥ 将 T10027 销从 A 孔与 B 孔中取出(图 6-26)。

⑦ 装上变速杆防尘套。

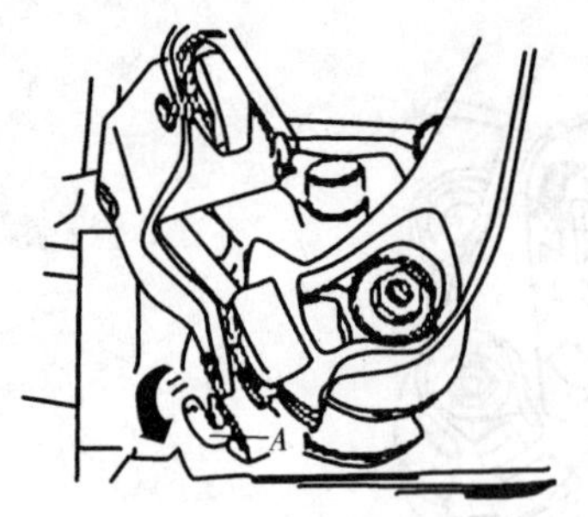

图 6-28　转动 90°弯角件

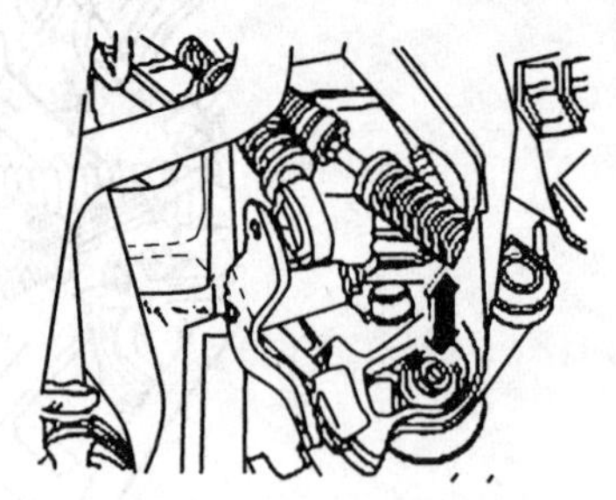

图 6-29　移动换挡轴

(4)功能检查

连续选择所有挡位，尤其注意倒挡锁的操作。如果重复几次换挡后，挂挡不能顺利，则应检查换挡轴间隙。

第三节　万向传动装置的维修

车辆在复杂道路上行驶时，变速器及驱动桥之间的相对位置不断地变化，主要表现为传动装置角度和长度上的变化。同时伴随着不断振动，使传动轴长期承受巨大的扭矩和动载荷，导致传动轴轴身弯曲变形，万向节、轴承、伸缩套等传动件磨损，汽车行驶时出现抖动、发响等现象，不仅降低传动装置的传动效率，还会加剧变速器及驱动桥内部机件的磨损。对于前轮驱动的车辆，其传动轴、万向节磨损不仅会影响动力的平稳传递，还会影响汽车的转向性能。因此，必须对万向传动装置进行检修。

一、传动轴主要零件失效形式

传动轴主要零件的失效包括：花键、十字轴与轴承、中间支承轴和轴颈的磨损；传动轴的弯曲和扭曲变形。

1. 零件的磨损

花键是传动轴的主要磨损部位之一，往往是单侧磨损。当磨损松旷后，引起传动轴发响，其响声为运转冲击振动声。另外，由于花键轴与套磨损不均，造成轴与套不同心，由不平衡产生振动响声，这种响声随转速增高而增高。

十字轴与轴承由于摆转振动，虽相对转速很低，但润滑油膜不易形成，而且是单边受力，容易在轴颈上磨出沟槽而使配合间隙增大。传动轴中间支承轴颈及轴承磨损松旷，会由于其旋转轴线不定位，产生径向摆振，其摆振响声随转速升高而增高。

2. 传动轴变形

传动轴变形主要表现为轴管弯曲、凹陷和轴管与花键头不同轴。轴管弯曲和凹陷往往是因为车辆使用中与地面凸起物撞击或维修中碰磕所致。轴管与花键头不同轴一般是由于焊接工艺不当所致。

传动轴的不平衡，是由于偏离轴线(距离为 r)的偏移质量(m)，在轴旋转时(转速为 n)产生一离心力 F，破坏了平衡。

$$F=mr\omega^{2} \tag{6-1}$$

这一离心力将使传动轴进一步弯曲，且转速越高弯曲变形越大（$F\propto n^{2}$），磨损越大，振动也越厉害，这种振动会传到车架和车身上。

【例6-4】 雪铁龙爱丽舍轿车传动轴的检修。

维修过程：

爱丽舍轿车传动轴的结构如图6-30所示。传动轴总成用于连接变速器中差速器与左、右转向驱动轮。其左、右传动轴的内端通过花键与半轴齿轮相连，外端花键伸入轮毂的花键孔内，轴端头用螺母锁住。由于发动机与变速器布置的原因，右边的传动轴较左边的传动轴长，且右传动轴在发动机缸体后面装有铝制的传动轴中间支承，支承右传动轴。左、右传动轴均采用两个等速万向节。其中，靠变速器端为三销轴式万向节。工作时，其轴向有一定的移动量，以适应运行中传动轴长度变化的需要，省去了其他万向节传动装置的滑动花键。靠轮毂端采用球笼式万向节。

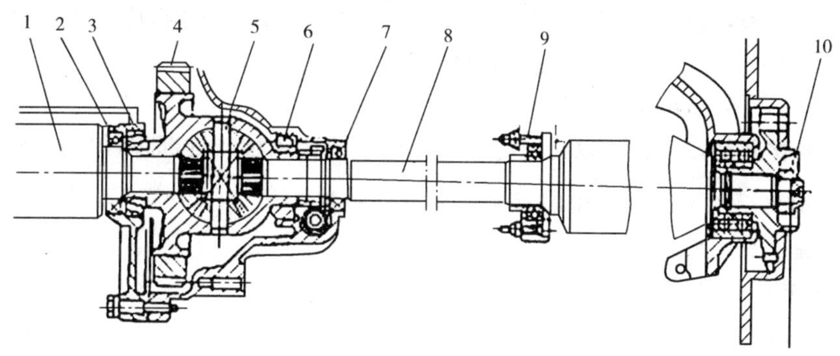

图6-30 传动轴结构

1—左传动轴；2—左油封；3、6—圆锥滚子轴承；4—主减速器从动齿轮；5—差速器；7—右油封；8—右传动轴；9—右传动轴中间支承；10—传动轴端头螺母

(1)传动轴的检查

① 检查传动轴是否弯曲时，可将传动轴夹在车床上，用百分表抵在传动轴中间处测量。若摆差超过2mm时，应进行冷压矫正或更换传动轴。

② 传动轴有裂纹、断裂现象或出现明显的扭曲时，应更换传动轴。若传动轴上油封颈磨损过度，或出现明显沟槽，应更换传动轴。该车传动轴属免修件，如果传动轴工作不良，则应更换传动轴总成。

(2)中间支承轴承的检查

中间支承轴承应转动顺畅，无明显间隙，无异响。如果中间支承轴承内、外滚道损伤、卡滞和游隙过大，应予以更换。

(3)防护套的检查与更换

检查传动轴防护套是否破裂，若破裂，应更换防护套。检查防护套卡箍是否断裂或变形，若断裂或变形，应予以更换。否则，有可能因为润滑脂泄漏殆尽导致万向节异常磨损，而使传动轴工作不正常，甚至使传动轴报废。

更换防护套的方法如下（以更换变速器侧防护套为例）：

① 用一字旋具及专用工具拆下防护套。

② 做好传动轴与万向节的装配标记，从万向节套中拔出传动轴及三销总成。

③ 做好三销总成与传动轴的装配标记，拆下传动轴端头弹性卡环，从三销总成中拔出传动轴。

④ 换上新的带有1709润滑脂的防护套。

⑤ 将润滑脂涂到万向节运动件工作表面。

⑥ 按装配标记及拆防护套相反顺序装上传动轴、万向节三销总成及防护套。

⑦ 装上防护套卡箍，卡牢防护套。

二、万向传动装置主要零件的检修

1. 万向节(universal joint)的检修

内、外万向节球毂、球笼、球笼壳及钢球严重磨损，表面出现疲劳剥落裂纹，出现转动卡滞现象，以及万向节球毂花键磨损松旷时，均应更换万向节总成。万向节不得拼凑使用及单件更换。

2. 传动轴的检修

用百分表检查，传动轴中部的径向跳动应不大于1.0mm，否则，应校正或更换；传动轴出现裂纹，轴端花键磨损严重，均应换用新件。

3. 防尘套(dust cover)的更换

防尘套老化破裂，应更换，以防灰尘进入万向节或传动轴花键部位，加剧它们的磨损。

【例6-5】 桑塔纳2000GSi型轿车万向节的检修。

维修过程：

(1)万向节的拆卸

万向节拆卸顺序如下：

① 用钢锯将万向节防尘罩上的夹箍锯开，拆下防尘罩。

② 用锤子从传动轴上敲下外万向节(RF)。

③ 拆卸弹簧锁圈。

④ 压出内万向节。

拆散之前，用电蚀笔或油石在钢球球笼和外星轮上标出内星轮的位置。

(2)万向节的分解

1)外万向节(RF)的分解

① 在分解之前，用油石在球笼和外星轮上标出内星轮的位置。

② 如图6-31所示，旋转内星轮与球笼，依次取出钢球。

③ 用力转动钢球球笼直至两个方孔与外星轮对直，连同外星轮一起拆下球笼。

④ 把内星轮上扇形齿旋入球笼的方孔，然后从球笼中取下内星轮。

2)内万向节(VL)的分解

① 如图6-32所示，转动内星轮与球笼，压出球笼里的钢球。内星轮与壳体是一起选配的，不能互换。

② 从球槽上面取出球笼里的内星轮。

(3)万向节零件的检查

① 检查外星轮、内星轮、球笼及钢球有无凹陷与磨损。

② 各万向节处的六颗钢球要求一定的配合公差，并与内星轮一起成为一组配合件。

③ 如果万向节间隙明显过大，必须更换万向节。

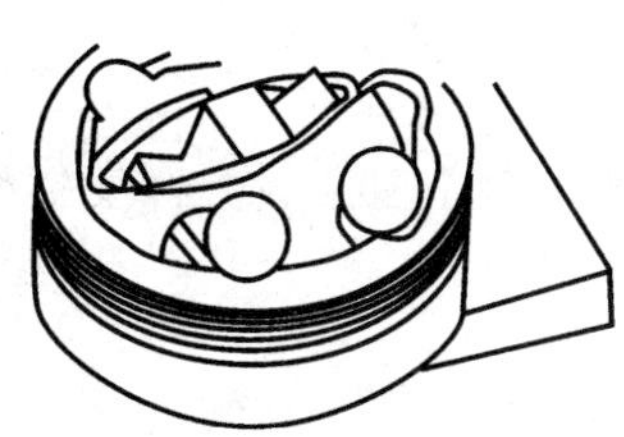

图 6-31　取出钢球

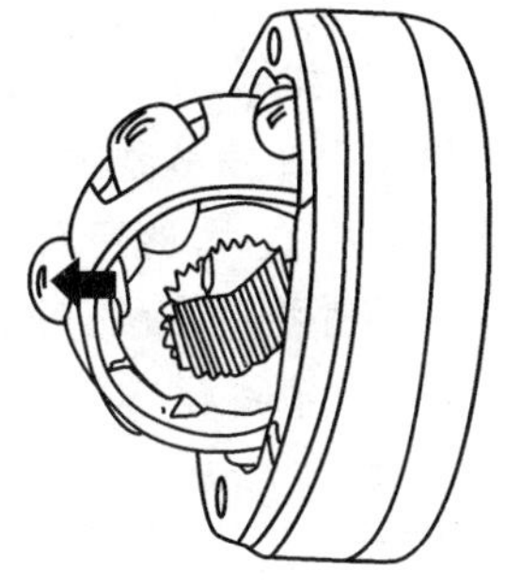

图 6-32　压出钢球

④ 检查防尘罩是否破裂、挡圈和座圈是否失效。若失效，应更换。

(4)万向节的装配

1)外万向节(RF)的装配

① 用汽油清洗各零件。

② 将 45g 润滑脂 G6 注入万向节内。

③ 将球笼连同内星轮一起装入外星轮中。

④ 对角交替地压入钢球，必须保持内星轮在球笼以及外星轮内的原先位置。

⑤ 将弹簧锁圈装入内星轮。

⑥ 将 45g 润滑脂 G6 注入万向节。

⑦ 用手将内星轮在轴向范围内来回推动，检查安装是否正确。

2)内万向节(VL)的装配

① 对准凹槽，将内星轮嵌入球笼。内星轮在球笼内的位置无关紧要。

② 将钢球压入球笼，并注入 90g 润滑脂 G6。

③ 如图 6-33 所示，将带钢球与球笼的外星轮垂直装入壳体。应注意旋转之后，外星轮上的宽间隔 a 应对准内星轮上的窄间隔 b，转动球笼以便嵌入到位。内星轮内径(花键齿)上的倒角必须对准外星轮的大直径端。

④ 如图 6-34 所示，扭转内星轮，使内星轮转出球笼。钢球与外星轮中的球槽相配合，应有足够的间隙。

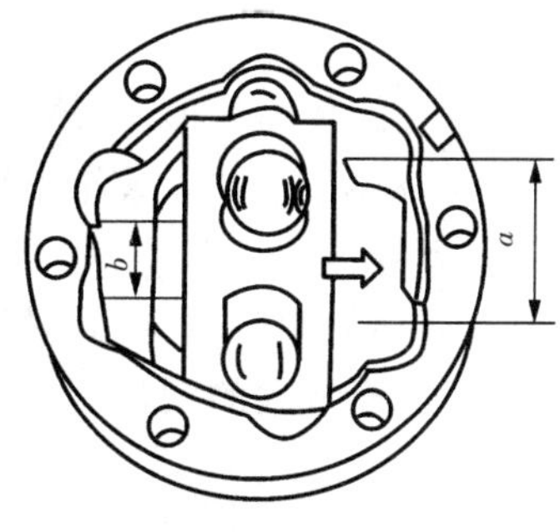

图 6-33　将球笼垂直装入壳体

图 6-34　将内星轮转出球笼

⑤ 用力揿压球笼，使装有钢球的内星轮完全转入外星轮内。

⑥ 用手将内星轮在轴向范围来回推动。如果内星轮移动灵活，则表示装配正确。

(5)万向节的安装

万向节安装顺序如下：

① 将防护罩安装在传动轴上。

② 如图 6-35 所示，正确安装碟形座圈。

③ 如图 6-36 所示，把内万向节压入传动轴，使碟形座圈贴合。内星轮内径(花键齿)上倒角必须面向传动轴轴肩。

④ 安装弹簧锁圈。

⑤ 装上外万向节。

⑥ 在万向节上安装防尘罩，为防止防尘罩产生皱褶，安装防尘罩小口径之后，要稍微充气，使压力平衡。并用夹箍夹住防尘罩。

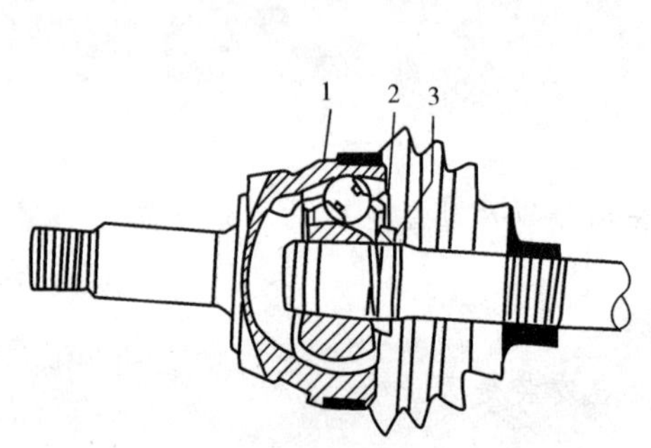

图 6-35 碟形座圈 安装位置

1—弹簧挡圈；2—中间挡圈；3—碟形座圈

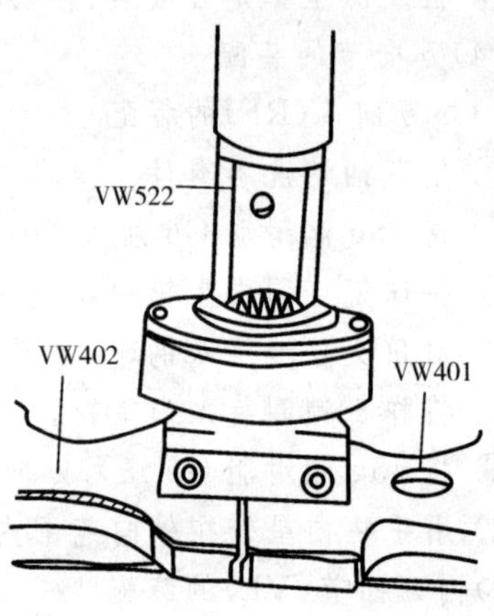

图 6-36 把内万向节压入传动轴

第四节 驱动桥的维修

一、驱动桥主要零件的失效形式

1. 桥壳及半轴套管

桥壳及半轴套管(Axle Sleeve)的主要失效形式有：桥壳的弯曲变形、裂纹；桥壳与驱动桥壳结合平面磨损、变形；半轴套管与桥壳过盈配合处磨损松旷；半轴套管轮毂轴承部分磨损及与半浮式半轴外端轴承配合部分磨损等。

桥壳弯曲变形将使半轴在工作中产生弯曲交变应力而导致疲劳断裂，同时将使车轮倾斜，造成轮胎加剧磨损或异常磨损。桥壳裂纹一般发生于弯矩最大的钢板座处和扭转力集中的制动底板处。

半轴套管与桥壳为过盈配合，由于微动磨损，其最外一道配合轴颈最易松动，当其配合间隙过大后，第二道轴颈支撑便增大了悬臂的长度，使支撑刚度降低。这时可能发生：车轮架空时已调好的制动器间隙，在车轮落地后发生变化。这是因为车轮落地后，地面支撑力通

过车轮使半轴套管向上弯曲，使车轮制动器的下部间隙减小的结果。

2. 主减速器壳

主减速器壳(main gear box shell)的主要失效形式是轴承孔磨损，以及由于轴承孔磨损和壳体变形造成的轴线与轴线、轴线与平面间位置误差超标。特别是主、从动圆锥齿轮轴线的垂直度与位置度误差对主减速器工作可靠性的影响最大。该误差过大时，主减速器锥齿轮就不可能有正确的啮合印痕与啮合间隙，必将造成主动齿轮和从动齿轮啮合印痕不符、面积减小，这将使齿轮应力集中、产生噪声，并影响齿轮的使用寿命。

3. 半轴

半轴的主要失效形式是花键磨损、半轴变形和断裂。由于半轴花键是汽车上承受扭矩最大的部位，不仅磨损大，而且易产生扭曲变形。半轴断裂常发生在应力集中的凸缘根部圆角处和花键端部圆角处。

二、驱动桥的检修

1. 主减速器的修理

(1)主减速器的分解

① 拆下主减速齿轮。

② 压出差速器半轴轴承。

③ 取下转速表驱动齿轮，如图 6-37 所示。

④ 拆下液力耦合器(RS5F50V)。

⑤ 拆下差速器壳，在原始位置上用涂料做标记。

⑥ 拆下配对小齿轮及半轴齿轮。

(2)主减速器的检修

① 检查差速器壳、液力耦合器、半轴齿轮及配对小齿轮的配合表面，检查垫圈是否磨损，如图 6-38 所示。

② 检查液力耦合器壳体是否有裂纹，检查硅油是否泄漏。

③ 确认轴承转动自如且没有噪音、裂纹、凹痕及磨损。更换滚锥轴承时，将内、外圈作为一套一起更换。

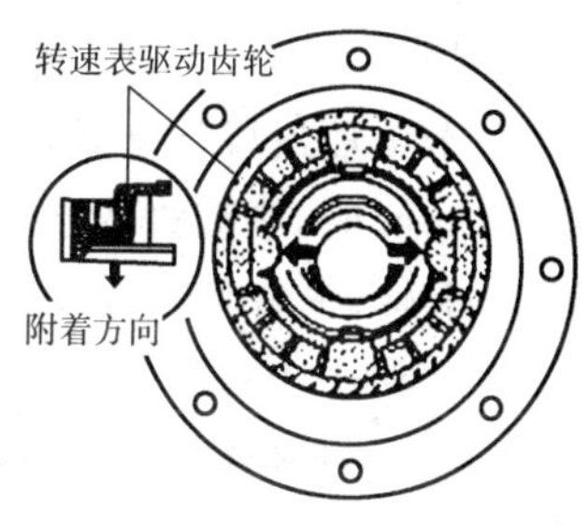

图 6-37 取下转速表驱动齿轮

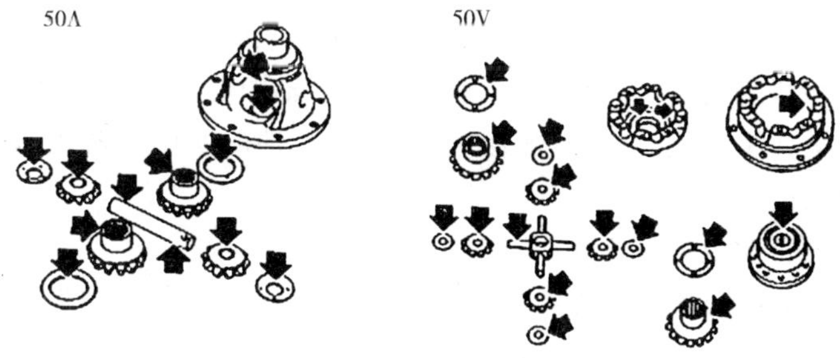

图 6-38 表面检查

2. 主、从动圆锥齿轮的修理

(1)齿轮工作表面不得有明显的斑点、剥落缺损或阶梯形磨损，否则应更换。

(2)主动圆锥齿轮轴的螺纹部分其损伤不多于两牙，超过规定后，应更换或堆焊后重新加工。

(3)主动圆锥齿轮上的花键与凸缘齿槽的配合侧隙可用百分表检查,原厂规定为0～0.20mm,许用配合间隙为0～0.25mm,当键齿磨损其厚度减少0.20mm以上时,应更换。

(4)检查从动圆锥齿轮与差速壳连接螺栓及螺栓孔的磨损情况,若螺栓磨损,应更换,若螺栓孔磨损,应更换差速器壳或将孔铰削到修理尺寸,用相应加大的螺栓连接或换用新件。

3. 差速器的检修

(1)差速器壳的检修

① 壳体不得有裂纹,否则应更换。

② 壳体两端安装轴承的颈部磨损不超过0.05mm(轴颈直径减小不大于0.05mm)时,可将轴承内圈镀铬或镶套,也可焊补修复。

③ 差速器壳十字轴孔的磨损量不应超过0.1mm,否则应堆焊修复。

④ 壳体与半轴齿轮止推垫圈接合处及与行星齿轮垫片接触面应光滑,否则应修复。

(2)十字轴和轴孔的检修

① 十字轴不得有裂纹,否则应更换。

② 十字轴安装行星齿轮的轴颈,磨损后配合间隙不应超过0.26mm,否则应镀铬或堆焊修复。

③ 半轴齿轮轴颈磨损不应超过0.15mm,否则应镀铬或堆焊修复,半轴齿轮轴颈与差速器壳孔配合间隙应为＋0.065mm～＋0.265mm,否则可将差速器壳体镶套,以达到正常配合间隙。

④ 十字轴颈与差速器壳座孔的正常配合为－0.013～＋0.041mm,若间隙超过许用值＋0.091mm时,应镀铬或堆焊修复。

4. 半轴、半轴套管的检修

(1)半轴上不得有裂纹,否则应更换。

(2)将半轴夹在车床上,用百分表测量中部未加工面的径向跳动应不大于1.5mm,否则应冷压校正。

(3)半轴套管不得有裂纹,否则应更换。

(4)检验半轴套管弯曲变形,中间两轴颈的径向跳动不应超过0.10mm。

5. 驱动桥壳的检修

在车辆运行过程中,驱动桥壳往往承受很大的交变载荷。长期使用后,常会发生桥壳弯曲、断裂等损坏。当桥壳的变形量较大时,将导致两半轴中心线不重合、后轮运动不正常,使轮胎磨损加快、传动效率降低、汽车行驶阻力增加、滑行性能变坏。因此,必须对驱动桥壳的变形量进行仔细检查。

(1)桥壳变形的检验及修复

① 对于已拆下半轴套管的桥壳,可用测量桥壳套管承孔同轴度的专用量具进行检查。桥壳上装套管承孔同轴度要求大修标准为0.10mm。

② 以左、右半轴套管内轴承轴颈为支承,测量桥壳外轴颈的径向跳动,应不大于0.10mm。

③ 将轮壳外端面修平,消除其端面摆差,然后将标准半轴装上,从桥壳中部装主减速器的孔中侧视左、右两半轴端头中心位置是否对正来判断桥壳的弯曲变形情况,两中心之差允

许值为 0.75mm,极限值为 1mm。

检验桥壳弯曲变形值,若超过大修允许值时,应校正。变曲变形量在 2mm 以内,可采用冷压校正,校正时注意其反变形量应大于原变形值,并保持一定时间。如弯曲较大可用热校,但温度应在 700℃以下,防止温度过高使金属组织变化,影响桥壳的刚度和强度。

(2)桥壳的其他耗损及修理

① 桥壳裂纹的修理。桥壳经检验发现有裂纹,一般应更换,轻微的裂纹可视情采用适当的方法修理。如裂纹不大且不在载荷集中的部位,可采用焊接法修复。

② 桥壳上钢板弹簧座中心定位孔磨损偏移量不得超过 1mm,超过规定值时,可堆焊后重新加工。

③ 桥壳装制动底板的凸缘孔磨损可采用修理尺寸法或重新钻孔修复,钻孔时应将制动底板固定一起配钻。

④ 桥壳装套管承孔磨损后,可将套管承孔镗至修理尺寸,换用相应修理尺寸的套管。

⑤ 桥壳装油封处轴颈磨损径向超过 0.15mm 时,可采用轴颈镶套法修复。

⑥ 各种螺纹损伤不得超过两牙。

6. 半轴套管的检修

(1)套管轴颈磨损超过规定值时,应更换或采用电镀等方法修复。

(2)端头螺纹损伤超过两牙或磨损严重时,可将螺纹车去,堆焊后重新车螺纹。

(3)对套管探伤检查,如有裂纹应报废。

(4)要求套管中间两轴颈径向跳动不得大于 0.05mm。变形超过规定值时,可采用冷压校正的方法校正。

一般是在专用套管拉压机上更换半轴套管。先拆去定位螺钉把旧套管从桥壳中拉出来,再压入新套管,压入套管时,应注意测量套管外露部分长度是否符合原厂要求,然后用电钻通过桥壳上的定位孔在套管上钻出固定螺孔,最后用螺钉紧固定位。若无拉压设备,也可用人工锤击的方法更换套管,先拆去定位螺钉,再车制一个专用冲头装入套管端,注意锤击部位要准确,以防损伤其他部位。

7. 半轴的检修

由于长期承受交变扭矩的作用,半轴极易产生疲劳损伤。常见的损伤有弯曲、扭曲、断裂、花键的磨损等。

(1)可用磁力探伤法或浸油敲击法对半轴检查,如有裂纹应更换。

(2)半轴中部未加工面的径向跳动应不大于 1.5mm;花键外圆柱的径向跳动不得大于 0.25mm;半轴凸缘内侧端面圆跳动度误差不得大于 0.15mm。若径向跳动超限,应冷压校正;端面圆跳动超限,可用车削端面进行修正

(3)半轴花键的侧隙增大量较原厂规定不得大于 0.15mm。

第五节 前轴和转向系统的维修

转向系统 (steering system)是驾驶员操纵汽车行驶方向的机构,其性能的好坏直接关系车辆操纵性和安全运行。在汽车的使用中,容易遇到转向系故障,若不及时检修和排除,

就有机械失灵导致发生交通事故的危险。因此，在使用中要注意维护，发现故障要及时诊治，消除不安全隐患，确保车辆安全运行。

随着车辆的使用里程延长，转向系统机件的磨损也会越来越严重，同时会改变原来正确的几何尺寸和配合间隙，使技术状况变坏，从而影响汽车的操纵稳定性，同时也使机动性能降低。

一、转向系统的故障诊断

1. 转向沉重

(1)故障现象

在汽车转弯时，转动转向盘感到沉重费力。

(2)故障原因

① 转向轮气压过低。

② 横直拉杆球节装配过紧或缺油。

③ 转向节主销与衬套配合过紧或止推轴承损坏、缺油。

④ 前轮定位失常。

⑤ 转向器轴承装配调整过紧，或润滑油不足、变质而润滑不良。

⑥ 转向传动轴上的万向节十字轴滚针轴承锈蚀、损坏。

(3)诊断与排除

① 检查前轮胎气压，如过低，应及时按规定充气。

② 检查转向装置的润滑情况，对缺油部位应加注润滑油。

③ 检查横、直拉杆球节紧度，不灵活的应调整。

④ 若属其他原因引起的故障，需要分解检修。

2. 转向不稳(前轮左右摇摆)

(1)故障现象

当汽车以一定速度行驶时，前轮沿蛇形轨迹前进，高速时，转向盘抖动。

(2)故障原因

① 转向盘游动间隙过大，横、直拉杆球节磨损松旷。

② 转向节主销与衬套的间隙过大。

③ 转向垂臂与摇臂轴紧固螺母松动。

④ 前轮轮毂轴承松旷。

⑤ 前束数值过大或成反前束。

⑥ 前轮胎不平衡或轮辋变形等。

(3)诊断与排除

① 检查转向盘游动间隙，若过大，应分别检查、调整转向机的轴承紧度和啮合间隙；然后再检查各连接部位的螺母是否松动，若松动，应及时按规范拧紧，必要时可调整横、直拉杆球节。

② 顶起前轴，使前轮离地，用手扳动车轮，里外推动，检查是否松旷，若有明显松旷感觉，应进一步观察是主销与衬套间隙过大，还是前轮轮毂轴承松旷。前者应检修，后者应调整。

③ 检查并校正前束。

④ 拆下前轮，装上不摇摆车辆上的前轮，进行比较试验。若摇摆故障现象消除，应修理

原车车轮或更换不平衡轮胎。

3. 行驶跑偏

(1)故障现象

汽车在直线行驶时,自动偏向一边,必须用力稳住转向盘,才能使汽车保持直线行驶。

(2)故障原因

① 两前轮花纹不同或花纹深度、气压相差甚多。

② 前悬架弹簧左右弹力不一致或减振器一边失效。

③ 两前轮中有一边制动器发咬。

④ 前轴或车架变形,前轮定位失常。

⑤ 左右轴距相差过大。

(3)诊断与排除

经检查,如因一边制动器发咬,应调整,使两边制动器间隙一致。若故障出在轮胎上,应换位调整或更换。若属其他原因引起的故障,应视情拆检修理。

【例 6-6】 大众捷达 Ci 型轿车转向操纵机构的检修。

维修过程:

捷达 Ci 型轿车转向操纵机构的结构如图 6-39 所示。

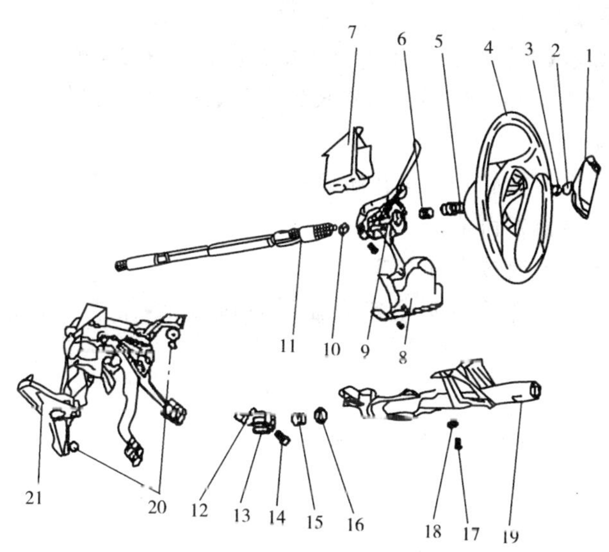

图 6-39 转向操纵机构结构

1—喇叭按钮盖;2—螺母(40N·m);3—弹簧垫圈;4—转向盘;5—锯齿形定套;6—弹簧;7—下装饰罩;8—上装饰罩指示;9—转向器锁壳体及转向柱开关;10—支承环;11—转向柱;12—螺母(30N·m);13—转向柱万向节;14—六角头螺栓;15—弹簧;16—转向柱下轴承;17—保险螺钉;18—垫圈;19—转向柱管;20—螺母(20N·m);21—转向柱管支架

(1)转向柱的拆装

1)转向柱的拆卸

转向柱的拆卸顺序如下:

① 拆下蓄电池负极电缆,并将转向灯开关置于中间位置。

② 使车轮处于直线行驶位置。

③ 撬出喇叭按钮盖，拆下喇叭开关导线。

④ 拧下转向盘紧固螺母，用拉力器将转向盘拉出，取下转向盘。

⑤ 如图 6-40 所示，用专用工具(Kukko204—2)拆下锯齿形紧定套。

⑥ 拧下组合开关的紧固螺栓，取下组合开关。

⑦ 拧下转向柱套管固定螺栓，拧下转向柱万向节锁紧螺栓，取下转向柱套管及转向柱。

⑧ 拆下转向柱套管的紧固保险螺钉，从转向柱套管中取下转向柱。如图 6-41 所示，转向柱为双层套管式安全结构。当转向盘受到向下很大冲击力时，转向柱可被压缩。

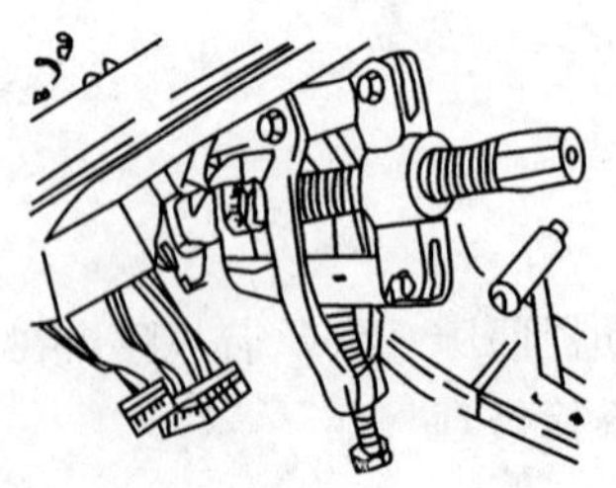

图 6-40 拆下锯齿形紧定套

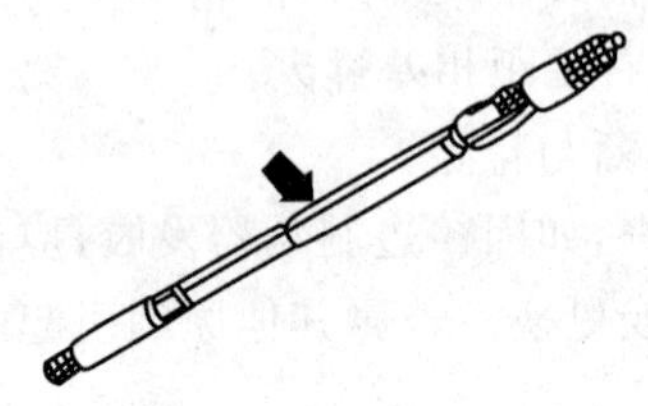

图 6-41 转向柱结构

2)转向柱的安装

转向柱的安装顺序如下：

① 如图 6-42 所示，将转向柱下体小心地在台虎钳上夹紧，其上体靠在台钳口上，上下体不会滑到一块，装配支承环、组合开关、点火锁壳体、弹簧及垫圈等。

② 装上转向柱套管。

③ 将转向柱从转向柱套管靠转向盘端插入。

④ 连接转向柱与转向万向节。

⑤ 将点火锁壳体固定到转向柱套管上。

⑥ 如图 6-43 所示，将锯齿形紧定套插到转向柱上，用螺母拧紧紧定套，直至密切配合。

⑦ 装上转向盘。

⑧ 装上喇叭开关导线，装上喇叭按钮盖。

⑨ 连接蓄电池负极电缆。

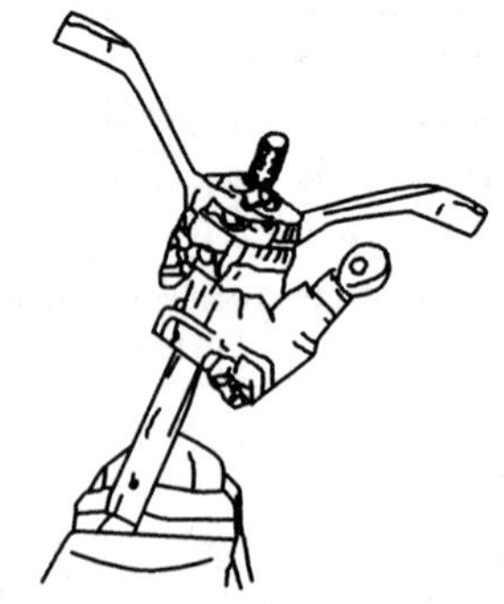

图 6-42 装配支撑环、组合开关、点火锁壳体、弹簧及垫圈

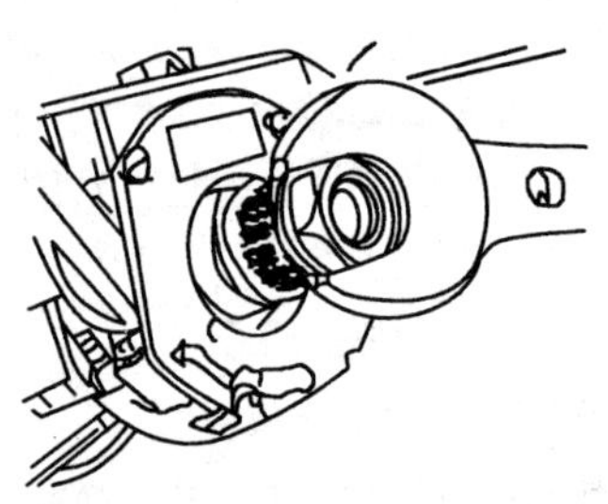

图 6-43 安装锯齿形紧定套

(2)零件的检查

① 检查转向柱有无弯曲，若有弯曲，应更换。通过转向柱上体的小孔检查转向柱的长度(如图6-41所示箭头)，必须能看见转向柱下体的小凸耳。若需要，可将上体、下体拉离挡块。

② 检查万向节有无磨损及损坏，如有，应予以更换。

③ 检查弹簧是否失效，如失效，应予以更换。

二、机械转向系的检修

1. 循环球式转向器的检修

(1)壳体及盖的检查与修理

① 壳体及盖若有轻微裂纹，可采用环氧树脂进行修复。若出现严重的裂纹，应更换。

② 壳体与盖整个接合平面的平面度误差超过0.10mm时，可修磨处理，以防漏油。若出现螺纹孔漏油，可采用加大螺栓或重镶螺纹套修复。

③ 转向螺杆两端轴承外径与壳体座孔的配合间隙应为0～0.045mm，当超过0.10mm时，可用镶套法修复。

④ 转向臂轴与衬套配合间隙应为0.03～0.07mm；否则，应更换衬套，新镶衬套与壳体座孔应有0.06～0.12mm的过盈量，压入后还应进行铰削和修磨。

⑤ 壳体与盖上的各螺孔应无滑扣现象。

(2)转向臂轴的检修

① 用磁力探伤检查，转向臂轴不得有严重裂纹；否则，应更换。

② 扇形齿面若有轻微剥落、点蚀，可用油石修磨后使用。如出现严重磨损变形，应更换。

③ 端部花键应无明显扭曲，否则，应更换；端部螺纹损伤如超过两齿，应在堆焊后车削修复使用，或换用新件。

(3)转向螺杆、螺母的检修

① 转向螺杆、螺母如有裂纹，钢球滚道出现金属脱层或可感觉到的压坑，均应更换。

② 转向螺杆轴颈对中心的跳动量不得大于0.08mm；否则，应矫正。

③ 钢球直径差不得超过0.01mm，球与滚道的配合间隙不得大于0.05mm；若钢球磨损，使其与滚道的配合间隙超过0.10mm或钢球剥落、碎裂时，应成组更换钢球。

④ 转向螺杆上的钢球导管如破裂，导管舌头部位损伤，均应更换。

⑤ 与螺杆轴承配合的轴颈磨损，可电镀修复；螺母齿条若有剥落和严重损伤，应更换。

(4)轴承的检查

轴承滚道表面如存在裂纹、剥落或保持架变形，应更换轴承；钢球或滚针磨损、剥落或碎裂，应更换。

(5)油封的检查

转向臂轴油封和转向螺杆油封刃口若有损坏或橡胶老化，应换用新油封。

(6)转向盘的检查与修理

转向盘应整齐对称，不得出现变形、裂纹和破损，否则，应更换；中央按钮自攻螺纹损伤，可加大螺纹或采用环氧树脂粘接修复；与转向轴的配合键槽磨损过甚，可将槽铣大后，配用阶梯键，也可在与原位置相对180°的位置处，另行铣削一个标准键槽使用；键身磨损，可在堆焊后修磨或换用新件。

2. 齿轮齿条式转向器的检修

(1)转向操纵机构主要零件的检修:用百分表测量,转向轴的直线度误差应不大于1.00mm,否则,应矫正。接触环弹簧失效,转向轴驱动销橡胶衬套、塑料衬套及其他密封圈和橡胶支承环等老化、破裂或磨损严重,均应换用新件。

(2)转向器主要零件的检修:目视法检查,转向器壳体应无裂纹,主动齿轮及齿条应运动灵活,无卡滞现象。无法修复时,更换转向器总成。齿条密封罩及防尘套等老化、破损,补偿机构弹簧及密封圈失效等,均应换用新件,转向器各零件不允许进行焊修或整形。

(3)转向减振器的修理:目视法检查转向减振器应无漏油现象。拆下进行性能检查时,减振器的最大行程应为556mm,最小行程为344.5mm,最大阻尼载荷为560N,最小阻尼载荷为180N。不符合要求时,应更换减振器总成。减振器两端衬套老化、破裂,也应换用新件。

【例6-7】 上海别克凯越轿车齿轮齿条机构轴承预紧度的检查与调整。

维修过程:

齿轮齿条机构轴承预紧度的检查与调整顺序如下:

① 举升起车辆。

② 将转向盘置于中心位置,保持前轮朝正前方。

③ 如图6-44所示,松开调整塞锁止螺母。

④ 顺时针转动调整塞至力矩为5N·m,再逆时针方向转动调整塞30°~40°。

⑤ 以70N·m力矩拧紧调整塞锁止螺母。

⑥ 降下车辆。

⑦路试,检查转向盘的回正性。

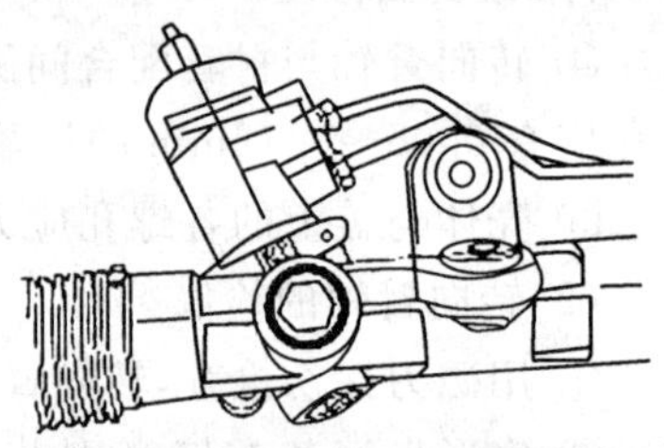

图6-44 齿轮齿条机构轴承预紧度调整塞位置

二、动力转向系的检修

1. 动力转向器的检修

(1)动力转向器(power steering)零件的检验

① 滑阀与阀体的定位孔出现裂纹、明显的磨损,滑阀在阀体内发卡,应更换阀体组件,如图6-45所示。

② 输入轴配合表面不得有明显的磨痕、划伤和毛刺,否则,应更换。

③ 修理时,必须更换所有的橡胶密封元件。

④ 壳体上的球堵、堵盖之类的密封件不得有渗漏现象。

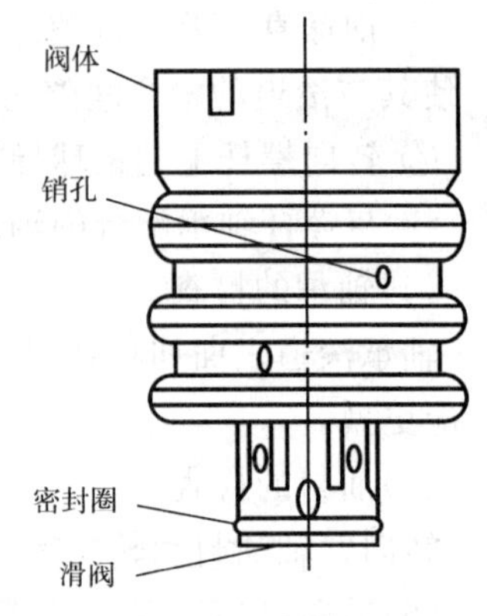

图6-45 转向控制阀的检验

2. 转向油泵的检修

汽车的动力转向系所用的转向油泵有齿轮油泵和叶片式油泵,此处只介绍叶片式油泵(vane pump),这种油泵具有结构紧凑、质量轻、性能稳定、转速范围大、效率高、可靠耐用、维修方便等特点,因此被广泛采用。叶片式转向油泵俗称刮片泵,主要部件包括壳体、转子、叶片、凸轮环、流量控制阀和储油罐等,如图6-46所示。

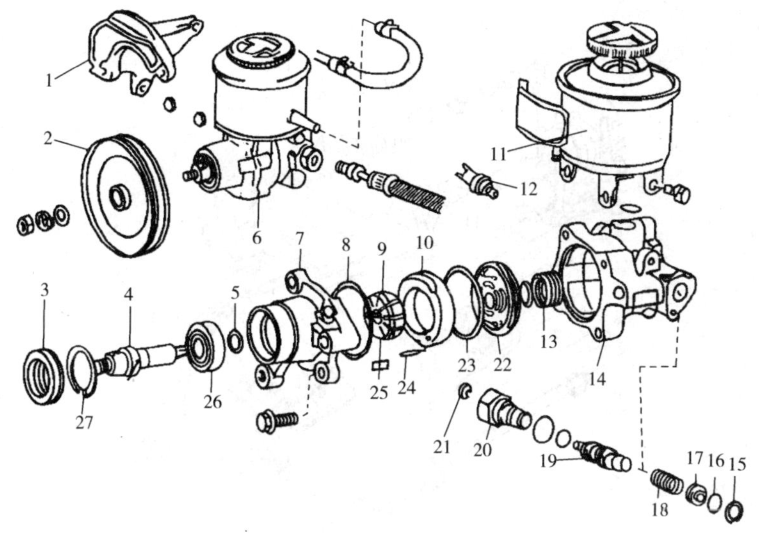

图 6-46　叶片式转向油泵

1—支架；2—皮带盘；3—油封；4—转子轴；5、15—卡环；6—泵；7—前壳；8、16、23—密封圈；9—转子；10—凸轮环；11—储油罐；12—通风阀；13—弹簧；14—后壳体；17—弹簧座；18—弹簧；19—流量控制阀；20—阀座；21—接头座；22—后板；24—直销；25—叶片；26—轴承；27—锁环

转向油泵的检修：

(1)更换油封和橡胶类密封圈。

(2)叶片与转子上的滑槽表面应无划痕、烧蚀以及疲劳磨损，其配合间隙一般应不大于0.035mm，叶片磨损后的高度与厚度不得小于原厂规定的使用限度，否则要更换叶片或总成。

(3)转子轴径向配合间隙约为 0.03～0.05mm，间隙过大，应视情况更换轴承。

(4)转子与凸轮环的配合间隙为 0.06mm。工作面上应光滑，无疲劳磨损和划痕等缺陷。转子与凸轮环一般为非互换性配合，若间隙过大，通常更换总成。

(5)皮带轮有缺损或其他原因而丧失平衡性能之后，应更换。

(6)流量阀弹簧的弹力或自由长度应符合原厂规定，并应检验流量阀球阀的密封性。检验时，先堵塞进液孔，然后从旁通孔通入 0.39～0.49MPa 的压缩空气，其出孔处不得漏气。否则，更换流量阀。

【例 6-8】 大众宝来轿车动力转向器的检修。

维修过程：

动力转向器的组成如图 6-47 所示。

(1)动力转向器的拆卸

动力转向器的拆卸顺序如下：

① 如图 6-48 所示，拧下塑料螺母，拆下护罩 A。

② 如图 6-49 所示，拆开万向节与转向机的连接。

③ 用软管夹 3094 夹住通向储液罐的软管和通向动力转向油泵的软管。

④ 拆下隔声垫。

⑤ 将放液盘置于车下。

⑥ 如图 6-50 所示，将拉杆球头从转向臂上压下。

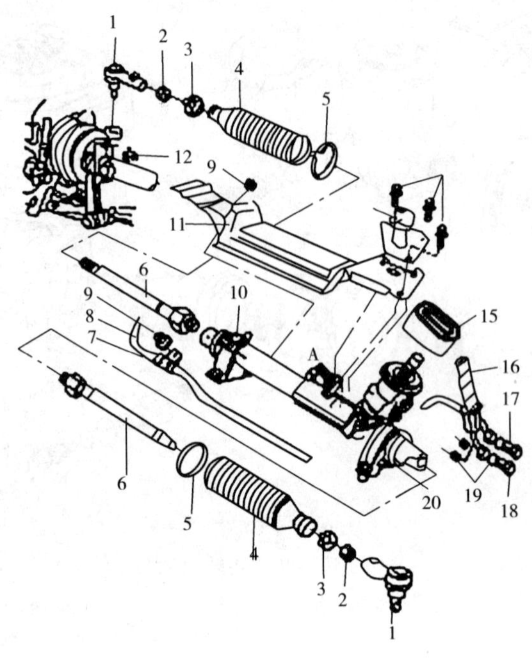

图 6-47　动力转向器分解图

1—转向拉杆球头；2—螺母(50N·m)；3、5—卡箍；4—防护套；6—拉杆；7—带橡胶卡夹；8—回油管；9—六角螺母(22N·m)；10—带橡胶座支架；11—隔热板；12—自锁螺母(45N·m)；13—换挡机构支架；14—螺栓(24N·m)；15—密封垫；16—油管；17—中空螺栓(45N·m)；18—中空螺栓(40N·m)；19—密封环；20—转向机

图 6-48　拧下塑料螺母与拆下护罩

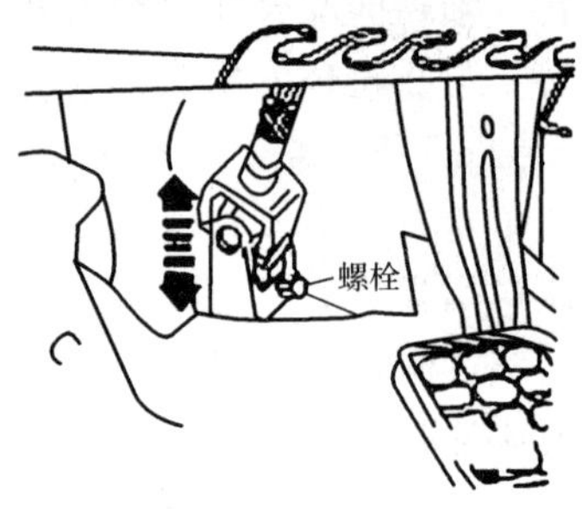

图 6-49　拆开万向节与转向机的链接

⑦ 拔下转向机软管，并用塑料密封堵密封好孔口。

⑧ 用变速器千斤顶 V. A. G1383A 支好副车架，拆下副车架。

⑨ 如图 6-51 所示，拆下回油管卡夹，松开转向润滑油管。

⑩ 拧下动力转向器螺栓，从后部取下动力转向器。

(2)动力转向器的安装

按与拆卸相反的顺序安装动力转向器。安装动力转向器时应注意：

① 使用新的软管连接密封环。

② 安装转向机前，在转向机密封上涂一层淡肥皂液。

③ 密封面应清洁。

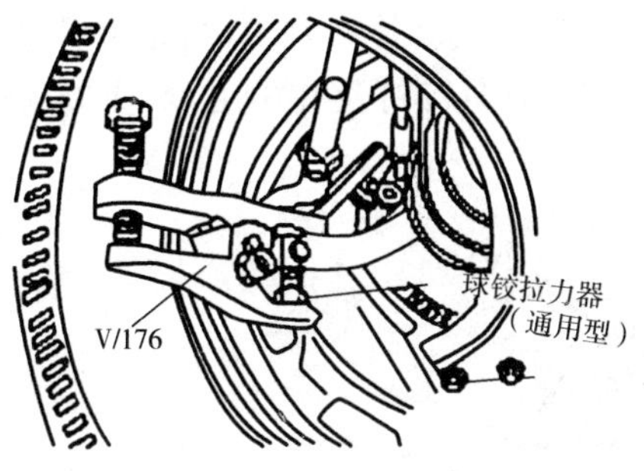

图 6－50　压下拉杆球头

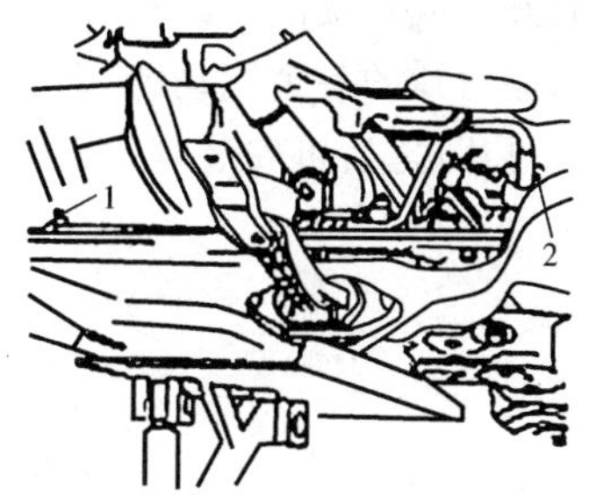

图 6－51　拆下回油卡夹与松开转向润滑油管

1—回油管卡夹；2—转向润滑油管

④ 回油管和转向机之间必须有约 10mm 间隙。

⑤ 按规定力矩拧紧各螺栓，动力转向器与副车架螺栓拧紧力矩为 20N·m＋90°，副车架与车身螺栓拧紧力矩为 100N·m＋90°，万向节螺栓拧紧力矩为 30N·m，中空螺栓拧紧力矩为 40N·m，拉杆球头与转向臂螺栓拧紧力矩为 45N·m。

第六节　制动系统的维修

一、液压鼓式制动系统的维修

1. 制动鼓的维修

如图 6－52 所示为汽车鼓式制动器制动鼓(brake drum)，制动鼓的直径为 180mm，当磨损量达到极限值 180mm 时，应更换制动鼓。要仔细清洁和检查制动鼓及车轮与车轮螺栓的磨损、损坏及尺寸公差情况，以及制动鼓内表面是否处于良好状态，若发现问题，应更换新件。制动鼓维修后，用多用途润滑脂注入轮毂。

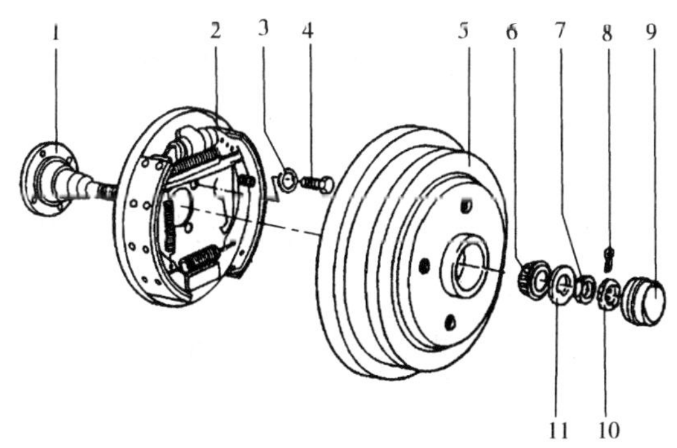

图 6－52　鼓式制动器的制动鼓

1—短轴；2—制动底板和制动器；3—蝶形垫圈；4—六角螺栓；5—制动鼓；6—制动鼓轴承；7—六角螺母；8—开口销；9—润滑脂盖；10—锁止环；11—止推垫圈

2. 制动蹄的维修

如图 6－53 所示为汽车鼓式制动器的制动蹄(brake shoe)。当汽车行驶一定里程后，应检查制动蹄上摩擦衬片的厚度，发现需要更换摩擦衬片时，应拆装制动蹄。制动蹄摩擦衬片用铆接的方法或粘接法与制动蹄固定在一起。更换时,可以只换摩擦衬片本身,也可以更换带新的摩擦衬片的整个制动蹄,若只更换摩擦衬片,可先去掉旧铆钉及孔中毛刺,重新铆接新的摩擦衬片,之后可安装制动蹄。

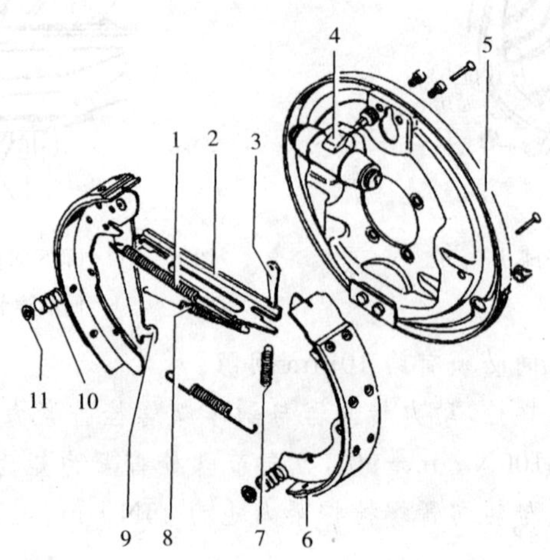

图 6-53 鼓式制动器的制动蹄

1—制动蹄定位弹簧;2—推杆;3—调整锲;4—制动轮缸(分泵);5—制动踏板;6—制动蹄摩擦衬片;7—调整锲拉簧;8—回位弹簧;9—制动杆;10—限位弹簧;11—弹簧座

3. 制动主缸的维修

(1)检查缸筒内壁工作面磨损状况,工作面上不允许有麻点和划痕,若圆柱度误差大于0.025mm,或缸筒内壁磨损大于0.12mm或泵筒与活塞配合间隙大于0.15mm时,应更换新件。

(2)当检查发现活塞与缸筒配合间隙过大时,如果是活塞磨损过多而造成的,只需要更换活塞即可。

(3)检查缸筒内壁上的锈蚀、麻点,如果不在皮碗行程内时,允许继续使用。

(4)检查缸体,不得有任何性质的裂纹、缺口、破损等损伤。轻微者应予焊修,严重者应更换。

(5)检查活塞上的星形阀是否松脱、破裂,否则应重铆或更换。

(6)检查出、回油阀门是否失效,皮碗密封圈是否发胀、变形、破损,防尘罩损坏时,一律更换新件。

(7)检查主缸、轮缸回位弹簧,应正直、弹力大,并按表 6-2 中的技术标准进行检验,不合要求时,一律更换。

表 6-2 制动主缸、轮缸弹簧技术条件

零件名称	自由长度(mm)	压缩试验	
		负 荷(N)	压缩长度不小于(mm)
主缸弹簧	100	53~59	60
前轮缸弹簧	65	8.5~10.5	25
主缸弹簧	107	55~70	67
后轮缸弹簧	42	25~35	17

4. 制动轮缸的维修

(1)前轮缸的修理

活塞与缸筒配合面出现划痕、缸筒直径磨损超过 0.10mm 或缸筒与活塞的配合间隙大于 0.15mm 时，应更换制动钳总成。拆卸后，活塞密封圈及防尘罩应换用新件。

(2)后轮缸的修理

橡胶防尘罩破裂、密封圈出现膨胀卡滞或磨损严重造成轮缸漏油时，均应换用新件。缸筒磨损超过 0.08mm 或缸筒与活塞配合面出现划痕及锈蚀时，应更换轮缸总成。如图 6-54所示为汽车后轮轮缸。

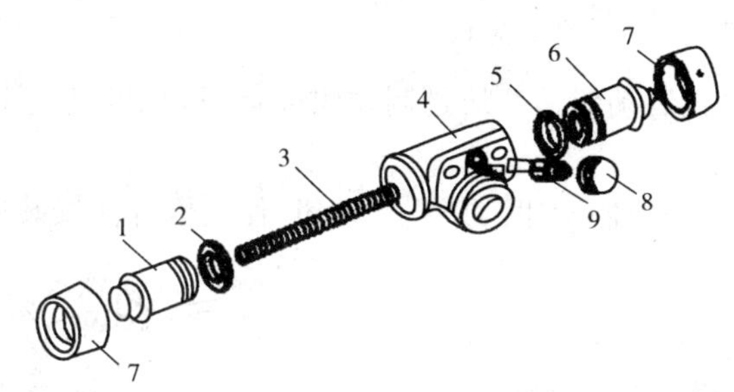

图 6-54　后轮轮缸

1、6—活塞；2、5—皮圈；3—弹簧；4—泵体；7、8—防尘罩；9—放气阀

二、液压钳盘式制动器的维修

1. 注意事项

(1)必须用专用的制动液抽取罐从制动液贮液罐内抽取制动液。

(2)制动液为有毒物质，不允许用软管吸制动液。

(3)更换制动钳摩擦衬片后，汽车应停在原地用力踏制动踏板数次，使摩擦衬片进入正常的工作位置。

2. 制动钳的拆装及摩擦衬片的更换

更换制动钳摩擦衬片时，需要拆装制动钳。具体操作如下：

(1)松开固定螺栓后，从下向上摆动制动钳，并将其拆下。

(2)用压缩空气从制动钳壳体里压出活塞，如图 6-55 所示，压出时，在活塞凹入处放一木块，以免损坏活塞。

(3)用螺丝刀小心撬出密封圈，如图 6-56 所示。

图 6-55　压出制动钳壳体里的活塞

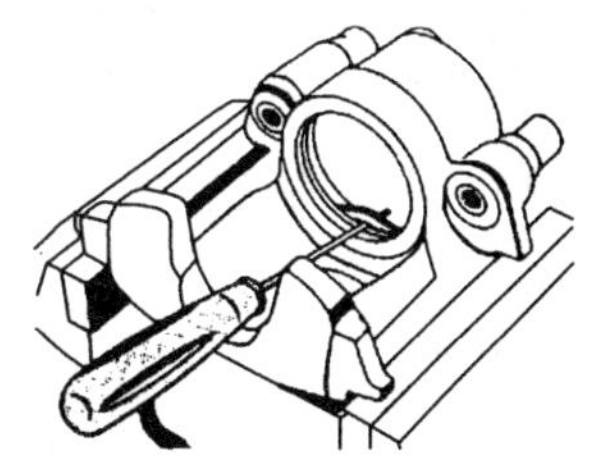

图 6-56　撬出密封圈

(4)把装有上密封唇的防护帽装到活塞上，如图 6-57 所示。

(5)用螺丝刀把内密封唇装到制动钳液压缸凹槽里,如图 6-58 所示,操作时,使活塞置于制动钳壳体前方。

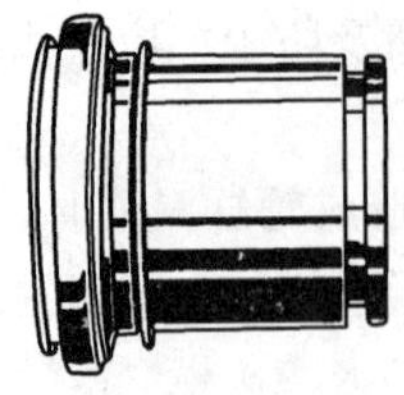
图 6-57　把防护帽装到活塞上

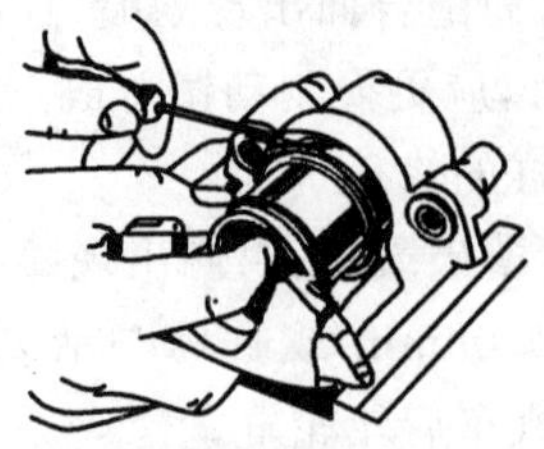
图 6-58　装内密封唇

(6)用活塞装配工具把制动钳活塞压进制动钳壳体里,如图 6-59 所示,防护帽的外密封唇应弹入活塞的凹槽里。

(7)如图 6-60 所示,安装制动钳。压入制动钳,使之恰好能安装固定螺栓。

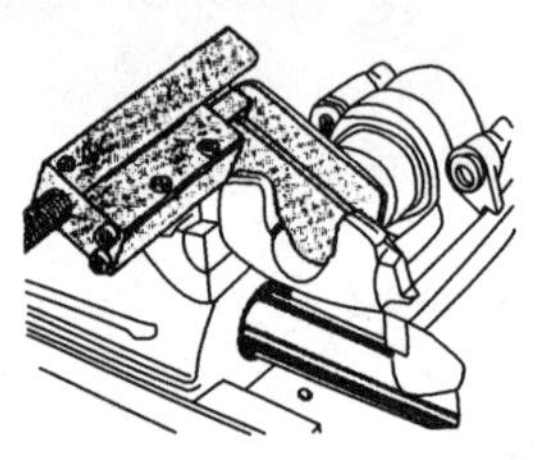
图 6-59　装制动钳活塞

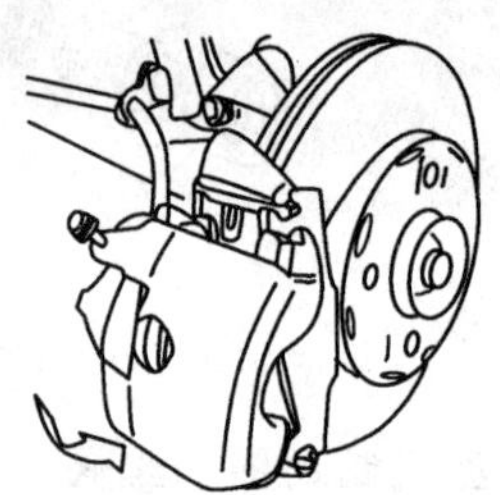
图 6-60　安装制动钳

(8)把制动内摩擦衬片和弹簧卡箍装到车轮轴承壳体里,如图 6-61 所示,然后装上外摩擦衬片。

(9)检查摩擦衬片厚度,新的摩擦衬片厚度为 14mm(不包括衬板);磨损极限厚度为 7mm(包括衬板)。外摩擦衬片可通过轮辐上的孔检查其厚度,内摩擦片的厚度可用手电筒和反光镜来检查。

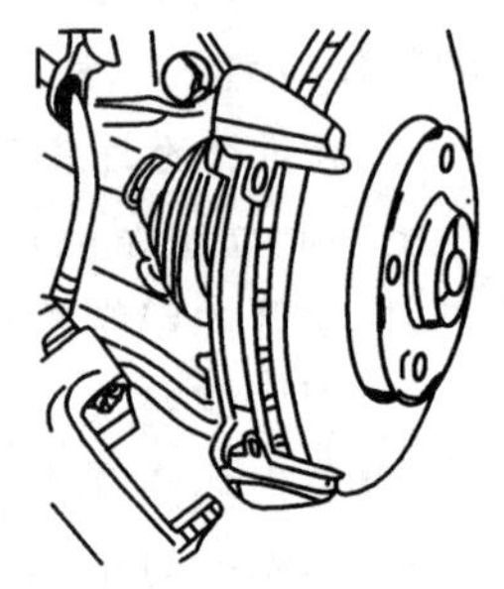
图 6-61　装摩擦衬片和弹簧卡箍

3. 制动盘的维修

如桑塔纳轿车新制动盘的厚度为 12mm,磨损极限为 10mm,制动盘磨损超过极限值时,原则上应同时更换同一轿车上的两个制动盘;行驶里程很低时,若某一制动盘损坏,允许更换某个制动盘。维修时,应均匀地打磨制动盘两侧面,并保证有足够的磨损余量。不允许将制动盘硬性地从轮毂上拆下,拆卸时,应使用防锈剂,否则会损坏制动盘。

【例 6-9】 本田飞度轿车制动踏板的检查与调整。

维修过程:

(1)制动踏板高度的检查与调整

① 逆时针转动制动开关,将制动开关向后拉,直到制动开关不与制动踏板接触为止。

② 卷起地毯。如图 6-62 所示,测量制动踏板至底板的距离,其标准高度为 141mm。

③ 如果制动踏板高度不符合要求,则应松开推杆锁紧螺母,用钳子转动推杆来调整制

动踏板高度。调整完后，拧紧锁紧螺母。

④ 将制动开关向里推，直到制动开关的柱塞被完全压紧（螺栓端与制动踏板臂上的衬垫接触），顺时针转动制动开关，直到锁紧。此时，制动开关与衬垫之间的间隙将自动调整至0.7mm。确认制动踏板松开后，制动指示灯熄灭。

（2）制动踏板自由行程的检查与调整

发动机停止运转，用手推动制动踏板，检查制动踏板处的自由行程。其自由行程为1～5mm，如图6－63所示。如果制动踏板自由行程不符合要求，则通过制动开关来调整。

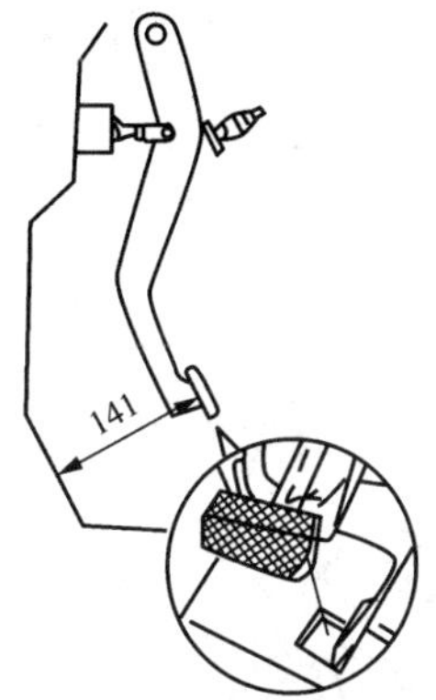

图6－62　测量制动踏板高度

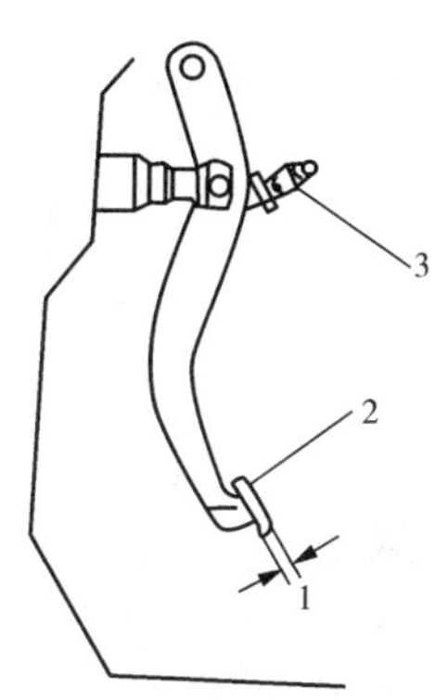

图6－63　检查与调整制动踏板自由行程

1—制动踏板自由行程；2—踏板垫；3—制动开关

【例6－10】 大众宝来轿车前轮盘式制动器的检修。

维修过程：

前轮盘式制动器的组成如图6－64所示。

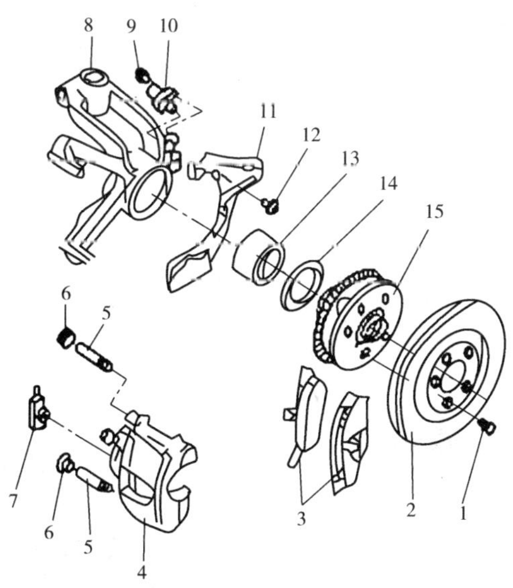

图6－64　前轮盘式制动器分解图

1—螺栓（4N·m）；2—制动盘；3—制动摩擦片；4—制动钳；5—导向销；6—保护帽；；7—制动管（35N·m）；8—车轮轴承座；9—螺栓（8N·m）；10—车轮转速传感器；11—防溅板；12—螺栓（10N·m）；13—车轮轴承；14—卡簧；15—轮毂

(1)更换制动摩擦片

① 拆下导向销的保护帽。

② 如图 6-65 所示,拆下制动钳上的两个导向销(箭头处)。

③ 将制动钳壳体悬挂在车身上,以免制动钳重力损坏制动管。

④ 从制动钳壳体上拆下制动摩擦片。

⑤ 安装新制动摩擦片前,用排液瓶从制动液储液罐中吸出制动液,以免压回活塞时储液罐中制动液溢出。

⑥ 如图 6-66 所示,用调整工具将活塞压回制动钳缸体内。

⑦ 装上新的制动摩擦片。

⑧ 安装导向销及保护帽。

⑨ 用力踩制动踏板数次,使制动摩擦片处于正常工作位置。

⑩ 添加适量制动液。

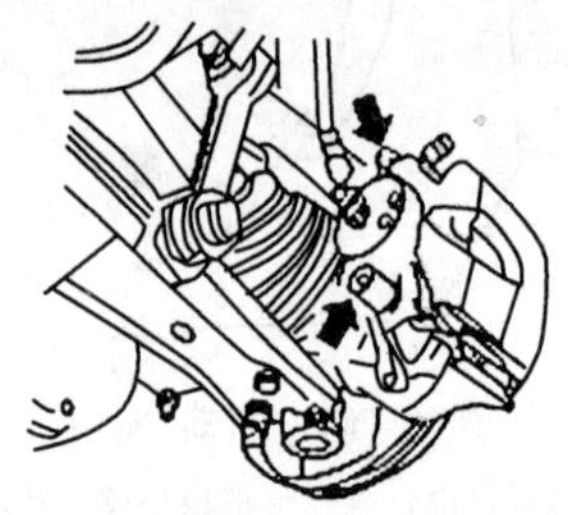

图 6-65 拆下导向销

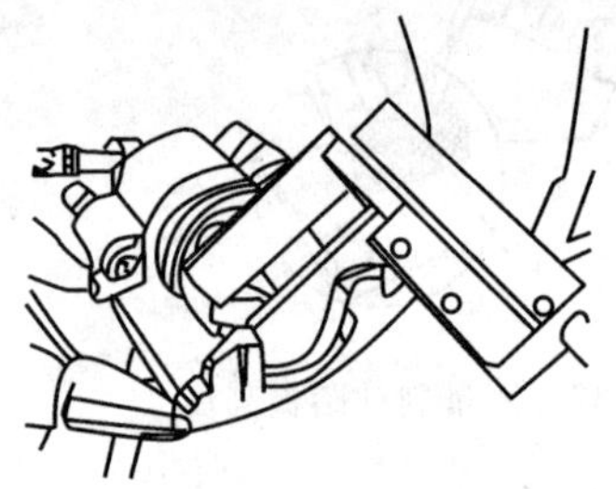

图 6-66 压回活塞

(2)检查制动盘

检查制动盘的磨损,制动盘的标准厚度为 22mm,磨损极限为 19mm。如果制动盘的磨损超过极限,应同时更换两个制动盘。不要强行从轮毂上拆卸制动盘。尽量使用除锈剂,否则,将会损坏制动盘。

(3)制动钳活塞的拆装

① 安装制动踏板压下装置。

② 拆下制动摩擦片。拆下制动钳上制动管,取下制动钳体。

③ 如图 6-67 所示,用压缩空气将活塞从制动钳缸体中吹出。

④ 如图 6-68 所示,用专用工具 3409 取下密封圈。

⑤ 用甲基酒精清洗活塞表面和密封圈,并且晾干。

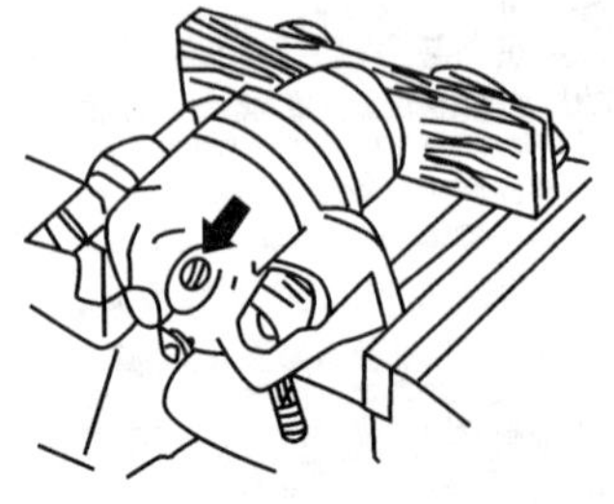

图 6-67 用压缩空气吹出活塞

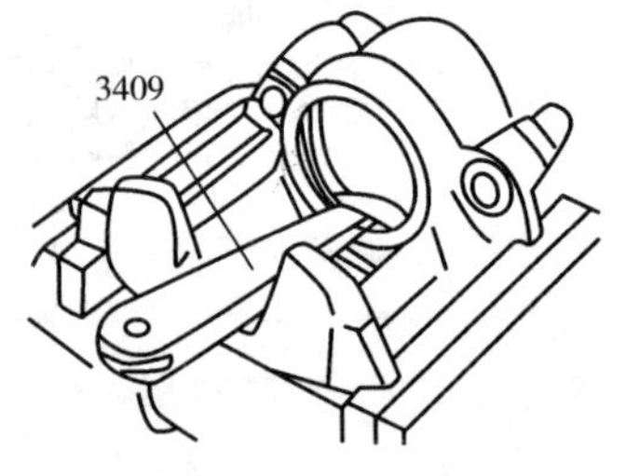

图 6-68 取下密封圈

⑥ 将油封装入制动钳缸体。

⑦ 将护盖和外密封唇装到活塞上。如图 6-69 所示，将活塞固定在制动钳缸体前，用专用工具 3409 将内密封唇装在活塞沟槽中。

⑧ 在活塞和密封唇上涂一层润滑脂。如图 6-70 所示，用调整工具将活塞压入制动钳缸体。活塞外密封唇应位于活塞沟槽内。

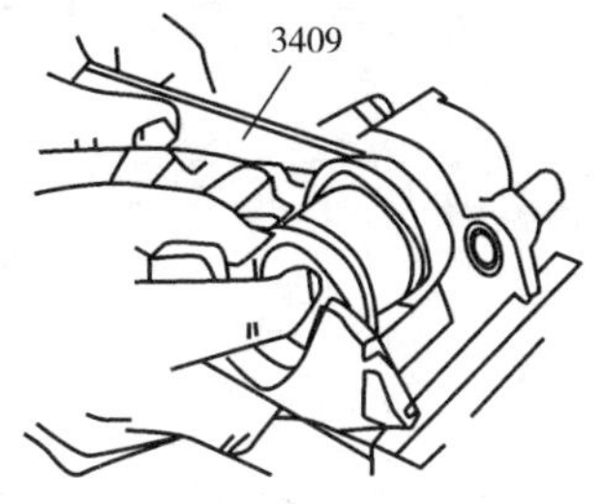

图 6-69　装上活塞内密封唇

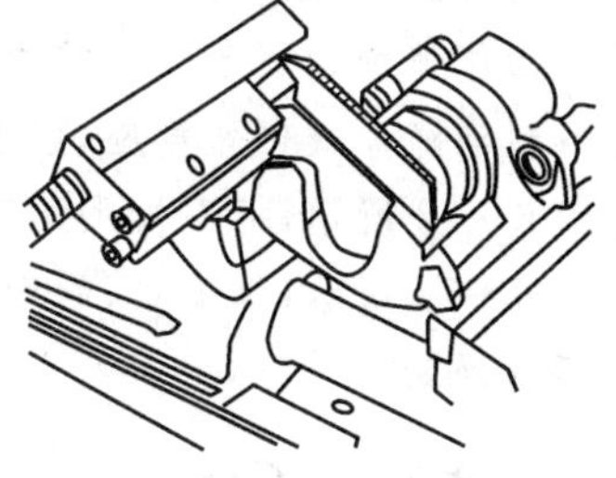

图 6-70　压入活塞

⑨ 安装制动摩擦片与制动钳体，装上制动管。

⑩ 拆下制动踏板压下装置。

安装完毕后，用力踩制动踏板数次，以使制动摩擦片处于正常工作位置。添加适量制动液，并排空气。

【例 6-11】 大众捷达 Ci 型轿车后轮鼓式制动器的检修。

维修过程：

后轮鼓式制动器如图 6-71 所示。

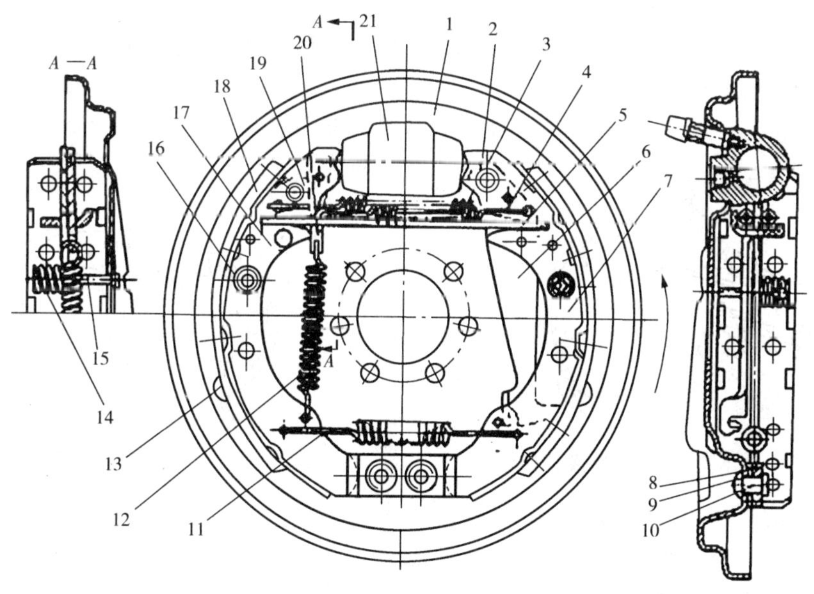

图 6-71　后轮鼓式制动器结构

1—制动底板；2—轴；3—副回位弹簧；4—回位弹簧；5—杠杆；6—驻车制动拉臂；7—制动蹄带拉臂总成；8—支架；9—支承板；10—铆钉；11—回位弹簧；12—拉簧；13—检测孔；14—压簧；15—夹紧销；16—弹簧座；17—制动蹄带楔形调整齿板总成；18—摩擦片；19—楔形调整板；20—楔形调整块；21—制动轮缸

(1)后轮鼓式制动器的拆卸

后轮鼓式制动器的拆卸顺序如下：

① 举升车辆,拆下后轮。

② 用旋具插入制动鼓上的轮胎螺栓孔内,将制动蹄片间隙调整楔形块向上压,使制动蹄回位。

③ 拆下制动鼓。

④ 拆下回位弹簧和驻车制动拉线。

⑤ 拆下制动蹄片限位弹簧座,取下限位弹簧。

⑥ 如图 6-72 所示,拆下楔形调整块拉簧。

⑦ 如图 6-73 所示,拆下主、副回位弹簧。

⑧ 取下制动蹄。

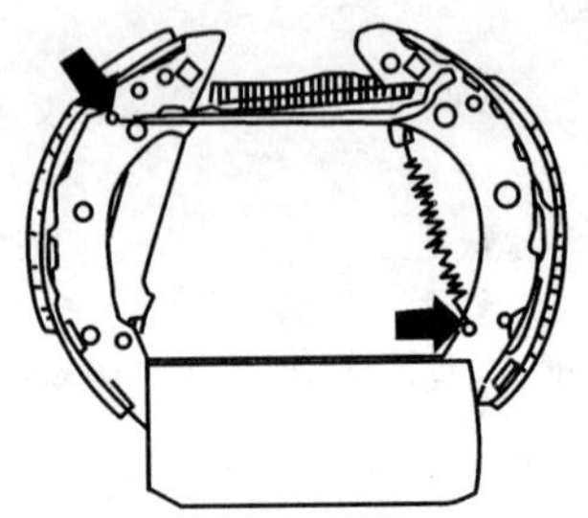

图 6-72 拆下弹簧

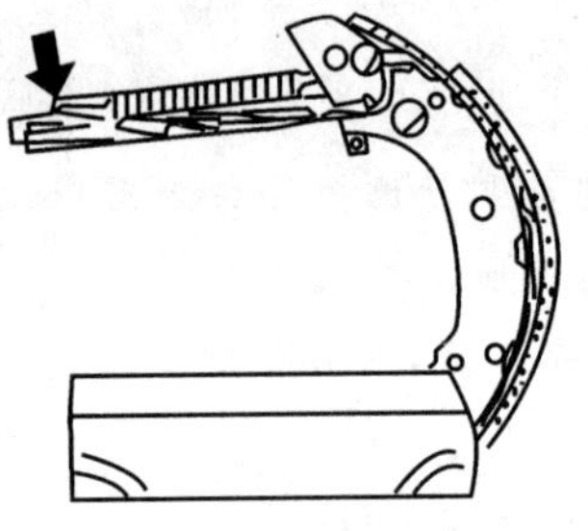

图 6-73 拆下主、副回位弹簧

(2)后轮鼓式制动器的安装

后轮鼓式制动器的安装顺序如下：

① 如图 6-74 所示,装上主、副回位弹簧,将制动蹄装到推杆上,插入楔形调整块,有凸出定位一面朝向制动底板。

② 如图 6-75 所示,将制动蹄和驻车制动拉臂装到推杆上。

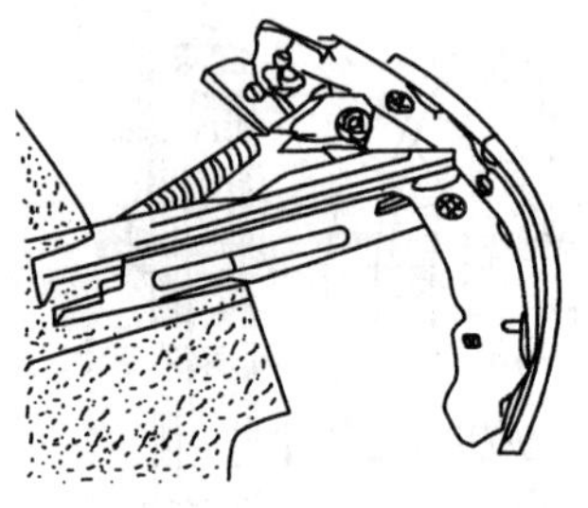

图 6-74 装上主、副回位弹簧及推杆

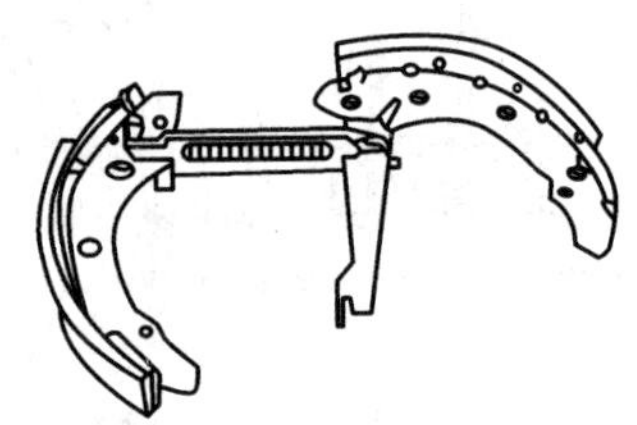

图 6-75 装上制动蹄和驻车制动拉臂

③ 装上制动蹄,并装上回位弹簧。

④ 将驻车制动拉线挂在驻车制动拉臂上。

⑤ 连接间隙调整楔形块弹簧。

⑥ 装上制动蹄限位弹簧与弹簧座。

⑦ 装上制动鼓,并调整车轮轴承间隙。

⑧ 装上车轮。

⑨ 踩下制动踏板几次，使制动蹄处于正确位置，并自动调整制动器间隙。

(3)制动摩擦片与制动鼓的检修

① 如图 6-76 所示，检查制动摩擦片的厚度。制动摩擦片的使用极限为 2mm。当制动摩擦片的厚度超过使用极限时，应及时更换。更换制动摩擦片时，应连同制动蹄一起更换，且使用同一厂家、相同质量的制动摩擦片。

② 如图 6-77 所示，测量制动鼓内径。制动鼓标准内径为 180mm，使用极限为 181mm。如果制动鼓摩擦面出现划痕及沟槽时，在制动鼓内径不超过使用极限的情况下，可用车床对制动鼓进行加工。

③ 如图 6-78 所示，检查制动摩擦片和制动鼓是否接触良好。

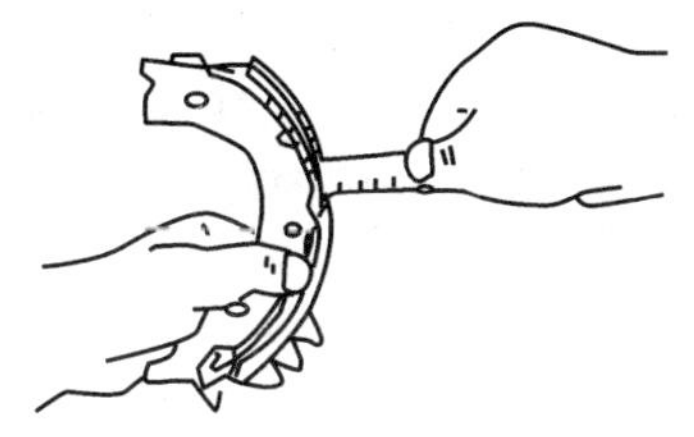

图 6-76　检查制动摩擦片厚度

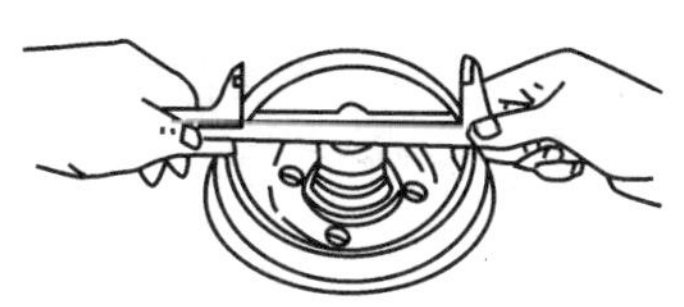

图 6-77　测量制动鼓内径

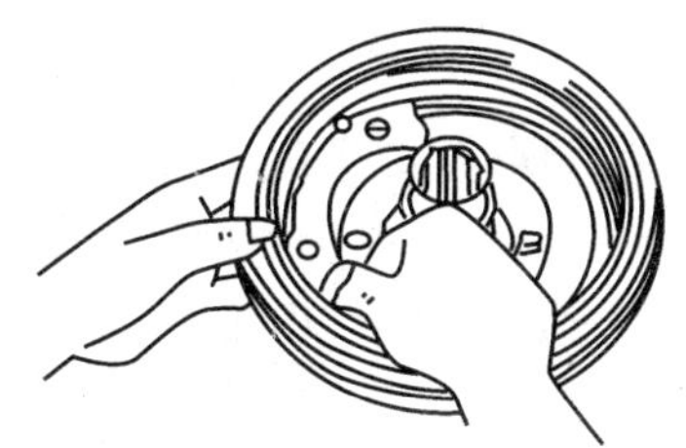

图 6-78　检查制动摩擦片和制动鼓接触状况

三、气压制动装置的维修

1. 空气压缩机的维修

(1) 空气压缩机的拆修

不带升压装置的空气压缩机(air compressors)，其气压调节器由原先装在驾驶室前围板上改成用一过渡接头拧在湿储气筒上，当储气筒中的气压升高到 784～833kPa 时，气压调节器的阀门自行关闭，不再向大气排气，整个过程中，空气压缩机一直在泵气。拆卸与检查舌簧进气阀、排气阀和进气升压装置。如图 6-79 所示，此种结构与板状进气阀、排气阀空压机仅是缸盖总成不同，其他部分完全相同。在缸盖与缸体之间有一铸铁的缸盖垫板，其上表面用螺栓紧固一长形厚 0.3mm 的弹性吸气膜片(两缸共用一个)，缸盖垫板的下表面用铆钉紧固一厚为 0.3mm 的弹性吸气膜片(每缸一个)。在缸盖的进气腔设有松动装置，主要包括膜片、导向帽、压板、弹簧、吸排气膜片。其拆检维修工序为：

① 将缸盖与垫板一起拆下，检查吸气膜片有无裂痕。

② 垫板上的导向杆一般不拆卸。

③ 检查缸盖垫板上表面的排气阀片，清除结焦，检查是否有裂纹。检查排气膜片上部的限位板是否有裂纹，如有则应更换新件。

④ 拆卸松压装置的压板、导向帽及弹簧。

⑤ 拆下膜片压盖，拆下膜片，检查是否破裂，若破裂应更换新件。

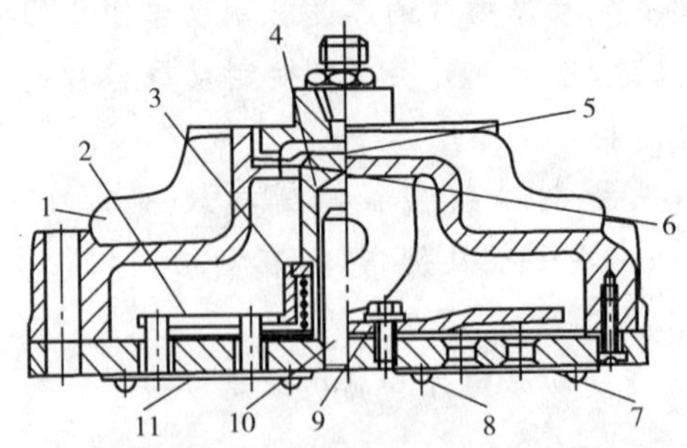

图 6-79　空气压缩机缸盖结构图

1—缸盖壳体；2—压板；3—弹簧；4—导向帽；5—膜片；6—垫圈；
7—吸气膜片；8—进气膜片螺钉；9—排气膜片；10—导向杆；11—垫板

(2)空气压缩机的故障与排除

① 泵气慢

原因与排除：吸气、排气膜片密封不良，清除结焦或更换；活塞环或活塞磨损严重，应更换新件；缸盖与缸体连接处漏气，更换新垫片。

② 不泵气或泵气极慢

原因与排除：吸气膜片被压板爪顶碎，更换新件；缸盖与缸体之间垫片装反或错位，将吸气膜片压住，应重新装配；管路堵塞，清除管路的结焦；传动带打滑，张紧传动带、更换新件。不带有松压装置的空气压缩机可参照上述空气压缩机缸盖的拆卸、检查程序进行。

2. 安全阀的维修

安全阀(safety valve)的结构如图 6-80 所示，当漏气时，应拧下阀座取出钢球(或橡胶阀门)及弹簧等，用煤油清洗，检查阀座工作面及钢球(或橡胶阀门)，若有划伤，必要时应更换新件。汽车在行驶过程中，若安全阀经常放气，可能是调压器失效或空气压缩机松压装置失效，也有可能是安全阀排气压力过低，若只是排气压力过低时，可拧进安全阀的调整螺钉，使其气压提高，若前两者故障则应维修或更换新件。

3. 单向阀的维修

单向阀(check valve)的结构如图 6-81 所示，汽车二级维护时，应检查阀门的密封性。

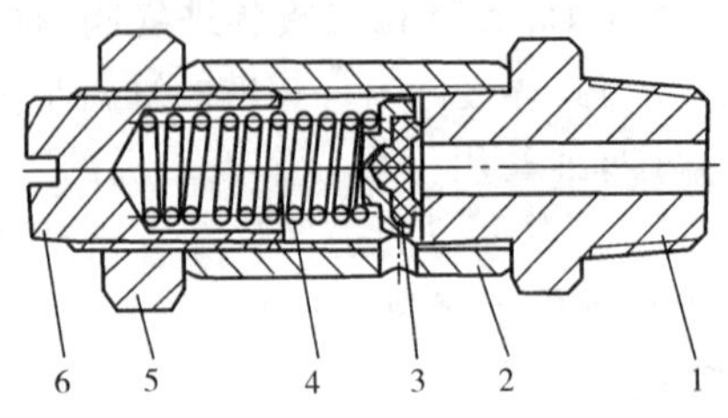

图 6-80　安全阀

1—阀座；2—外壳；3—橡胶阀门；
4—弹簧；5—锁紧螺母；6—调整螺钉

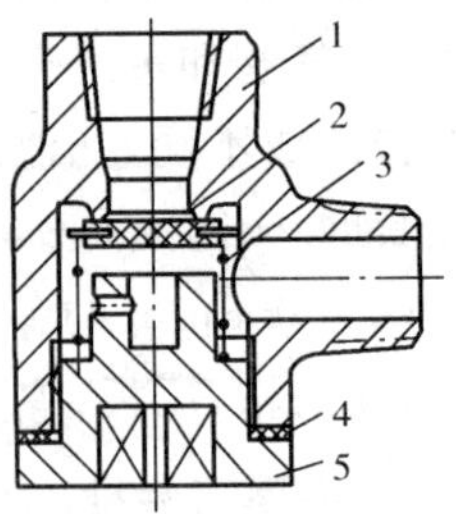

图 6-81　单向阀

1—阀体；2—阀门；3—弹簧；4—垫片；5—阀盖

四、ABS 系统的检修

1. ABS 系统维修的基本内容

ABS 系统维修的基本内容包括故障诊断与检查、故障排除与修理、定期保养与维护。根据 ABS 的特点，它具有一些特殊的检查、诊断和修理方法。

(1)诊断与检查的基本内容

特定的诊断与检查可及时发现 ABS 系统中的故障，是维修中非常重要的部分。对于不同的车型，甚至同一系列不同年代生产的车型，诊断与检查的方法和程序都会有所不同，只要参考相应的维修手册便可知道。但是 ABS 系统基本诊断与检查方法的内容基本相同，它们一般包括初步检查、故障自诊断、快速检查、故障警告灯诊断等四步。通常情况下，只要按照上述 4 个步骤进行诊断与检查，就会迅速找到 ABS 系统的故障部位。

(2)修理的基本内容

通过诊断与检查后，一旦准确地判断出 ABS 系统中的故障部位，就可以进行调整、修复或换件，直到故障被排除为止。修理的步骤通常如下：

① 泄去 ABS 系统中的压力。

② 对故障部件进行调整、拆卸、修理或换件，最后安装，但必须按相应的规定进行。

③ 按规定步骤放气。

如果是轮速传感器或电控单元(ECU)有故障，可以不进行第一和第三步骤，只需按规定进行传感器的调整、更换即可，ABS 电控单元损坏只能更换。

2. ABS 系统的维修

(1)ABS 控制器的维修

① ABS 控制器的拆卸

a. 点火开关置于 OFF 位置，拆下蓄电池及支架。

b. 从 ABS ECU 上拔下 25 针插头。

c. 踩下踏板，并用踏板架定位。

d. 在 ABS 控制器下垫一块布，用来吸干从开口处流出的制动液。

e. 拆下制动主缸到液压控制单元的制动管路，并做上记号，立即用密封塞将开口部塞住。

f. 用软铅丝把制动管路 A 和 B 扎在一起，挂到高处，使开口处高于制动液储液罐的液面。

g. 拆下液压控制单元通到各轮的制动管路，并做上记号，立即用密封塞将开口部塞住。

在操作过程中必须特别小心，不能使制动液渗入 ABS ECU 壳体中。如果制动液渗漏到控制器中，会使触点腐蚀，损坏系统。如果壳体脏，可用压缩空气吹净。

h. 把 ABS 控制器从支架上拆下来。

② ABS 控制器的分解

a. 压下接头侧的锁止扣，拨下控制单元上液压泵(V64)电线插头。

b. 用专用套筒扳手拆下 ABS ECU 与液压控制单元的 4 个连接螺栓。

c. 将液压控制单元与电子控制单元分离。注意：拆下液压控制单元时要直拉，别碰坏阀体。

d. 在 ABS ECU 的电磁阀上盖一块不起毛的布。

e. 把液压控制单元和液压泵安放在专用支架上，以免在搬运时碰坏阀体。

③ ABS 控制器的检修

把控制单元 J104 从液压单元 N55 和液压泵中拆下，然后更换损坏的元件。在早期生产阶段提供的 ABS 控制器总成配件是不允许分解拆卸的，因此只能更换总成。

3. 车轮转速传感器(Wheel Speed Sensor)的检修

(1)前轮速传感器的修理

① 前轮毂及齿圈的拆卸

a. 拆带齿圈的前轮毂，用 200mm 专用拉具 1 的两个活动臂先钩住前轮轴承壳中的两边(只有一个位置才能钩住)。

b. 在前轮毂要压出的中心放一块专用压块。

c. 转动顶尖，使专用拉具顶住专用压块，将前轮毂连同齿圈一起顶出。

d. 拆下齿圈的十字槽固定螺栓。

② 前轮速传感器的拆装

前轮速传感器(Front Wheel Sensor)左、右不能互换，零件位置也不同。

a. 先拔下传感器导线插头，再拧下内六角紧固螺栓，拆下前轮速传感器。

b. 安装前轮速传感器之前，先清洁传感器的安装孔内表面，并涂上固体润滑膏 G000650，然后装入轮速传感器，以 10N・m 的力矩拧紧内六角紧固螺栓，最后插上导线插头。

c. 前轮齿圈的检查

前轮轴承损坏或轴承轴向间隙过大时，会影响前轮速传感器的间隙。举升起前轮，使之离地，用双手转动前轮，感觉前轮摆动是否异常。若轴承轴向间隙过大，则要检查齿圈轴向摆差。轴向摆差应不大于 0.3mm。

若前轮轴承损坏或轴向间隙过大时，应更换轴承。

若出现齿圈轴向摆差过大而引起传感器与齿圈擦碰，造成齿圈变形或齿数残缺不全，则应更换前轴齿圈。

若前轮齿圈完好无损，但被泥土或脏物堵塞，应清除齿圈空隙中的脏物。

d. 前轮速传感器输出电压的检查

检查前轮速传感器与齿圈之间的间隙是否符合规定，标准值为 1.10～1.97mm。

顶起前轮，松开驻车制动。拆下 ABS 电线束，在线束插接器处测量。以 30r/min 的转速转动前轮，用万用表或示波器测量输出电压。左前轮接线柱为 4 和 11，右前轮接线柱为 3 和 18。用万用表测量时，前轮速传感器输出电压应为 70～310mV；用示波器测量时，输出电压应为 3.4～14.8mV。

若输出电压不符合规定，检查传感器是否有故障；检查传感器电阻值(1.0～1.3kΩ)；在齿圈上取四点检查齿圈与车轮转速传感器之间的间隙是否过大；检查电线束安装是否有误差。

(2)后轮速传感器的修理

① 后轮速传感器的拆装

后轮速传感器(rear sensor)左、右能互换，零件号也相同。

a. 先翻起汽车后座垫，拔下后轮速传感器的连接插头。

b. 拧下传感器的内六角紧固螺栓，拆下后轮速传感器。

c. 取下后梁上的轮速传感器导线保护罩，拉出导线和导线插头。

安装与拆卸顺序相反，但注意安装后轮速传感器之前，先清洁传感器的安装孔内表面，并涂上固体润滑膏 G000650，然后装入轮速传感器，以 10N · m 的力矩拧紧内六角螺栓。

② 后轮齿圈的检查

后轮轴承损坏或轴承径向圆跳动过大时，会影响后轮传感器的间隙。

a. 举升起后轮，使之离地，用双手转动后轮感觉后轮摆动是否异常。若后轮摆动过大，则要检查后轮轴承的径向圆跳动，径向圆跳动标准值≤0.05mm。

b. 若后轮轴承径向圆跳动过大，则需要调整螺母调节后轴承的间隙，或者更换后轴承。

c. 若齿圈变形、或有严重磨损痕迹或齿数残缺不全，则应更换后轮齿圈。

d. 若后轮齿圈完好无损，但被脏物堵塞，应清除齿圈空隙中的脏物。

③ 后轮速传感器输出电压的检查

a. 检查后轮速传感器与齿圈之间的间隙是否符合规定，标准值为 0.42～0.80mm。

b. 顶起后轮，松开驻车制动。

c. 拆下 ABS 电线束，在线束插接器处测量。

d. 以 30r/min 的转速转动后轮，用万用表或示波器测量输出电压。左后轮接线柱为 2 和 10，右后轮接线柱为 1 和 17。用万用表测量时，后轮速传感器输出电压应大于 260mV；用示波器测量时，输出电压应大于 12.2mV。若输出电压不符合规定时，检查传感器是否有故障；检查传感器电阻值(1.0～1.3kΩ)；在齿圈上取四点检查齿圈与车轮转速传感器之间的间隙是否过大；检查电线束安装是否有误差。

4. ABS 线束的更换

ABS 线束对系统工作有很大的影响，例如线束接头接触不良、线束被腐蚀、断裂和外部屏蔽损坏等都会使 ABS 系统无法正常工作，这时要对相应损坏的线束进行更换。

(1)轮速传感器线束

ABS 后轮线束的更换方法如下：

① 在两个后轮速传感器上拆下两个传感器插头。

② 拆下后轮连接车身线束的插头。

③ 钻去在底盘上固定线束的铆钉。

④ 撬开夹片，将损坏的线束取出。

⑤ 准备好同规格新线束，按相反的顺序装好。

前轮速传感器的线束与后轮更换的方法类似，但有的车型在更换时要同时更换部分或全部的发动机线束。如果只更换一小段线束可用焊接的方式连接，然后再固定结实。

(2)线束接头

线束接头通常与线束一同更换，个别线束接头确实损坏，可更换新插头，用焊接方式将导线联结，注意导线号不能错焊，地线(搭铁线)与屏蔽线要焊接牢固。线束接头是塑封的，一般只能与线束一同更换。

线束接头必须插接牢固，以免出现接触不良的现象，因此线束接头上应有固定螺扣和卡销。对于卡销形式的线束接头，拔下接头时，应先拆下卡销，卡销在上时，不能硬拽接头，接头插接后，也不要忘记将卡销插好。

5. ABS系统检修的注意事项

(1)ABS系统与普通制动系统是不可分的，当普通制动系统出现问题，ABS系统就不能正常工作。因此，要将二者视为整体维修，不能只把注意力集中于传感器、电控单元和液压调节器上。

(2)ABS电控单元对过电压、静电非常敏感，稍有不慎就会损坏电控单元中的芯片，造成整个ABS瘫痪。因此，点火开关接通时不要插或拔电控单元上的连接器；在车上进行电焊之前，要戴好防静电器(也可用导线一头缠在手腕上，一头缠在车体上)，拔下电控单元上的连接器后再进行电焊；给蓄电池进行专门充电时，要将蓄电池从车上拆卸下来或摘下蓄电池电缆后再进行充电。

(3)维修轮速传感器时一定要十分小心。拆卸时注意不要碰伤传感器头，不要用传感器齿圈当做撬面，以免损坏。安装时应先涂覆防锈油，安装过程中不可敲击或用蛮力。一般情况下，传感器气隙是可调的(也有不可调的)，调整时应使用非磁性塞卡，如塑料或铜塞卡，当然也可使用纸片。

(4)维修ABS液压控制装置时，切记要首先泄压，然后再按规定修理。例如制动主缸和液压调节器设计在一起的整体ABS系统，其蓄压器存储了高达18000kPa的压力，修理前要彻底泄去，以免高压制动液喷出伤人。

(5)制动液至少每隔两年要换一次，最好是每年更换一次。这是因为DOT3乙二醇型制动液的吸湿性很强，含水分的制动液不仅使制动系统内部产生腐蚀，而且会使制动效果明显下降，影响ABS的正常工作。注意不要使用DOT5硅酮型制动液。更换和存储的制动液以及器皿要清洁，不要让污物、灰尘进入液压控制装置，制动液不要溅到ABS电控单元和导线上。最后要按规定的方式进行放气(与普通制动系统的放气有所不同)。

(6)在进行ABS诊断与检查时，只要掌握诊断仪等专业工具的使用方法，按照维修手册中给出的故障诊断图表，准确地判断出故障部位即可。但是，在更换ABS零部件时，一定要选用本车型高质量正宗的配件，确保ABS系统维修后能正常的工作。

第七节　悬架的维修

在使用过程中，当汽车出现侧倾、制动跑偏、车身严重振动等现象时，应及时对悬架系统进行检查修理。

一、钢板弹簧悬架的维修

钢板弹簧总成拆下后，应首先进行外观检查，检查是否有折断、塑性变形、裂纹、磨损等。然后再拆散进行仔细检查。钢板弹簧的修理应包括以下几方面：

1. 卷耳的修理

检查钢板弹簧片时，应先检查主片卷耳根部是否断裂，如果发现断裂损坏应更换主片。之后检查包耳与主片之间是否存在严重的磨损现象。如有灰砂积压，应清理并涂覆石墨润滑脂。如果严重磨损，则应将主片卷耳退火，重新卷制，簧片产生锈蚀时，应用细砂纸除锈，不允许用酸洗除锈。对于簧片片端背部沟痕，用细铲修平，并用细砂纸打光，以减小应力集中。对于冲包结构的簧片，应检查冲包处的磨损状况，磨损严重时应更换，否则，易窜片。钢

板弹簧总成的弧高(也称拱区)和单片弧高应按其原设计参数及有关要求进行。产生塑变的,应更换或重新进行热处理。

2. 衬套

装配好的衬套在弹簧上下弯曲时,承受扭转作用,长时间工作后易发生疲劳扭伤。检查衬套内、外表面,如发现裂纹应及时更换。当衬套内孔表面出现局部扭伤痕迹时,说明侧向压板并未压紧衬套,使其在工作中未承受扭转作用,属异常损坏。解决的方法是夹紧压板、支架或者加大衬套外径尺寸,使之与卷耳内孔有较大的过盈配合。如果在卷耳内用加镶金属套的办法来保证过盈配合,必须使镶套与卷耳孔发生相对转动,当橡胶衬套厚度较小传递载荷较大时,易在衬套垂直方向的下方造成衬套断裂,解决的方法是加大卷耳直径,放大衬套的厚度。在不具备条件的情况下,必须勤更换,以免发生金属撞击使销轴磨损折断。

3. 中心螺栓

采用中心螺栓连接方式解决了钢板弹簧总成在搬运中的散片问题。而且中心螺栓兼起定位销的作用,使钢板弹簧总成便于安装在车桥的定位孔中心上,正因为如此,当U形螺栓松动时,中心螺栓的螺母易被支架孔剪断,造成钢板弹簧总成窜片,使车轴歪扭,车辆跑偏。出现上述现象即可断定是中心螺栓被剪断。

4. U形螺栓

检查U形螺栓应在满载(主片拉直)状态下进行,当钢板弹簧总成固定于车轴下方时,整车的重量将通过U形螺栓传给车轴和车轮,这时,U形螺栓不再单用来夹紧,更重要的是起支承重量的作用。这种结构尤其对于前轴,必须经常检查,发现裂纹应立即更换。

5. 弹簧销与吊耳销

这两个销轴起着连接车轴和车架的作用,他们既是结构连接销又是传力销,是悬架中的主要零件,其常发生的损坏形式有:磨损、脱落和折断。销轴与金属衬套配合时,常由于润滑不充分和灰尘的研磨导致急剧磨损,为了润滑,销轴钻有轴向和径向油道,通过油嘴将应保证径向油道孔向上,当销轴直径比标准直径减小0.3mm后,必须更换,同时最好也更换衬套。销轴用润滑脂多用黄油,对于高负荷的销轴应用锂基或钙基润滑脂,不合理的使用条件,会造成销轴的异常折断,因此,应注意以下几点:

(1)过度磨损的销轴,应与塑料或金属衬套一起更换。

(2)橡胶衬套剪裂或压裂时,应及时更换。

(3)一般情况下,销轴与衬套的间隙应为0.05～0.10mm,否则应更换销轴或衬套。

6. 夹箍

当车轮以较大振幅向下运动时,夹箍可使较多的簧片共同工作,减小各片的平均压力,提高钢板弹簧的使用寿命,同时也可以限制各弹簧的横向错位。

7. 滑板支架与吊耳

无论是滑板支架还是吊耳,均安装于钢板弹簧后端,其目的在于当车轮跳动或制动时,允许弹簧伸长变形而不发生运动干涉现象。采用滑板支架比用金属衬套弹簧销的润滑点减少八个,给使用带来不便。采用滑板支架时,在板簧与滑板支架的接触面间应涂以润滑脂。对可拆卸式滑板支架,当磨损到一定程度时应及时拆换滑板,切不可等磨穿后再更换。

【例 6-12】 大众捷达 Ci 型轿车后悬架的检修。

维修过程：

(1)金属橡胶支承座的拆装

1)金属橡胶支承座的拆卸

去除金属橡胶支承座伸出部分的锈斑。如图 6-82 所示，用专用工具将金属橡胶支承座拉出。

2)金属橡胶支承座的安装

① 在装入新的金属橡胶支承座时，应使其圆柱形部分伸出尺寸 a 为 8mm，如图 6-83 所示。

② 金属橡胶支承座的圆柱形伸出部分应朝向汽车前进方向，如图 6-84 所示。

③ 如图 6-85 所示，将支架装到后桥支承座上，使支架相对后桥的倾角为 12°±2°。

④ 后桥支承放到安装位置后，必须处于张紧状态。拧上所有装配螺栓，对准右支架，装上螺栓，使螺栓处于长孔中间。

⑤用两根撬棒将左支架压紧在金属橡胶支承座上，使得内侧只有微小间隙，将螺栓拧紧到规定的拧紧力矩。

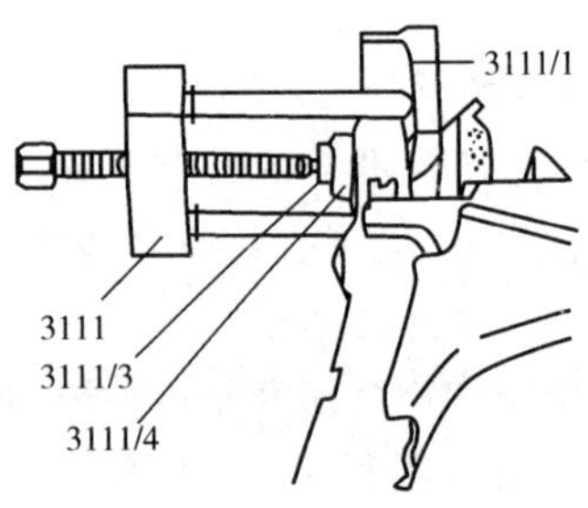

图 6-82 拉出金属橡胶支承座

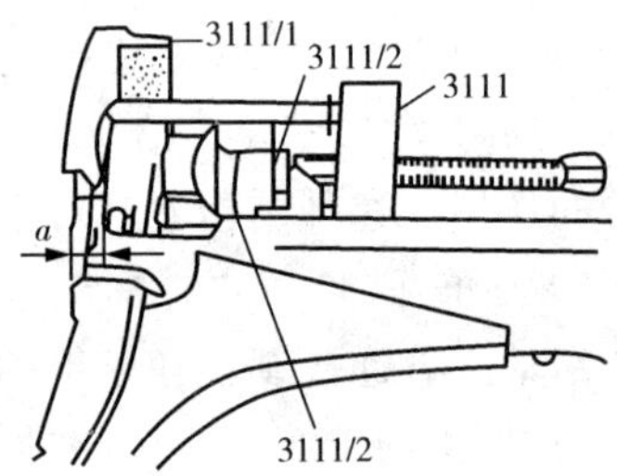

图 6-83 装入金属橡胶支承座

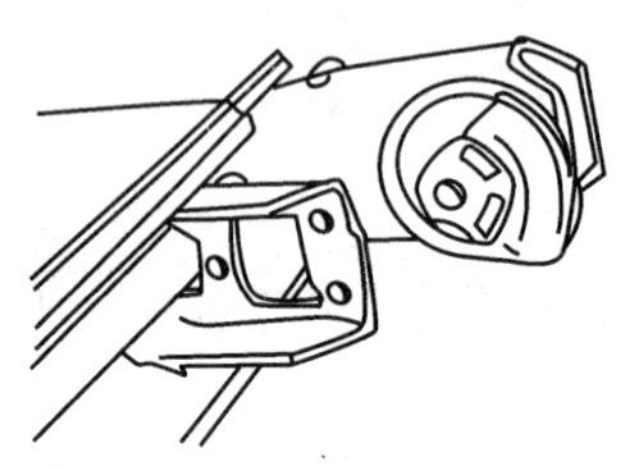
图 6-84 金属橡胶支承座的安装方向

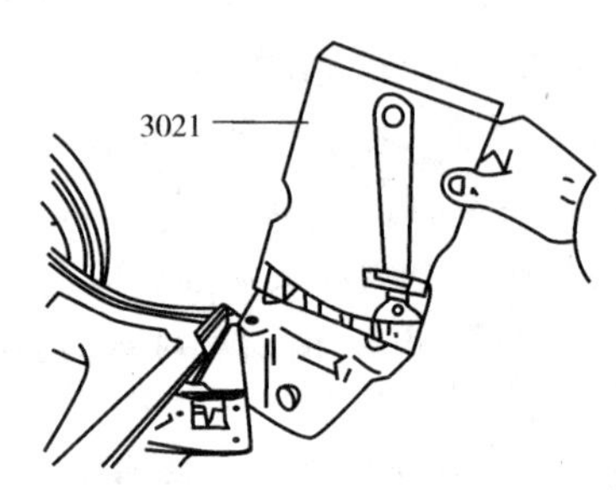

图 6-85 安装支架

(2)后悬架支柱的拆装

1)后悬架支柱的拆卸

后悬架支柱的拆卸顺序如下：

① 举升车辆，拆下后轮。

② 拧下后悬架支柱下部的自锁螺母和螺栓，使后悬架支柱下部与后桥脱开。

③ 拧下后悬架支柱上部螺母，使后悬架支柱上部与车体分离。

④ 取下后悬架支柱。

2)后悬架支柱的分解与装配

① 使用悬架专用压具分解后悬架支柱,拆下后减振器及螺旋弹簧。

② 在后悬架支柱装配时,螺旋弹簧上座的安装位置如图 6-86 所示。

③ 安装螺旋弹簧托盘时,必须使孔口与吊耳的衬套对准,如图 6-87 所示。否则,在极端行驶情况下,螺旋弹簧托盘会与轮胎干涉。

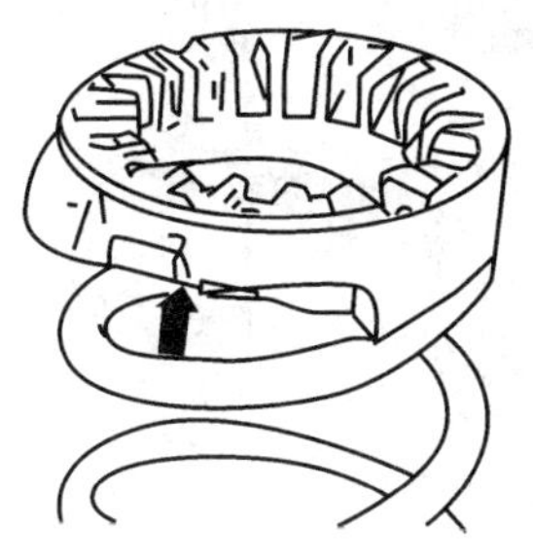

图 6-86 螺旋弹簧座的安装位置

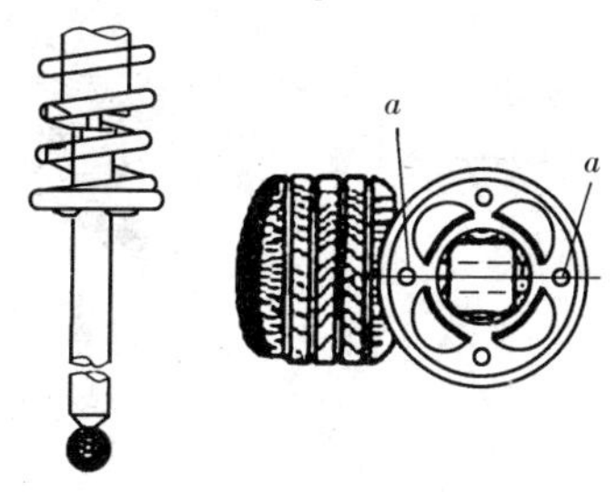

图 6-87 螺旋弹簧托盘的安装位置

3)后悬架支柱的安装

按与拆卸相反的顺序安装后悬架支柱。应注意,自锁螺母为一次性零件,重新装配时,应更换新件。

二、减振器的维修

减振器(shock absorber)分解后,应对各零部件仔细检查,以决定其继续使用或修复。其具体维修过程如下:

(1)从车上拆下减振器后,在往复拉、压减振器两端吊环时,应有较大的运动阻力,且伸张阻力大于压缩阻力,表明工作性能良好。如果发现减振器性能降低,应分解检查。

(2)筒式减振器的工作缸筒、储油缸筒、防尘筒、(罩)等均应无裂损;否则应更换。

(3)活塞杆表面应光洁,不得有拉伤或沟槽;否则应更换。

(4)活塞工作表面应光洁,不得有拉伤或沟槽,与缸筒的配合公差一般为 0.08~0.15mm;活塞环的装配开口间隙,一般为 0.20~0.40mm。

(5)筒式缸筒内壁,不得有拉伤和磨损而出现台阶痕迹,内壁表面粗糙度不得超过 0.4μm。

(6)活塞杆的圆柱度误差不得超过 0.05mm,直线度误差不得超过 0.05mm;否则应换用新件。

(7)筒式减振器导向座装活塞杆的孔径与活塞杆直径的配合公差,一般应为 0.020~0.056mm,大修允许为 0.10mm。导向座上的油封及毛毡封圈应密封可靠,装配后不得有漏油现象;否则应更换。

(8)筒式减振器伸张阀(复原阀)的弹簧弹性减弱时允许加垫调整。

【例 6-13】 本田飞度轿车前减振器的检查与更换。

维修过程:

(1)前减振器的拆卸

① 如图 6-88 所示,拆下前悬架支柱。

② 用弹簧压缩工具分解前悬架支柱，拆下前减振器。前悬架支柱的零件如图 6－89 所示。

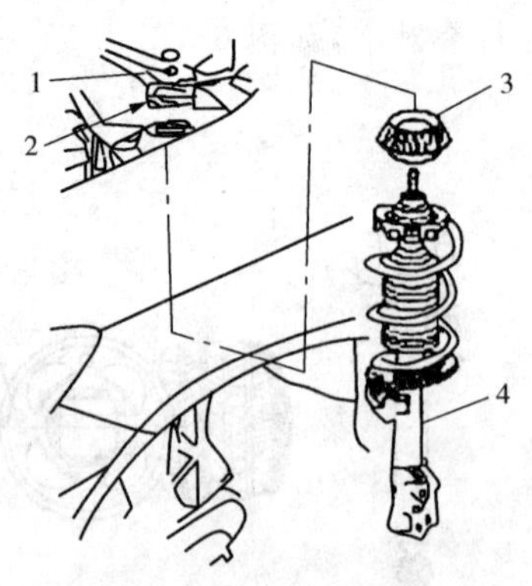

图 6－88　拆下前悬架支柱

1－波形垫圈；2－安装座；3－前减振器固定缓冲垫；4－前减振器

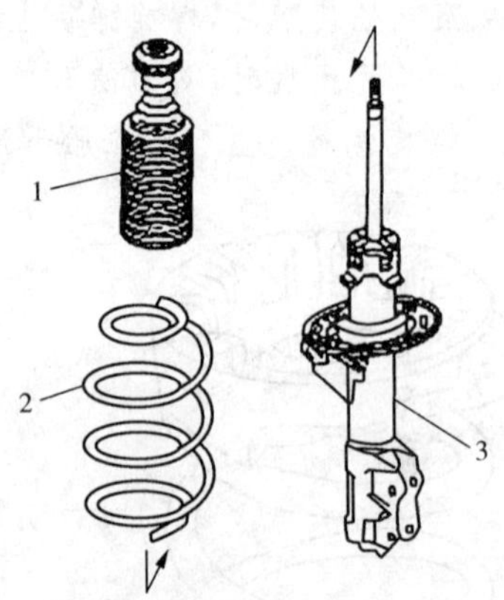

图 6－89　前悬架支柱分解图

1－限位橡胶；2－弹簧螺旋；3－减振器

(2)前减振器的检查

① 如图 6－90 所示，用手压缩减振器，检查整个压缩及拉伸行程动作是否平稳。释压时，减振器动作应平稳连续，否则，应更换。

② 检查减振器是否漏油，是否出现噪声。

(3)前减振器的安装

按与分解相反的顺序组装前悬架支柱。安装前悬架支柱，并检查车轮定位，必要时调整。

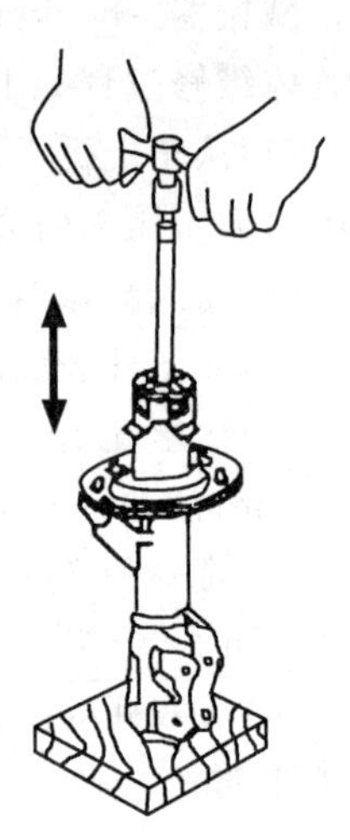
图 6－90　检查前减振器压缩及拉伸

三、独立悬架的维修

目前轿车上广泛使用的独立悬架有麦弗逊悬架、扭杆悬架等。此处重点介绍扭杆悬架的修理。

1. 前悬架的修理

(1)前悬架异响原因

① 减振器损坏。

② 上、下摆臂的弹性衬套磨损过度。

③ 摆臂的球头销磨损过度。

④ 扭杆前、后端花键连接处磨损松旷。

⑤ 转向节固定螺母松动。

⑥ 轮毂轴承磨损松旷或损坏。

(2)前悬架异响故障排除

① 搬动前轮，查看轮毂轴承。若松旷，应予拆检，必要时更换。

② 检查转向节的固定螺母，若有松动应予紧固。

③ 检查摆臂的球头销是否松旷，弹性衬套是否损坏，必要时应更换。

④ 检查扭杆两端的花键配合副，若磨损过度，应视情况更换。但不论更换哪一部分，都

应重新校正扭杆预紧力。

⑤ 拆检减振器。若往复拉动无阻力，则应更换新件。

(3)前悬架弹性过大原因

① 减振器损坏。

② 扭杆损坏。

③ 扭杆预紧力过小。

(4)前悬架弹性过大故障排除

① 拆检减振器，若失效应更换。

② 查看扭杆是否损坏，视情况予以更换。

③ 若减振器和扭杆均正常，应重新调整扭杆的预紧力。

(5)前悬架刚度过大原因

扭杆预紧力调整过大。

(6)前悬架刚度过大故障排除

重新调整扭杆的预紧力。

2. 后悬架的修理

(1)后悬架有异响原因

① 钢板弹簧断裂。

② 钢板弹簧中心螺栓断裂或弹簧夹箍铆钉断裂，导致钢板弹簧片松散。

③ 钢板弹簧片间缺少润滑油(脂)。

④ 单片复合材料弹簧产生纵向开裂或层离，若有断裂应予更换。

(2)后悬架有异响故障排除

① 检查钢板弹簧片，若有纵向开裂或层离，或衬套损坏，均应更换。

② 向润滑点注油。

③ 检查单片复合材料弹簧，若有纵向开裂或层离，或衬套损坏，均应更换。

(3)后悬架减振作用差原因

① 悬架刚度或弹性过大。

② 减振器失效。

③ 横向稳定杆断裂或连接松动。

④ 单片复合材料弹簧裂损。

(4)后悬架减震作用差故障排除

① 检查钢板弹簧是否有断裂，与车架连接的吊耳是否咬住。

② 查看横向稳定杆是否有断裂或松动而失效。

③ 拆检减振器，往复拉动时若无阻力则应更换。

④ 检查单片复合材料弹簧，若有损坏应予更换。

【例 6－14】 桑塔纳 2000GSi 型轿车前悬架的检修。

维修过程：

(1)副车架的拆装要点

① 副车架上的各紧固螺栓拆卸后，重新装配时，必须更换新件。

② 若副车架上盖螺母螺纹损坏，则必须重新攻螺纹或钻孔。

③ 副车架安装在车身上，其连接螺栓的拧紧次序为后左螺栓、后右螺栓、前左螺栓、前右螺栓。

(2)控制臂衬套的更换

1)更换控制臂前衬套

① 如图 6－91 所示，用专用工具压出控制臂前衬套。

② 如图 6－92 所示，用专用工具压入控制臂前衬套。控制臂前衬套在安装前应抹无酸润滑剂。

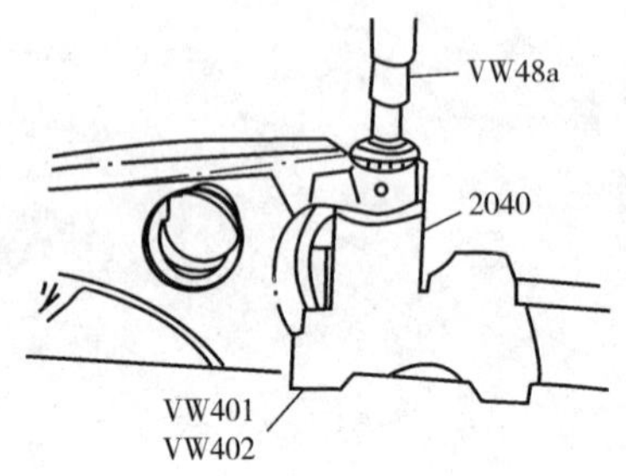

图 6－91　压出控制臂前衬套

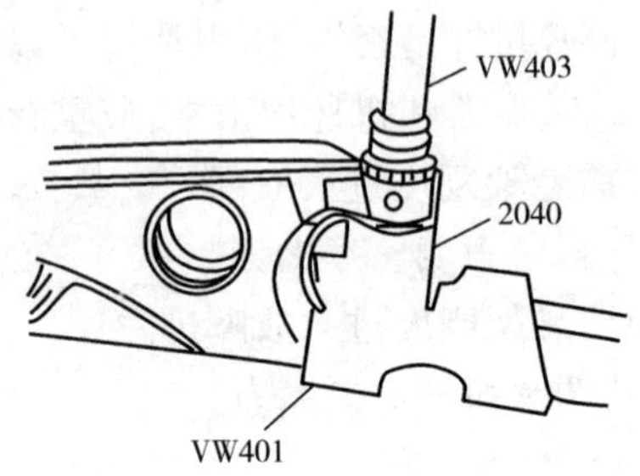

图 6－92　压入控制臂前衬套

2)更换控制臂后衬套

① 如图 6－93 所示，用专用工具压出控制臂后衬套。如果控制臂后衬套生锈卡死，应切掉外圈橡胶，锯下钢罩，再压出衬套。

② 控制臂后衬套的安装位置如图 6－94 所示，箭头 B 或箭头 C 朝向控制臂上凹坑，衬套上的弧形空隙(箭头 A)朝向车辆中心。

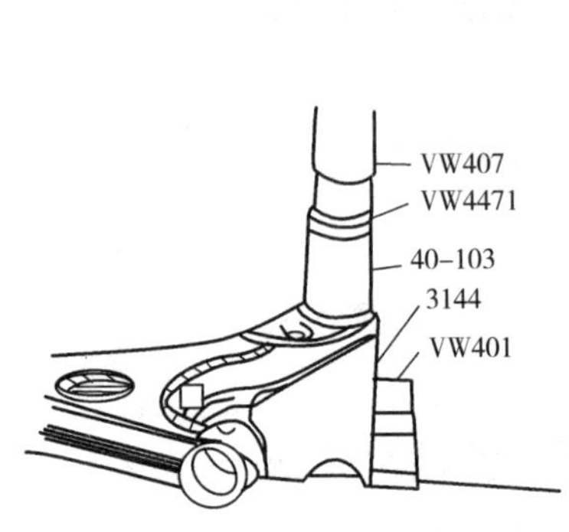

图 6－93　压出控制臂后衬套

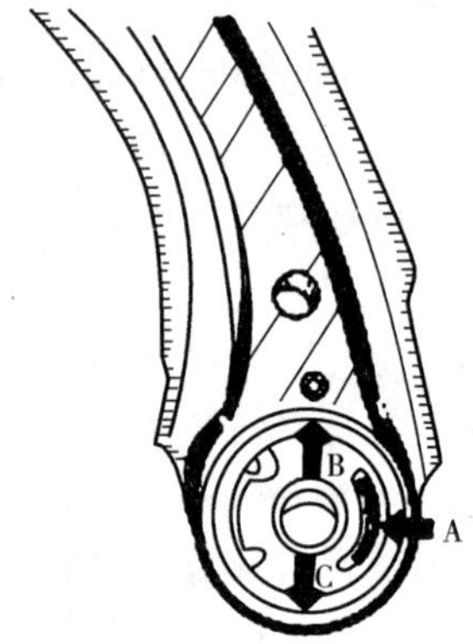

图 6－94　控制臂后衬套的安装位置

③ 如图 6－95 所示，用专用工具压入控制臂后衬套。

(3)前悬架支柱的分解与装配

如图 6－96 所示，使用专用工具分解与装配前悬架支柱。

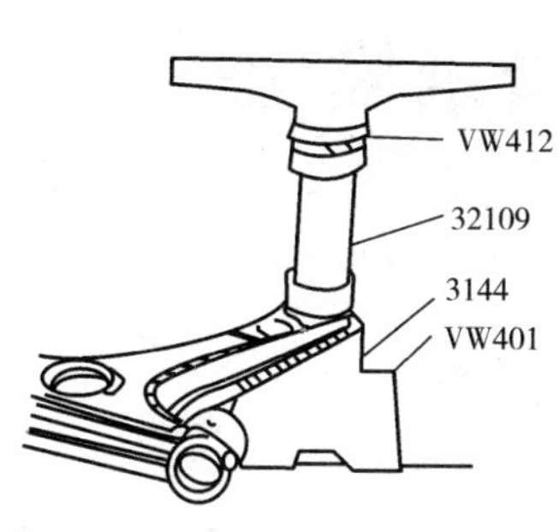

图 6-95 压入控制臂后衬套

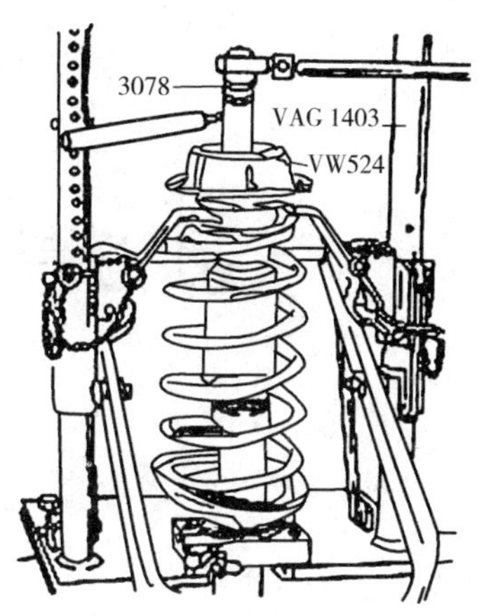

图 6-96 前悬架支柱的分解与装配

思考与练习

6-1 离合器常见故障的现象和原因有哪些？如何诊断？

6-2 变速器常见故障的现象和原因有哪些？如何排除？

6-3 万向传动装置常见故障的现象和原因有哪些？如何排除？

6-4 驱动桥总间隙的意义是什么？怎样对其检查？

6-5 转向系统常见故障的现象和原因有哪些？如何排除？

6-6 汽车制动系统的维修通常包括哪些内容？

6-7 ABS 系统的维修内容包括哪些？如何进行维修？

6-8 独立悬架如何分类？前悬架的故障有哪些？如何进行修理？

6-9 减振器的修理内容包括哪些？如何进行维修？

第七章 汽车车身维修

学习目标：本章主要介绍车身拆卸与检验的的方法；车身主要零部件的修理方法；车身表面涂层的修理方法与工艺。重点掌握车身主要零部件的修理方法以及车身的涂装工艺。

车身(auto body)在汽车使用过程中受力情况复杂，致使车身常出现锈蚀、局部变形、断裂、连接部位出现裂纹及松脱、车顶漏雨及内饰老化等损耗情况。由于各种轿车、客车车身结构有异，行驶条件不同，因此车身的损耗形式也不同。本章重点介绍客车车身的修理。

车身修理通常根据修理工作量内容、车身骨架、底架以及组合件的损伤程度，分为两类：一类是小修(针对性的修理，损坏程度较小)；另一类是大修。车身修理与发动机(engine)、底盘(chassis)修理过程相似，但有其特殊性。如图 7－1 所示为普通骨架式客车车身大修工艺流程图。

第一节 车身的拆卸与检验

一、车身拆卸

车身送修时，应用冷水或温水高压喷射冲洗，并彻底擦干净。骨架式客车在初步拆卸完毕后，应再进行一次清洗，将底架、骨架上的尘土、污泥彻底清除干净。

送修车身的拆卸，依照类别可以部分拆卸和全部拆卸。对于不能修复的零件可以用气割方法快速拆卸，但绝不能使那些与它们连接的有用零件遭受损坏。

对生锈的螺栓、螺帽和螺钉的拆卸，可用氧炔焰将螺帽加热或割去螺栓或螺钉的头部，也可用手锯锯断或用錾子錾开螺帽。在实际工作中选择哪一种方法则由零件所处的位置及现有的工具来决定。拆卸脆而易碎或容易损坏的零件，如玻璃、内软饰件和一些木质材料等需特别小心。

从车身上拆下的有用零件应加记号标记或编号，并注明车号与位置，以便重新装车。

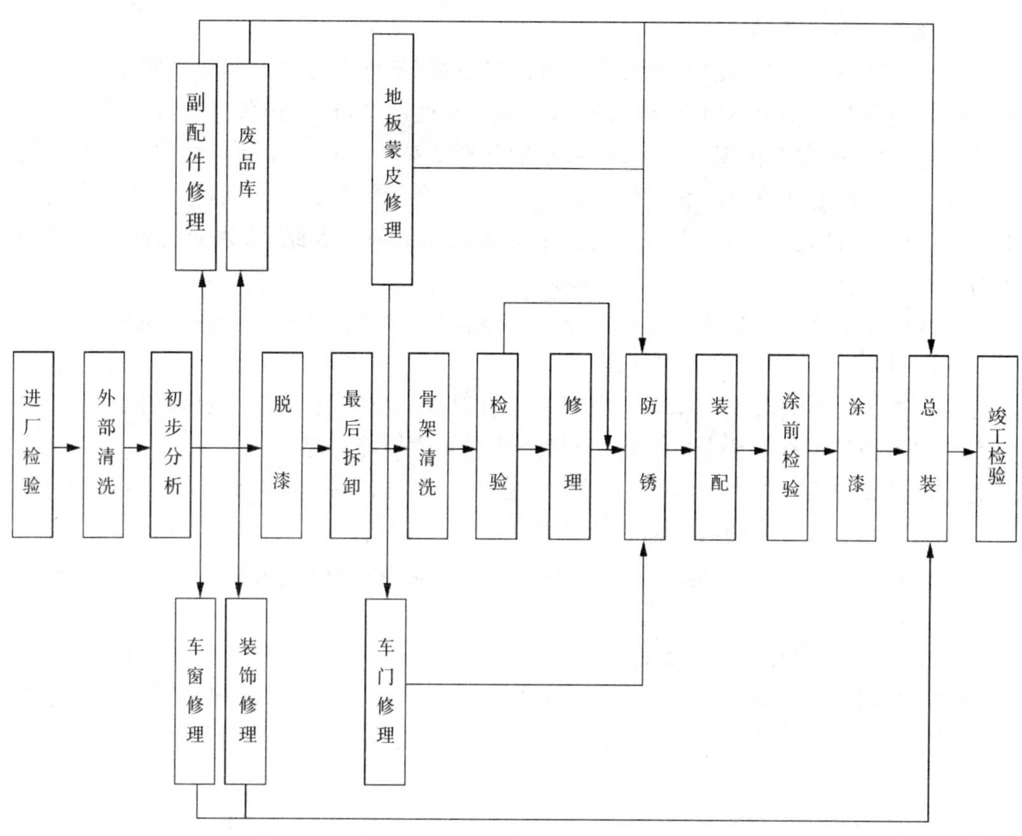

图 7-1 普通骨架式客车车身大修工艺流程图

在客车或平头式货车驾驶室拆卸工作中，拆吊发动机是一项较困难的工作，一般可采用下面三种办法拆吊。

1. 前出法

此法适用于前部装有散热器面罩(radiator mask)，并且前保险杠(front bumper)、底架横梁(chassis beam)、发动机前支承梁(beam support by the before engine)均可拆卸的大客车，一般先将上述构件及散热器拆卸后，用专用起吊设备从车前面伸入，吊起发动机并将其拖出。

2. 侧出法

此方法是将发动机吊起后，由驾驶员门或乘客门(前置客车)处吊出。

3. 下出法

此方法特别适用于无地沟作业。先拆卸前桥及排气管，再吊起或顶起发动机，移至与车架(frame)或底架(chassis)上的装置不相干涉的位置，将发动机放落在地面拖车上，然后顶起或吊起车辆至一定高度，拖出发动机。对于车厢的起吊，应用特殊的抓具，抓住车身上的窗孔就能很平稳地把车身吊起来。

二、车身与车架损耗的检验

1. 车架与底架的检验

车架与底架是整个车身的基础件。汽车的各总成、部件都是通过车架来固定其位置的。车架和底架在行驶过程中不但要承受静载荷，还要承受动载荷，工作条件十分恶劣。在汽车长期使用过程中，车架会出现变形、裂纹和锈蚀甚至断裂等损耗。车架和底架的这些损耗会使安装在它们上面的各总成的相互位置发生变化，也会使轮胎磨损加剧，车辆的操纵稳定性和制动效能变坏，油耗增加，严重时会使汽车寿命大大下降。因此，必须对送修的车架和底架进行严格的检验。

车架或底架的检验一般分为外观检查、尺寸精度及形位公差检测和内在质量检验。

(1)外观检查

外观检查主要是肉眼观察车架和底架是否有泥沙、油污、锈蚀及裂纹，铆钉是否松动，并检查车架与底架是否有严重变形、弯曲、扭转、开裂和脱焊等情况。

修复后的车架或底架焊缝应平整、光滑，无焊瘤、弧坑、气孔及夹渣等缺陷。焊缝与基体金属不应有裂纹。铆接件的接合面必须贴紧，贴紧范围的直径不小于铆钉直径的三倍。在贴紧范围内，0.05mm 厚的厚薄规应插不进去。铆钉应充满钉孔，铆钉头不得有裂纹、歪斜残缺。

(2)尺寸精度及形位公差的检测

按照产品图纸对车架或底架进行尺寸精度的检测，检测时采用通用量具。检测内容包括车架或底架总成件的长、宽、高等主要零件的尺寸要求。车架和底架的宽度极限偏差为$^{+4}_{-3}$mm。

车架或底架形位公差的检测包括直线度、平面度、垂直度与同轴度的检测，检测须借助通用量具和专用量具配合测量。

目前，车架的结构形式主要是边梁式(side beam frame)。下面以测量边梁式车架为例，阐述形位误差检测的测量内容和测量方法。

① 车架歪斜的测量

如果车架歪斜，可用如图 7-2 所示的分段拉线法检查出来。

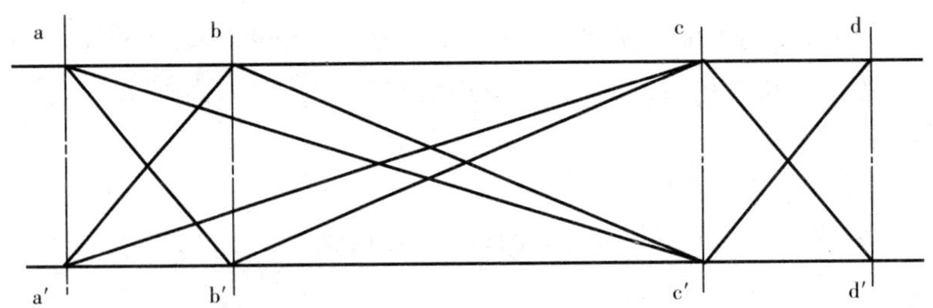

图 7-2　车架分段拉线法检查

aa′—前钢板前支架销承孔轴线；bb′—前钢板后支架销承孔轴线；
cc′—后钢板前支架销承孔轴线；dd′—后钢板后支架销承孔轴线；ab′、a′b—第一段对角线；
bc′、b′c—第二段对角线；cd′、c′d—第三段对角线；ac′、a′c—第四段对角线

测量时，选择车架上平面较大的、平整的部位作为基准平面，在钢板弹簧固定支架销承孔轴线中点(或与车架或底架侧面左右等距离的对称点)引出四个基准面上的投影点，测出

四点对角线长度差即可。

国家标准规定，车架分段检查各对角线长度差应不大于 5mm。

② 车架纵梁的直线度测量

车架纵梁(frame rails)的直线度测量包括车架上平面及侧面的纵向直线度两项。

纵梁的直线度误差测量方法如图 7-3 所示。在纵梁被测平面的两端垫两个等厚的垫块 1，紧贴垫块外平面拉线，然后用钢板尺测量纵梁被测平面各处与拉线间的距离 h，测得距离中与垫块厚度差最大者即为直线度误差。

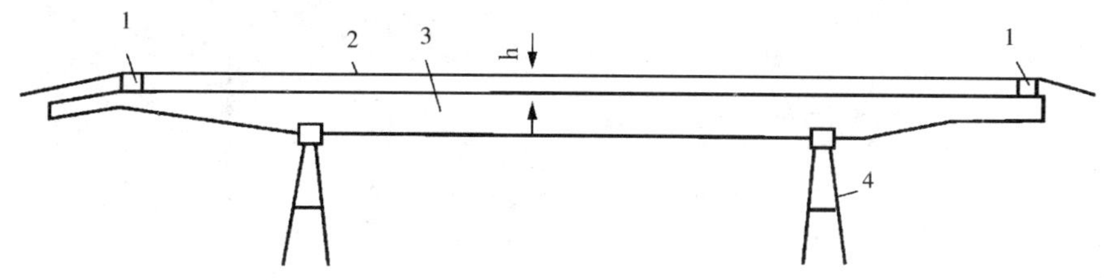

图 7-3　纵梁的直线度检测

1—垫块；2—丝线；3—车架纵梁；4—支承

修复后的车架纵梁上平面与侧面的纵向直线公差，在任意 1000mm 长度上不大于 3mm，在纵梁全长上应不大于其长度的千分之一。

③ 车架上平面的平面度检测

若车架总成左、右纵梁不在同一平面或车架发生扭曲，就难以保证驾驶室、货厢、客车车厢在汽车总装后的技术要求，甚至使重心偏移，影响汽车转向操纵稳定性。因此，必须对左、右纵梁所构成的车架上平面提出相应的平面度要求。车架总成左、右纵梁上平面的平面度公差应不大于被测平面长度的千分之一点五。

车架上平面的平面度误差的检测方法如图 7-4 所示。在被测平面两端的两纵梁上对称放置四个等厚垫块，并拉对角线 ab′和 a′b。若两对角线在 c 点不接触，则应调整处于下面的一条对角线两端的垫块高度，直到两对角线相交(在 c 点接触)。此时两对角线的四个端点便形成了基准平面，再在两纵梁上分别拉线 a′b 和 ab′线，若两对角线在空间交点处相接触，表示被测面在一个平面上，若交点处在空间有距离即表示被测平面不在一个平面上，a′b 和 ab′线的各点距离的最大差值即是纵梁上平面的平面度误差值。

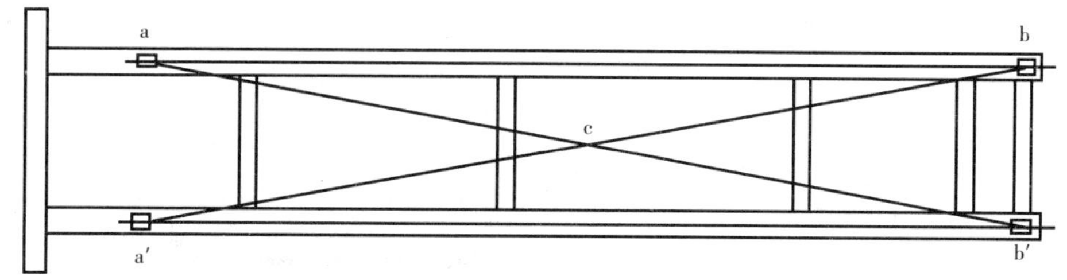

图 7-4　车架纵梁上平面的平面度检测

④车架垂直度的检测

车架垂直度检测包括两方面内容：一是车架纵梁侧面对车架上平面的垂直度误差；二是车架主要横梁对纵梁的垂直度误差。

测量车架纵梁侧面对车架上平面的垂直度，可用专用直尺搁置在左右纵梁上面，然后用90°角尺和塞尺测量，如图7-5所示。角尺的一边应紧靠专用直尺，另一边接触纵梁侧面，出现的最大间隙即为垂直度误差(接触纵梁侧面的角尺边长度应大于纵梁高度)。纵梁侧面对车架上平面的垂直度误差应不大于纵梁高度的百分之一。

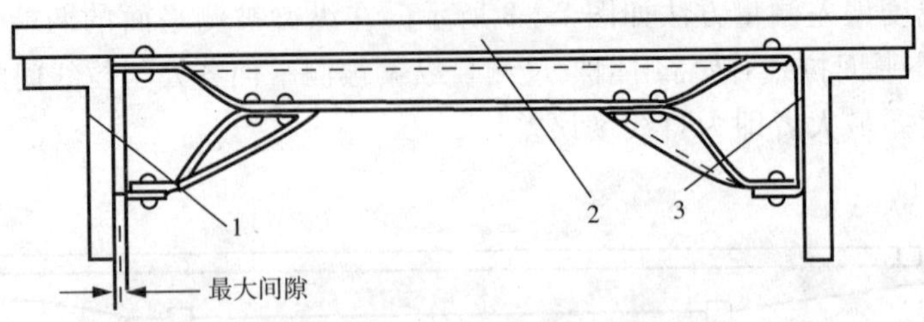

如图7-5　车架的垂直度检测

1—90°角尺；2—专用直尺；3—纵梁

测量车架主要横梁(如定位基准横梁(positioning reference beam)、发动机前支承横梁(anterior branch of engine)、传动轴支承横梁等(beam support by transmission shaft))可用90°角尺测量纵梁的垂直度。测量时，90°角尺紧靠纵梁侧面另一边，与横梁接触，然后用塞尺量出角尺边与横梁之间的最大间隙值，最后计算垂直度误差Δ。计算垂直度误差公式为

$$\Delta = L \times \frac{e}{d} \tag{7-1}$$

式中：L——横梁长度，mm；

e——最大间隙，mm；

d——与横梁接触的角尺边长度。

车架或底架主要横梁对纵梁的垂直度误差应不大于横梁长度的千分之二。

⑤ 车架左、右钢板弹簧固定支架销孔的同轴度检测

左、右钢板弹簧固定支架销孔应同轴，其同轴度误差应不大于2.0mm。前后固定支架销孔间距离的左、右相差值，当轴距不大于4000mm时，应不大于2mm；当轴距大于4000mm时，应不大于3mm。

支架销孔的同轴度检测主要有两种方法：一是用两根心棒，从两支架孔向内穿入，测出实际偏差值(图7-6)；二是用一根比支架销孔名义尺寸小2mm的心棒，穿入左右两支架销孔，若通过即判定合格，否则不合格。

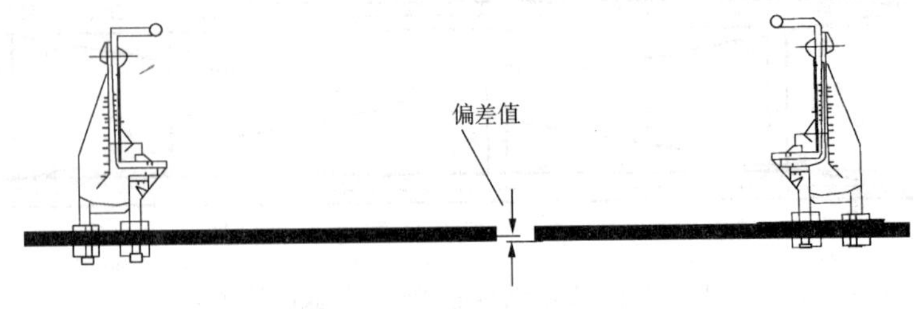

图7-6　同轴度检测

2. 车身骨架的检验

车身骨架构件(body frame components)的损伤主要是锈蚀、局部变形和断裂。客车骨

架的主要损伤点有车顶行李架相应的顶横梁、立柱的侧窗上下沿及与底横梁连接处，如图7-7所示。这些部位因为是车身受扭曲时的高应力点，容易出现断裂或裂纹，而立柱下端因经常接触雨水，所以锈蚀较严重。除上述损伤类型外，各连接部位还可能出现脱焊、松脱等损耗。

车身骨架的检验可采用目测、样板检测和专用量具检测。

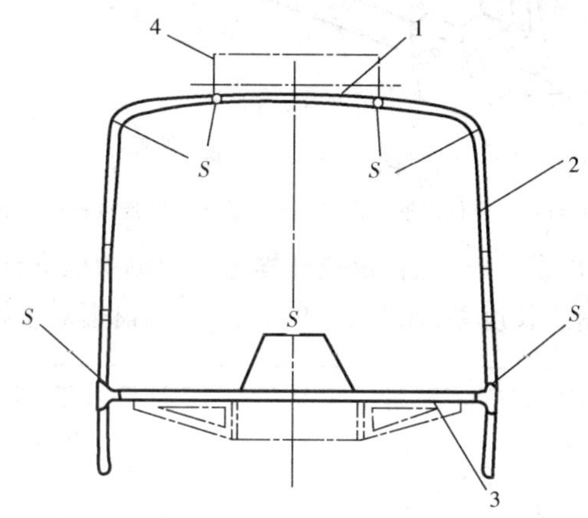

图7-7 骨架主要损伤部位

1—顶横梁；2—立柱；3—底横梁；4—行李架；S—主要损伤点

(1)目测

主要检查骨架构件的损伤、断裂、裂纹及严重锈蚀等损耗。

(2)样板检测

主要检测前后挡风窗框(wind and window frames)、驾驶员门框(driver door)和骨架弧度(skeleton arc)等。

按照国家有关法规要求，汽车的前挡风玻璃应采用夹层玻璃或部分区域钢化玻璃，其他门窗可采用钢化玻璃。由于钢化玻璃安装要求较高，所以前后挡风窗框整形后的尺寸必须限制在能够安装钢化玻璃的范围内，否则玻璃将无法安装，即使勉强装上也会自爆。

检查前后挡风窗框的方法，是用比名义尺寸小4mm的样板检查，其曲面形状与样板不贴合的间隙不得大于4mm。

驾驶员门框也用样板检查，其线轮廓度误差值为4mm。

检查顶横梁弧度分三段用样板检查，其面轮廓度误差值为4mm，检查用样板的重叠长度必须超过检查部位长度的100mm以上，以保证三段接合圆顺。

样板检测适合数量较多且品种单一的待修车辆。

(3)量具检测

主要用于乘客门框(passenger door)、侧窗框(side window)及车身骨架横断面(body frame cross-section)、龙门框架对角线(gantry frame diagonal)长度的检测。测量侧窗框对角线及龙门框架对角线长度误差常用专门定位杆(如图7-8所示)。

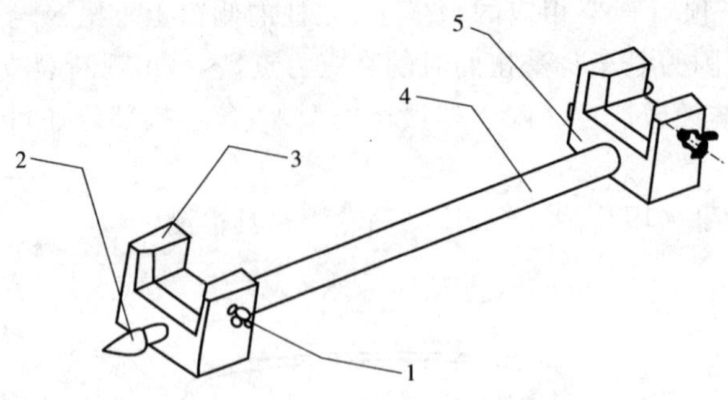

图 7-8　定位杆

1—固定螺钉；2—定位调整装置；3—上定位卡；4—连接杆；5—下定位卡

测量侧窗框对角线长度误差时，先将定位杆固定在两侧窗框立柱内侧，以上纵梁下平面为定位基准，用卷尺测量对角线长度差（如图 7-9 所示）。侧窗框对角线长度误差不大于 3mm。

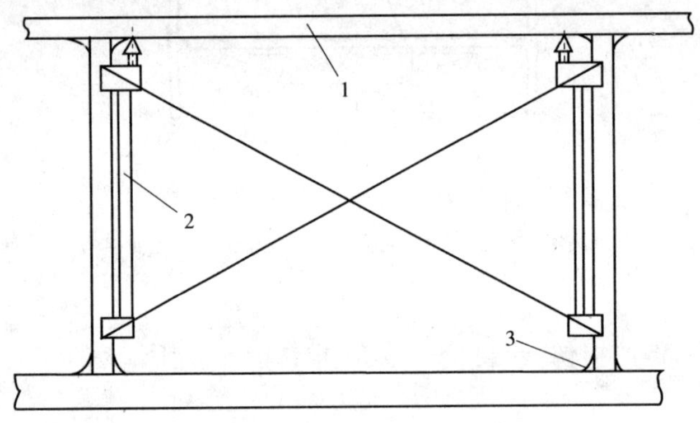

图 7-9　侧窗框对角线长度误差测量方法

1—纵梁；2—定位杆；3—窗圆角

龙门框架对角线长度误差的测量方法如图 7-10 所示，先将定位杆固定在左、右两侧立柱内侧上，以底横梁上平面为定位基准，用测量杆（如图 7-11 所示）测量对角线长度差。需要注意的是：测量点应在车身横断面上中心左右对称。

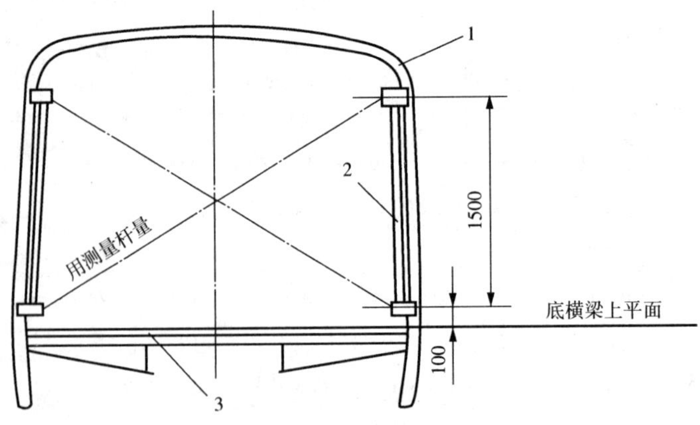

图 7-10　龙门框架对角线长度误差的测量

1—龙门框架；2—定位杆；3—底横梁

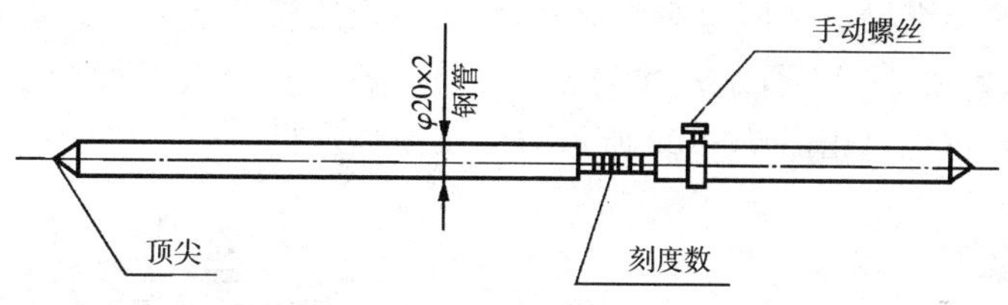

图 7-11 测量杆

乘客门框对角线长度误差的测量基本上与龙门框架对角线长度误差测量方法相同，但定位杆应固定在两乘客门立柱外侧或车内方向，同时定位杆也应特殊制作。乘客门框对角线长度差不应大于 6mm。

通过上述检测，若整车骨架、门窗等超出技术规定的公差要求，应进行修理。

第二节 车身主要零部件的维修

一、车架或底架的维修

1. 车架或底架的校正

车架或底架经检验若发现弯曲、歪扭等形位误差超过允许值，则应进行校正。当车架或底架总成情况良好，个别部位发生不大的弯曲变形时，可直接在车架或底架上校正。当车架弯扭变形很大，并有裂纹或铆钉松动较多时，则应将车架或底架部分或全部拆散，然后予以校正。如图 7-12 所示为常用的校正车架纵梁工具。

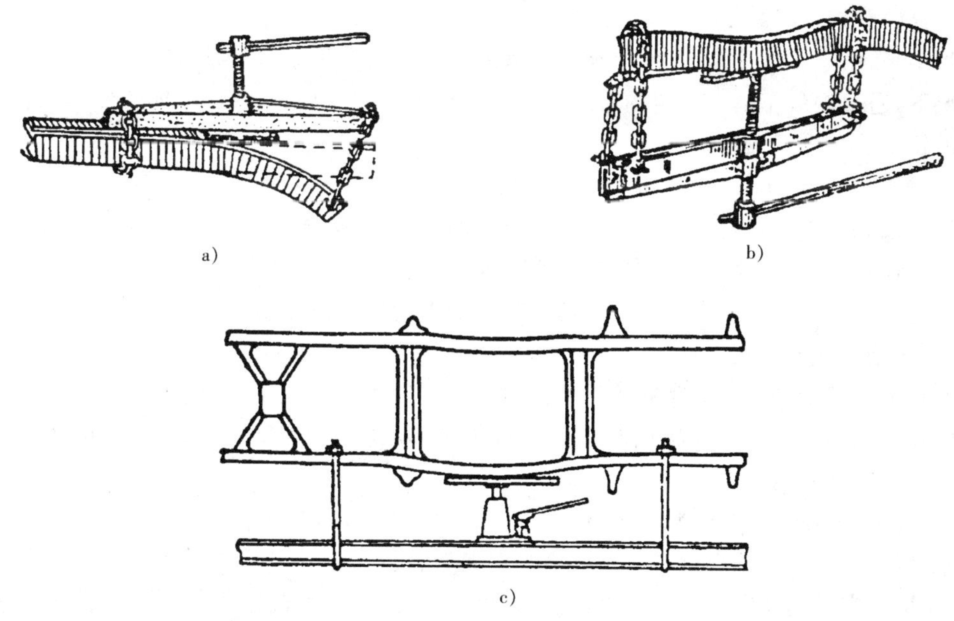

图 7-12 校正车架纵梁的工具

a)拉具；b)螺旋顶具；c)液压顶具

校正车架或底架纵梁上平面弯曲变形时，可用一根路轨钢搁置在纵梁上平面，两头用U形骑马螺栓夹紧(如图7－13所示)，均匀拧紧U形骑马螺栓，直至梁校正。车架或底架纵梁侧面弯曲变形校正也可用图7－12c所示的液压顶具进行。

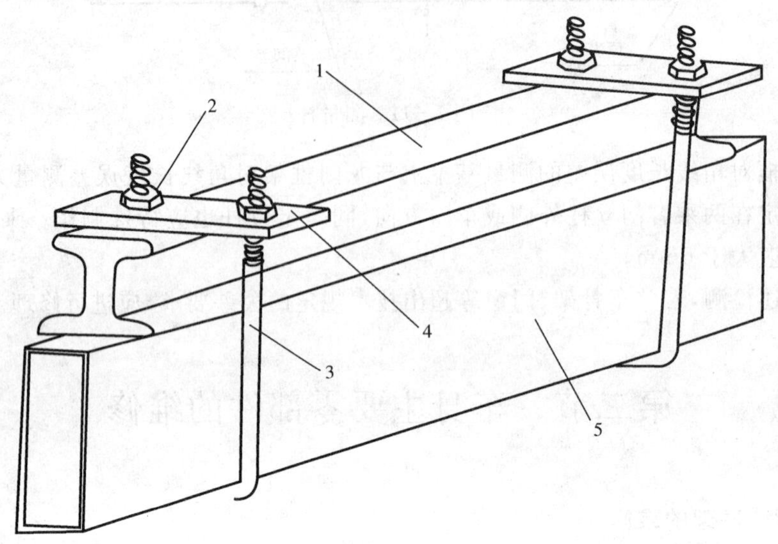

图7－13　校正纵梁上平面弯曲的工具

1—路轨钢；2—骑马螺栓螺母；3—骑马螺栓；4—压板；5—纵梁

若车架或底架的弯曲变形大，不能用冷压法校正时，可采用局部加热校正。加热时，应尽量减少加热区域，用乙炔中性火焰或碳火将需要校正的部位加热至暗红色，但不超过700℃。加热的位置应选择准确，应在纵梁两翼边角处。校正后应缓慢冷却以免脆裂，完全冷却后再松开校正工具。

近年来，由于轿车逐渐增多，出现了一系列轿车车体校正装置。它可在轿车车体不解体的情况下，通过测量车体上规定的三维坐标值与标准值进行比较，找出车体的变形，然后，用附带的拉压装置进行校正。

2. 车架或底架的修补与铆接

车架或底架横梁在检验中若发现有裂纹或断裂，连接纵横梁和装置件的铆钉错位、松动或断裂等损耗，应进行修理。车架或底架的纵、横梁的修理方法有挖补、对接、焊补与帮补等。但是，如果铆钉出现问题，一般应清除损坏的旧铆钉并重新铆接。

(1)车架或底架的帮补修理

车架或底架的裂纹若发生在不重要部位，可直接焊接修复；若发生在受力较大部位，并出现规律性的裂纹或断裂，需在此部位焊接加强板，即帮补修理。帮补修理的工艺程序如下：

① 选用材质相同、厚度略小于原车架或底架的钢板厚度的加强板。

② 修理前要先校正纵梁、横梁，必要时用支架、垫铁、夹具作暂时固定。

③ 用砂布或钢丝刷打磨焊缝处，直至露出金属光泽，仔细检查确定裂纹末端，然后在裂纹末端前10mm处，钻$\phi3\sim\phi6$mm小孔，以清除应力，防止裂纹延伸(如图7－14所示)。

④用砂轮或錾子在裂纹处按如图7－15所示磨出或錾出焊接坡口。

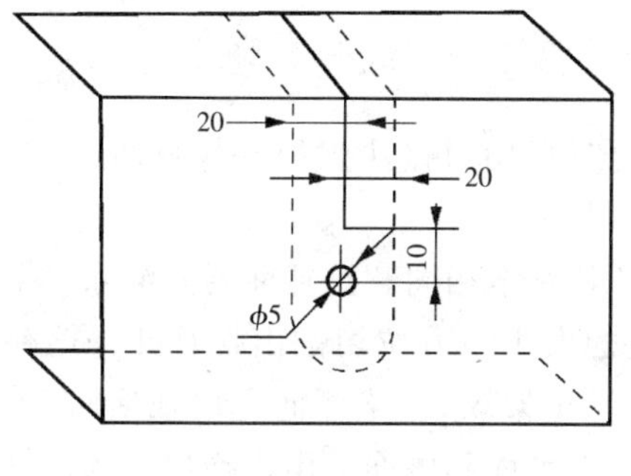

图 7－14　止裂孔

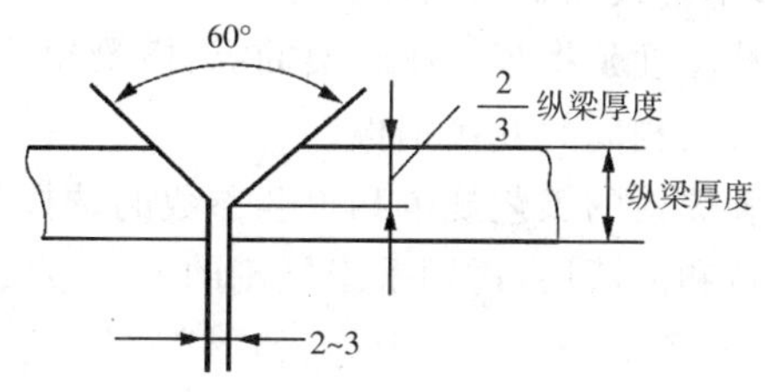

图 7－15　坡口

⑤ 进行堆焊，堆焊高度不应比基体金属高出 1～2mm，焊后挫或磨平。

⑥ 将加强板做成图 7－16 的形状（虚线为弯曲成型线），加强板弯曲半径应大于纵横梁弯曲半径，使圆角处互不贴合。

⑦ 将加强板放在裂纹对称的位置上，点焊三四处，然后采用局部间断焊接法焊接。如图 7－17 所示。

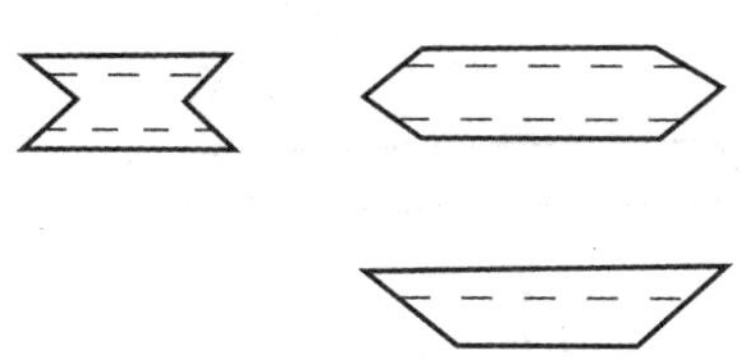

图 7－16　加强板的形状

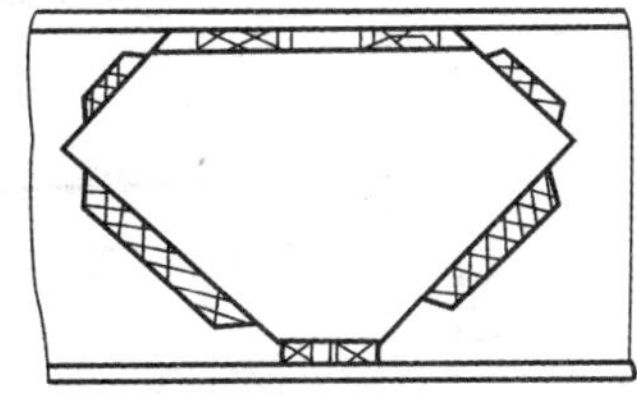

图 7－17　加强板的焊接

焊接时应注意：距离梁弯角与翼边 20mm 内不要焊接（如图 7－18a 所示）；当加强板边缘与梁翼边纵向交错时，应在梁翼边留出 20mm 左右，并至少在相交处纵向长度 100mm 内不要焊接（如图 7－18b 所示）。

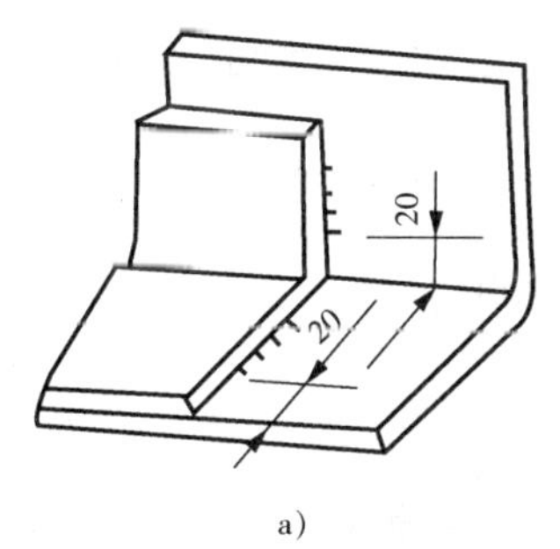

a)

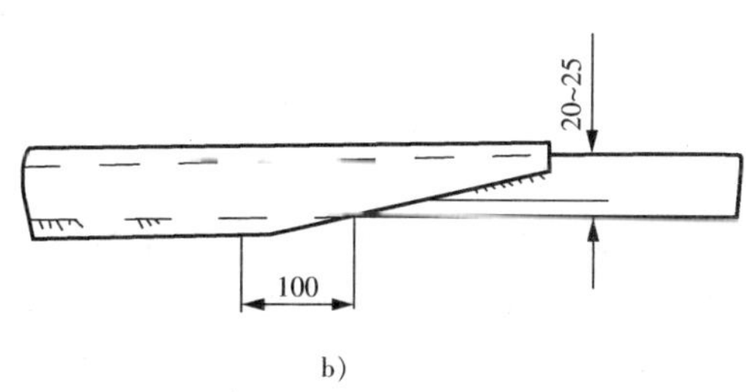

b)

图 7－18　加强板焊接注意事项示意图

另外，在梁侧面上下部位安置加强板时，应使加强板两端尺寸逐渐减小，以避免因加强后使受力一边稍长处与原车架其他处刚度相差悬殊而出现应力集中造成新的断裂危险。

为保证焊接质量，应正确选择帮补的焊接规范与工艺参数，即正确地选择焊条牌号、直径、焊接电流及层数等规范。一般采用结 502、503、506、507 和结 422 焊条，焊条直径 3.2～4.0mm。焊接时选用交直流电均可（结 507 焊条需用直流），视焊条直径、板材厚薄的不同，焊接电流可在 100～200A 的范围内选取。焊接时宜采用多层堆焊法，一般堆 3～4 层，采用短弧焊接,避免熔化金属产生气孔。

(2)车架或底架的挖补修理

挖补修理是将车架或底架的纵、横梁裂纹挖掉,采用对接法焊补一块材质、厚度与原来车架或底架相同的嵌接钢板。

挖补焊接的工艺规范和工艺参数的选择与帮补基本相同。挖补前要先清除车架或底架上的铁锈和旧漆层,再用手工气割的方法按裂纹的大小与方位切割出挖补孔。挖补形状有椭圆形、三角形、菱形、矩形等(如图 7-19 所示)。车架纵、横梁侧面上出现横向、纵向裂纹时,可采用菱形或矩形进行挖补修理;纵、横梁上、下平面和侧面上出现横向裂纹或纵梁侧面上出现的纵向裂纹,甚至断裂,可采用椭圆形或三角形挖补进行修理。

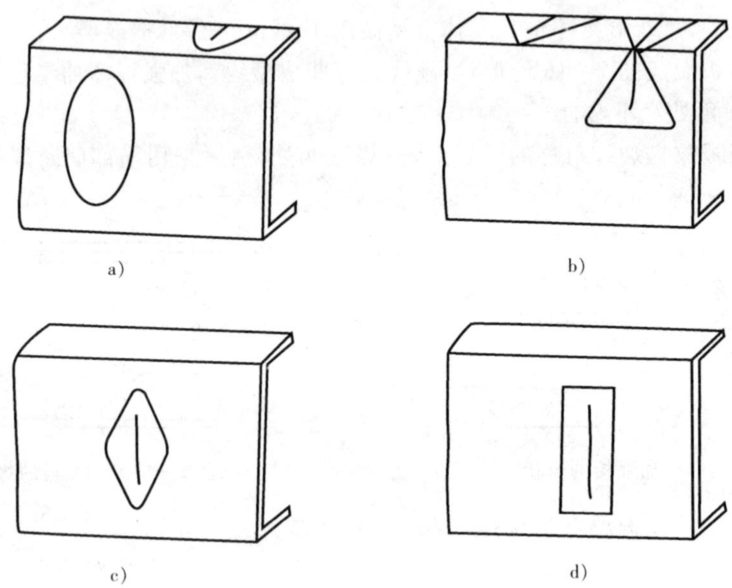

图 7-19 挖补的形状

采用挖补法修理车架或底架,应在挖补切口表面做成如图 7-15 所示的坡口,再进行双面焊接。

挖补修理车架或底架时,应按挖补形状准备相应的嵌接板,嵌接板的材质、厚度应与原车架相同。焊接板的大小应保证它与挖补孔间有 2～2.5mm 的均匀间隙。施焊时,先均匀地点焊数点以固定嵌接板,然后校正平整。

(3)车架或底架的对接修理

若车架或底架纵梁上某一段出现完整断裂或裂纹较集中时,可将损坏段截去,然后采用斜口或平口焊接的形式焊接一段与截去段相同的新梁,这种修理方法称为对接修理(Docking Repair)。对接修理多采用斜口对接焊接法,该法的焊接强度高。采用对接焊补时,车架的切割、焊口处理、焊接规范等应与帮补和挖补相同。

车架或底架修理时,除特殊车架或底架外,焊缝方向不允许与车架纵梁的棱线垂直或重叠。焊缝及其周围基体金属上不应有裂纹。施焊时,一般均应从纵、横梁侧面中部开始,并沿相反的方向展开(如图 7-20 所示),以便将焊缝应力引向边沿而松弛。焊后,磨平影响装配的焊缝。另外,完成修理后,车架或底架的所增自重不得超过原设计重量的 10%,因此焊

修时应特别注意材料的使用。

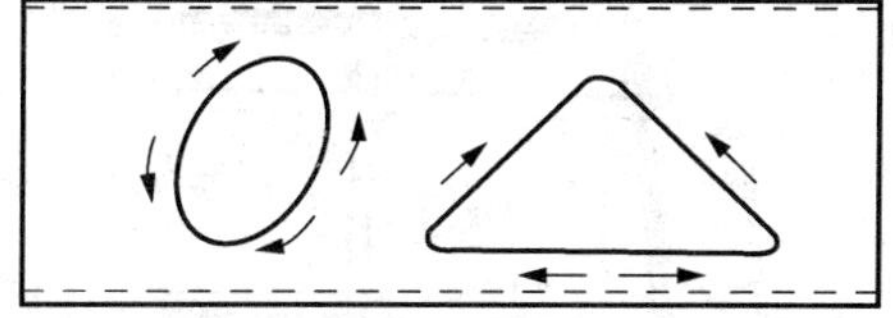

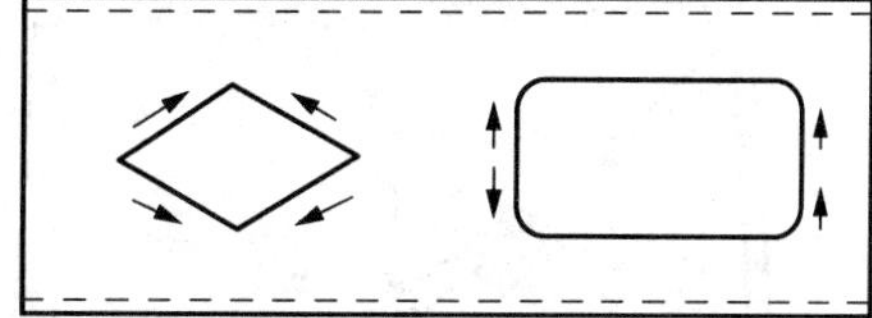

图 7－20 各种挖补形状的施焊方向(如箭头所指)

(4)车架的铆接

车架或底架修理时,若发现铆钉损坏、车架或底架变形严重且纵梁校正困难时,需要采用解体方法进行修理,车架的铆钉均须清洗后重新铆接。

可采用气割法、钻除法、剪除法或錾除法等方法去除铆钉。与基本尺寸相比,如果旧铆钉孔的磨损量小于 0.2mm,可不修理;若磨损量大于 0.5mm 而小于 2mm,可酌情扩孔并采用大一级的铆钉铆接;若磨损量大于 2mm,应先填焊旧孔再重新钻孔。

车架或底架的铆接可采用冷铆法或热铆法。铆接件的接合面必须贴紧,铆钉应充满钉孔,铆钉头不得有裂纹、歪纹、残缺等缺陷。

二、车身骨架的维修

车身骨架经检验后,如果骨架锈蚀、断裂、变形等损耗超过规定要求,应修理。骨架的修理主要为校正整形、加固、局部截换或整件更新。

1. 校正

车身骨架的损伤通常是由于事故造成的,如翻车造成龙门架歪斜和扭曲,撞车使立柱及挡风窗框内凹和驾驶员门框、侧窗框的变形。对于这些损伤可采用撑拉法进行校正。可以在冷态情况下进行校正,也可以在局部加热情况下进行。

校正时使用的工具如图 7－21 所示。校正龙门架时,撑拉器的活动挂钩通过钢索将对角线长的一方钩住,然后用加力杆旋转钢管,缩短丝杆,使龙门架左上角逐渐拉回(图 7－22a)。撑拉器不但能拉回扩大了的部位,也可撑长压缩的部位,如图 7－22b 所示为利用撑拉法校正驾驶室门框的简图。

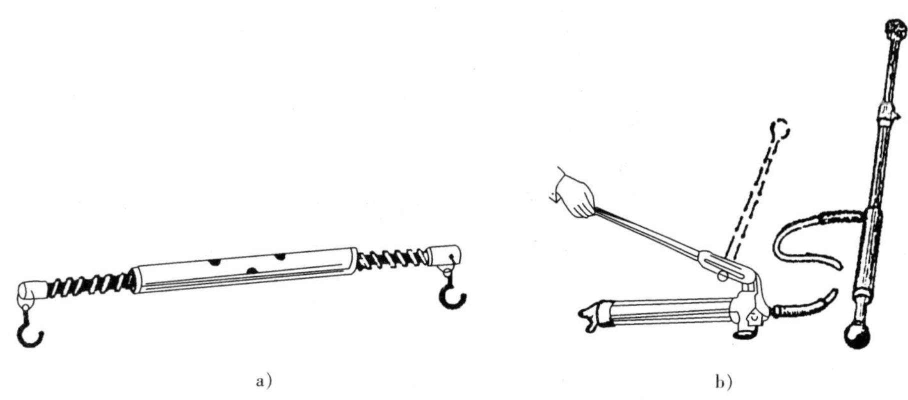

图 7－21 车身骨架校正工具

a)撑拉器 b)杆式液压千斤顶

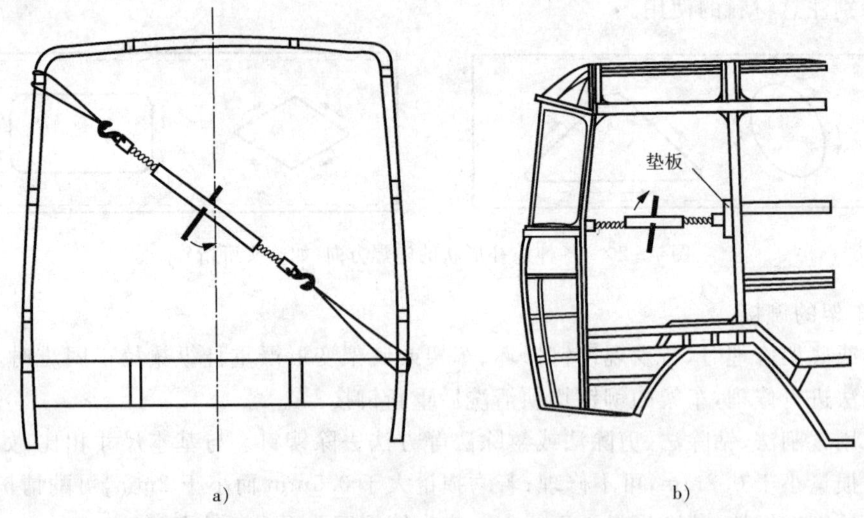

图 7-22　撑拉器法校正

a)校正龙门框架　b)校正驾驶室门框架

采用撑拉法校正车身骨架时，应仔细分析变形特点、受力方向，在关键部位施加一定的反向力，反向力不能过大或过小，以刚好将变形骨架校正好为宜。

2. 加固

若车身骨架断裂或产生裂纹，应加固修复。加固方法主要有镶套加固和圆弧镶角板加固。前围骨架和驾驶门框、乘客门框立柱与上边梁和底横梁的连接部位出现损伤时，可以用加固法修复。如图 7-23 和 7-24 所示为前围骨架及驾驶员门框主要损伤点及加固修复后示意图。

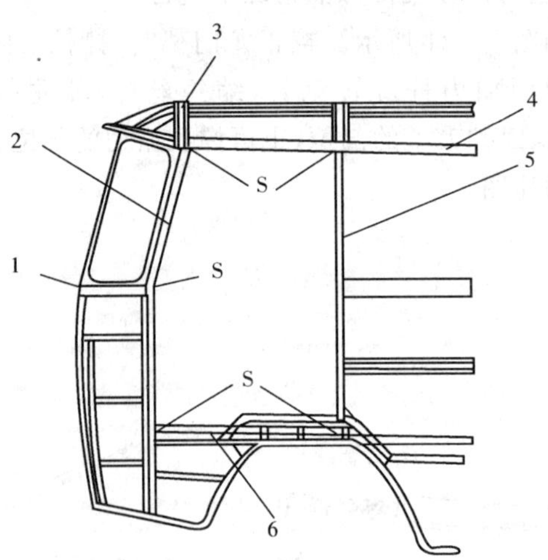

图 7-23　前围骨架及驾驶员门框主要损伤点

1—前挡风窗下横梁；2—立柱；3—顶横梁；4—上边梁；
5—驾驶员门立柱；6—驾驶员门框下横梁；S—主要损伤点

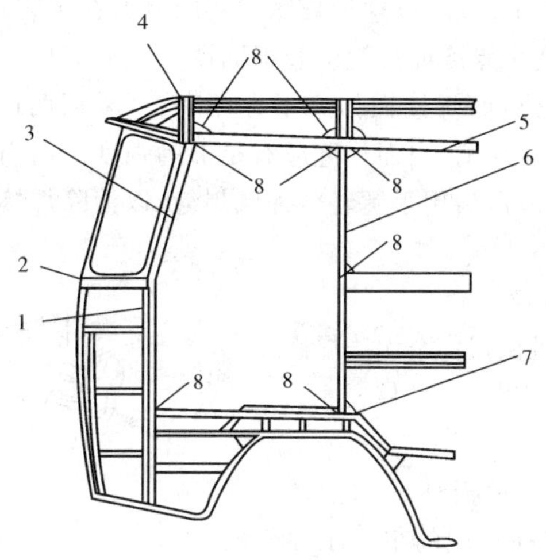

图 7－24 为加固修复后的情况

1－立柱加固槽形盒件；2－前挡风窗下横梁；3－立柱；4－顶横梁；

5－上边梁；6－驾驶门立柱；7－驾驶门框下横梁；8－圆弧镶角及角板

加固修理时，应注意避免整车整备质量的大幅度增加，要限制修理过程中对构件的任意加固或补焊。

3. 局部截换及更换新件

当车身骨架立柱下端锈蚀面积与总面积之比超过 1/3 时，应局部截换；有断裂损伤时，应整件更换。

对于采用短矩形冷弯型钢制作的立柱，在进行局部截换或更换时，应采用材质、断面尺寸、厚度等均符合原设计要求的钢材；而采用薄板冲压成型的立柱，可购回同型号立柱或自行加工，自行加工时采用材质、断面尺寸、厚度等均应符合设计要求的钢材。对于断裂的立柱，包括顶横梁和底横梁在内，如整件换新时，连接部位的连接形式应与原立柱的相同。

三、车身蒙皮的维修

车身蒙皮（body skin）分外蒙皮（outside skin）与内蒙皮（inside skin），外蒙皮采用金属薄板聚酯树脂和玻璃纤维布糊制的玻璃钢等材料制成，内蒙皮多采用三合板、装饰板、玻璃钢或人造革及纤维品等材料制成。

车身蒙皮在使用过程中经常出现裂纹、断裂、腐蚀、凹陷、弯曲、歪扭和脱焊等损伤。车身蒙皮的修理多以整形为主，制作为辅。蒙皮修复后，应做到造型正确、线条分明、缝隙整齐、左右对称、圆顺光洁，达到整形如新的目的。

1. 裂纹的维修

金属蒙皮（metal skin）的裂纹可用 CO_2 气体保护焊或气焊修理。施焊时，应使裂纹两侧金属板面对齐平整，然后在蒙皮外边缘裂纹处先点焊上一点。当裂纹长度小于 50mm 时，应从裂纹尾部开始焊接，沿裂纹走向向外边缘施焊；当裂纹较长时，应间隔焊上几点，然后再平整一次，最后采取分段焊。如图 7－25 所示，先焊 AB 段，次焊

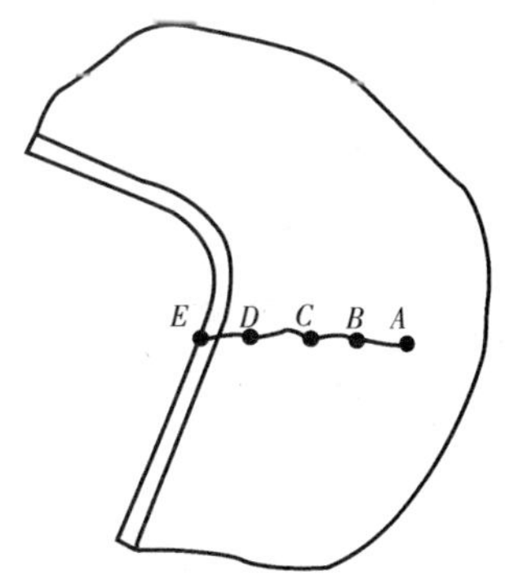

图 7－25 蒙皮裂纹的维修

CD段，再焊BC段，最后焊DE段，以这种顺序焊接的目的在于防止因焊缝温度过高而引起熔池塌陷和焊缝过烧，以及热胀冷缩过大引起板面严重翘曲变形。

当裂纹在受力较大部位，而焊接操作又不方便时，可采用两面焊法。即外面点焊固定后，先在内面施焊，焊接方向如前，内面焊缝应有足够的强度。内面焊完后，再在外面沿同样走向均匀地焊上一道焊逢。最后用手锤轻敲外侧焊缝，以消除焊接残余应力，并将外表焊缝修锉平整光滑。

2. 蒙皮局部损坏的维修

蒙皮局部锈蚀严重或机械损伤至无法焊修或整形修复时，可采用挖补或贴补方法修复。

(1)挖补

蒙皮的挖补修理，就是对损坏或锈蚀严重的板面作局部更换。挖补修理的主要工序过程为：截去蒙皮损坏的部分，并平整窗口；按照蒙皮损坏的大小，在同样材质与厚度的板料上裁减一块板料，并使之成形；将成形板料紧贴挖补部位，用夹钳夹牢并按50mm左右的间距点焊固定(如图7－26所示)；采用分段焊接方法从中间开始，分别向两边左右交替施焊，以减少变形；最后敲打，锉修焊缝。

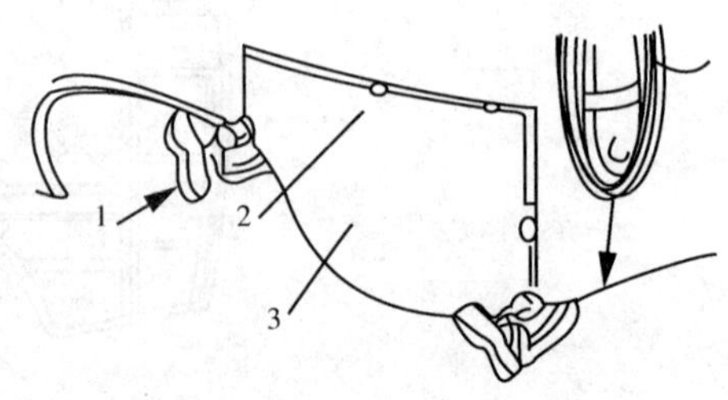

图7－26　挖补点焊示意图

1—夹钳；2—固定焊点；3—替换板面

(2)贴补

对于锈穿的蒙皮(或局部损坏的玻璃钢蒙皮)，可采用聚酯树脂或玻璃纤维布补贴。其工序过程为：先清除锈斑、油漆等污物；剪两块玻璃纤维布(小于打磨处周围边25mm)；调树脂胶，并将两块玻璃纤维布敷贴在修补处；由里向外抹平涂胶，涂聚酯树脂胶；晾干后打磨修补处。

3. 蒙皮撞击凹凸陷性损坏的维修

蒙皮撞击凹凸陷性损坏的修理，应从撞击相反的方向来修复。蒙皮撞击时变形如图7－27a所示，撞击点为A，形成凸起C。修复时应先从C点着手修整，将垫铁放在隆起的顶点，用手锤敲击；不断改变垫铁位置，基本敲平隆起部位；此时，B处大部分凹陷将回弹，只剩下少许凹陷，与板面原来的轮廓十分相近；用手将一块弧度与板面一样的垫块垫在面板下方，再用手锤敲击凹陷的高点(如图7－27b所示)。

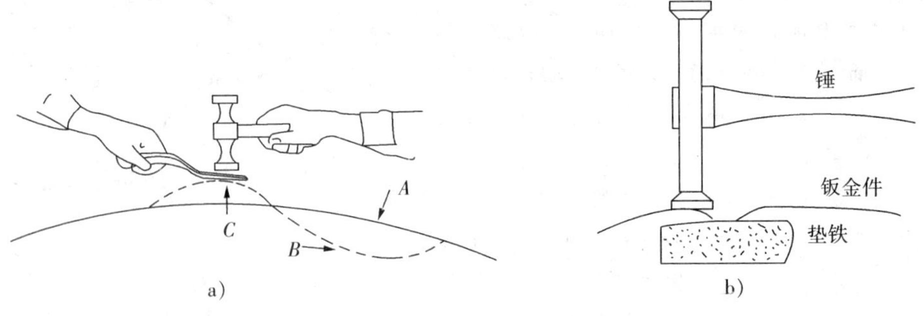

图7－27　蒙皮撞击凹凸陷性损坏的维修

对于较大的弧形凹陷，可用垫板垫在凹陷中部底面，再用撑顶工具把凹陷板面直接顶起进行修复。

如果板面拉伸严重，并有较大面积的延伸凸起，应采用热收缩法修理。热收缩法是利用氧炔焰将突起部位的最高处加热至樱红色，加热范围的大小，应根据延展程度而定。加热后应趁热急速敲击加热点的周围，再敲击加热点。敲击时要用合适的垫铁垫着，用木锤敲击，冷却后再用铁锤轻轻敲击。收缩时的顺序应是从最高点开始，逐部由中间移向边缘，如图 7－28所示，反复地使延展部位加热和压平，直到面板完全平整为止。如果凸起非常高，要先把整个凸起缩到一半左右，待冷却后，再在原来的加热点加热，除去余下的突起。

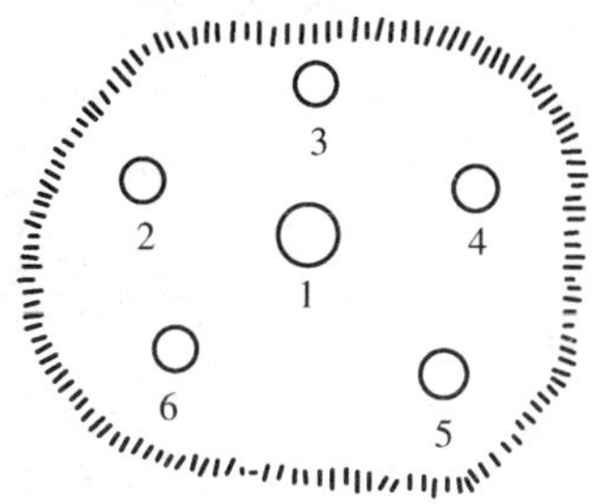

图 7－28　热收缩法的加热顺序(按高度顺序排列)

应谨慎选择加热收缩修理法，对于可收可不收者，尽量不用加热收缩，避免带来变形、烧穿等副作用。

4. 蒙皮脱焊的维修

蒙皮脱焊(sealing-off skin)有护面脱焊(surface protection sealing off)和点焊点脱焊(sealing-off point of solder)两种类型。护面脱焊是由焊丝和金属板面之间、板面和板面之间熔合不良引起的。点焊点脱焊有两种情况：一是因熔合不好而引起焊点处两层板面的分离；二是因为焊点处受力过大而引起焊点周围板面撕裂，但焊点本身未脱焊。

蒙皮脱焊可用单面点焊机在距离原焊点位置 10～15mm 处重新点焊，如图 7－29 所示。另外，蒙皮脱焊也可采用塞焊法焊修。塞焊工艺如图 7－30 所示，在蒙皮外钻一直径 6mm 左右的孔，再设法把两层板面压紧贴合，用 CO_2 气体保护焊把孔焊平。施焊时，焊丝杆应指向内层板面，并作圆周运动，使内外层板面焊接熔合。用气焊塞焊时，气焊火焰也应向内层板面，当内层板面开始熔化时，及时添加焊丝，与外层板面熔合，并逐渐填平钻孔。不论采用哪种方法焊修，焊前都应把待焊处金属板面上的油污、锈斑等清除干净，保证板面贴合良好。焊接时应控制焊接温度以防将孔烧焊扩大。焊接完毕后，应打磨校形，并涂漆。

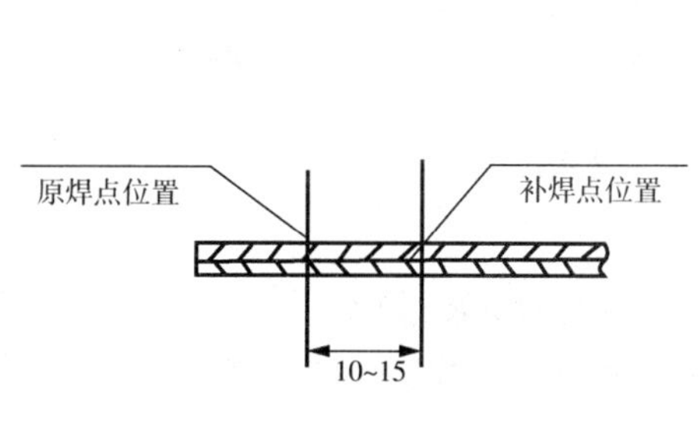

图 7－29　重新点焊

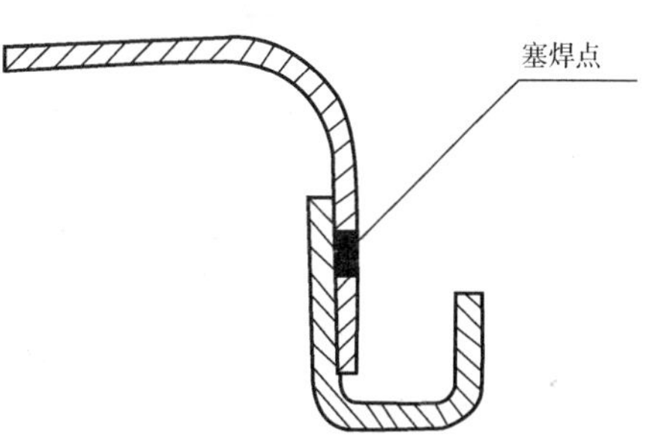

图 7－30　塞焊焊修

5. 外蒙皮的连接维修

车身外蒙皮与骨架的连接方式多样，有铆焊及螺栓连接等（如图 7－31 所示）。

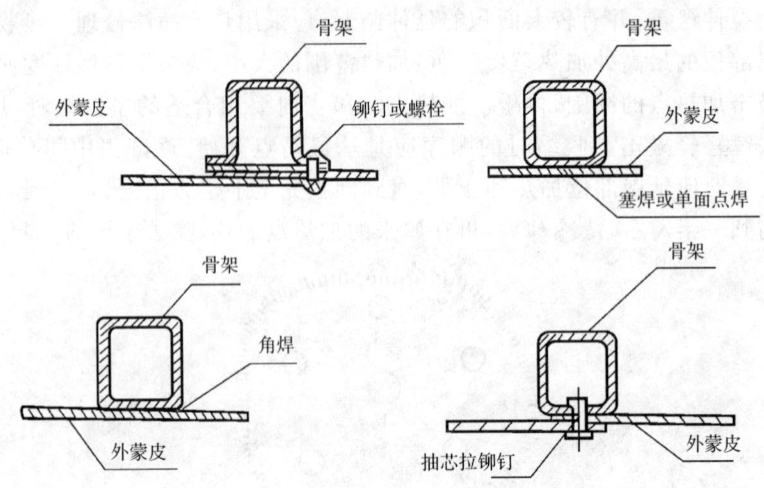

图 7－31　车身蒙皮与骨架的连接方式

车辆运动时，车身会产生震动与扭转，造成铆钉或螺栓断裂、焊点撕开、铆钉孔扩大、甚至蒙皮撕裂等损坏现象。

铝蒙皮的铆钉孔扩大后，应将蒙皮沿铆钉孔裁剪去除，按剪去尺寸另取一块与蒙皮相同的铝板，与蒙皮对接焊为一体，校平后再与骨架进行铆接。

车身外蒙皮与骨架采用焊接法连接时，可按张拉工艺进行。具体工序是：蒙皮裁剪后，进行去污防锈处理；两块蒙皮的一端焊接在侧骨架前、后立柱上，另一端（车门两立柱之间）用索具螺旋扣改制的张拉器连接（如图 7－32 所示），张拉器的数量视张力而定；使蒙皮与侧骨架水平对齐，预拉蒙皮使之呈直线状态，对蒙皮的局部凸凹点进行校平；在紧贴车门立柱的蒙皮内侧，用划针沿靠车门一侧立柱边缘高度方向划上标记线；均匀收紧各张拉器，当张拉达到伸长量后，沿窗下各纵梁内侧长度方向和各立柱内侧高度方向用 CO_2 气体保护焊，进行分段角焊，其施焊长度为 10～15mm，间距为 60～70mm。

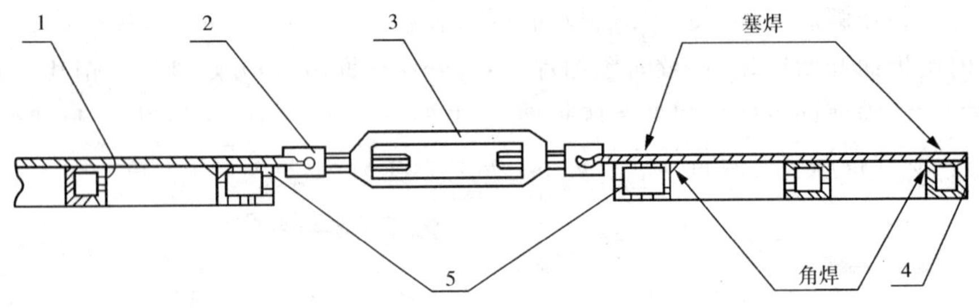

图 7－32　外蒙皮简易张拉法

1－外蒙皮；2－拉夹具；3－索具螺旋扣；4－前（后）立柱；5－车门立柱

松开张拉器，剪去多余蒙皮，并对车门立柱位置上的蒙皮进行塞焊。

采用 CO_2 气体保护焊塞焊连接 1mm 厚冷轧钢板外蒙皮的工艺参数见表 7－1。焊接时，蒙皮与骨架一定要贴紧。

表 7-1 CO_2气体保护焊塞焊的工艺参数

项目＼参数	焊丝直径(mm)	电弧电压(V)	焊接电流(A)	气体流量(L/min)	工艺孔直径(mm)	焊点距离(mm)
单层蒙皮	1.2	24	220～240	15～20	≥6.5	80
双层蒙皮	1.2	26～28	280～320	≥20	≤8	60

张拉器使蒙皮张拉的拉力按下式计算：

$$F=\frac{\Delta h}{h}\times E\times S \tag{7-2}$$

式中：F——张拉力，N；

Δh——蒙皮伸量，mm。对于A3冷轧钢板：$\Delta h=(0.06\%\sim0.08)h$；

h—蒙皮长度，mm；

E—弹性模量，钢：201×10^3MPa；

S—蒙皮的截面积，mm^2。

张拉器上、下压板的接触面分别有一条三角凹槽与凸起，用于夹紧蒙皮防止滑脱。两夹板上还安装有螺杆，可使上下压板压紧。

在板料不够长或只对张拉应力蒙皮做局部修理时，可采取搭接方法，即将张拉器的一端用垫块连接在立柱上，张拉好第一块蒙皮后，将第二块蒙皮搭接在第一块蒙皮上，用塞焊和角焊的方法固定，再采取相同方法张拉第二块蒙皮。

第三节 车身表面涂层的修复

车身表面涂层(body surface coating)是保护和装饰车身的重要手段，对汽车车身油漆涂层有如下要求：

(1)有较好的耐气候性和耐腐蚀性，在各种气候条件下，不开裂、不脱落、不粉化、不起泡、无锈蚀。

(2)有较好的施工性能和配套性能，适应高效的涂布方法，干燥迅速。

(3)有较高的装饰性，要求涂层色泽艳丽，色彩多种多样，使人看上去舒服。

(4)有较好的机械强度，要求漆膜坚韧、耐磨。

(5)要求货源广，价格低廉，便于进行“三废”处理。

(6)要求具有耐汽油、机油和公路用沥青等作用。

由于涂料质量、施工方法和采用的工艺不当以及涂装环境等因素的影响，经过一段时间后，汽车表面涂层会产生起粒、缩孔、闪光不均、流挂、橘皮、泛白、咬起、腻子印、砂子纹、渗色、气泡、剥落、开裂、陷穴、褪色等缺陷。

车身表面涂层的这些缺陷，会引起车身蒙皮和骨架的腐蚀，破坏原有结构强度，缩短汽车寿命。因此，车身表面涂层修复在车身修理中占有很重要的地位。

车身表面涂层的修复一般要经过漆前表面处理、打底漆、涂装、干燥等工艺过程。

一、涂装前金属表面的处理

修复车身表面涂层前，首先要清除旧漆，并除去金属表面附着的油脂、锈蚀、氧化皮和灰尘等异物，否则会造成涂层干燥不良、起泡、龟裂剥落等病态，影响涂层的附着力、装饰性及使用寿命。

涂装前表面处理工作主要包括清除旧漆、除油、除锈、磷化等。

1. 清除旧漆

根据车身修理的类别和车身旧漆的具体情况，部分或全部地除去车身上的旧漆。清除车身旧漆的方法有火焰处理法、手工和机械法、化学法等。

(1)火焰处理法

利用火焰高温加热使漆层变软，再用铲刀将旧漆层铲去，适用于局部清除旧漆。

(2)手工和机械方法

用刮刀、铲刀、钢丝刷、水加喷砂等方法将车身上的油漆清除，适用于清除大面积旧漆层。

(3)化学方法

用碱液或脱漆剂清除车身或拆下的蒙皮上的旧漆。

碱液清除旧漆有浸渍法和刷涂法。浸渍法是将车身或蒙皮浸入盛有温度为70℃～80℃的5%苛性钠溶液浴槽中20～30min，使漆层脱落，再将车身或蒙皮浸入40℃～50℃的热水槽中，仔细洗涤，用钢丝刷刷干净，最后用自来水冲洗至无残留碱液，室温或烘箱内干燥。此法适用于微型、轻型客车的修理。刷涂法是将碱液刷涂在旧漆层表面，待其稍干后，再涂一次，最多涂3～4遍。数十分钟后，旧漆膨胀软化，用铲刀铲除旧漆层，再用热水清洗掉残留碱液。

利用脱漆剂清除旧漆层，这种方法工艺简单，使用方便有效。常用的脱漆剂型号有T－1、T－2、T－3。其配方见表7－2。利用脱漆剂清除旧漆的主要工序是：

① 洗净车身表面的灰尘和油污，并用蘸有汽油的抹布清除掉车身表面油脂。

② 用喷枪或毛刷将搅拌好的脱漆剂在旧漆层表面涂抹一层，脱漆剂充分渗透到旧漆层后，再添涂脱漆剂，然后用热水洗擦干净。

表7－2 脱漆剂的配方

	石蜡(%)	甲醇(%)	丙酮(%)	苯(%)	四氧化碳(%)	酒精(%)	石脑油溶剂(%)	苛性钠(%)
配方1	10	30	25	20	15			
配方2			20			35	35	10
配方3	6	42		52				

2. 表面预处理

表面预处理的目的是增强车身的抗腐蚀能力和涂层的附着力，充分发挥涂层的保护和装饰功能。主要内容是清除车身外表面的油污、尘土、锈蚀，并对工件进行磷化处理等。

(1)除油

车身表面的油污，可用溶解、皂化、浮化作用将其清除，常用的方法有：

① 碱液除油法

主要通过皂化作用将油脂除去。当清洗不能皂化的矿物油时，靠表面活化剂的作用，帮助浮化脱脂，碱液除油一般适用于黑色金属，常采用浸渍、刷洗或喷射方法进行。除油后，须

用流动的清水把工件表面残留的碱液冲洗干净，以免影响漆层质量。该法除油效果好、成本低、应用广泛。

碱液除油配方及工作条件如表 7－3。

表 7－3　碱液除油配方及工作条件

序　号	溶液配方(g/L)	处理温度(℃)	处理时间(min)
1	氢氧化钠 50 磷酸三钠 30 水玻璃 5 碳酸钠 30	100	30～40
2	氢氧化钠 30 磷酸三钠 15 水玻璃 15 碳酸钠 5 水 1000	80～95	20～30
3	氢氧化钠 40 水玻璃 10 磷酸三钠 40	80 以上	40

② 浮化除油法

在有机溶剂中加入一种或数种表面活性剂，或再添加弱碱性净洗剂组成一种混合液。将这种混合液浸渍或喷射到清洗部位上，溶剂会浸透油脂层，并使油脂微粒化，表面活性剂会使油脂微粒乳化分散到水中，达到除油目的。浮化除油法的优点是高效、无毒、适应性强，因此应用较广泛。

乳化液配方与工作条件见表 7－4。

表 7－4　乳化液配方与工作条件

<table>
<tr><th colspan="2">序号</th><th>溶液配方</th><th>处理温度(℃)</th><th>处理时间(min)</th></tr>
<tr><td colspan="2">1</td><td>氢氧化钠 60～100g/L
碳酸钠 30～60g/L
水玻璃 10～20g/L</td><td>90～100</td><td>10～15</td></tr>
<tr><td colspan="2">2</td><td>煤油 67%
松节油 22.5%
月桂酸 5.4%
三乙醇胺 3.6%
丁基溶纤剂 1.5%</td><td></td><td></td></tr>
<tr><td rowspan="2">铝及铝合金除油配方</td><td>1</td><td>磷酸钠 40～60g/L
苛性钠 8～12g/L
水玻璃 25～35g/L</td><td>60～70</td><td>3～5</td></tr>
<tr><td>2</td><td>磷酸钠 40～60g/L
碳酸钠 40～50g/L
石油磺酸 3～5ml/L
水玻璃 2～5g/L</td><td>70～90</td><td>3～15</td></tr>
</table>

③ 金属清洗剂除油

金属清洗剂有阴离子型和非离子型表面活性剂等类型，对不同类型油污的去除率也不尽相同。各修理厂在选择清洗剂时，应根据实际情况进行选择。

④ 有机溶剂除油

常用的除油剂有石油溶剂（汽油、煤油、柴油）、松节油、甲苯、四氧乙烯等。一般采用浸渍法或刷洗法除油。

(2)除锈

除锈方法大致可分为物理除锈和化学除锈。物理除锈有手工除锈，即用多种工具通过铲、刮、刷、擦等除锈；化学除锈是用酸洗除锈。

① 钢铁金属表面的酸洗

钢铁表面的铁锈或氧化皮层最容易与酸发生化学反应而被溶解，同时酸液也可从氧化铁皮的裂缝处浸透到基体，铁与酸发生反应产生氢，使氧化皮剥落。酸洗所用的酸类有盐酸和硫酸。为了防止酸液污染环境，以及铁与酸反应导致的组织脆化，减弱铁的机械性能，必须在酸中加入抑制剂和湿润剂，抑制铁与酸的反应。金属酸洗溶液的配方与工作条件见表 7-5。

表 7-5　钢铁除锈酸洗液的配方与工作条件

序号	配方（组分）(g/L)	处理温度(℃)	处理时间(min)	备　注
1	工业硫酸(d=1.84)75～100 工业盐酸(d=1.18)110～150 食盐 200～500 缓蚀剂 3～5	20～60	5～50	适用于钢、铸钢件除锈
2	工业硫酸 18%～20% 食盐 4%～5% 硫脲 0.3%～0.5% 水余量	65～80	25～40	适用于清理铸铁及大块氧化皮。若铸铁表面有型砂，可加 2.5%的氢氟酸
3	工业盐酸(d=1.18)12～28 硝酸(d=1.33～1.38)110～120 苦丁 1～2	40～50	15～16	适用于高合金钢除锈
4	铬酐 15% 磷酸 8.5% 水 76.5%	80～95	>2	只能除轻锈，适用于精密零件、轴承除锈
5	硫酸（工业）15 铬酐 150	80～90	数分钟	适用于精密零件、仪表零件除锈，对光洁度影响不大，生锈严重时处理时间较长

在酸洗时，将车身零部件放入酸洗液中，从酸洗槽中取出车身零部件后，必须用清水冲洗干净，再用碱液（1.5%～3%的碳酸钠和 0.5%～1%的肥皂液）中和处理。

② 铝及铝合金酸洗

铝及铝合金工件的酸洗液与上述酸洗液不同，表 7－6 为铝及铝合金除锈酸液配方及工作条件。

表 7－6　铝及铝合金除锈酸液配方及工作条件

序号	溶液配方（组分）	处理温度（℃）	处理时间（min）	备　注
1	铬酐 80g 磷酸（d=1.17）200mL 水 1L	室温	数分钟至 10 分钟	对金属基体腐蚀极小，不能除重锈
2	硝酸 5% 水 95%	室温	同上	加 1% 重铬酸钾可减少金属基体的腐蚀
3	苛性钠 40～60g 水 1L	50～60	1～2s	对金属基体腐蚀严重，适用于尺寸要求不严的零件除锈，除锈后需进行金属钝化

（3）磷化

磷化就是用磷酸或锰、铁、锌和镉的磷盐溶液处理金属工件，在工件表面形成不溶于水的磷酸盐保护膜。磷酸盐保护膜的厚度一般为 5～15μm，具有良好的防腐性和高浸润能力。若作为油漆层的基底，磷化能显著增强涂层的耐腐蚀性，能防止腐蚀在涂层下或在涂层被破坏的部位扩展，增强涂层与金属之间的附着力，因而能大大增加涂层的使用寿命。

磷化处理所需设备简单，操作方便，成本低，生产率高，因此在车身修理中得到广泛的应用。

磷化处理有冷磷化、中温磷化和高温磷化之分。

冷磷化：在室温下进行的磷化。溶液的游离酸度与总酸度的比值为 1：（20～30），处理时间 45～65min。冷磷化无须加热，具有节省磷酸盐，保持酸液稳定的优点。但磷化膜抗蚀能力低，处理时间长，生产效率低。

中温磷化：在 50℃～70℃温度下的磷化。溶液的游离酸度与总酸度的比值为 1：（10～15），处理时间为 7～15min。优点是游离酸度稳定，易掌握，处理时间短，抗蚀能力强，生产率高。

高温磷化：在 90℃～98℃的温度下进行的磷化。溶液的游离酸度与总酸度的比值为 1：（7～8），处理时间为 10～20min。缺点是游离酸度不稳定，结晶粗细不均，操作困难。

磷化溶液的配方和工艺条件见表 7－7。表中配方 1、2 与配方 4 用于中温磷化，配方 3 用于高温磷化，配方 5 用于低温磷化。溶液成份中应掌握好温度与硝酸锌的关系。

表 7－7　磷化溶液的配方和工艺条件

序　号	溶液配方（g/L）	酸　度	磷化温度（℃）	磷化时间（min）
配方 1	磷酸锰铁盐 30～50 硝酸锌 80～100	游离酸度 5～7 点 总酸度 50～80 点	50～70	10～15
配方 2	磷酸锰铁盐 30～40 硝酸锌 70～100 硝酸锰 25～40	游离酸度 5～8 点 总酸度 60～100 点	60～70	7～15

（续表）

序　号	溶液配方(g/L)	酸　度	磷化温度（℃）	磷化时间（min）
配方 3	磷酸锰铁盐 30～35 硝酸锌 55～65	游离酸度 5～8 点 总酸度 40～60 点	90～98	15～20
配方 4	磷酸锰铁盐 25～40 硝酸锌 80～100 氟化钠 2～15	游离酸度 4～7 点 总酸度 50～80 点	60～70	7～15
配方 5	磷酸锰铁盐 30～40 硝酸锌 140～160 氟化钠 2～5	游离酸度 3.5～5 点 总酸度 85～100 点	室温	30～45

磷化后的工件，应在 24 小时内进行涂装工作。

磷化处理后，工件表面呈灰色或暗灰色，结晶均匀，致密完整，工件表面不应出现附着沉淀物和磷化不到的空白片以及锈迹等缺陷。经检验不合格的磷化工件，可置于酸洗溶液里酸洗 1～1.5min，经水洗及中和后，可重新磷化。

(4)铝及铝合金的化学氧化

铝及铝合金用化学氧化所获得的各种氧化膜有较好的吸附能力，是良好的涂料底层。涂装后可大大提高工件的抗腐蚀能力。

铝及铝合金的化学氧化常用弱酸性溶液，其配方见表 7－8。

表 7－8　铝及铝合金化学氧化的溶液配方

序　号	溶液配方	氧化温度（℃）	处理时间（min）
配方 1	硝酸 50～60ml/L 铬酸 20～25g/L 氟化氢铵 3～3.5g/L 磷酸氢二铵 2～2.5g/L 硼酸 1～1.2g/L	30～60	3～6
配方 2	铬酸 3.5～4g/L 重铬酸钠 3～3.5g/L PH 值 1.5	室温	3

配方 1 氧化的氧化膜外观为无色或带红绿色的浅蓝色，膜层厚度约为 3～4μm；配方 2 氧化的氧化膜外观由无色透明到红黄色、深棕色，膜层厚度为 0.5μm。

氧化后的工件要用流动冷水冲洗干净，在室温下晾干或在烘箱内烘干，烘干温度不超过 60℃。

二、车身涂料

车身用涂料泛指汽车涂料，是一种成膜物质，主要作用有：

① 保护作用。预防车身表面腐蚀，延长使用寿命。

② 装饰作用。利用涂料色彩，装饰美化车身。

③ 标志作用。利用涂料色彩区别各特种汽车的类别。

涂料包括车身底漆、中间层涂料和面漆三部分，各部分涂料的作用、组成及特点都不一样。

1. 车身用底漆

底漆是直接涂布在经过表面处理的白车身表面上的第一道漆，是整个涂层的基础。

(1)底漆必须具备的特性

① 与车身及面漆涂层均应有良好的附着力，所形成的底漆涂膜应具有良好的机械强度。

② 具有良好的防腐蚀能力以及耐水性和抗化学试剂的能力。

③ 应与中间涂层或面漆层有良好的配套性。

④ 具有良好的施工性能。

为满足上述要求，底漆用的主要漆基应为各种改性的环氧树脂、醇酸树脂和一些水溶性树脂，如马来酸改性的聚丁烯树脂、环氧树脂等。醇酸树脂因其耐潮湿性差、易起泡，已有被淘汰趋势，汽车用底漆中都含有优质的防锈成分。

(2)几种常用的底漆

① 铁红锌黄环氧底漆(H06—3)。特点是具有极好的耐化学品和耐水性，附着力好。

② 铁红酚醛电泳底漆(F06—10)。特点是附着力好、漆膜平整，与面漆结合力好。施工时应严格遵守技术规范，要用水质好的水作溶剂。

③ 铁红环氧脂电泳底漆(H06—5)。附着力、耐水抗潮及防锈性能与环氧底漆相同，溶剂是水。

④ 铁红酚醛底漆(F06—9)。特点是漆膜坚固耐久，具有突出的防潮性、耐碱性、绝缘性，并有好的耐气候性。

⑤ 铁红锌黄环氧酯底漆(H06—19)。特点是漆膜坚固耐久，附着力好，可与磷化底漆配套使用。

(3)中间层涂料

中间层涂料是介于底漆层与面漆层之间的涂层所用的涂料，即腻子。腻子又称填泥，是在成膜物质中加入大量的体质颜料以及适量的催干剂和溶剂调制而成的一种厚浆状物质。腻子干燥迅速、干后坚硬，能耐砂磨。

腻子的主要功用是改善工件表面和底涂层的平整度，填平补齐工件表面和底涂层上的凹坑、缝隙、孔眼、焊疤，以及加工过程中所造成的缺陷，为面漆层创造良好的基底，提高整个涂层的装饰性。

中间涂料应具有以下特性：

① 与底、面漆层配套良好，涂层间的结合力强，硬度配套适中，不会被面漆的溶剂咬起。

② 具有填平性，能消除被涂漆表面划纹等微小缺陷。

③ 具良好的抗磨性、打磨性，不粘砂纸，打磨后的表面平整光滑，能自干或高温烘干。

④ 耐潮湿性好，不应引起涂层起泡。

为保证涂层间的结合力和配套性，中间层涂料所选用的漆基、底油与面漆所用漆基应相仿，并逐步由底向面过渡。

车身在修理过程中，腻子的使用不可避免，但腻子层不能太厚，否则在自干或烘干过程中，容易造成外干内不干的现象。一旦封闭腻子层后，在适当条件下，腻子中水分等物质向外冒，使漆膜产生针孔、起泡剥落等缺陷。如果漆膜被破坏，腻子层的湿润性、膨胀性及收缩性将加速外界水分等介质的渗入，促使漆膜腐蚀，从而使整个漆层的保护性及装饰性完全丧失，影响涂装质量。

车身中间涂层常用的成品腻子有：

① F07－1 各色酚醛腻子。涂刮性好，易打磨，适用于填平钢铁制件、木制品表面凹坑、针孔、裂缝等。

② C07－5 各色醇酸腻子。腻子层坚硬、附着力好、易涂刮，可填嵌车辆各金属制件表面的凹坑和缝隙。

③ A07－1 各色氨基烘干腻子。附着力好、易打磨，不粘砂纸，烘干干燥，常用于填平涂有底漆的金属表面。

④ Q07－6 灰硝基腻子。干燥快(常温下 2 小时可烘干)，能连续涂刮、易打磨，对较大缺陷和凹坑的填嵌效果差，适用于金属制件和木制品表面填补孔隙。

腻子也可自制，自制腻子的配方见表 7－9。按表 7－9 配方所制的腻子，其附着力好、干后坚硬、容易打磨，一次可以填补较大的缺陷。自制腻子在修理行业应用很广。

表 7－9　自制腻子的配方

成　分	配方比 (kg)		
	配方 1	配方 2	配方 3
熟石膏粉	1	1	1
熟桐油	0.3	0.4	0.35
厚　漆	0.5	0.3	0.7
汽　油	0.2	0.2	0.2
水	适量	适量	适量

目前，各种水性腻子得到各修理企业的采用。JRG、JRE 型以水溶性交联型浮状液为基料的腻子经烘干不起泡、不开裂、易打磨，固化挥发物无毒、不燃烧，是很有使用前途的腻子。

(4)面漆

面漆是多层涂料中最后涂层中的涂料，它直接影响汽车的装饰性、耐气候性和外观。常用的车身面漆和罩光漆有如下几种：

① 氨基烘漆(A05－15)。硬度和耐气候性优良，可与电泳底漆、环氧树脂底漆配套使用，130℃～140℃温度下 30min 可烘干，主要用作中级轿车的车身面漆。

② 氨基清烘漆(A01－10)。是一种罩光漆，特点是坚硬、光滑平亮，耐气候和耐潮湿性好，附着力好，主要用于 A05－15 面漆的罩光，适用于轿车车身的涂装。

③ 丙烯酸烘漆(B05－4)。热固性漆，漆膜丰厚，光泽、硬度良好，保光保色性极好，三防性能好。可与电泳底漆、环氧树脂底漆配套使用。130℃～140℃温度下 3min 可烘干，可作轿车车身面漆。

④ 丙烯酸树脂清烘漆(B01－10)。一种罩光漆，可供 B05－4 面漆罩光用，特点是漆膜

的丰满度、光泽度和物理机械性能好，保光保色性好，三防性能好，适用于轿车车身。

⑤ 醇酸磁漆(C04－2)。具有较好的光泽和机械强度，能常温干燥，适用于批量不大的驾驶室覆盖件、小零件和车厢等。

⑥ 各色醇酸磁漆(C0－49)。具有较好的耐气候性、附着力和耐油性，耐潮湿性差。加少量氨基树脂有防止起皱的作用，120℃～130℃温度下30min可烘干，适用于驾驶室覆盖件。

⑦ 硝基磁漆(Q04－31)。具有光亮平滑、光泽度高和耐气候性好等优点。但面漆总厚度应控制在100μm以下，在100℃～110℃下烘1小时，可提高其耐温性，适用于中、高级轿车车身。

三、车身涂装工艺

车身修理涂装一般有两种情况：一种是漆膜小面积损坏，或车身局部损坏修复后，只需局部修补；另一种情况是车身大修或大部分涂层损坏，须重新涂装。

1. 涂装方法

涂装方法有：刷涂法、浸涂法、空气喷涂法、静电喷涂法和电泳涂装法等。

(1)刷涂法

将漆刷蘸少许油漆(刷毛浸入油漆的深度小于1/2刷毛长度)，然后自下而上，自左向右，先里后外，先斜后直，先难后易，纵横涂刷，最后用漆刷轻轻修饰。该方法的特点是：设备简单、施工方便、灵活性大、适应性强，适用于各种厚漆、调和漆、沥青漆及其他慢干性油漆的施工。缺点是手工操作，劳动强度大、生产效率低，不适用于快干性油漆，若操作不熟练，易产生刷痕、流挂和不均匀等缺陷。

刷涂时应注意：

① 刷涂垂直表面，最后一次应由上向下进行涂刷。

② 刷涂水平表面，最后一次应按光线照射的方向进行。

③ 刷涂木材表面，最后一次应顺着木材的纹理进行。

④ 刷涂厚薄应适当，过厚易皱皮，过薄易露底。

⑤ 使用完漆刷后应及时清洗。

(2)浸涂法

是将被涂物件放入漆槽中浸渍，然后取出，让表面多余的漆液自然滴落、最后干燥的一种涂装方法。特点是生产率较高、技术简单、操作方便，但外观不够平整，易出现流挂现象，不适用于挥发较快和含有重质颜料的油漆以及双组分涂料如聚氨酯漆。

浸涂法多用于大型物件(如车身蒙皮)涂覆底漆以及形状简单、外观质量要求不高的工件。

(3)空气喷涂

利用输入喷漆枪的压缩空气从喷嘴喷出时形成的负压，将涂料吸入喷嘴，与压缩空气相会后，分散成细小涂料颗粒，均匀地喷涂于被涂工件表面。特点是喷涂的漆膜厚薄均匀、光滑平整，且工件表面的缝隙、小孔和凹凸等部位均能喷到，生产效率高。但油漆损耗大，施工场所漆雾弥漫，对人体健康有影响，需安装除尘设备。

空气喷涂的施工质量主要取决于油漆的黏度、工作气压、喷嘴与物面距离以及工人操作的熟练程度。喷涂时的工艺参数如下：

① 输入喷枪的空气压力一般为300～600kPa；

② 喷嘴与物面的距离，一般为250～400mm；

③ 漆液的黏度应控制在15～35S的范围内；

④ 漆流喷射方向尽量与物面垂直，运枪速度以10～12m/min为宜，匀速移动，不可时快时慢；

⑤ 喷漆时，每一喷涂条带的边缘，应当叠压在上次喷涂条带的边缘上，以重叠1/3～1/2为宜。

(4)静电喷涂

借助于高压电场的作用将喷枪的喷漆雾化，并使漆雾带电，通过静电引力将油漆沉积到带异电的工件表面。其优点是大大降低了喷雾的飞溅损失，喷涂的漆膜质量可靠稳定，漆膜均匀、耐磨，生产率高，劳动条件可得到改善，容易实现机械化与自动化。但静电喷涂需要用直流电压高达100kV的静电发生器等复杂设备，操作规程严格，需特别注意安全。

(5)电泳涂装

将工件浸渍于水溶性树脂制成的电泳漆液槽内，工件作阳极(或阴极)，槽体作阴极(或阳极)，电介质为电泳漆，两极间通以直流电，在电场力作用下，涂料中带电荷的胶态粒子向着它所带电荷相反的电极方向运动，在电极(工件)上脱去电荷，并沉积形成均匀的涂膜。

电泳涂装具有漆膜均匀、附着力强的优点，而且工件表面上凹凸和焊缝等难以涂漆的部位都可获得平整光滑的漆膜。电泳涂料以水作为主要溶剂，减少了空气污染，没有火灾危险。另外电泳涂装的油漆利用率高达90%～95%，施工速度快，可实现机械化与自动化生产。但是电泳涂装的设备复杂，投资大，只限于在导电工件的表面涂装，同时烘烤温度高。

目前汽车修理中车身涂装大多采用刷涂法与喷涂法。

2. 车身修理时的涂装工艺

汽车修理中车身涂装分局部修理和重新涂装两种类型，其修理施工工艺不尽相同，现分述如下：

(1)局部修理

局部修理按以下工序进行：

① 彻底清洗修补部位的脏污、油迹、锈斑，铲除不牢固的漆层。伤口周围要铲成斜口，且用粗砂布将漆层打磨得无光。

② 在伤口部位涂刷底漆，底漆干后分几次将伤口用腻子刮平，刮腻子要在腻子干透后进行。

③ 用320号水砂纸打磨腻子层，边打磨，边水洗，直至与原涂层接口吻合用手掌抚摸表面无不平和凸起感觉，否则再刮腻子重新打磨。

④ 腻子完全干透后，用胶带纸和报纸遮挡住所有可能被喷到漆的车身表面，在腻子层面上喷涂较稀的底漆。喷漆时要不停地移动，防止油漆溢流或堆积。底漆要多喷几层，每喷完一次，要干燥几分钟后再喷。

⑤ 底漆干燥后，用400号水砂纸研磨，水洗后干燥，然后喷两次与周围同色的面漆，第一层面漆要很薄。油漆干燥15min后，取下胶带纸和报纸。

(2)重涂新漆

车身重新涂装时，应事先记录好原来的色调及色带位置，以便恢复车辆原有的彩色线条。现以某一客车为例，介绍重新涂漆的过程。

① 进行清除焊渣、油污、锈斑及旧漆层的表面清理工作。

② 刷涂X06-1磷化底漆，漆膜厚度不小于30μm，室温干燥一小时。

③ 用 H06－2 铁红环氧脂喷底漆，喷涂厚度为 20μm 左右，烘房温度 90℃，烘干时间 90min。

④ 粗刮第一道腻子。使用 JRG 型腻子填平凹凸不平的外蒙皮，厚度为 1～3mm。刮完后在常温下保持 20min，然后进烘房烘干。烘干温度为 40℃～80℃，时间为 40min。

⑤ 刮第二道腻子。厚度保持在 1～2mm。刮完后在常温下保持 20min，然后进烘房烘干，烘干温度为 40℃～80℃，时间为 40min。

⑥ 打磨。用 2 号粗砂纸粗磨，粗磨后，除去灰尘。在涂刮腻子处刷涂 H06－2 环氧脂底漆，进烘房干燥，干燥温度 90℃，干燥时间 90min。

⑦ 刮第三道腻子。方法与刮第二道腻子相同，同时清理车内的涂漆部位。

⑧ 水磨。用 320 号水砂纸或油石湿磨腻子表面一次。边打磨，边水洗，最后将腻子浆冲洗干净。干燥温度为 100℃，干燥时间为 60min。

⑨ 喷第一道面漆。喷涂已确定颜色的 A04－9 氨基烘漆。干燥温度为 100℃，干燥时间为 150min。

⑩ 用 500 号水砂纸湿磨漆层表面，直到平整光滑，再用清洁软布擦拭干净。

⑪ 喷第二道面漆。

⑫弹灰线贴纸。用胶带纸沿灰线粘贴，再用润滑脂将报纸大面积覆盖，清洁待喷漆表面。

⑬喷色带。喷涂原色带颜色的 A04－9 氨基烘漆，干燥温度 120℃，干燥时间 120min。

⑭表面清洁。去除胶带纸和报纸。用蘸有汽油的软布将润滑脂擦拭干净。

3. 车身涂装时常见的涂层缺陷及其预防处理对策

常见的涂层缺陷有起粒、缩孔、流痕、橘皮、脱落、金属闪光不均等。这些缺陷多因为在车身涂装时没有执行工艺规程、施工环境和设备不符合要求，以及涂料质量不佳所引起。

(1)起粒

指漆膜表面出现团状物、颗粒状异物的缺陷，又称“粗粒、疙瘩、起斑”等。

起粒是由于涂装场所没有清理干净，周围空气不清洁所引起的。为防止起粒，必须彻底清理车身表面、发动机盖内侧、水箱、车门内部等易积存灰尘部位。先用压缩空气吹，再擦拭。喷枪等涂装器具要充分清洗，涂料要用 120 目滤网仔细过滤。

涂装过程中，若有起粒发生，应用尖头竹片等工具小心挖除；干燥成膜后，轻度起粒可用 400～600 号砂纸打磨，再用粗蜡研磨、抛光，然后补喷；对于重度缺陷用 240～360 号砂纸打磨，再细磨后重喷。

(2)缩孔

指涂膜在流平时出现回缩，露出底层小圆孔的现象。若圆孔中含有颗粒，又称“鱼眼”。

产生缩孔的原因有：漆料和压缩空气中有水分、油分；车身表面有异物；漆层过厚，未经流平，匆忙进行高温烘烤等。

防止缩孔产生的措施：使用优质漆料，彻底清洗车身表面；清除压缩空气中水分、油分；光滑表面要进行打磨等处理；烘烤时温差要适宜，并在涂料中添加适量的“缩孔清除剂”等。

轻度缩孔可在干燥过程中进行喷雾涂装；重度缩孔可在强制干燥后用 240～320 号砂纸研磨，再重新涂装。

(3)金属闪光不匀

含有铝粉、珠光颜料的涂料，由于流平性差、流挂或漆层厚薄不匀，而使铝粉或珠光颜料不能形成均匀的定向排列，造成了外观上金属闪光不匀。

采用质量好、黏度适中的涂料和合适的涂装工艺可防止金属闪光不匀缺陷的发生。涂装时采取薄涂、多涂工艺，一般分 2～3 次涂装。喷枪距车身表面的距离应适中，每次喷幅重叠宽度在 2/3 左右，使用专用喷枪喷涂。

修复措施是：用罩光清漆重新涂装一遍，涂装后 5min 内用金属涂料与清漆的混合物（涂料 5：清漆 5：稀释剂 15%～20%）在较大范围内用喷雾法修整，待清漆干燥后打磨并重喷金属漆。

（4）流挂

喷涂在车身垂直表面上的涂料，部分漆液在重力作用下，出现向下流淌现象，使漆膜产生不均匀的条纹和流痕，这种现象称“流挂”。

产生流挂的原因有：漆料中稀释剂过多，涂料黏度过低；压缩空气压力不符合要求；喷枪的喷嘴直径过大，或者喷枪距离车身表面过近，喷枪运动速度过慢；喷涂时环境温度过低，漆层过厚等。

为了防止产生流挂，在垂直表面施工时，应由上至下涂漆，且一次不要喷得太厚（以 0.02～0.05m 为宜）。要掌握好运枪速度、方法和喷枪距离，同时还应控制好涂料的黏度，使用合适的稀释剂。另外，喷涂的环境温度应高于 10℃，保持良好的通风。

一般轻度流挂在漆膜未干前予以修平。若漆膜已干，可用 400～600 号水砂纸轻轻打磨平整后重喷；重度流挂时，应用 260～400 号水砂纸水磨后再重喷。

（5）咬底

指上层涂膜使下层涂膜变软或膨胀、鼓起，甚至起皱的现象。

产生咬底的原因主要是：上、下层涂料不配套使用；前道漆尚未干透就涂二道或三道漆；下层漆膜耐溶剂性差，容易被上层油漆的溶剂溶解而膨胀咬底。

为了防止咬底现象发生，在涂装时必须在底层油漆或前道漆彻底干透后再涂第二道漆或第三道漆，同时在选择底漆与面漆时应特别注意溶剂的容让性。

若出现轻度咬底，可用强溶剂稍稍擦拭，薄涂一层待干燥后再正常涂装；若发现重度咬底，应剥离咬底层，重新涂装。

（6）脱落

指漆膜干裂失去附着力，漆膜从底层或下涂层剥落的现象。

产生漆膜脱落的原因：上道涂层硬度高且表面过于光滑、未经任何研磨或砂毛处理就喷涂；烘烤温度太高或烘烤时间过长；各层的涂料不配套，相互间附着不好而引起脱落。

为了防止漆膜脱落，首先应注意各层涂料间的配套性；底材要进行充分、妥善而有效的前处理；过度光滑的表面要用细砂纸打磨以增加各层间的附着力；涂装前应进行表面处理与脱脂；涂装时应控制好烘烤温度与烘烤时间等。

（7）起泡

漆膜表面出现大小不同的圆形突起物的现象称起泡。是漆膜在高温环境、浸水和日晒中容易出现的现象。

产生漆膜起泡的原因：首先是因为在底漆或腻子未完全干透就喷涂面漆，致使水分或腻子中溶剂遇高温后急剧挥发形成蒸汽层而顶起漆膜；其次是刚涂装的新漆膜接触高温或受日光直射，表面快速干结而稀释剂继续向外挥发，将漆膜鼓起；另外是空压机出口处无油水

分离装置，漆料中有水分和杂质，喷涂后出现起泡。

防止漆膜起泡的措施：涂装前应将车身表面彻底清理，排除表面凹坑或孔中及空压机中水分、空气等；施工时，应避免漆膜接触高温或日光直接照射；在多孔表面上涂装时，可先涂一层稀薄漆膜，使空气及时逸出；应在底层漆及腻子彻底干透后再喷面漆。

若起泡严重应铲除所喷漆层，重新喷漆。

(8)橘皮

指漆膜干燥后表面呈现许多半圆形突起，形如橘子皮。

产生橘皮的原因：涂装时漆的黏度过大，流平性差，喷涂时喷枪移动速度不均匀；涂料中低沸点溶剂过多，在急剧挥发的情况下，漆液流平前漆膜已经表干，造成漆膜粗糙。

为了防止橘皮现象的产生，喷涂时应控制好涂料温度、环境温度及涂料黏度，并调整好压缩空气气压及喷嘴风速，选用合适的配套溶剂，一次喷涂厚度应控制在 0.02～0.025m 左右。涂装后要在漆膜充分流平后烘干。另外，底层漆要打磨平整。

若出现轻度橘皮，干燥后用 400～600 号砂纸水磨，用粗蜡抛光后修补；若出现重度橘皮，应用 260～400 号砂纸水磨，再重新喷涂。

(9)泛白

施工时，漆膜浑浊或泛白色，溶剂挥发后形成脆弱、无光的(间或有光)半透明膜的现象，又称“白化”、“发白”，常发生于挥发性涂料(如硝基漆)的成膜过程中。

泛白产生的原因：一是由于施工环境潮湿、水分多，引起漆中树脂沉淀，或者在干燥过程中，溶剂挥发太快，周围温度剧降，空气中的水分凝聚在漆膜表面，使树脂或高分子聚合物析出而变白；二是施工工具设备带有水分或者溶剂中低沸点稀料较多且含有水分，使漆膜发白。

防止泛白的措施：可在溶剂中添加少许防潮剂；控制好施工环境温度和相对湿度，若环境温度达不到要求，可用红外线或加热器升温来解决；在出现泛白趋向时应停止喷漆；避免施工工具、涂粉溶剂中混入水分。

若发现大面积泛白，应用 500～600 号砂纸打磨后再喷涂；小面积轻度泛白可用粗蜡研磨后，再修补喷涂。

(10)渗色

指下层涂料被上层涂料的溶剂所溶解，底层油漆的颜色由于面漆溶剂作用而渗透于表面漆膜中的现象。

产生渗色的原因有：使用的面漆具有强力溶剂(如硝基漆、过氯乙烯漆等)，且当底层为红色、黄色的涂膜而面漆的颜色又不同时，容易产生渗色缺陷；二是喷枪或贮漆罐留有未洗净的可溶解颜粒并将漆料污染。

防止渗色产生的措施：在底层油漆与面漆间加涂一层虫胶清漆，以隔离染色剂，防止渗色；另外彻底清除车身附着的焦油、沥青等；喷涂时，一定要待腻子下层涂料干透后再喷面漆。

若出现轻度渗色，可用 400～600 号砂纸水磨，再用二液型涂料喷 1～2 层，再喷涂面漆。若出现严重渗色，可用 320～400 号砂纸水磨，用专用防浮色底漆喷 2～3 层，再喷面漆。

(11)腻子印

上层涂料使未干燥的腻子软化、膨起以及耐溶剂性底层与腻子间存在膨胀差，造成上层涂料显现腻子印迹的现象。

防止腻子印的措施：正确使用腻子固化剂的比例并使腻子充分干燥；不应在耐溶性弱的旧漆膜或底层上刮腻子，不要一次性厚涂中间层。

若出现严重的腻子印，应充分打磨后再喷涂。

(12)开裂

指涂膜产生开裂的现象。根据裂缝的形状和开裂程度，可分为细微裂、隙裂、龟裂、针状裂纹，还有一裂到底的玻璃状裂纹等。

产生开裂的原因有：面漆涂料的耐气候性差，尤其是耐温度性差、漆膜强度差，或上、下层涂料间伸缩性、软硬性差距大；下层涂料未干透就进行面漆涂装；涂料未加固化剂，使用了劣质、不适当的溶剂。

防止漆膜裂缝的措施：可选用耐气候性好、涂膜强度高的漆；底、面漆配套使用，其伸缩性、软硬性应相近；各涂层厚度要严格控制，不允许随意涂厚，下层涂料必须干透，同时应使用合适的溶剂。

若出现轻微裂缝，可将开裂的涂层打磨掉再重喷；有严重裂缝时，应铲除旧漆层再补修。

汽车的涂层特性和主要质量指标见表 7-10。

表 7-10　涂层特性和主要质量指标

涂层代号	涂层特性	涂层主要质量指标
KT1-1	涂层具有良好的防护性	漆膜外观：不允许露底和漏涂； 漆膜总厚度：不小于 10μm(电泳 20μm)； 机械强度：底漆附着力为 1 级，冲击强度不小于 4.9N·m，柔韧性为 1mm； 耐水性：浸泡时间为 300h，允许涂层表面变粗糙，但不应起泡； 耐盐水性：浸泡时间为 150h，允许 3 级起泡，无锈点。
KT1-2	涂层具有一般的防护性	漆膜外观：平整、不允许露底和漏涂； 漆膜总厚度：不小于 30μm； 机械强度：底漆附着力为 1 级，冲击强度不小于 4.9N·m，柔韧性为 1mm； 耐水性：浸泡时间为 200h，允许涂层表面变粗糙，但不应起泡； 耐盐水性：浸泡时间为 100h，允许 3 级起泡，无锈点。
KT2-1	涂层具有优良的防护性和机械性能	漆膜外观：平整、不允许露底和漏涂； 漆膜总厚度：不小于 50μm(底漆+面漆)； 机械强度：底漆附着力为 1 级，冲击强度不小于 4.9N·m，柔韧性为 1mm； 耐水性：浸泡时间为 400h，允许涂层表面变粗糙，但不应起泡； 耐盐水性：浸泡时间为 200h，允许 3 级起泡，无锈点。

（续表）

涂层代号	涂层特性	涂层主要质量指标
KT2－2	涂层具有良好的防护性和机械性能	漆膜外观：平整、不允许露底和漏涂； 漆膜总厚度：不小于50μm（底漆＋面漆）； 机械强度：底漆附着力为1级，冲击强度不小于4.9N·m，柔韧性为1mm； 耐水性：浸泡时间为300h，允许涂层表面变粗糙，但不应起泡； 耐盐水性：浸泡时间为150h，允许3级起泡，无锈点。
KT3－1	涂层具有优良的耐水性、耐盐水性及抗泥水和砂石冲击的机械性能	漆膜外观：平整、不允许露底和漏涂； 漆膜总厚度：不小于50μm（底漆＋面漆）；轮罩区附近裸露部件涂厚型封底涂料，厚度不小于2mm； 机械强度：底漆附着力为1级； 耐水性：浸泡时间为500h，允许涂层表面变粗糙，但不应起泡； 耐盐水性：浸泡时间为400h，允许3级起泡，无锈点。
KT3－2	涂层具有良好的耐水性、耐盐水性及抗泥水和砂石冲击的机械性能	漆膜外观：平整、不允许露底和漏涂； 漆膜总厚度：不小于50μm（底漆＋面漆）；轮罩区附近裸露部件涂厚型封底涂料，厚度不小于2mm； 机械强度：底漆附着力为1级； 耐水性：浸泡时间为400h，允许涂层表面变粗糙，但不应起泡； 耐盐水性：浸泡时间为300h，允许3级起泡，无锈点。
KT4－1	涂层具有优良的耐气候性、装饰性和机械性能	漆膜外观：光滑平整、光色均匀、分色清晰、不允许有颗粒，允许轻微“橘皮”，光泽度不低于90％； 漆膜总厚度：不小于60μm（底漆＋面漆）； 机械强度，面漆硬度HB级，底漆附着力为1级，柔韧性为1mm； 耐水性：浸泡时间为500h，允许涂层表面变粗糙，但不应起泡； 耐盐水性：浸泡时间为400h，允许3级起泡，无锈点 蒙皮内表面应有消声隔热涂层，厚度不小于2mm； 耐气候性：两年内涂层应完整（不起泡、不粉化、不生锈、不开裂），光洁度不低于60％（广州曝晒场）。
KT4－2	涂层具有良好的机械性能和装饰性，以及一般的耐气候性	漆膜外观：漆膜总厚度、机械强度、蒙皮内表面的要求与KT4－1的规定相同； 耐水性：浸泡时间为400h，允许涂层表面变粗糙，但不应起泡； 耐盐水性：浸泡时间为300h，允许3级起泡，无锈点 耐气候性：1年半内涂层应完整（不起泡、不粉化、不生锈、不开裂），光洁度不低于60％（广州曝晒场）。

（续表）

涂层代号	涂层特性	涂层主要质量指标
KT5	内装饰涂层	漆膜外观：光滑、平整、光色均匀、不许露底和严重流痕； 漆膜总厚度：不小于 50μm（底漆＋面漆）； 机械强度：底漆附着力为 1 级，冲击强度不小于 4.9N·m，柔韧性为 1mm，面漆硬度不低于 HB 级； 耐水性：浸泡时间为 300h，允许涂层表面变粗糙； 耐盐水性：浸泡时间为 200h，允许 3 级起泡，无锈点； 耐气候性：1 年半内，漆膜应完整（不起泡、不粉化、不开裂）（广州曝晒场）。
KT6	用于恢复焊接中被破坏的底漆涂层	漆膜外观：封闭良好（无露底、无漏涂）与未损伤漆膜，搭接不小于 20mm； 漆膜厚度：不小于 40μm。
KT7	特殊涂层	漆膜外观：均匀、不许有针孔、不露底； 漆膜厚度：不小于 40μm； 耐酸性：浸在相对密度为 1.32、浓度为 40％硫酸中 48h，漆膜无变化； 耐油性：浸在 RQ－70 号汽油（GB1734）中 48h，漆膜无变化。
KT8	密封性防蚀涂层，具有良好的隔水、防尘、密封作用	涂层外观：均匀、不允许有严重流痕； 涂层厚度：2～3mm； 与底层或金属表面结合良好。

思考与练习

7-1　简述车身与车架损耗检验方式和检测内容。

7-2　简述车身骨架的检验方法和检验内容。

7-3　简述车架或底架的帮补修理与挖补修理的工艺要求。

7-4　如何对损伤的骨架进行校正和加固？如何对损坏的蒙皮进行修理？

7-5　涂装前应进行哪些表面处理工作？

7-6　车身涂料由哪些部分组成？各自的作用与特点是什么？

7-7　汽车车身的涂装工艺包括哪些内容？

7-8　车身涂装时常见的涂层缺陷有哪些，如何预防？

第八章 汽车电子电器维修

学习目标：本章主要介绍汽车电子点火系统、启动系统、照明系统和电子控制装置的修理工艺。重点掌握上述总成的检测方法和修理工艺过程。

汽车电子电器设备是汽车的重要组成部分，其性能好坏直接影响汽车的动力性、经济性、可靠性与安全性等方面。汽车技术发展至今，几乎所有的机械装置都由电子装置或计算机控制。在维修汽车各系统时，很难将机械修理与电器系统修理完全分开，这就要求汽车机械修理工必须掌握电子电器修理技能，而汽车电工也必须了解机械系统原理。现今汽车维修过程中，机械和电器系统故障的最终排除，基本上还是采用更换零件的办法，因此，与传统维修过程相比，准确判断故障原因就显得更为重要。

第一节　汽车电子点火系统故障诊断

电子点火组件也称电子点火系统。它主要由半导体元件（三极管、可控硅、集成电路等）组成的电子开关电路，其主要作用是根据点火信号发生器发生的点火脉冲信号，接通和断开点火线圈初级电路，起着传统点火系统中的断电器触点的作用。

一、诊断电子点火系统故障的一般技巧

无触点电子点火系统一般不需经常维修保养，只需定期做少量的保养工作。但如果发动机不能发动，怀疑是电子点火系统有问题时，可从分电器盖上拔出中央高压线，并使其距气缸体 5～7mm，启动发动机，观察其线端的跳火情况，若不跳火，则说明该点火系统有故障。此时应对传感器和电子点火器以及点火线圈等进行检查，必要时，要修理和调整。

1. 检查、调整信号转子凸齿与传感铁芯间的间隙

对于磁电式（磁脉冲式）传感器来说，其信号转子凸齿与传感铁芯之间的空气间隙，因发动机的类型不同而有所差异，一般为 0.2～0.4mm（0.008～0.016in）。检查时，可用塑料厚薄规测量，如图 8-1 所示。若其间隙不符合要求，可松开螺钉 A 和 B，并以 A 螺钉为支点，稍稍移动螺钉 B，直到符合规定为止，如图 8-2 所示。

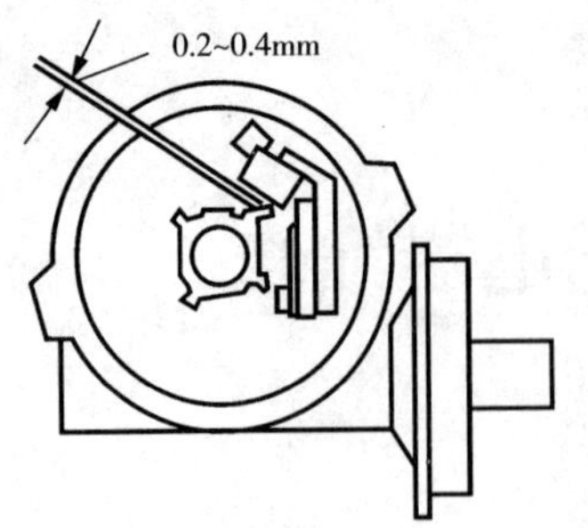

图 8-1　用塑料厚薄规测量凸齿与传感铁芯间的间隙

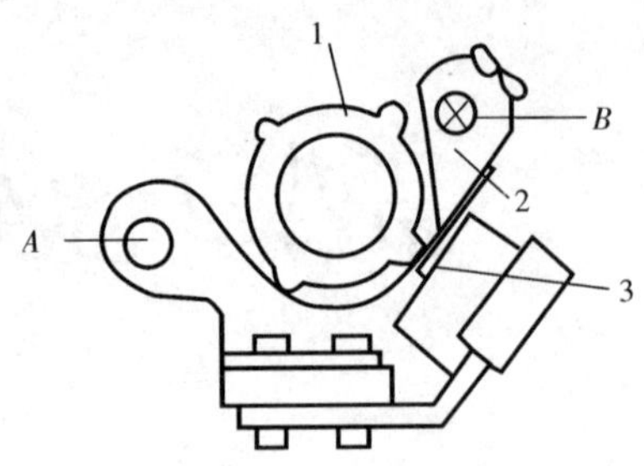

图 8-2　凸齿与传感铁芯间的间隙调节

2. 检测传感线圈电阻值

检测传感线圈的电阻值，应该把线圈从线束连接器上拆下来，用万用表欧姆档测量。不同类型的轿车，其传感线圈的电阻值可能不同。若电阻为无穷大，则表明有断路故障，首先应该检查接插件的焊接处，然后再检测传感器是否断路；若其电阻过小，则表明传感器线圈有短路故障，应排除或更换传感器线圈。

3. 电子点火控制器的检测

(1) 一般检查

一般检查包括外观检查和用欧姆表测量其输入端的电阻，以及用电流表测量线路电流等。

① 外观检查。将电子点火控制器从分电器或点火线圈上拆下，松开连接线或插接器，仔细检查各引出端导线，看其是否良好，有无异常现象。

② 测量输入电阻。不同型号的电子点火控制器电路各不相同，其输入电阻值因电子点火控制器电路不同而不同。例如 JKF 型晶体管点火器，其输入电阻为 3kΩ。检测时，若发现此电阻值很大，应检查各插接件的焊点是否良好，其屏蔽线有无断路；若发现此电阻值过小，应仔细检查电路的各个部分，并尽快判明是因某处搭铁还是由于电子元件器件击穿损坏而短路。

(2)用干电池检查点火线圈

在电子点火控制器的输入端接上一节电压为 1.5V 的干电池，输出端接至点火线圈和点火开关，并用万用表监测点火线圈一次侧与附加电阻上的电压。如果此电压接近 0V 或者接近 12V，说明电子点火控制器良好；否则说明有故障。

(3)跳火法检查

用起子碰刮传感器，若每次碰刮，点火线圈高压总线都能跳火，则说明该电子点火控制器工作状况良好，否则就要对点火控制器进一步检查。

4. 蓄电池点火系统故障诊断

轿车在运行中，蓄电池点火系统发生故障是汽油机比较常见的故障。其特点是故障发生得比较突然，比较复杂。常见故障是低压、高压电路和点火正时失准，致使发动机出现不能启动、动力不足、发动机工作异常、燃料消耗增加和行驶过程中熄火等现象。

(1)发动机不能发动的故障诊断

发动机因点火系统故障不能启动时，首先要确定故障是在低压电路还是高压电路，或是

高低压电路综合故障,然后再找出故障的确切部位,予以排除。

① 低压电路的故障诊断

低压电路出现故障会导致一次侧电流断路或减弱,造成发动机不易启动。诊断方法是利用电流表动态值判定故障所在的部位。具体操作方法为:接通点火开关,启动发动机或摇转曲轴,观察电流表指针变化。若电流表指示放电 3～5A 并间歇摆回"0"位,表明低压电路工作正常。若电流表出现以下三种状态:指针停在"0"位不动,指针在 3～5A 不动,指针在 10A 以上,都可认为电流表动态异常,说明低压电路有故障。

② 高压电路故障诊断

将某一缸高压线在离火花塞上端 3～5mm 处试火,若无火或火花强且在启动期间有异常,如排气管放炮、化油器圈火和曲轴反转等,即为高压电路故障。

③ 高低压电路综合故障诊断

电流表动态正常,高压线火花甚弱,此时可拔去中央高压线(用启动机带动曲轴或手摇柄转动曲轴)试火,若火花强表明故障在高压电路,若火花弱表明故障在低压电路。

(2)点火正时的检查与调整

检查点火正时是否准确,这关系发动机的动力性和经济性好坏。要使发动机获得最有利的点火提前角,必须经常检查断电器的点火装置,使之保持良好的技术状况,能随发动机工况(转速与负荷)的变化而做出相应变化。维修时必须正确校准点火正时。

① 点火正时的检查方法一般有两种:动态正时法和静态正时法。

a. 动态正时法,即根据发动机运转声响的变化来检查点火正时。

原地启动发动机,将发动机转速稳定在 600～800r/min 左右。拧松分电器壳固定螺钉,用手轻轻按顺时针或逆时针方向旋动分电器壳体,倾听发动机转速和声响的变化。如果发动机转速突然增高或降低,应立即将分电器壳体慢慢地反向回转,直至发动机声音正常、运转稳定,旋紧分电器壳体紧固螺钉。

轿车在行驶中突然加速,试听发动机声响。当轿车在平路上用直接挡以 30～80km/h 的车速行驶时,突然踩下加速踏板,如点火正时准确,在突然加速时,可听到轻微的金属敲击(爆震声),瞬时声响消失;如点火时间过早,则在突然加速时爆震声很大,且不消失;如听不到震声,急加速时,转速不能立即增高,则表明点火时间过迟。

b. 静态正时法,即发动机在不运转时进行点火正时的检查。

将发动机摇至第一缸压缩行程终了后,观察飞轮上的记号与飞轮壳上时记号是否对正;同时观察断电器触点是否正好被顶开,分火头是否正对第一缸的高压线接头,若不符合,应予以调整。

② 校准点火正时的操作步骤

a. 先检查断电器触点间隙是否达到标准范围。触点间隙的大小,不但影响火花的强弱,而且影响触点闭合的早晚,也影响点火时间。若在调整点火正时后,再去调整触点间隙,即使是微小的变化,都会破坏已调整好的电器触点间隙,断电器触点的正常间隙为0.35～0.45mm。

b. 用手柄摇转发动机,使第一缸活塞处于压缩行程上止点的位置。具体方法是先拆下第一缸的火花塞,用手指堵住气缸盖上的火花塞孔,摇转曲轴,当感到有较大气压时,查看正时标记或指针是否与规定的符号对准。

c. 有辛烷值选择器的，应将辛烷值调整在“0”刻度位置上。

d. 拧松断电器壳体上固定螺钉，并拔下分电器盖上的中央高压线，使其端头距缸体3～4mm。接通点火开关，然后将分电器外壳沿轴的正常方向旋转，使触点闭合。再反向转动外壳，到总高压线端头和缸体之间跳火为止，此时触点刚刚处于分开位置。

e. 旋转分电器壳体上的紧固螺钉，装回火花塞，查看分火头所处的位置。将1缸高压线插入正对分火点旁电极的插孔内，然后按断电器轴的旋转方向和点火顺序，依次插好各缸的高压线。一般六缸发动机的点火顺序为1—5—3—6—2—4。四缸发动机的点火顺序为1—2—4—3或1—3—4—2。有的车型点火顺序与上述不同，以制造厂的说明书为准。

f. 发动机检查。启动发动机至正常水温，突然加速，若此时发动机不发出短促而轻微的爆震声，则表明点火时间过迟，若爆震声严重，则表明点火时间过早。此时，可稍微转动分电器外壳并予以调整，直到合适为止。

g. 轿车发动机的点火时间，必须按照具体的情况调整。当发动机的技术状况和轿车运行条件有变化时，应根据情况适当调整。

使用辛烷值较高的汽油时(即优质汽油)，应将点火时间略微提早；反之，则应推迟，以防爆震。

天气寒冷时点火时间应稍微提前，天气炎热时适当推迟。

发动机气缸压力降低后(如行驶已久未进行大修的发动机)一点火时间应稍提前。

发动机的压缩比提高后，应将点火时间适当推迟。

二、典型点火系统故障诊断

1. 桑塔纳轿车JV型点火系统的故障诊断

(1)模拟霍尔信号发生器动作检查高压电路

关掉点火开关，打开分电器盖，转动曲轴，使分电器触发叶片不在霍尔集成块与永久磁铁之间的间隙中。拔出分电器盖上的中央高压线，使其端部距离气缸体5～7mm，将点火开关开到点火位置，用小起子在霍尔信号发生器的中间轻轻地插入和拔出，模拟触发叶轮叶片在间隙中的动作。

若此时高压线端部有高压火花产生，则表明霍尔信号发生器或点火控制器、点火线圈及连接导线性能良好，而故障在高压电路。若无高压火花，则表明霍尔信号发生器或点火控制器以及低压电路连接导线有故障，应分别诊断低压电路和高压电路。

无高压火花的原因是由分电器霍尔信号发生器损坏、点火开关及点火控制器损坏以及点火线圈一次线圈断路等引起的。

(2)低压电路的检查

① 首先检查点火系统各导线连接是否良好。若出现松脱、插接件锈蚀等问题时，应及时修理。

② 检查点火线圈电阻值。断开点火开关，拆下点火线圈上所有导线，用万用表测量点火线圈一次、二次绕组的电阻值。其一次绕组为0.52～0.76kΩ，二次绕组为2.40～3.50kΩ。若测得的电阻值与正常值不符，则应更换点火线圈。

③ 检查点火控制器和霍尔信号发生器。断开点火开关，拔下配电器盖上的中央高压线，并使其端部距离气缸体5～7mm，拔下配电器信号发生器线束插头。用一根检查导线，

一端接在信号线接头，另一端搭铁。接通点火开关，观察导线搭铁时，中央高压线端部是否跳火。若不跳火，则表明点火控制器或与其连接的导线有故障；若跳火，则表明点火控制器良好，故障在霍尔信号发生器。

④ 确诊霍尔信号发生器。拔出配电器上的中央高压线，并使其搭铁，拔下点火控制器连线插头上的橡皮套管，用万用表测量点火控制器“6”和“3”号接柱之间的电压，如图 8-3 所示。接通点火开关，缓慢转动发动机曲轴，使霍尔信号发生器的触发叶轮的位置发生变化。这时，电压表指示数值应在 0～7V 之间变化。曲轴转两圈，电压变化 4 次，且峰值电压应不低于 3V。若低于 3V，则为霍尔信号发生器发生故障，应更换霍尔信号发生器。

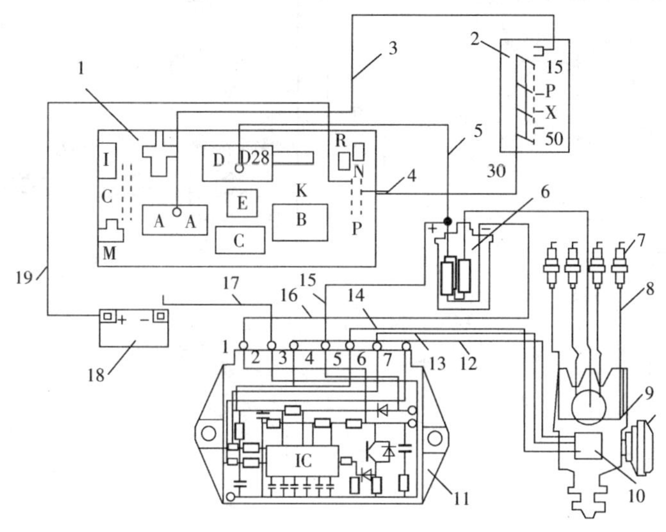

图 8-3　桑塔纳轿车分电器点火系统电路示意图

1—中央电器板；2—点火开关；3—黑色导线(由中央电器板 A8 接点至点火开关)；
4—红色导线；5—黑色导线(由中央电器板 D28 至点火线圈“+”接线柱)；6—点火线圈；
7—火花塞；8—高压线；9—分电器；10—霍尔信号传感器；11—电子点火传感器；
12—棕/白色导线；13—绿/白色导线；14—红/黑色导线；15—黑色导线；
16—绿色导线；17—棕色导线；18—蓄电池；19—红色导线

2. 别克轿车点火系统的故障诊断

该车点火系统采用了无触点刀己分电器(直接)电子点火系统，由点火控制模块(ICM)控制整个点火过程，ICM 相对独立于动力控制模块(PCM)，它可向 PCM 提供燃油信号和点火信号。

如图 8-4 所示为轿车点火电路，点火系统由 3 个点火线圈、铂金火花塞、点火控制模块(在点火线圈组件下)、曲轴位置传感器、高压线等组成。为了更精确地控制点火正时，PCM 通过发动机的 2 个曲轴位置传感器和 1 个凸轮轴位置传感器监控并测量发动机转速，然后计算出曲轴所转过的准确角度，在适当的时候经点火控制模块去触发点火线圈，产生点火高压；爆震传感器监测发动机的爆震情况，并及时向 PCM 发出爆震信号，以便延迟点火正时。每个点火线圈同时为 2 个气缸(即 1—4、2—5、3—6 缸)提供高压电火花。

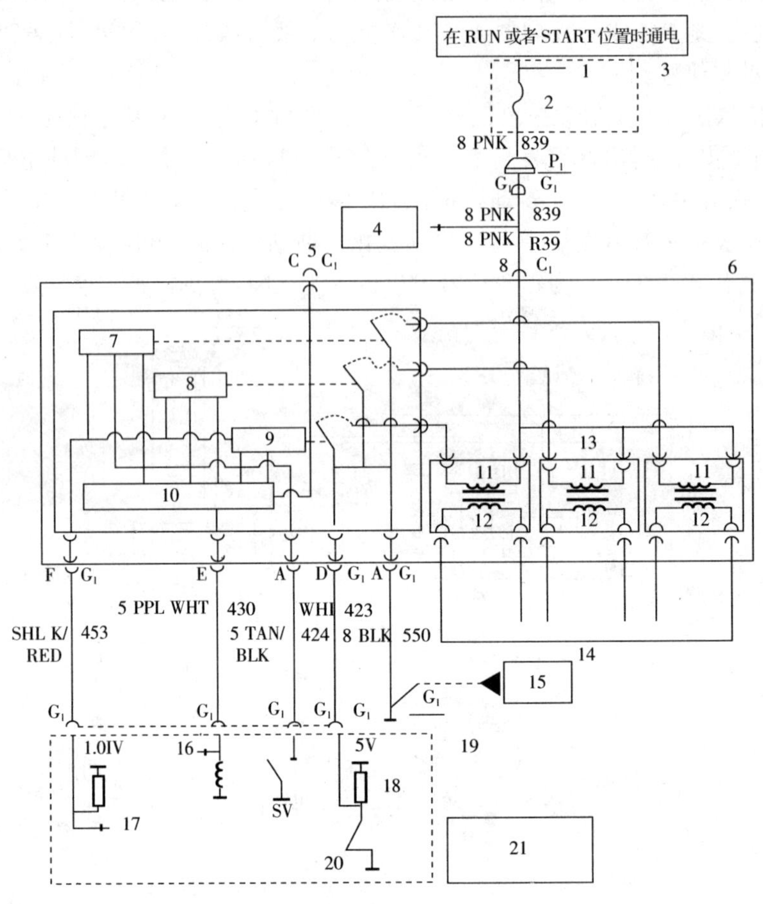

图 8-4　别克轿车点火电路

1—电源；2—熔断器(20A)；3、4—熔断器盒；5—未用；6—电子点火系统；7—开关 A；8—开关 B；9—开关 C；10—电子点火器(ECU)；11——次侧绕组；12—二次侧绕组；13—点火线圈组件；14—至火花塞；15—搭铁分布；16—点火参考电压脉冲输入(高)；17—点火参考电压脉冲输入(低)；18—点火控制信号输出；19—动力控制模块(PCM)；20—点火控制旁路；21—接头识别

(1)低压电路故障诊断

① 检查转速参考电路

关闭点火开关，装好诊断仪，拔下点火控制模块，将试灯与蓄电池电源连接，接通点火开关，短暂触及点火控制模块线束插接器上的转速参考线插脚端子，这时观察诊断仪。当发动机启动时，若能显示转速，则表明点火控制模块失效或点火模块的连接线束松脱。若无转速显示，则可能是转速参考电路断路或动力系统控制模块(PCM)失效，应予以检修排除。

② 检查点火控制模块

切断点火开关，拔下二线点火控制模块插头，将测试灯连接在点火模块线束插头的两个插脚上，若测试灯亮，则检查曲轴位置传感器。若测试灯不亮，则可将测试灯一端接地，另一端接点火模块插脚“B”，这时，若测试灯仍不亮，则表明点火模块电源供应电路有故障，应检

修排除。若测试灯点亮，则表明点火模块插脚“A”与发动机接地之间的线路有断路，应检修或更换。

③ 检查曲轴位置传感器

拔下点火模块上的曲轴位置传感器二线插头，用欧姆表 R×1kΩ 挡，测量曲轴位置传感器两插脚之间的电阻值，若电阻值在 900Ω～1.2kΩ 范围内，则表明曲轴位置传感器良好；若低于 900Ω 时，则表明曲轴位置传感器导线短路或曲轴位置传感器有故障，应检修或更换；若电阻值大于 1.2kΩ 时，则是曲轴位置传感器连接线路断路或传感器失效，应检修或更换传感器。

④ 检查点火线圈一次线圈电阻

将点火开关置于“OFF”位置，用万用表 R×1Ω 挡测量点火线圈一次绕组的电阻值，其电阻值应为 0.5～0.8Ω。若此值不符合规定，则应更换点火线圈。

⑤ 检查动力系统控制模块(PCM)状况

关闭点火开关，拔下点火模块插头，装好诊断仪，接通点火开关，将与蓄电池电源连接的测试灯触及点火模块线束的转速参考插脚时，观察诊断仪。当启动发动机时，若诊断仪上能显示转速，则可能是动力系统控制模块(PCM)失效，应更换 PCM。

(2)高压电路故障诊断

① 检查点火线圈二次侧的电阻值

拆下点火线圈，用万用表 R×1kΩ 挡测量点火线圈二次侧的电阻值，其值应为 10kΩ，若电阻值不符合要求，则应更换点火线圈。注意，必须使用高阻抗万用表(万用表内阻不小于 10kΩ/V)，否则，容易损坏点火控制器。

② 检查高压线的电阻值

用万用表测量点火线圈的两根高压线的电阻值，其电阻值均应小于 10kΩ。若电阻值不符合规定要求，则应更换高压线。

③ 检查火花塞是否损坏

将被测缸的高压线接在火花测试仪上，并在启动发动机时观察测试仪的气隙是否跳火，若跳火，则说明火花塞损坏或机械部分有故障，应检修或更换火花塞。若不跳火，则应关闭点火开关，拔下不跳火点火线圈的另一根火花塞高压线，并在火花塞处搭铁，然后启动发动机，观察测试仪气隙处是否跳火，若跳火，则应更换被高压线搭铁的那只火花塞。

(3)检查点火正时

点火正时的控制是根据发动机转速、点火参考信号、冷却水温度、进气温度、节气门开度、爆震状况、车速、进气流量和压力、变速器挡位等信号来确定的。若点火正时不符合要求，则应按规定的程序调整。

三、点火装置常见故障原因与排除

点火装置常见故障原因与排除见表 8-1。

表 8-1　点火装置常见故障原因与排除

故障现象	故障原因	排除方法
火花塞跳火过弱	(1)接线头接触不良； (2)火花塞积炭严重或拧紧力矩过大引起裂纹； (3)火花塞绝缘体破损而漏电； (4)分电器盖烧蚀或有裂纹； (5)高压线绝缘皮被击穿漏电； (6)防干扰电容器损坏	(1)检查接线头，确保接触良好； (2)清除积炭或更换火花塞； (3)更换火花塞； (4)修磨或更换分电器盖； (5)更换高压线； (6)更换防干扰电容
火花塞不跳火	(1)线路断路或接头松脱； (2)高压线未插到位； (3)点火模块损坏； (4)火花塞损坏	(1)检修线路及接头； (2)将高压线插好； (3)更换点火模块； 更换火花塞
离心提前装置工作不良	(1)拉紧弹簧拉力过大或过小； (2)弹簧折断	(1)调整弹簧张力； (2)更换弹簧
真空点火提前装置工作不良	(1)与化油器连接管破损； (2)真空模盒工作异常或损坏	(1)更换连接管； (2)更换真空模盒

【例 8-1】 一汽 1.6L 花冠轿车，点火不正常。

维修过程：

该车采用直接点火系统(DIS)，配置有 4 个带点火器的点火线圈，点火线圈包围着点火器，火花塞与点火线圈为一体。点火线圈和点火器连接电路如图 8-5 所示。

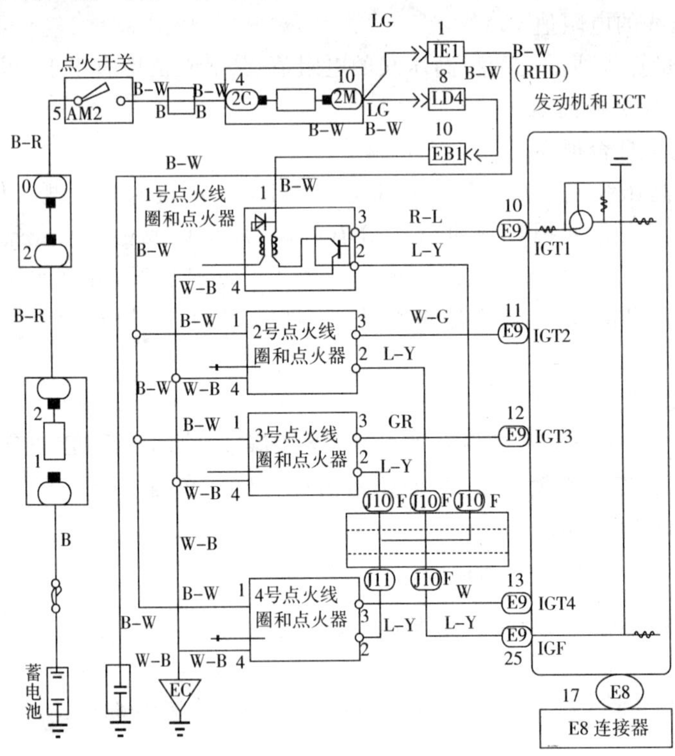

图 8-5　花冠轿车点火线圈和点火器连接线路

解码器读取的故障代码为P1300、P1305、P1310、P1315，说明1、2、3、4号点火器电路发生故障，原因可能是：1、2、3、4号点火线圈有故障；1、2、3、4号点火线圈与发动机ECU间的IGF电路短路或断路；1、2、3、4号点火线圈与发动机ECU间的IGT1、IGT2、IGT3、IGT4电路短路或断路；或发动机ECU有故障。

(1)检查发动机ECU与点火线圈间的配线和连接器。脱开4个点火线圈连接器，脱开发动机ECU连接器E9，检查发动机ECU导线侧连接器E9端子25(IGF)与各点火线圈导线侧连接器端子2(IGF)间的电阻为0.85Ω。检测发动机ECU导线侧连接器E9端子25与发动机ECU导线侧连接器E8端子17(E1)间的电阻为1MC2。其检查结果基本正常。

(2)检查发动机ECU。脱开各点火线圈连接器，将点火开关转至"ON"位，检测发动机ECU连接器E9端子25和发动机ECU连接器E8端子17间的电压为4.5～5.5V，属于正常。

(3)检查发动机ECU与点火线圈间的配线和连接器。脱开各点火线圈连接器，脱开发动机ECU连接器E9，检测发动机ECU导线侧连接器E9端子10(IGTl)与1号点火线圈导线侧连接器端子3间、发动机导线侧ECU连接器E9端子11(IGT2)与2号点火线圈导线侧连接器端子3间、发动机ECU导线侧连接器E9端子12(IGT3)与3号点火线圈导线侧连接器端子3间、发动机导线侧ECU连接器E9端子13(IGT4)与4号点火线圈导线侧连接器端子3间的电阻，正常情况下，电阻值均应不大于1Ω。实际测量结果是电阻值不稳定，时大时小，估计其线路中有接触不良之处，采取修理或更换配线的方法即可排除故障。

【例8-2】 奇瑞QQ(SQR7110)轿车，早晨启动上路的几分钟后行驶出现"发顿"现象。

维修过程：

根据故障现象分析，可能的故障原因有：高压断火、线路接触不良、水温传感器信号不良、凸轮轴信号不良、燃油供给出现短暂中断、发动机控制单元的供电和搭铁短暂中断等。

首先检测发动机控制单元的供电和搭铁均正常。于是，在点火线圈插头上同时安装两个二极管试灯(一个用来检测供电电压，另一个检测点火信号)。同时，从凸轮轴位置传感器和水温传感器引出信号线，接于驾驶室内的波形分析仪上。做好准备工作后，开始试车做模拟试验。车辆行驶6min后，故障现象出现。这时观察两个试灯，其中一个试灯常亮，说明点火线圈一次供电正常；另一个试灯闪烁，说明有点火信号输出。观察示波器，水温波形信号正常，但凸轮轴出现不规则波形。马上熄火停车，换上新分电器(该车的凸轮轴位置传感器在分电器内部)，再试故障现象消失。

从维修实践过程中发现，分电器式凸轮轴位置传感器因潮气、高温等因素，容易使分电器内部的霍尔元件在特定条件下性能不稳，造成在行驶过程中无规则自动熄火、发顿、加速不良等故障现象。

【例8-3】 富康AL型轿车，车辆启动困难，点火后转速不稳，排气管冒黑烟，动力较差。

维修过程：

根据发动机转速不稳和抖动的现象，估计发动机有缺缸故障，即个别缸未工作。为验证这个初步判断，采用断缸试火方法，即依次拔起分缸线，听诊发动机响声变化，初步诊断第3缸工作不良或不工作。第3缸在跳火试验时火花较弱，推断第3缸火花塞或该缸分缸高压线有故障(其他缸跳火无此现象，说明不会是分缸线以前的点火元件问题)。

因火花塞拆下便于目测诊断，决定先行拆卸第3缸火花塞判断，火花塞绝缘瓷体已炸裂，电极熔化，这便是第3缸不工作的故障原因。

更换第3缸火花塞，并对其他各缸火花塞也进行检查后试车，原有故障消失。

火花塞烧损是发动机其他故障引起的结果，仅这辆车引起火花塞烧损的原因有：使用时间过长，火花塞性能衰退；车主使用了不合格燃油，发动机有长期过热。

该车虽是电喷车，但故障检验首先按传统车型进行诊断，这样才能迅速正确地排除故障，而不必大费周折。如果先对电喷控制系统传感器、电路进行检测，这样会使问题复杂化，难以迅速找到故障部件。火花塞的过热、油污、积炭、烧损等故障，电喷自诊断系统无法检测，也无故障存储码和显示。对火花塞性能缺陷，可用外观检查或用换件法（换上一只新火花塞进行试车）对比试验，便可判定优劣。

第二节　汽车启动系统故障诊断

启动系统包括蓄电池、启动机、继电器、连接导线等。其故障有电气方面的，也有机械方面的。现以EQ1090F所用启动机为例，分析故障现象及其原因。如图8－6和图8－7所示。

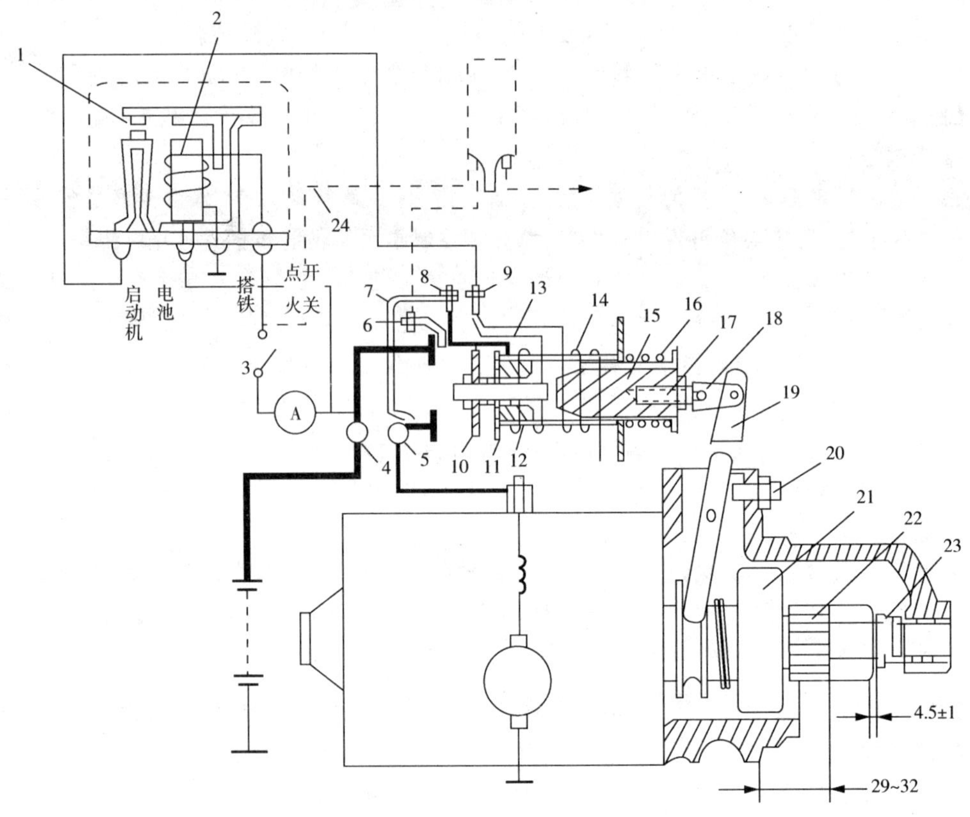

图8－6　QD124型启动机的电路

1—启动继电器触点；2—启动继电器线圈；3—点火开关；4、5—启动机开关接线柱；6—点火线圈附加电阻短路接线柱；7—导电片；8—接线柱；9—起动机接线柱；10—接触盘；11—推杆；12—固定铁心；13—吸引线圈；14—保持线圈；15—活动铁心；16—复位弹簧；17—调节螺钉；18—连接片；19—拨叉；20—定位螺钉；21—滚柱式单向离合器；22—驱动齿轮；23—限位螺母；24—附加电阻线（白线1.7Ω）

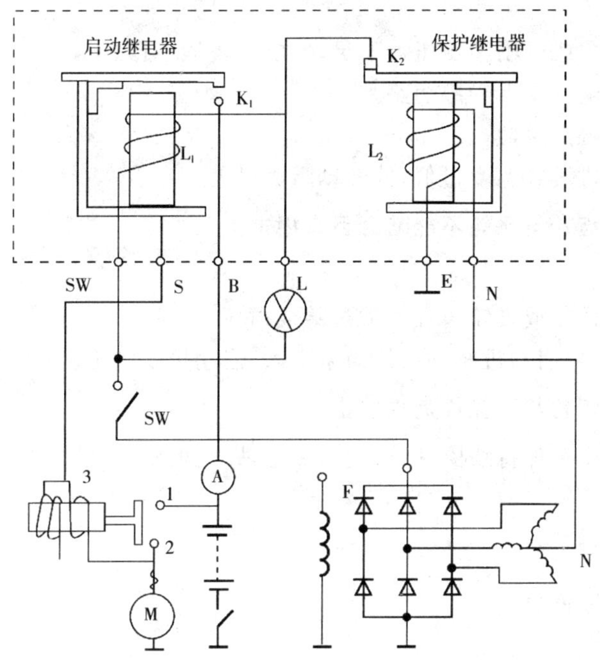

图 8-7　JD136 型起动复合继电器

一、启动机不转动

1. 原因

(1)蓄电池存电不足,电线接头松动或极柱太脏。

(2)启动机电磁开关触点烧蚀或调整不当而未闭合。

(3)磁场绕组或电枢绕组断路、短路或搭铁。

(4)绝缘电刷搭铁,或电刷在电刷架内卡死,弹簧折断。

(5)电磁开关中的吸引线圈断路、短路。

(6)启动继电器的触点不能闭合,或触点烧蚀、油污,保护继电器的触点烧蚀、油污。

2. 故障诊断方法

(1)首先检查蓄电池充电情况和导线连接情况。若蓄电池存电充足、接线良好,则故障出在启动机、电磁开关或复合继电器。

(2)用螺丝刀连接启动机两接线柱 1 和 2,启动机不转动,则故障在启动机内部,用螺丝刀短接时无火花,表明启动机内部有断路。若有强烈火花,但启动机不转,则表明启动机内部短路或搭铁。应拆下启动机进一步检修。

(3)检查启动机电磁开关。用螺丝刀短接启动机火线接线柱 1 与电磁开关接线柱 3,若启动机不转,说明电磁开关有故障,应拆开检修。

若启动机转动,说明电磁开关正常,再检查复合继电器。

(4)检查启动继电器。用螺丝刀短接接线柱 S 与 B,启动机转动,说明启动继电器有故障,可用砂条打磨其常开触点 K_1,或拆下检修。

二、启动机运转无力

若电池存电良好,线路也正常,而启动机运转无力,则原因可能是:

(1)换向器过脏。

(2)电刷磨损过多或电刷弹簧压力不足,使电刷接触不良。

(3)磁场绕组或电枢绕组局部短路。

(4)启动机开关触点烧蚀。

(5)发动机装配过紧或温度过低,使转动阻力过大。

三、启动机驱动齿轮与飞轮不能啮合且有撞击声

原因:

(1)启动机驱动齿轮或飞轮齿环磨损过甚或损坏。

(2)开关闭合过早,启动机驱动齿轮尚未啮入,启动机就已旋转。

四、启动机驱动齿轮与飞轮周期性撞击

原因:电磁开关中的保持线圈断路、短路或搭铁不良。

五、启动机空转

原因:单向离合器打滑。

六、单向离合器不回位

原因:

(1)复合继电器中的启动继电器触点烧蚀。

(2)电磁开关中触点与接触盘烧蚀。

(3)复位弹簧失效。

(4)蓄电池容量不足,齿轮啮合后不运转。

(5)启动机安装不牢,电机轴线倾斜。

七、失去自动保护性能

发电机启动后,驾驶员不松开钥匙,启动机不能自动停止运转,充电指示灯也不熄灭。发动机运转过程中,将启动开关扭至起动挡位,则发出齿轮撞击声,说明已无保护功能。

(1)充电系统发生故障,发电机中性点无电压。

(2)发电机接线柱 N 至复合继电器接线柱 N 的导线断路或连接不良。

(3)复合继电器中保护继电器的触点烧蚀,或磁化线圈断路、短路、搭铁。

(4)复合继电器搭铁不良。

第三节　汽车照明与信号装置的维修

一、照明系统故障诊断

1. 用试灯检查照明电路的方法

(1)照明电路断线的检查

检修灯光电路时最好自制一个"试灯",根据实际需要,用一只 12V(或 24V) 2.5W 的车用灯泡,一端引线焊一只铁夹,另一端引线焊一颗硬触针。检查时,试灯的一端夹在车架上(搭铁),接通照明灯开关,试灯另一端依次与蓄电极正极到待检修照明灯之间各连接点接

触。如果试灯亮，再与下一个连接点接触……直至发现试灯不亮为止，则断路处即在最后试灯亮的点与试灯不亮的点之间。

(2)照明电路搭铁的检查

当接通照明灯开关时，熔断器立即烧断，说明灯系线路有短路故障，其短路搭铁部位在灯开关与灯泡之间。

灯光电路短路搭铁故障仍然可用“试灯法”检查。首先断开灯的搭铁线及灯开关连接处导线，然后将试灯一端与蓄电池正极连接，另一端与待检修灯的线头相连接。如试灯亮，说明有搭铁部位存在，此时可逐个拆开从灯开关到灯之间导线上的各个接点，如果试灯熄灭，则搭铁故障发生在灯灭时拆开点与上一个拆开点之间。

2. 前照灯常见故障诊断

前照灯常见故障诊断如表 8-2 所示。

表 8-2　前照灯常见故障及排除方法

故障现象	故障原因	排除方法
两侧大灯均不亮	灯泡开关前电源线路断路或搭铁；主线路熔断器熔断或总开关熔断器触点接触不良	检查灯丝、熔断器、电路配线；修磨触点或者总开关总成
普通前照灯远近光不全	变光开关损坏；导线断路；灯泡中某组灯丝烧断	按“变光开关→熔断器→灯丝线路及灯丝”的检修程序检查
左右前照灯亮度不同	双丝灯泡搭铁不良；灯泡插头松动或锈蚀；反射镜积有灰尘或被氧化；两侧灯泡的功率不同	先检查左右两侧灯泡的功率；用电源短接法判断故障部位；用压缩空气消除灰尘或更换反射镜
电子控制前照灯远近光不全	电子自动变光器损坏或工作不良；远光灯导线或近光灯导线有一根断路；双丝灯泡远光灯丝或近光灯丝有一根烧断	用螺丝刀或导线将自动变光器上的电源接柱与不亮灯的导线接柱短接，判断故障在自动变光器之后或之前，再进行检修
电子控制前照灯远近光全不亮	电子自动变光器损坏或工作不良；前照灯熔断器烧断；远光灯和近光灯连接导线全部断路或接触不良；前照灯搭铁不良	检查前照灯熔断器是否熔断；检查灯泡；检查自动变光器是否损坏

【例 8-4】 夏利 TJ7100 型轿车，前照灯均不亮。

维修过程：

该车在磨合期间出现电气故障，经某电气维修部检修后，出现夜间行车时打开小灯开关发光正常，可是打开前照灯开关时，两前照灯均不亮，变为远光后也不亮。该车是新车，所以线束故障可能性很小，暂时先不考虑。经分析，故障主要原因有：蓄电池易熔线烧断；组合开关损坏或导线断路（火线或搭铁线）；集线盒内部短路；两前照灯灯泡同时烧毁。

首先检查蓄电池易熔线，外观没有异常，用万用表测量，导通状况良好。对组合开关、集线盒、前照灯灯泡均进行测量，未发现异常现象。

将两个前照灯插接器拔掉，用一根长导线一端与蓄电池正极相连，另一端与前照灯灯泡任意一个插头相接，再用一根导线，一端搭铁，另一端与前照灯灯泡其余两个接线柱相接，结果两次试验前照灯灯泡均发光正常，说明两前照灯无故障。打开前照灯开关，用万用表测量近、远光的供电电压(万用表的负表笔直接与车身搭铁)，均为12V。然后将万用表负表笔与前照灯开关引出的搭铁线相接，测量供电电压为0V，说明两前照灯搭铁线断路。

查阅夏利轿车电路原理图，前照灯电流回路是：蓄电池正极→易熔线→前照灯开关→前照灯灯丝→变光开关→搭铁→蓄电池负极。前照灯灯光是通过组合开关中变光器后引出搭铁的，于是，采用顺藤摸瓜的方法查找，将组合开关输入输出插接器拨开，解体组合开关，找到变光器，发现变光器引出的搭铁线脱焊，用电烙铁将其焊牢，然后用万用表测量其导通状况。确认良好后进行组装，通电试验，故障排除。

二、信号系统常见故障诊断

1. 信号灯常见故障原因及排除方法(表8-3)

故障现象	故障原因	排除方法
两侧转向灯同时亮	转向灯开关失效	检查转向灯开关
两侧转向灯闪烁频率不同	两侧灯泡功率不同;有灯泡坏	检查灯泡
转向灯常亮不闪烁	闪光器损坏;接线错误	检查闪光器及接线
转向灯闪烁频率过高或过低	低频功率不当;闪光器故障;电源电压不正常	检查灯泡;检查闪光器;调整电压调节器
转向灯不工作	熔断器烧断;线路断路或短路;闪光继电器损坏;转向开关损坏	分别检查熔断器、线路、闪光继电器和转向开关
倒车灯不工作	灯泡损坏;倒车灯开关损坏;线路断路	分别检查灯泡、倒车灯开关和线路
尾灯和牌照灯不亮	熔断器断;灯光控制开关故障;配线或接地故障	更换熔断器;检查灯光开关，必要时更换;检修线路
停车灯不亮	熔断器断;停车灯开关故障;配线或接地故障	更换熔断器;调整或更换开关;检修电路
仪表灯不亮	灯光控制变阻器故障;配线或接地故障	检查变阻器，必要时更换;检修线路
危险报警灯不正常	熔断器烧断;闪光器损坏;开关故障	更换熔断器;检修或更换闪光器;检修开关

2. 电喇叭常见故障原因及排除方法(表 8-4)

故障现象	故障原因	排除方法
喇叭不响	喇叭电源线断路	找出断路处接好
	过载或电路短路，熔断器烧断	找出短路处，更换熔断器
	喇叭线圈烧坏或脱焊	更换或重新焊接
	喇叭触点烧蚀或不能闭合	打磨触点，重新调整触点
	喇叭导线端头与转向器之间的接线脱开	插紧或重接
	导线在转向器轴管里扭断	更换或重接
	喇叭按钮上的连线脱焊或接触不良	重焊
	按钮搭铁或接触不良	检修
	继电器线圈断路，触点间隙过大，触点不能闭合	检修调整
声音不佳	蓄电池亏电	充电
	喇叭触点烧蚀，接触不良	清洁并打磨触点
	喇叭膜片破损	更换
	膜片复位弹簧钢片折断	更换
按下喇叭按钮，只发出“哒”的一声	调整不当，喇叭触点不能张开	重新调整触点
	喇叭触点间短路	拆下触点固定螺钉，更换绝缘垫
	电容器或灭弧电阻短路	更换或检修
触点容易烧蚀	调整不当，工作电流过大	重新调整
	喇叭线圈有匝间短路，触点电流过大	检修
	电容器或灭弧电阻损坏	更换新件
喇叭常鸣不听	喇叭按钮线短路	检修
	喇叭继电器触点烧结一起	检修或更换

3. 集成电路闪光器的检修

采用集成电路闪光器的转向灯电路形式较多，如图 8-8 所示是一种典型的应用电路，下面以该电路为例，介绍集成电路闪光器故障的检修思路与方法。

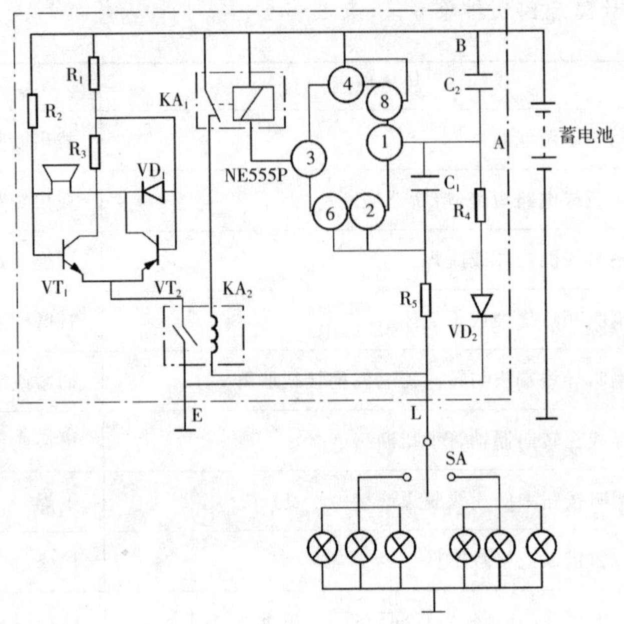

图 8－8　555 集成电路闪光器转向灯电路

(1)转向灯不亮

接通转向灯开关,听不到继电器触点动作声,转向灯不亮。导致此故障的原因主要有以下几方面:继电器熔断,电源线路断路或接触不良;继电器触点接触不良,继电器线圈断路或短路;NE555P 集成电路组成的定时器电路损坏。

检查闪光器电源接柱 B 是否有电。若没有电,说明闪光器到电源之间有断路之处;若有电,进行下一步检查。

检查闪光继电器 L 接柱是否有电。若没有电,说明继电器 KA_1 触点接触不良或继电器 KA_2 断路;若有电,进行下一步检查。

检查转向灯开关火线接柱是否有电。若没有电,说明闪光继电器 L 接柱与转向灯开关间的导线有断路之处;若有电,应进一步检查转向灯开关、转向灯灯泡及其连接线路。

(2)转向灯亮而不闪

接通转向灯开关,转向灯点亮,但不闪烁。导致此类故障的原因主要有:继电器 KA_1 触点烧结或线圈断路,使触点不能打开;闪光器搭铁线断路或接触不良,使继电器 KA_1 触点不能打开;电容器 C_1 击穿损坏。

更换闪光器搭铁线,接通转向灯开关,若转向灯工作正常,说明闪光器搭铁线有故障;若转向灯亮而不闪,进行下一步检查。

检查继电器 KA_1 触点是否烧结,线圈是否断路。若继电器 KA_1 触点烧结或线圈断路,应修理或更换;若继电器 KA_1 正常,进行下一步检查。

在 NE555P 定时器②、⑥脚与地间加接上 8.6～9V 的电压。若转向灯可熄灭,说明电容器 C_1 击穿损坏,应予更换;若转向灯仍然亮而不闪,说明 NE555P 定时器集成电路本身损坏,换新的集成电路。

【例 8－5】 桑塔纳 2000GLi 型轿车，转向灯左右闪光频率不均匀。

维修过程：

该车出现转向灯右侧闪得快、左侧闪得慢的故障，其主要原因是导线接触不良，或灯泡功率选配不当，或闪光器有故障。

通过对转向灯开关、闪光器接线端等的接线检查，未发现松动和接触不良。检查转向灯灯泡的功率均符合规定，即两侧的功率相等。由于该闪光器是不可调的电容式闪光器，便采取更换闪光器的方法来判断故障所在处。换上一支正常的同型号转向闪光器，故障依旧。那么，故障部位可能性最大的就是转向灯开关。于是解体转向灯开关，用万用表电阻挡对左右转向灯输出线的导通情况进行检查。分别打开转向灯开关至左和至右，测量发现其右侧的电阻值远远大于左侧的电阻值，说明右侧转向灯开关接触不良。继续拆检，发现右侧转向灯开关触点烧蚀十分严重，而且弹簧片也失去原有弹力，接触处电阻增大，致使右侧转向灯系统总电阻值增大，功率变小。因开关烧蚀十分严重，修复比较困难，于是更换一个新的组合开关，故障排除。

第四节　汽车电子控制装置故障检测

一、安全气囊故障诊断

安全气囊系统故障的诊断方法，因车型和生产年代不同而不一样。早期生产的车型，多采用指示灯和参数测量法。近期生产的车型，大都采用扫描仪法。

1. 利用扫描仪诊断故障的步骤

利用扫描仪诊断时，应先用保养提示灯确认系统是否有故障。如果有故障，再用扫描仪读取故障代码，并根据所修轿车安全气囊系统故障代码表中的提示检修。

(1)断开(OFF)点火开关，按规定将扫描仪连接在轿车上，再接通(ON)点火开关，查看扫描仪显示情况，并读取故障代码。

(2)断开(OFF)点火开关，查阅所修轿车安全气囊系统故障代码表，根据故障代码表提示的故障部位和原因，检查并排除故障。

(3)接通点火开关，用扫描仪清除故障代码；最后断开(OFF)点火开关，取下扫描仪。

2. 对系统进行解除处理

为避免发生气囊误爆事故，检修前一定要对系统进行解除处理。其具体方法如下：

拆下蓄电池负极搭铁线，卸下气囊组件与转向盘的紧固螺母；拔下驾驶员侧气囊组件连接器；用跨接线短接时钟弹簧连接气囊组件的连线端，使安全气囊系统仍保留自诊断功能；打开手套箱，拔下乘客席侧气囊组件连接器，用跨接线短接线束侧气囊接线端；接上蓄电池负极搭铁线。

3. 检修后的复原方法

拆下蓄电池负极搭铁线，取下时钟弹簧上的跨接线，装回驾驶员侧气囊组件连接器；按规定将驾驶员侧气囊装到转向盘上，调准位置并固定；取下连接器上的跨接线，装上乘客席侧气囊组件连接器，关上手套箱；接上蓄电池负极搭铁线，检查保养提示灯是否显示系统正常。

例如:凌志 LS400 UCF20 型轿车采用了带机械式安全带预紧装置的 SRS 系统,该系统的控制电路图如图 8－9 所示,故障代码见表 8－5。由于篇幅限制,其诊断与检查过程不再详细介绍,读者可查阅该车维修手册进行检修。

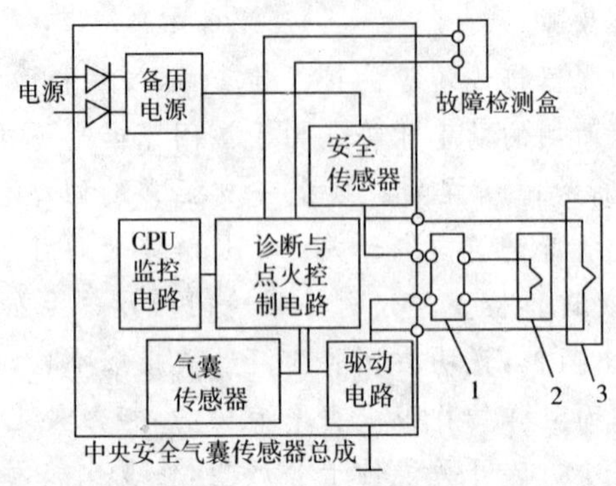

图 8－9　凌志 LS400 UCF20 的 SRS 系统控制电路图

表 8－5　凌志 LS400 UCF20 气囊安全故障代码

故障码	故障内容
53	副驾驶员侧引爆管电路短路
54	副驾驶员侧引爆管电路断路
63	左侧安全带引爆管电路短路
64	左侧安全带引爆管电路断路
73	右侧安全带引爆管电路短路
74	右侧安全带引爆管电路断路

【例 8－6】 羚羊世纪星轿车,接通点火开关后,安全气囊报警灯就点亮。

维修过程:

接通点火开关后,等待大约 20s,用短接线将安全气囊监控接插器上的故障诊断开关端子和搭铁端子短接,即将图 8－9 中的故障诊断开关端、搭铁端子 2 短接,从仪表板上安全气囊报警灯(AIR BAG)的闪亮情况读取故障码为 22,其含义是“驾驶员侧安全气囊回路故障”。经过检查,发现有一根线头松动,重新连接后,故障排除。

二、中控门锁故障诊断

下面以丰田大霸王轿车的电子门锁为例,介绍中控门锁常见故障的诊断方法。

1. 前车门钥匙控制开关的检测方法

如图 8－10 所示,断开点火开关,拔开前车门钥匙控制开关线束连接器,将前门钥匙控制开关置于“打开”位置(门锁扳手在开门侧),用万用表电阻挡测开关②、③两端(如图 8－10b 所示)间应导通(电阻为 0)。将前门钥匙控制开关置于“锁止”位置(门锁扳手在锁门侧),用万用表电阻档检查开关①、②两端子间应导通。如果检查结果与上述规律不符,说明前车门钥匙开关有故障,应进行检修或更换。

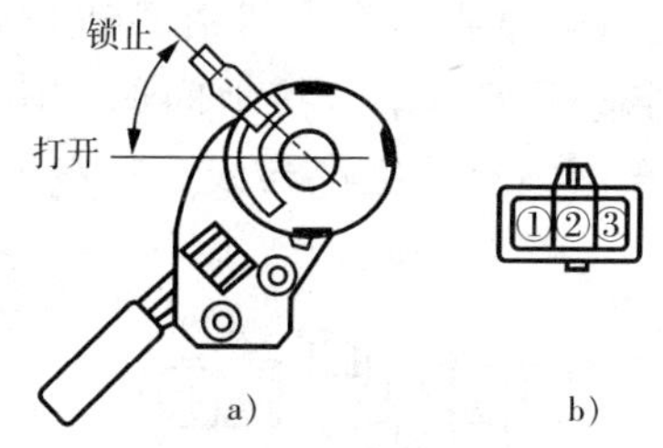

图 8－10　前车门钥匙控制开关示意图

2. 车门锁电动机检查方法

(1)车门锁电动机工况的检查

按如图 8－11a 所示，用导线将蓄电池正极在线束侧与车门锁电动机连接器端②相接，蓄电池负极与车门锁电动机连接端④相连，车门锁连杆应移至“打开”位置。如图 8－11b，用导线将蓄电池正极，在线束侧与车门锁电动机连接端④相接，负极与车门锁电动机连接器端子②相连，车门锁连杆移至“锁止”的位置。

如果检查结果与上述规律不符，说明车门锁电动机有故障，应检修或更换。

(2)PTC 热敏电阻工况的检查

按如图 8－12 所示，用导线蓄电池正极与车门锁发动机连接器端②相连，并使电流表正极与车门锁电动机连接器端子④相连，负极与蓄电池负极相接。在 20～70s 内，电流表读数应从 3.2A 变化至小于 0.5A。然后取下连接导线和电流表，约 60s 后，再用导线在线束侧将蓄电池正极与车门锁电动机连接器端子④相接，负极与车门锁电动机连接器端子②相连，车门锁应移至“锁止”位置。

如果检查结果与上述规律不符，说明 PTC 热敏电阻工作不良，应更换车门锁部件。

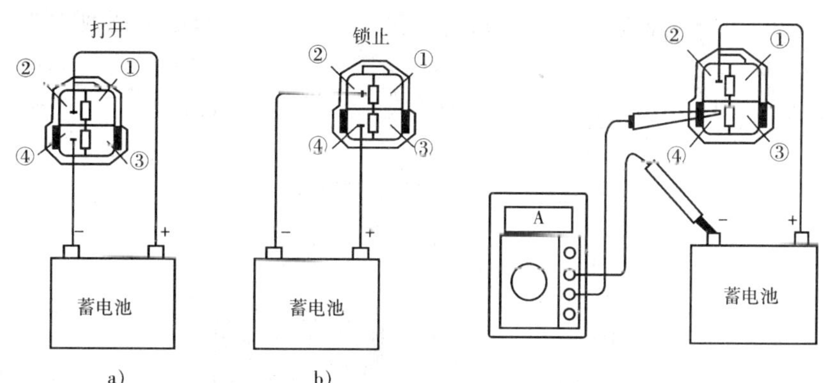

图 8－11　车门锁电动机工况检查　　图 8－12　PTC 电阻工况检查

3. 车门锁控制继电器检测方法

(1)车门锁控制继电器电路的检查

断开点火开关和车门锁控制继电器线束连接线，如图 8－13 所示接通点火开关，用万用表电压挡检测(以下方法相同)车门锁控制继电器线束连接器端子①与车身接地间的电压，该电压应为蓄电池电压。断开点火开关，用万用表电阻挡检测车门锁控制继电器线束连接器端子⑦与车身接地间应导通。将车门锁手动开关置于“中间”或“打开”位置，车门锁控制继电器线束连接器端子⑨与车身接地间的电阻应为导通。将车门锁手动开关置于“中间”或“锁止”位置，车门锁控制继电器线束连接器端子④与车身接地间电阻应为无穷大。

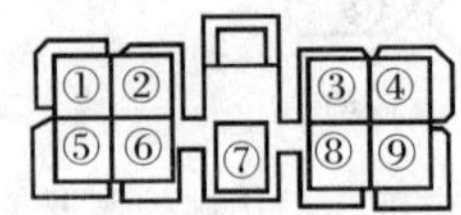

图 8 - 13　控制继电器连接器示意图

将车门锁手动开关置于“打开”位置，车门锁控制继电器线束连接器端子④与车身接地间电阻应为无穷大。将车门钥匙控制开关置于“中间”或“打开”位置(车门钥匙未插入或转至“打开”位置)，车门锁控制继电器线束连接器端子⑨与车身接地间的电阻应为无穷大。将车门钥匙控制开关置于“锁止”位置(车门钥匙转至“锁止”位置)，车门锁控制继电器线束连接器端子与车身接地间的电阻应近于 0。将车门钥匙控制开关置于“中间”或“锁止”位置(车门钥匙未插入或转至“锁止”位置)，车门控制继电器线束连接器端子④与车身接地间的电阻应为无穷大。将车门钥匙控制开关置于“打开”位置(车门钥匙转至“打开”位置)，车门锁控制继电器连接器端子④与车身接地间电阻应近于 0。

如果检查结果与上述规律不符，说明车门锁继电器控制电路有故障，应修理或更换。

(2)车门锁信号的检查

装回车门锁控制继电器线束连接器，使车门锁手动开关处于“打开”位置。如图 8 - 14 所示，万用表置于电压档，将红表笔接在线束侧与车门锁控制继电器连接器端子②相连，黑表笔与端子③相接。在 0.2s 的时间内，电表读数应从 0V 上升至接近蓄电池电压。让车门锁手动开关处于“锁止”位置，万用表置于电压档，其红表笔在线束侧与车门侧控制继电器线束连接器端子③相连，黑表笔与端子②相接。在 0.2s 的时间内，电表读数应从 0V 上升至接近蓄电池电压。

如果检查结果与上述规律不符，说明车门锁控制继电器有故障，应修理或更换。

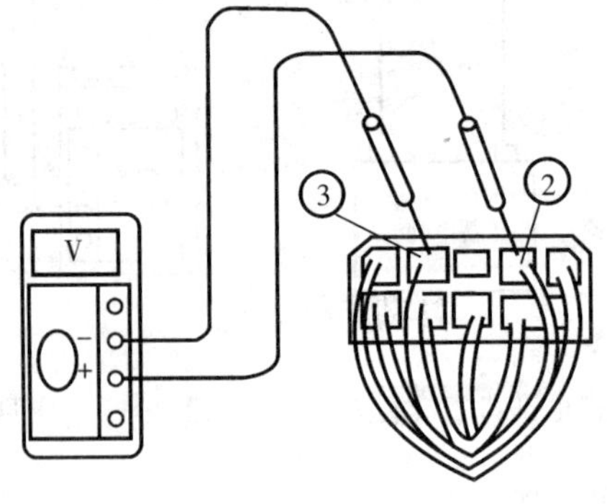

图 8 - 14　检查车门锁信号

三、防盗报警装置故障诊断

1. 常见防盗系统故障诊断

(1)防盗系统的编程

防盗系统编程主要包括附加钥匙的编程、发射器编程和发动机防盗锁止装置编程。对防盗系统进行编程有两种方法:一种是使用 Scan100 诊断仪;另一种是使用 Tech2 诊断仪。使用这两种仪器对发射器进行编程时,必须注意智能开关单元识别出的所有发射器都必须在单个程序中进行编程。最多可将 4 个发射器编程到一辆车的遥控门锁系统。执行该程序需要至少两把钥匙,对当前的或新的钥匙进行编程之前,必须从车主那里取得所有钥匙。未在此编程程序中进行编程的任何钥匙在编程程序完成后都将不能使用。开始编程前,要确保车门、发动机舱盖和行李箱/后掀门处于关闭状态。

(2)安全防盗系统无法正常解除或启用的故障诊断

① 检查是否能执行"防盗系统诊断系统检查",如果不能执行,则检查诊断系统的电路;如果能执行,则进行下一步。

② 打开驾驶侧和乘客侧车窗,从点火开关中拔出钥匙,关闭所有车门、行李箱盖和发动机舱盖,用发射器锁上各车门。检查安全防盗系统是否启用(当启用了安全防盗系统时,车辆将通过鸣响报警器并闪烁一次转向信号灯)。如果不能启用,则检查防盗警报器是否接触不良;如果能启用,则进行下一步。

③ 在防盗系统仍然启用时用钥匙打开车门锁,检查安全防盗系统是否被解除(当安全防盗系统被解除时,车辆将闪烁两次转向信号灯)。

④ 测试防盗报警器是否接触不良。

⑤ 将顶灯切换至中间位置(DOOR),用发射器打开所有车门锁,观察门控灯,打开并关闭每个车门。操作所有车门时,观察门控灯是否亮。如果亮,则进行步骤⑨,如果不亮,则进行下一步。

⑥ 断开发动机舱盖开关,尝试启用安全防盗系统。如果安全防盗(CTD)系统能启用,则进行步骤⑪;如果不能启用,则进行下一步。

⑦ 测试发动机舱盖开关信号电路是否对地短路。如果存在对地短路,则应修理或更换;如果没有对地短路,则进行下一步。

⑧ 测试智能开关单元是否接触不良。如果存在接触不良,则应修理或更换;如果不存在接触不良现象,则进行步骤⑫。

⑨ 测试钥匙提示电路是否对地短路。如果存在对地短路,则应修理或更换;如果没有对地短路,则进行下一步。

⑩ 更换点火开关,然后进入步骤⑬。

⑪ 更换发动机舱盖开关,然后进入步骤⑬。

⑫ 更换智能开关单元(ISU),然后进入步骤⑬。

⑬ 运行系统,检验修理效果。

(3)安全防盗系统不能用钥匙锁芯解除的故障诊断

① 检查是否能执行"防盗系统诊断系统检查",如果不能执行,检查诊断系统的电路;如果能执行,则进行下一步。

②接通点火开关,但不启动发动机,安装故障诊断仪。选择"ISU Central Door Locking

Data Display(ISU 中央门锁数据显示)”。观察“Tamper Switch(防撬开关)”参数是否显示“INAC-TIVE(未启动)”。如果不显示,则进行步骤⑥;如果显示,则进行下一步。

③ 将不工作的钥匙锁芯开锁,观察“Tamper Switch(防撬开关)”参数是否显示“ACTIVE(启动)”。如果显示,则进行步骤⑧;如果不显示,则进行下一步。

④ 断开不工作的防撬开关连接器,测试防撬开关接地电路是否开路。如果存在开路,则修理或更换后进入步骤⑪;如果不存在开路,则进行下一步。

⑤测试门锁防撬开关信号电路是否开路。如果存在开路,则修理或更换后进入步骤⑪;如果不存在开路,则进行步骤⑦。

⑥ 测试门锁防撬开关电路是否对地短路。如果存在短路,则修理或更换后进入步骤⑪;如果不存在短路,则进行下一步。

⑦ 测试不工作的门锁防撬开关是否接触不良。如果存在接触不良,则修理或更换后进入步骤⑪;如果不存在,则进行步骤⑨。

⑧ 测试智能开关单元是否接触不良。如果存在接触不良,则修理或更换后进入步骤⑪;如果不存在,则进行步骤⑩。

⑨ 更换不工作的门锁防撬开关,然后进入步骤⑪。

⑩ 更换智能开关单元(ISU),然后进入步骤⑪。

⑪ 运行系统,检验修理效果。

(4)防盗警报器不工作的故障诊断

① 检查是否能执行“防盗系统诊断系统检查”,如果不能执行,检查诊断系统的电路;如果能执行,则进行下一步。

② 打开驾驶侧和乘客侧车窗,从点火开关中拔出钥匙,关闭所有车门、行李箱盖和发动机舱盖。用发射器锁上各车门,检查转向信号灯是否闪亮,以确认安全防盗系统是否启用。

③ 断开防盗报警器,在报警器蓄电池电路和接地点之间连接一个测试灯,检查测试灯是否点亮。如果不亮,则进行步骤⑤;如果亮,则进行下一步。

④ 在报警器电路之间连接一个测试灯,打开驾驶员和乘客侧车窗,从点火开关中拔出钥匙,关闭所有车门、行车箱盖和发动机舱盖。用发射器锁上各车门,打开发动机舱盖,检查测试灯是否点亮。如果不亮,进行步骤⑥;如果亮,进行步骤⑦。

⑤ 测试防盗报警器的蓄电池供电电路是否开路或对地短路。如果存在短路,则修理后进入步骤⑪。

⑥ 测试防盗报警器的接地线电路是否开路。如果存在开路,则排除故障后进入步骤⑩;如果不存在开路,则进行步骤⑧。

⑦ 测试防盗报警器是否接触不良。如果存在接触不良,则排除故障后进入步骤⑪;如果不存在,则进行步骤⑨。

⑧ 测试智能开关单元是否接触不良。如果存在接触不良,则排除故障后进入步骤⑪;如果不存在,则进行步骤⑩。

⑨ 更换智能开关单元(ISU),然后进入步骤⑪。

⑩ 更换防盗报警器,然后进入步骤⑪。

⑪ 运行系统,检验修理效果。

2. 防盗器常见故障与排除

防盗器常见故障与排除如表 8－7 所示。

表 8－7　防盗器常见故障与排除

故障现象	故障原因	排除方法
遥控操作不起作用，按遥控器各功能按键时，遥控器的红色 LED 灯不亮	电池电量用尽；电池正、负极簧片生锈或接触不良；遥控器被雨淋或进水、油浸等	将电路板取出，用酒精清洗后，用家用电吹风吹干或待其自然干燥后，就可以使用
汽车防盗系统工作正常，启动机运转正常，但车辆不能启动	报警器或汽车本身电器故障	切断点火继电器的两条粗线短接，若车辆能启动，说明防盗系统有故障，一般是继电器损坏。若车辆仍无法启动，则说明汽车本身有故障
遥控器某一功能键失效，按该键时 LED 指示灯不亮	本功能键损坏或按键引脚与电路板的焊点脱焊	拆开遥控器进行检修
未使用遥控器时，指示灯经常自己亮，或只要装上电池指示灯即常亮，而操作遥控器没有反应	遥控器的按键没有弹性；按键有短路性损坏	更换遥控器按键导电胶皮

【例 8－7】　东风雪铁龙爱丽舍轿车，初次接通点火开关能顺利点火，行驶正常；但再次接通点火开关就出现防盗器长鸣。

维修过程：

显然该故障与点火开关有关，初次打开点火开关蜂鸣器不鸣，汽车运行热车后打开点火开关长鸣不止，估计电路中有元件热稳定性不良，受热后出现热击穿，使蜂鸣器蜂鸣通路形成而导致了上述故障。由于该车微电脑系统具有故障自诊断功能，可先调出故障。

(1)提取车辆的故障代码，发现警告灯未闪现出故障码，使用 PROXIA 检测仪检查，即切断点火开关，然后接通并输入防盗密码供系统识别。但输入钥匙密码后检测仪出现死机，无法输出任何信息，说明防盗系统处于闭锁状态。

(2)检查密码应答模块(17B)、防盗蜂鸣器、报警灯、防盗控制盒(67)等均未发现异常。再检查防盗器各元件和相连部件的连接线束时，发现防盗控制盒 18N/8 端子与喷射双密封继电器(307)端子 15N/12 间连线不通。

(3)拔下接插器，用万用表测量这根导线却又导通。由此判断与 15N/12 端子相连的二极管或内部线路有故障。

(4)将 18N/8 端子搭铁，蜂鸣器不再长鸣。由此确定为喷射双密封继电器损坏，重换新件后，故障排除。

四、电动车窗玻璃升降系统故障诊断

电动车窗玻璃升降系统常见故障与排除见表 8－8。

表 8－8　电动车窗升降系统常见故障与排除

故　障	可能原因	排除方法
升降器不工作，无电流	开关损坏，断路； 20A 熔断器损坏，断路； 电路线束损坏，断路； 电动机与开关插接件接触不良，断路； 电动机线束损坏，断路； 电动机热保护器损坏，断路； 电动机电刷与电枢接触不良，断路； 电动机电枢架上接线损坏，断路； 电动机电刷架熔化，导致电刷与电枢断路； 电动机电枢绕组损坏，断路。	更换开关； 更换熔断器； 维修断路线束； 维修插接件； 更换电动机线束； 更换电动机； 更换电动机； 更换电动机； 更换电动机； 更换电动机。
升降器有时工作， 有时不工作	升降器开关接触不良； 电动机与开关插接件接触不良； 电动机热保护器选型不当。	维修开关； 维修插接件； 更换热保护器型号。
升降器不工作， 呈堵转状态，大电流	有异物卡、堵玻璃或导轨 玻璃密封条严重变形，卡、堵玻璃运行； 升降器行程与玻璃行程失配，卡、堵玻璃运行； 升降器控制开关短路； 导轨严重腐蚀，卡、堵玻璃运行； 升降器钢丝绳断股或断丝； 电动机热保护器损坏，短路； 电动机蜗轮、蜗杆失配，卡、堵电枢运转； 电动机电刷架熔化，卡、堵电枢运转； 电动机换向器腐蚀严重，卡、堵电枢运转； 电动机绕组与电枢铁芯片之间绝缘击穿； 电动机电枢铁芯片腐蚀严重，卡、堵电枢运转。	排除异物； 更换玻璃密封条； 更换玻璃升降器； 更换升降器开关； 更换玻璃升降器； 更换玻璃升降器； 更换电动机； 更换电动机； 更换电动机； 更换电动机； 更换电动机； 更换电动机。

（续表）

故　障	可能原因	排除方法
升降器工作时噪声严重	玻璃密封条严重变形导致与玻璃干摩擦； 升降器与车门系统失配，导致共振； 升降器与玻璃失配，导致玻璃与升降器摩擦； 升降器钢丝绳断股或断丝； 升降器滚轮与滚轮拖架之间干摩擦； 电动机电枢与磁钢干摩擦； 电动机换向器与电刷失配，导致较大电磁噪声； 电动机蜗轮与蜗杆失配，导致啮合噪声； 电动机轴向间隙过大，换向器端子与电刷摩擦。	更换玻璃密封条； 更换升降器； 更换升降器； 更换升降器； 更换升降器； 更换电动机； 更换电动机； 更换电动机； 更换电动机。
电动机转动，升降器却不工作并有噪声	钢丝绳破断； 滑动支架内传动钢丝夹与钢丝绳失配； 滑动支架与玻璃托板失配； 电动机蜗轮蜗杆失配； 电动机输出花键与卷丝筒失配。	更换升降器； 更换升降器； 更换升降器； 更换电动机； 更换升降器。
升降器工作时，冲击噪声严重	升降器缓冲区损坏，导致缓冲失效； 升降器安装螺栓松动，产生冲击声； 电动机电枢轴向间隙过大，导致换向冲击。	更换升降器； 更换升降器； 更换电动机。

【例 8－8】 丰田皇冠 2.0 轿车，按动助手（副驾驶）位电动车窗下降开关时，车窗玻璃能下降；而按动上升开关时，车窗玻璃上升速度极慢。其余各车窗玻璃升降均正常。

维修过程：

（1）检查升降开关触点有无接触不良现象。因为开关触点接触不良时，会影响电机的正常工作电流，使其旋转无力，甚至不旋转。检查结果开关接触良好，故怀疑车窗玻璃驱动电机内部有故障。

（2）拆开电机，发现电枢整流子烧蚀，炭刷磨损严重。

（3）用金相砂纸打磨电枢整流器。因无同型号炭刷，故利用其他日本产的发电机炭刷，按照车窗玻璃驱动电机炭刷的尺寸规格研磨、加工，然后焊接。装复后试用，车窗玻璃升降恢复正常，故障排除。

五、电动后视镜故障诊断

电动后视镜常见故障有：左右后视镜均不工作；一个后视镜上下位置不工作；一个后视镜左右位置不工作；一个后视镜不工作等。

在检修任一故障之前，最好先对下述元件或部位进行一次检查，往往会收到“立竿见影”的效果，使故障迅速得以排除。

（1）检查门控灯工作是否正常，蓄电池电压是否正常，电量是否充足。

(2)检查电动后视镜系统10A熔断器是否熔断,电动后视镜系统接地是否良好。

(3)检查各线束连接器是否可靠,接触是否良好。

一般说来,如果电动后视镜调节都不工作,往往是由于保险装置或电源线路、搭铁线路断路引起,也可能是控制开关有故障。可以先检查保险装置是否正常,然后检查控制开关线头有无脱落、松动,电源线路或搭铁线路是否正常,最后检修控制开关。如果电动后视镜部分功能不正常,通常是由于个别电动机及控制开关对应部位有故障、对应线路断路或接触不良。可以先检查线路连接情况,再检查开关和电动机。

六、电动可调座椅故障诊断

电动可调座椅操纵系统不工作或出现噪声时,可按照下述方法诊断:

(1)检查断路器。用测试灯检查断路器,即使没有接通点火开关,试灯在断路器两端测试时都应点亮。如电动座椅继电器有吸合声,说明断路器良好,故障可能出自继电器和电动机。

(2)检查控制开关。从座椅上卸下控制开关,检查控制开关是否有电压。

(3)检查搭铁线。检查变速器、离合器控制电磁阀与车身之间的搭铁线连接是否良好。

经检查并排除故障之后,再接通电源,若出现电动机运转而座椅不能移动,则故障多出在电动机和变速器之间的橡胶联轴器,应进一步检查联轴器是否损坏。如联轴器已严重磨损或损坏,应重换新件。如果接通电源,继电器有接合声而电动机不转,多是由于继电器与电动机之间的连接线路有故障,应进一步检查各连线是否有断路、短路成搭铁不良之处。

【例8-9】 2005款东风日产EQ7200D蓝鸟智尊轿车,打开驾驶侧车门,驾驶侧座椅可以自动向后移;进入车内,打开点火开关,关上车门,驾驶侧座椅无法恢复原位。

维修过程:

座椅前后移动应由滑动电机动作完成,故检查时点火开关打开至"ON"位置,手动控制电动座椅开关,观察电机工作情况。经检查各电机工作均正常。接下来用示波器检测16号脚,手动前后移动电动座椅,发现滑动电机无位置信号输出。拆检滑动电机,发现原来电机进水了。进一步检查,发现电机位置传感器电路板腐蚀,用酒精清洗后,用万用表测量,检测发现IC(型号:W1444D2)其中一脚与电路板中一个电阻连接的印刷电路断路,用一根细漆包铜线焊上,电路恢复通路。装复电机及相关线束,将点火开关打到"ON"位置,开、关驾驶侧车门,座椅进出顺利,功能恢复正常。

七、车载音响故障诊断

由于轿车影音设备使用环境的原因,在使用过程中比家庭影院更容易出现故障。车载影音设备一般都不带电路图,尤其是检修时比较复杂的拆装工序,确实是有一定技术难度的。其实,轿车影音设备与家庭影院设备电路的工作原理相同。有关家庭影院的维修书籍和资料很多,其中介绍的维修方法和维修经验完全可以运用于对轿车影音设备故障的维修过程中。因此,本书主要介绍轿车收放机、CD/VCD/DVD和车用自动天线与车载电台的检修思路。

1. 检修方案与常用检修方法

接修一台轿车音响,先不要急于拆、测、调、焊、修、换件,要掌握一定的故障规律,遵循一定的检修方法和步骤,否则会事倍功半,甚至修成无法修复的"死机"。

正确的检修思路是:了解情况,核实故障——分析判断,外观检查——调整、测量、试换;

确定故障点——排除故障,检验性能——交付用户,总结提高。

检修步骤一般是:先外表、后内部;先观察、后检修;先电源、后电路;先低频、后高频;先干扰、后测量;先电压、后电流;先调试、后更换。

(1)轿车音响故障的一般规律

大量维修实例表明,在轿车音响故障中,机芯故障率高于电路故障率;电路故障中功放块和音量电位器的故障率高于其他电路的故障率,电源电路的故障率高于其他部分电路的故障率;电路中除功放 IC 外,集成电路的损坏率极低。另外,虚焊元件常常是故障成因的罪魁祸首。

(2)确认故障

首先要询问故障现象,故障发生时的经过及是否请人修理过,以做到心中有数。所有的机器在维修前都必须验证故障现象,以免维修后发生不必要的纠纷。

(3)确定修理方案

在确定修理方案时,应按照先外后内、先简后繁、先清洁调整后测量试换、先电源后负载的顺序。以维修轿车收放机为例,如果是简单故障,比如需更换音量电位器等,可以直接进行下一步修理。如果是复杂故障,可按以下步骤进行:

① 打开机盖,根据机器所采用集成电路的型号,查找有关单元电路,对号入坐。

② 根据天线接线,调谐电感的位置,即可找到 AM 处理电路和 FM 中频处理电路即可找到立体声解码电路。

③ 根据磁头引线的去向来确定磁带放音前置放大电路。

④ 根据功放 IC 散热片和喇叭引线位置找到功放电路。

⑤ 有必要时可将上述有关部分根据实物绘制电路草图。

(4)直观检查

打开机盖后,不要急于测量与修理,应先检查外观进行,根据直观检查发现故障的蛛丝马迹,可以提高检修速度。

① 电路部分外观检查

a. 机内是否有烧焦糊味。

b. 各连线、插头是否松脱、断裂。

c. 是否有元器件如熔断器烧断、电容爆裂漏液、电阻烧焦变黑、功放 IC 烧裂变色。

d. 各元件是否有虚焊、开焊、松动,电路板是否有断线。

e. 通电检查看是否有冒烟或异味。

f. 手摸功放 IC 及散热片是否过热。

② 机械部分检查

a. 机芯内是否有异物。

b. 磁头或激光头是否太脏,或过度磨损。

c. 机械传动机构部件是否平行。

d. 传动带是否脱落、老化伸长、断裂。

e. 其他机械部件是否磨损变形、齿轮错位掉牙、间隙过大。

f. 各弹簧是否脱落、变形。

外观检查涉及面广,可根据具体故障有所侧重,并不一定要面面俱到。

(5)清洁调整

轿车音响中的运动机械部件,长期使用后可能出现严重磨损、发卡或脏污,有时候清洁润滑一下就可能排除故障。比如在调整音量时,喇叭发出"喀喀"噪声,说明音量电位器接触不良,可先用针头注入少许无水酒精,然后左右旋转几次,等酒精蒸发后试机,看故障能否排除。如果磁带放音声太小,声音低沉,高音不良,先不要急于检修电路,可先用药棉蘸酒精擦洗一下磁头,如果不行再调整磁头方位角。对于CD/VCD/DVD机,清洗激光头便可排除挑碟、图像偶尔有马赛克等故障。维修时,切勿无目的地随便调整机内的可调电阻、电容、中周。因为在没有专门仪器的条件下,这些元件的参数很难调准,反而给故障判断增加了难度。

(6)信号注入(干扰)法

信号注入法是指用信号发生器输出的信号,按照电路由后级到前级的顺序,分别将低频、中频、高频信号注入到相应测试点,观察扬声器的发声情况,以判断故障部位。如果没有信号发生器,可人为地给上述相应部位注入一个干扰信号,称之为干扰法。常用干扰信号有以下三种:

① 只要有交流供电的地方,人体就会感应出50Hz的交流音频信号。可以手拿一个尖镊子去碰触电路中的测试点,扬声器会发出"喀喀"声。

② 用指针式万用表的10V或50VDC电压档,黑表笔搭铁,用红表笔断续碰触测试点,不仅可以达到注入干扰信号的目的,还能测量测试点的电压,一举两得。

③ 在电路的后级,如果采用上述第二种干扰方法,扬声器发出的"喀喀"声很小,可用万用表的电阻R×1或R×10档,用万用表内的电池作为干扰源,因其脉冲幅度大,正常情况下扬声器会发出较大的"喀喀"声。但要注意表笔碰触测试点的时间不要太长,以免打坏万用表头。对于扬声器只有"喀喀"声而没有电台和一侧声道无声的故障诊断,这种方法特别有效。

(7)电压测量法

电压测量法简单易行,在轿车音响检修中运用广泛。当已经判断故障可能出现的范围或故障范围被缩小到某一级电路时,可对该级电路的核心器件(三极管或集成电路)的引脚电路测量。测量时要先测电源(供电端)电压,再测关键点电路,然后测量其他引脚电压。测量电压时应注意集成电路的有些引脚电压随工作状态的不同而不同,也有的与有无信号及信号的强弱有关。图纸上的标准值一般是无信号时测得的,有信号时测得的是动态值。

(8)电流测量法

此方法是通过测量整机或某一部分的电流数值,并与正常值比较,借此判断故障部位。按测量方式电流测量可分为整机测量和部分电路测量;按信号状态可分为静态测量与动态测量。测量结果可分为偏大和偏小(或无电流)两种情况。电流偏大,说明电路中有短路之处,动态电流偏大,常是电路中有自激造成。电流偏小,说明电路中有断路之处。

(9)电阻测量法

电阻测量可分为开路检查法和在路检查法。开路检查法是指把元件的一只引脚或整个元件从电路板上焊脱下来,如测量扬声器、电阻、电容、二极管、三极管等元器件的阻值,此法虽然比较麻烦,但不受周围电路影响,测量结果准确。在路测量是指在印刷电路板上测量,单个元件的测量最好是用数字万用表;测量集成电路的在路电阻,最好是用指针式万用表,

并且要分两次测量。第一次用一只表笔(如红表笔)接集成电路的搭铁脚,另一只表笔(黑表笔)测量其他各引脚的电阻;第二次两表笔互换。把两次测量结果与正常值比较,只要有一次测量值与正常值不符,就说明此集成电路或其外围元件有问题。

用电阻测量法检查时,应断开音响电源。这不仅是指要断开电源开关,而且是要断开音响的电源连接插座。

(10)交流短路法

所谓交流短路法,是指将音频信号交流短路到地,这种方法对排除噪声故障特别有效。在试验时,为防止短路后破坏放大器的直流工作点,可用一只100μF的电容将音频信号短路到地。测量时常以音量电位器的中心抽头为分界点,如果将音频信号短路后,噪声消失,说明故障在检波前的高、中频电路;如果噪声没有消失,说明故障在低频电路。

(11)温差法

轿车音响在使用过程中,尤其是在夏季,环境温度很高。采用升温法适用于开机工作一段时间后才能正常工作或开机一会儿才出现的故障。可用电烙铁或者电吹风距被怀疑元件5mm左右对其进行烘烤加热,当烘烤到某元件时,故障消失或出现,说明该元件不良。

对于开机工作一段时间后才出现的故障,可用镊子夹蘸有酒精的棉球,对怀疑的元件进行冷却。当酒精棉球放到哪一个元件上故障消失时,说明该元件不良。

(12)元件替代法

如果经以上检查能判断或怀疑哪个元件有问题时,就应该试换该件。对于开路性障碍的元件,如电阻、电容等,代换时不必焊下原件,可把新件并接在故障件上,或将新件焊在电路板背面,对于其他情况的元件如漏电的电容,损坏的二极管、三极管,需先焊下原件,再更换新件。

2. 车载收放机常见故障诊断

车载收放机主要有收音电路的故障、放音电路的故障、液晶显示电路的故障和机芯故障等,由于车载收放机的维修量正在逐渐较少,其典型故障的具体维修过程,这里就不过多介绍。在维修车载收放机时,应注意以下问题:

(1)必须确保维修直流电源电压高于收放机的工作电压,而且必须保证电源正、负极,扬声器等连线连接正确。否则,哪怕是瞬间的通电试机,都有可能损坏机子内部元器件。

(2)更换功放集成块后,必须保证集成块与散热板的良好接触。

(3)维修时应输入正确的密码。部分高档车载收放机具有密码防盗功能,断开总电源后再开机需输入正确的密码,如果连续三次输入错误的密码,该机将自动锁定,显示屏显示“OFF”,此时则不要关闭电源,连续通电约两小时后,直到显示“CODE”时,再输入正确的密码才可解锁。

(4)注意焊接质量。焊接点不能存在虚焊、假焊,同时要保证焊点既要光滑,又不能用锡太多。

(5)维修结束时必须清扫机内灰尘和杂物,清洗磁头、压带轮、主导轴等部件,捆扎好线束,才能封机盖。

(6)安装收放机时必须将所有的固定螺丝拧紧,以降低机子在行车途中的振动。同时在发动机运行状态下用万用表检查收放机的供电电压是否在正常范围以内,否则,不能通电试机。

(7)收放机上的电解电容都是使用体积小、质量好的正品元件,如无配件更换,可以从报废了的电脑主板上拆件更换。

3. CD/VCD/DVD 常见故障诊断

车载 CD/VCD/DVD 的常见故障及维修方法与家用 CD/VCD/DVD 基本相同,介于篇幅限制,就不再介绍。这里就多碟 CD/VCD/DVD 箱(转换器)的常见电路故障现象予以归纳,大家可根据这些故障的表现,更快、更准确地判断故障部位的所在,减少错误判断,以提高维修速度。

(1)射频电平不正常,RF 眼图由大到小,读碟由正常到不能播放

① 放音是正常的,但倾向于对划痕敏感、声音抖动后,能很快恢复正常,属于正常现象。

② 声音抖动后,恢复趋向于延迟,开始有些不太正常。

③ TOC 读出所需时间,对于某些光盘来说延迟。

④ 在 TOC 读出搜索期间,光盘旋转,但寻轨不稳定。

⑤ 在 TOC 搜索期间,第一道光轨的开头不容易开始播放,光头沿滑板来回运动,有时还从中间开始进行。

⑥ 光盘抖动,寻迹便无法进行。

出现以上这些不正常的情况时,首先要检查激光头的质量,如有必要,可适当调整聚焦增益试一试。若不能排除故障,再检查相关的聚焦电路。

(2)寻轨偏移,TE 由小到大,寻轨能力由正常到不能进行

① 正常情况可正常放音,但在 60℃以上时就不能放音,属于正常现象。

② 有划痕的盘的放音能力降低。

③ 一点极小的灰尘也会造成声音异常。

④ 在搜索期间,寻轨结束操作变慢。

⑤ 在搜索期间,寻轨并没有很好地结束。

⑥ 偏心的光盘根本不能工作。

⑦ 在 TOC 搜索期间,寻轨伺服将不会被激活,不能放音。

出现以上这些不正常的情况时,同样首先要检查激光头质量,如有必要可调整寻轨增益。然后,再检查相关的寻迹伺服电路。

(3)激光器的电流值与标称值有差异

① 激光二极管根本不发光,有时可听到激光头碰击光盘的声音。说明激光二极管已击穿,激光头已损坏。

② 激光二极管只发出非常微弱的光。

③ 激光电流与激光头的标称值有一定偏移,但还可勉强地正常使用。

出现以上这些不正常的情况时,最大可能是激光头性能不良,可调整一下激光头;但有时可能是驱动电路故障,所以还要再检查相关的激光二极管的驱动电路。

(4)主轴电机故障

① 在放音时,光盘无划痕也会产生噪声。

② 在放音时,声音会突然抖动,但可立即恢复正常放音。

③ 在光盘的内侧放音时,可以听到间歇噪声,电机的驱动波形受到干扰。

④ 开始播放时,电机不能立即开始,但有时高速旋转会突然开始。

⑤ 在前进和倒转之间一次次地改变旋转方向。

⑥ 旋转困难，只有用手推动光盘时才能旋转。

⑦ 光盘根本就不能转动。

4. 自动天线的检修

发现自动天线有故障，应脱开与车身配线连接的自动天线连接器，如图 8－15 所示的电动天线的结构及安装示意图，检查自动天线连接器，若不符合其要求，可进行收音机与配线的检修；否则检修电动机。

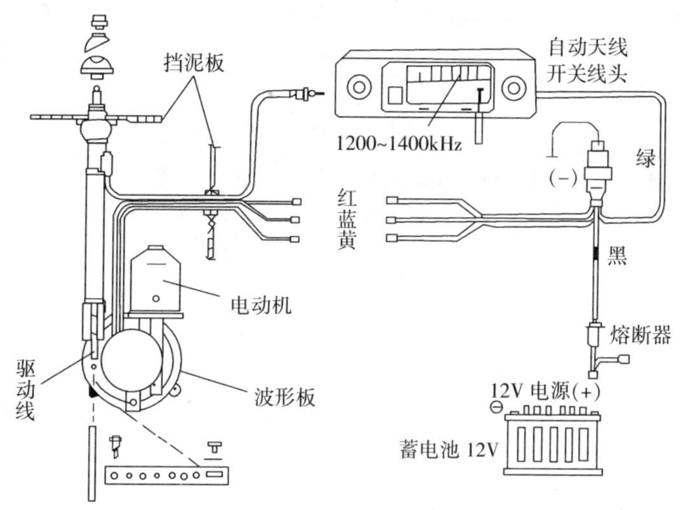

图 8－15　电动天线的结构及安装示意图

电动机检修方法是：首先装上自动天线螺母，脱开接至自动天线控制继电器的端子，然后将蓄电池的正、负极接到配线侧连接器与电动机相连的端子上，检查电动机是否运转，天线是否向上或向下运动，变换蓄电池的正、负级，再检查一遍。若动作不符合规定要求，应更换自动天线电动机总成，否则更换自动天线控制继电器。注意给电动机通电检查时，应尽量快一些，时间控制在 4～8s 内，以避免烧坏线圈。

【例 8－10】　富康轿车使用的宝凌 BL2700 汽车收放机，显示屏亮，但无内容显示，无收音、放音。

维修过程：

宝凌 BL2700 汽车收放机是一款高档数字音响，磁带放音前置 IC 为 LA3161，调频 FM 中频处理 IC 为 LA1140，立体声解码 IC 为 LA3370，功放 IC 为 TDA2005。

从故障现象看，该机显示屏照明灯亮，说明电源供电正常，显示屏无显示应检查 CPU（μPC1719G—014）有关电路。先测量第④、⑦、⑧脚的供电电压，正常，再测量其他各引脚电压，只有第⑨、第⑩脚有 5V 电压，其余脚都无电压输出，由此可见 CPU 工作不正常。这种情况只有晶振或 CPU 内部损坏才会出观，试换 CPU 第㉔㉕脚外接的 4.5MHz 晶振，开机，一切正常。

由于晶振损坏后，CPU 工作条件不满足，故显示屏无内容显示；同时，第⑭脚输出高电平，使 Q14 截止，Q17、Q18 静噪管饱和导通，喇叭无声。

【例 8 - 11】 98 款本田雅阁轿车音响放入光盘后，显示屏中会出现“OPEN”字样，不读碟。

维修过程：

音响系统不能正常工作，经过检查，放音机和收音机都工作正常，把音响系统主机拆下来（如果不知道防盗密码，不要拆除音响线束，但可以把天线拆掉），将音响主机的上盖打开，并用钳子夹住，用沾有酒精的棉球将音响主机的光驱部位清洁几次，开机后音响主机能恢复正常工作。

一些激光音响系统中出现放入光盘后不读盘或播放时声音发哑，都是由于音响主机中的光驱光头脏污，读取不到信号而引起的，只要把它们清洗干净，问题一般就可以解决。

思考与练习

8 - 1　汽车电子点火系统常见故障的现象和原因有哪些？如何排除？

8 - 2　汽车启动系统常见故障的现象和原因有哪些？如何排除？

8 - 3　汽车前照灯常见的故障现象和原因有哪些？如何排除？

第九章　汽车维修质量管理

学习目标：本章主要介绍汽车维修质量管理、汽车维修质量的控制以及维修质量的评价分析方法。重点掌握汽车维修质量、汽车维修质量的控制以及汽车大修质量的评定。

第一节　汽车维修质量概述

一、汽车维修质量的评价指标体系

质量是企业生存之本，而汽车维护行业的质量关乎到客户的人身财产安全，更加重要。这就要求汽车维护企业要有健全的生产质量管理体系。

质量管理是指“确定质量方针、目标和职责，并在质量体系中通过诸如质量策划、质量控制、质量保证和质量改进，使其实施的全部管理职能的所有活动”。

维修质量管理是指在维修生产活动中，为确保维修质量所进行的各项管理活动的总称。质量管理是各级管理者的职责，涉及所有参与质量管理的人员，它是企业管理的重要组成部分，是提高质量的重要保证。

通常汽车维修质量可以通过维修后汽车性能的量化指标，即质量指标来评价。如图 9 - 1 所示列出了表征汽车维修质量的评价指标体系。

汽车维修质量不仅取决于维修后汽车和总成的初始指标，而且由汽车在整个使用期内保持这些指标的能力来决定。

汽车在维修过程中，其维修质量取决于汽车维修工艺规程、工艺设备、维修生产的组织和生产技术准备工作的完善程度以及维修工作人员的劳动素质等，如图 9 - 2 所示。汽车维修质量的好坏，取决于设计、制造、使用等因素和维修生产过程的组织与管理水平，也取决于维修竣工之后车辆的使用条件。

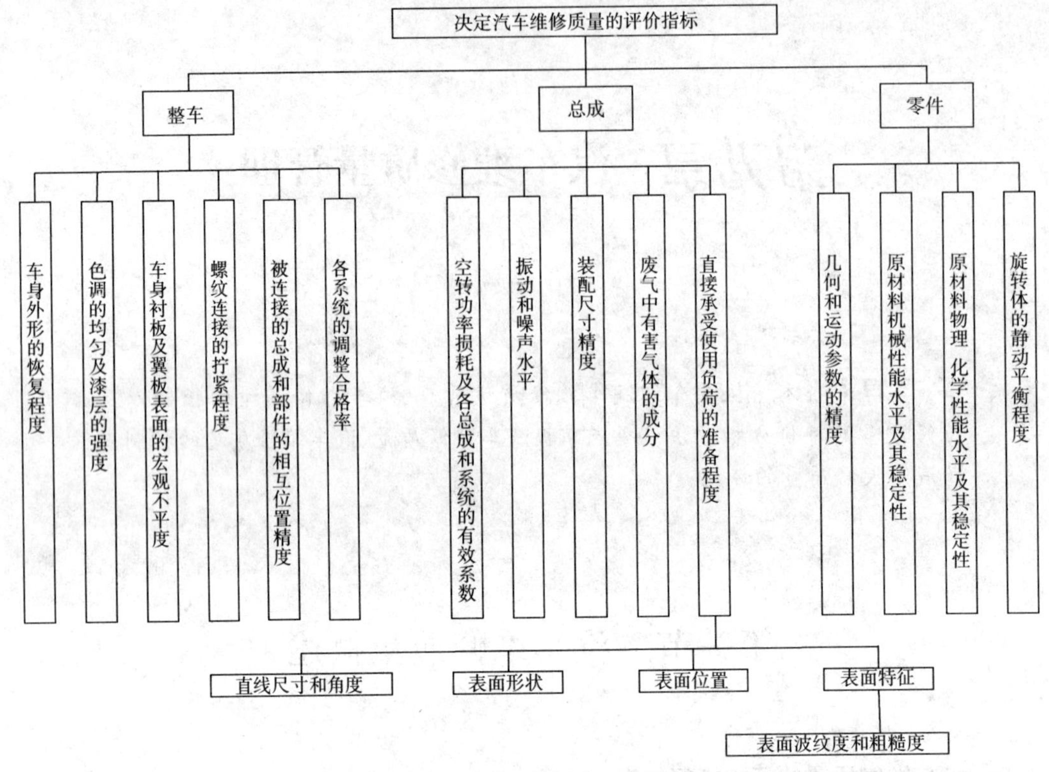

图 9-1　汽车维修质量评价指标体系

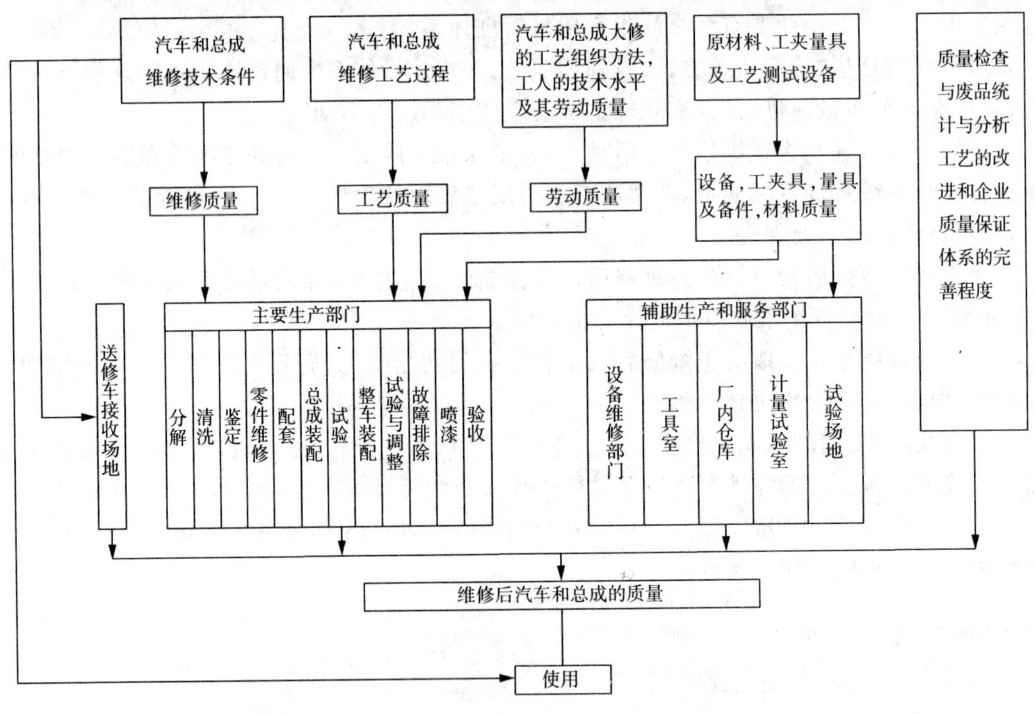

图 9-2　影响汽车维修质量的因素及质量保证体系

二、汽车维修质量保证体系

汽车维修质量保证体系是指在汽车维修行业内，为了满足汽车维修技术标准所规定的质量要求，建立与汽车维修质量直接有关的、由技术活动和管理活动所构成的工作系统，并通过一定的制度、规章、方法、程序和机构等，把保证汽车维修活动系统化、标准化、制度化。

第二节　汽车维修质量的控制

为了保证汽车和总成的维修质量，应分别对总成和整车维修质量进行管理和控制。

质量管理的第一阶段是获取有关被管理对象的信息。为此，要检查送修品，检查各工序的规范，检查工艺装备的状况和检查试验手段的状况等。

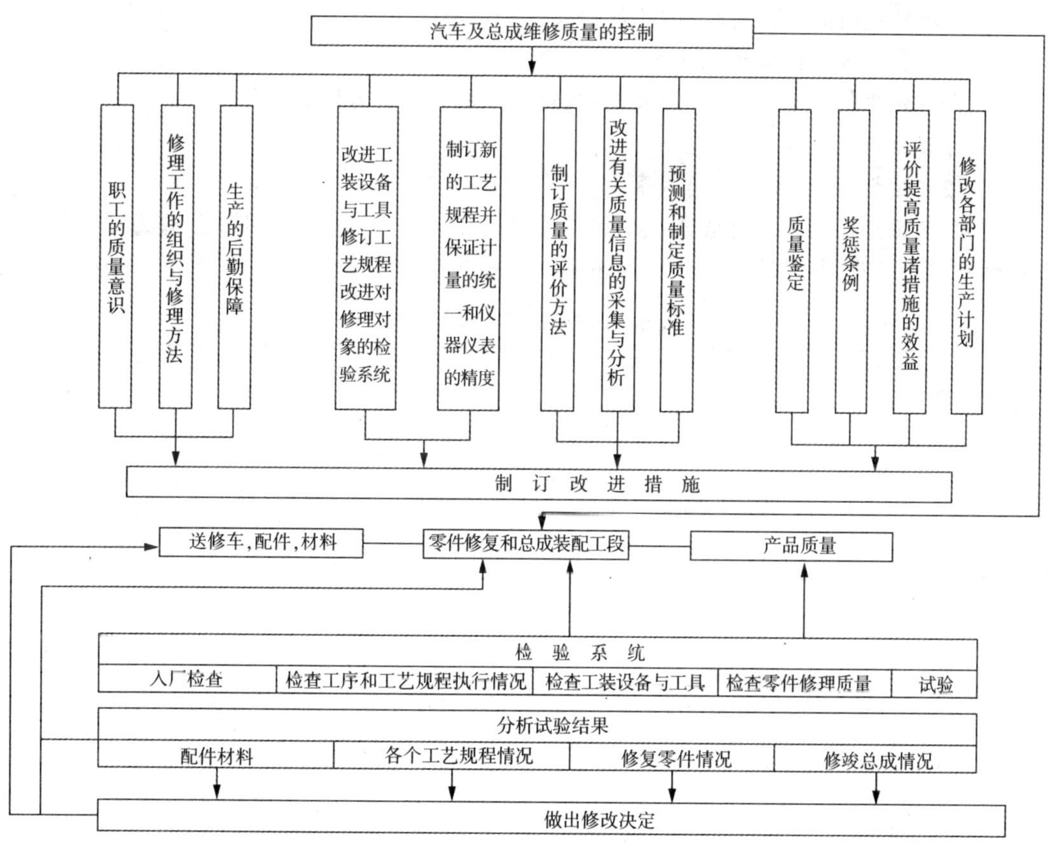

图 9－3　汽车及总成维修质量的控制

质量管理的第二阶段是分析有关工艺规程的执行情况，收集和分析信息。

质量管理的第三阶段是制定和修改有关技术措施和管理措施，主要内容包括加强工艺要求和工艺纪律，提高检验质量，改善对设备状况的预防性检查，改善工艺组织和管理，加强职工培训等。

质量管理的第四阶段是贯彻执行修改后的技术措施或管理措施。

这四个阶段是对汽车维修过程实行全面质量控制的主要内容。它是以企业各部门、每个人为主体,以数理统计方法为基础建立的一整套全面质量管理系统。

为了控制汽车维修质量,分析影响质量的因素,常用的统计方法有排列图、分层法和因果分析法等。

一、排列图

排列图又称主次因素排列图或巴雷特图。它是一种从大量影响汽车维修质量的因素中,找出主要影响因素的有效方法。它将影响质量的因素分为A、B、C三类,A类因素是指累积频率为0~80%的因素,B类因素是指累积频率在80%~90%的因素,c类因素是指累积频率在90%~100%的因素。A类因素是发生频率较高的因素,故为影响产品质量的主要因素(关键因素),因而是质量管理的重点;B类因素是次关键因素;c类因素是次要因素。

排列图的绘制方法如下:

(1)因素分类,如可按不合格项目、作业班次、品种、事故等进行分类。

(2)收集数据,如收集统计期内的数据。

(3)计算各项因素的频数和频率。

(4)在直角坐标纸上,按频率由大至小、自左至右画出直方图。

(5)计算累计频数和频率。

(6)按规定划分A、B、C三类因素。

例如,某修理厂对修理总成或汽车的质量进行了统计分析,不合格品总数为282件,按下列因素分为7类,每类因素的频数和频率列于表9-1中。

表9-1 因素的频数和频率表

因素	质量问题			
	频数	频率(%)	累积频率(%)	类别
材料	97	34.4	34.4	A
设备	87	31.0	65.4	A
工艺	38	13.4	78.8	A
设计	26	9.2	80.0	B
工夹具	19	6.7	94.7	C
操作	9	3.1	97.8	C
其他	6	2.2	100.0	C
总计	282	100		

由此可见,影响产品质量的主要因素为材料、设备和工艺。排列图如图9-4所示,不仅可用于寻找影响产品质量的主要原因,而且可应用于其他多方面。

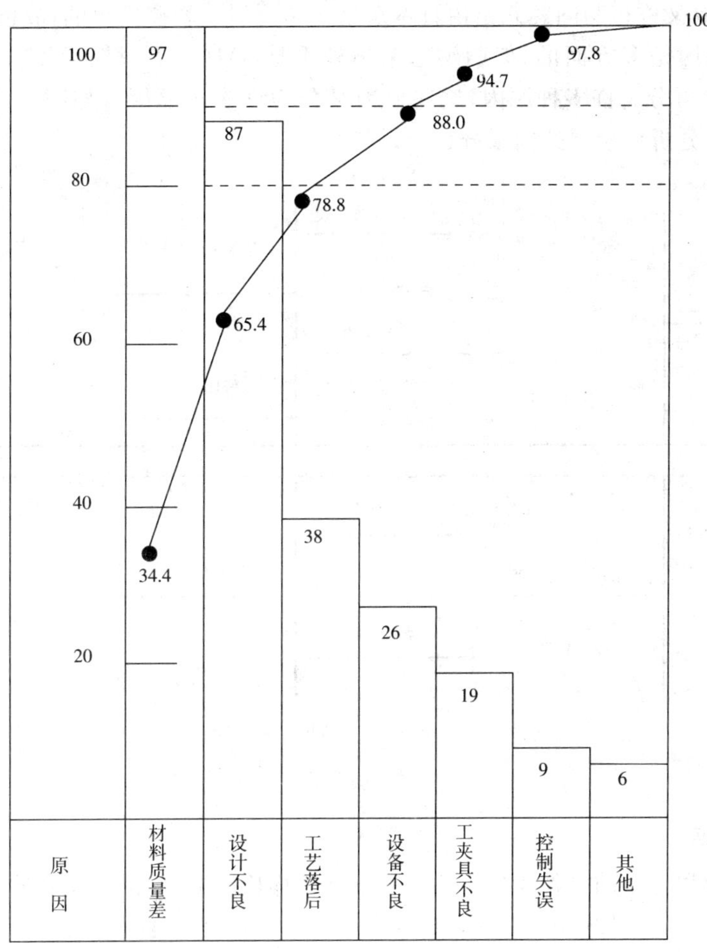

图 9-4　排列图

二、分层法

在排列图的基础上找出主要因素，然后对主要因素的数据再作进一步分类。根据不同的目的，确定分类标志。常用的分类方法有下列几种：

(1)按时间分：月、周、日班次，气候，节假日等。

(2)按操作人员分：男、女、青、老，工龄长短，熟练程度，文化程度等。

(3)按设备分：型号、新旧、工夹具等。

(4)按原材料分：产地、供应单位、时间、成分等。

(5)按操作情况分：操作环境、条件、工艺方案等。

(6)按测量条件分：测量仪器、人员、方法等。

通过进一步分析可以发现原因，如造成次品的原材料中主要是外地供应的某批材料成分不好；设备不良的原因，主要是一台旧型设备，其出次品的频数占 85%等。

三、因果分析法

找到主要因素后，尚需进一步寻找其原因。因果分析图就是帮助分析的有效工具。因其形状像鱼刺，故又称鱼刺图。它是由日本东京大学石川馨教授提出的，故也称石川图。产品产生次品的原因是多方面的，但归纳起来不外乎是5M(工人、材料、设备、工艺、计量)。5M是大原因，又可分为许多种原因，这些原因又分为许多小原因。如图9-5所示为某厂对维修质量进行分析后绘制的因果分析图。

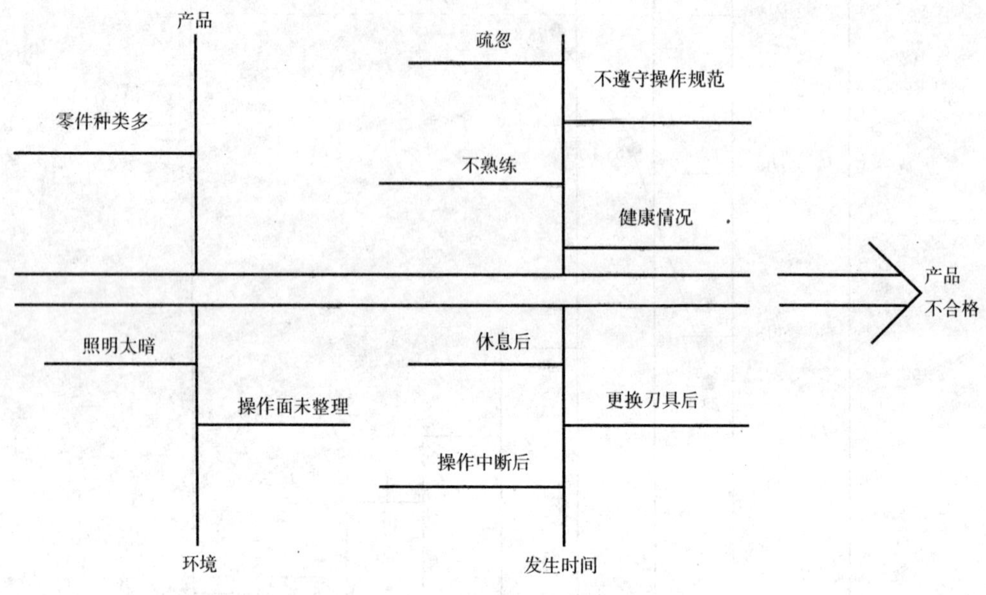

图9-5　因果分析图

四、直方图法

直方图是数据分布的一种表现形式。它根据抽样检验原理，从所研究的事物总体中，抽出一定数量的样本，经过统计或测量，取得数据，再将数据进行适当的分组和计算，并绘出图形。直方图的横坐标为分组数据，纵坐标为各组出现的频数。作图时，先画纵横坐标，定好比例，然后从横坐标各组界点做横轴的垂线，并与相应的频数水平线相交，即得出直方图。下面以故障平均维修时间为例，说明直方图的做法与应用。

(1)收集50个以上的数据。可在汽车某一使用期内，随机抽取故障修理时间50个，如表9-2所示。

表9-2　抽样数据

数值										每行最大值	每行最小值
40	58	43	45	63	83	75	66	93	92	93	40
71	52	55	64	37	62	72	97	76	75	97	37
75	64	48	39	69	71	46	59	68	64	75	39
67	41	54	30	53	48	83	33	50	63	83	30
86	74	51	72	87	37	57	59	65	63	87	37

(2)整理数据，找出数据中的最大值、最小值。可将50个数据按先后次序分成5行，每行10个数据，找出每行的最大值、最小值，然后再找出全部数据的最大值、最小值，见表9-2。

(3)数据分组，一般50～100个数据可分成6～10组，100～200个数据可分成7～12

组。本例中的 50 个数据分成 7 组。

(4)计算组距,即每组的数据范围。为统计方便,本例将组距定为 10。

(5)确定组界,不要漏掉数据,一般将末位数取为测量单位的 1/2,本例为 0.5。分组间隔见表 9－3。

表 9－6　故障维修时间表

组号	1	2	3	4	5	6	7
分组间隔	29.5～39.5	39.5～49.5	49.5～59.5	59.5～69.5	69.5～79.5	79.5～89.5	89.5～99.5
频数	正		正正				
统计	5	7	10	12	9	4	3

(6)记录频数,用符号"正"表示,并统计间隔内次数。表 9－6 为故障维修时间频数表。

(7)根据频数表做直方图。以分组边界为横坐标,各组的频数为纵坐标,画出直方图,并注明数据数 N,如图 9－6 所示。

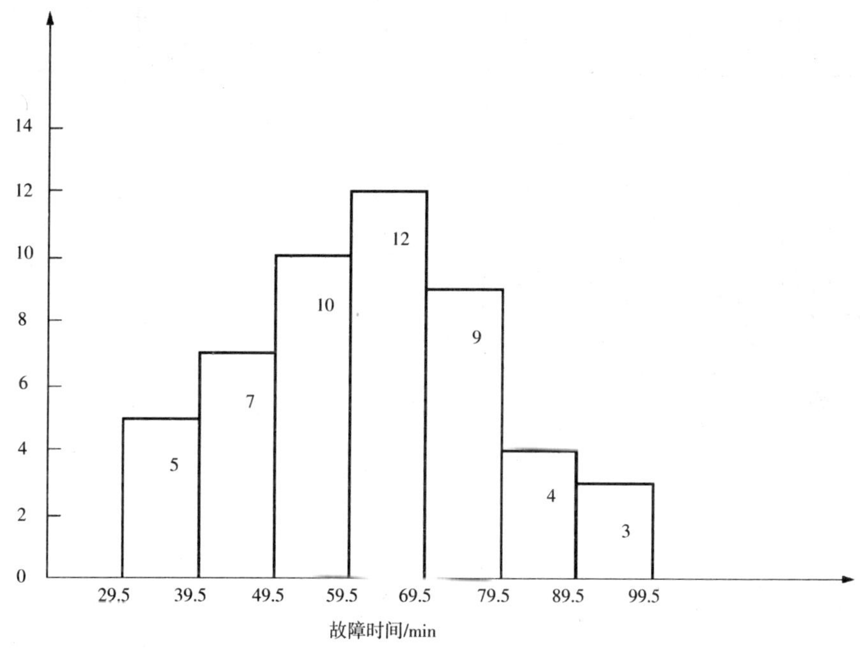

图 9－6　故障平均维修时间直方图

从直方图可以直观地看出产品质量特性的分布形态,便于判断过程是否超出了控制状态,以决定是否采取相应的对策和措施。直方图从分布类型上来说,可以分为正常型和异常型。正常型直方图都有一峰值,为质量控制标准或中心数据,左右两侧大体对称,且不超过质量数据允许范围,这种类似于正态分布的形状表明了质量过程正常时的标准数据分布,此时过程处于稳定(统计控制状态),如图 9－7a 所示。如果是异常型,就要分析原因,加以处理。常见的异常型主要有以下六种:

(1)双峰型(如图 9－7b 所示)。直方图出现两个峰。主要原因是由于观测值来自两个总体,两个分布的数据混合在一起造成的,此时对数据应分层。

(2)锯齿型(如图 9-7c 所示)。直方图凹凸不平。这是由于作直方图时数据分组太多，测量仪器误差过大或观测数据不准确等造成的，此时应重新收集和整理数据。

(3)陡壁型(如图 9-7d 所示)。直方图像峭壁一样向一边倾斜。主要原因是进行了全数检查，使用了应剔除的不合格品产品数据作直方图。

(4)偏态型(如图 9-7e 所示)。直方图的顶峰偏向左侧或右侧。当公差下限受到限制(如单侧形位公差)或某种加工习惯(如孔加工往往偏小)容易造成偏左形态；当公差上限受到限制或轴外圆加工时，直方图呈现偏右形态。

(5)平台型(如图 9-7f 所示)。直方图顶峰不明显，呈平顶型。主要是由于多个总体分布混合在一起，或者生产过程中某种缓慢的倾向在起作用(如工具磨损、操作者疲劳等)。

(6)孤岛型(如图 9-7g 所示)。在直方图旁边有一个独立的“小岛”出现。主要原因是生产过程中出现异常情况，如原材料发生变化或突然变换了不熟练的工人。

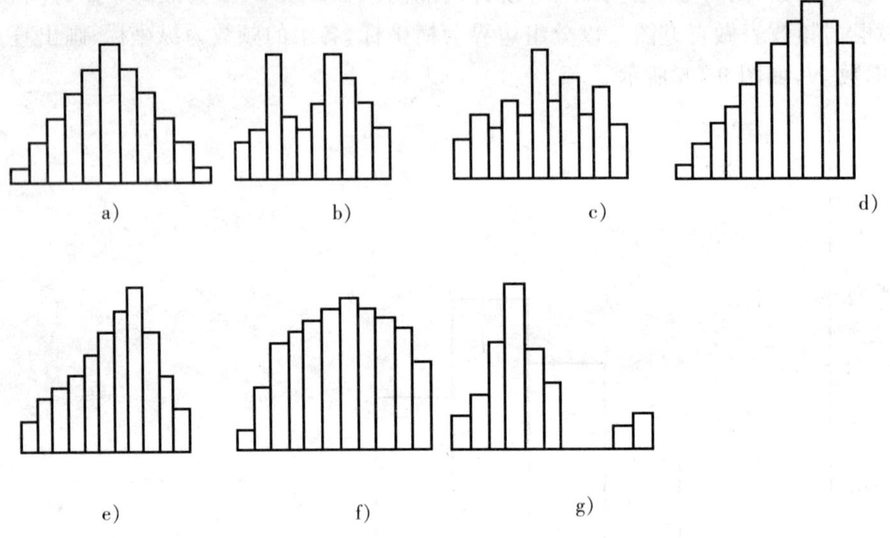

图 9-7　直方图类型

五、控制图法

控制图也称管理图，是分析判断生产过程中质量是否稳定的工具之一。在汽车维修质量管理中，它被用来反映汽车在使用维修过程中的动态，是对汽车维修状况进行分析、监控的一种重要手段。

控制图的种类繁多，有计量数据和计数数据控制图两大类十余种。计量式有单值控制图、算术平均数与极差控制图、中位数与极差控制图；计数式有不合格品数控制图、不合格品率控制图、缺陷数与单位缺陷数控制图。下面主要介绍反映汽车维修质量的故障(缺陷)数控制图。

这种图的作法比较简单，定期抽样，记录每组样车的故障数 C，然后按式(9-1)、式(9-2)、式(9-3)计算出中心线值及上、下控制限值。

中心线值：

$$\bar{C}=\frac{\text{各组故障数和}}{\text{组数}} \tag{9-1}$$

上控制限：
$$L_{c上}=\bar{C}+3\sqrt{\bar{C}} \quad (9-2)$$

下控制限：
$$L_{c下}=\bar{C}-3\sqrt{\bar{C}} \quad (9-3)$$

小修频数控制如图 9－8 所示。

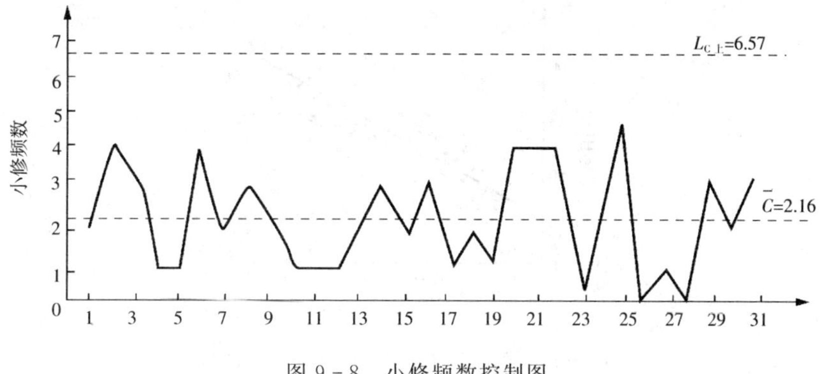

图 9－8　小修频数控制图

由上图中数据可求出$\bar{C}$、$L_{c上}$、$L_{c下}$：

$$\bar{C}=\frac{67}{31}\approx 2.16$$

$$L_{c上}=2.16+3\sqrt{2.16}=6.57$$

因为 2.16＜9，所以 $L_{c下}$ 可以不考虑。

控制图的主要用途是判别质量是否处于稳定状态。判别的主要依据是控制图上点的分布状态。若点不越出控制界限，且在中心线两侧不规则排列，说明质量处于稳定状态。若点处于图 9－9 各种情况，则质量处于不稳定状态，具体情况如下：点越出控制界限；点在中心线附近连续出现 7 点以上，如图 9－9a 所示；连续 7 个以上点上，如图 9－9b 所示；点在中心线一侧多次出现，连续 11 点中有 10 点在中心线同一侧出现，如图 9－6c 所示；点分布呈周期性变动，如图 9－9d 所示。

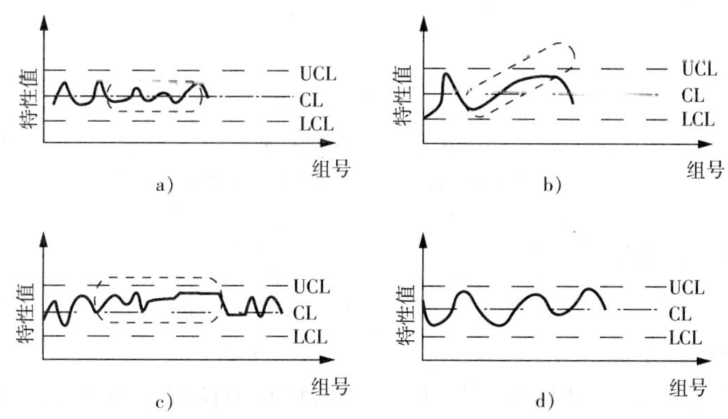

图 9－9　控制图的不稳定状态

a)在中心线附近连续出现 7 点以上；　b)连续 7 个以上点上；

c)点在中心线一侧多次出现；　d)点呈周期变动

六、相关图法

在质量分析中，经常会遇到一些变量共处于一个统一体中，它们互相联系、互相制约，影响因素之间有一定的关系，但它们又不是一种严密的函数关系，这种关系称为相关关系。如淬火温度和零件硬度之间的关系、喷涂室温度与漆料黏度之间的关系等。

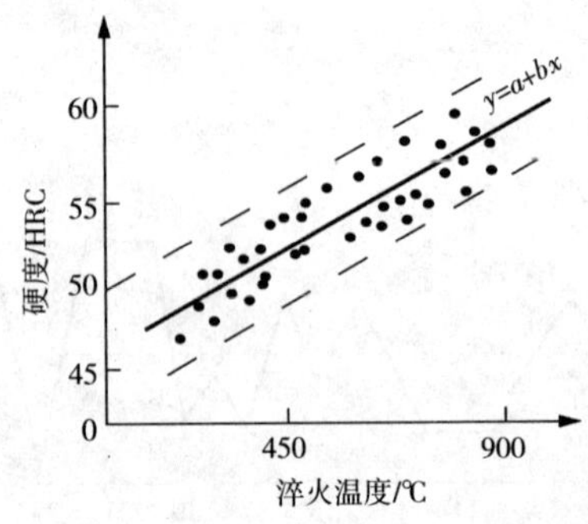

图 9-10 钢的淬火温度与硬度的相关图

图 9-10 为钢的淬火温度与硬度的相关图。从图可见，数据点近似于直线分布，可用直线方程近似表示，即 $y=a+bx$。

相关图的种类多种多样，可用图 9-11 所表示的六种形式概括。

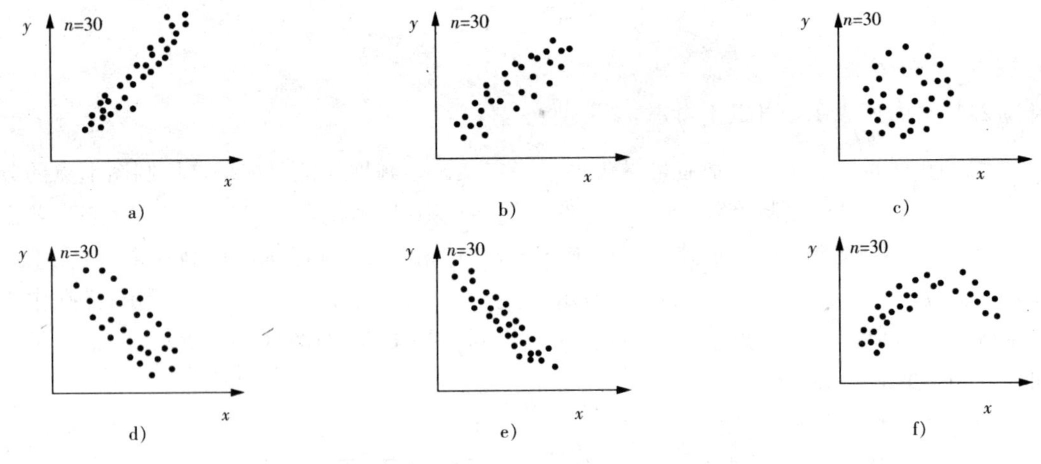

图 9-11 相关图的种类

a)强正相关；b)弱正相关；c)不相关；

d)弱负相关；e)强负相关；f)非线性相关

七、统计调查分析表法

该方法就是利用统计调查表来进行数据整理和粗略的原因分析的一种方法。其格式多种多样，因调查的目的不同而异。

运用调查缺陷位置的统计调查分析法调查时，将缺陷位置记在表中产品示意图上，见表 9-7 和表 9-8。

9－7　调查缺陷位置的统计表

车　型	……	检查处	车　身
工　序	喷漆后检验	检查者	×××
调查目的	喷漆缺陷	检查时间	××××年××月××日

表 9－8　不合格品分类统计分析表

序号	规格型号	统计数量	不合格品数	不合格品率	尺寸精度		旋转精度					噪声	灵活性	残缺	游隙	硬度	其他
					外径	内径	内沟侧摆	内沟向摆	内沟面摆	外沟侧摆	外沟向摆						
1																	
2																	

八、系统图法

系统图法是一种系统地寻求所要达到的目标的方法，是把目标和达到目标的手段按系统展开，统观图形，明确重点。系统图的逻辑形式如图 9－12 所示。

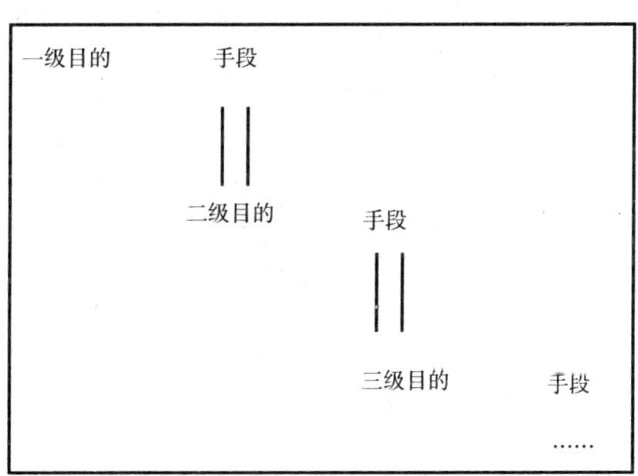

图 9－12　系统图法逻辑示意图

为了达到某种目的（称一级目的），选择某种手段；为了采取这种手段，把这种手段作为目的（称二级目的），进而寻找达到二级目的的手段；为了采取二级目的的手段，再把这一手段作为目的（称三级目的），进而寻求达到三级目的的手段。如此逐级展开，直至能采取具体手段时为止。这样，就能对问题的全貌有一个认识，能够明确掌握重点问题，以便找出达到额定目标的最佳手段或策略。

例如，某修理厂维修质量不过关，因此，把提高汽车维修质量作为一级目的。为了达到这一目的，采取的手段有：加强质量管理；提高操作工人的技术水平；严格执行技术规范；改进工艺设备。经过分析，这四个手段中，关键是质量管理。于是，把加强质量管理作为二级目的。如何达到二级目的，即如何提高质量管理水平，采取的手段有：加强质量检验和质量控制，层层

把关，树立“下道工序即用户”的思想；建立、健全质量管理机构；加强质量管理的基础工作。通过分析，加强质量检验和质量控制是关键手段，于是，把这一手段作为三级目的，进而寻找达到三级目的的手段。加强质量检验和质量控制的手段有：加强工序检验和控制，不让不合格品流入下道工序；加强备件检验；加强总成磨合实验；加强竣工检验。经过分析，加强工序检验和控制最关键，于是把这一手段作为四级目的，进而寻求达到这一目的的手段。加强工序检验和控制的手段有：设立专职工序检验员负责工序检验，发现不合格品，及时采取措施补修，避免流入下道工序；采取数理统计方法，实行工作质量控制，把废品消灭在产生之前。

这样，经过一系列的系统分析，找出了达到预定目的的最佳方法。

九、矩阵图法

矩阵是数学概念。例如有 $m\times n$ 个数，构造的 m 行乘以 n 列矩阵形式为：

$$A=\begin{Bmatrix} a_{11} & a_{12} & \cdots & a_{1n} \\ a_{21} & a_{22} & \cdots & a_{2n} \\ & \vdots & & \vdots \\ a_{m1} & a_{m2} & \cdots & a_{mn} \end{Bmatrix}$$

这里不是利用矩阵的数学方法，而是采取矩阵的形式。

例如，为追查货物的损坏原因，可作如图 9－13 所示的矩阵图，图中上部为损坏现象，有污损、湿损、破损等；中部为损坏原因，把想到的原因一一列出，如包装不好、装卸碰撞、水湿、油污等；下部列出损坏发生源，即发生在哪个工序。

根据实际情况，在相应的格里作出标记：◎表示有密切关系；○表示有一般关系；△表示不确定有无关系。

	……										
	破　损	◎									
	湿　损	○		◎							
	污　损				◎						
	现象 / 原因 / 发生源	包装不好	装卸碰撞	水湿	油污	…	…	…	…	…	
追查货物	验　货	◎									
	堆　码										
	装卸机械										
	装卸方法										
	环　境										
	⋮										
		◎	◎ ◎	○		◎	◎	◎			

图 9－13　追查货物的损坏原因矩阵图

应从验货工序开始找发生源，一直找到卸货交付为止。在每一个工序上，都应该从人、设备、货物、方法、环境等因素中查找。与很多原因都有密切关系的因素即为发生源，如本例中的"装卸方法"应作为发生源。找到了发生源，即找到了解决问题的关键。

十、关联图法

关联图法是以系统的连线图来表示事物的因果关系，谋求解决那些在原因和结果、目的和手段等方面存在复杂关系的问题而采用的方法。对质量管理而言，它是用系统图的形式，把影响质量的各种因素联系起来，研究应从哪里开始解决问题的方法。关联图的基本模式如图 9－14 所示。该图中的字母符号用以表示各主要因素。

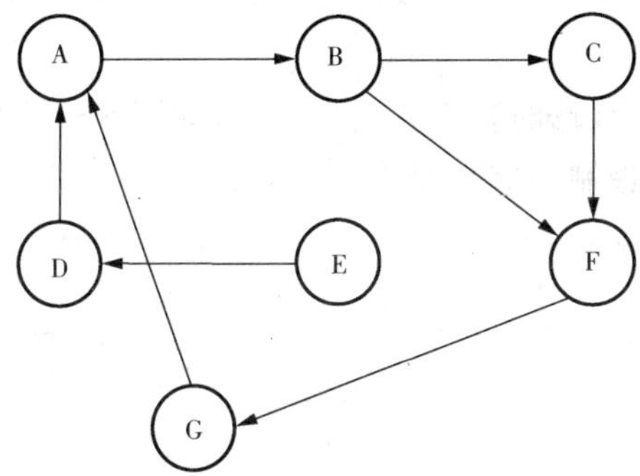

图 9－14　关联图基本模式

关联图法的主要步骤如下：

(1)提出与问题有关的全部主要因素。

(2)用确切而简明的词汇表达各主要因素，如图中的 A、B、C 等。

(3)用箭头把各因素的因果关系(逻辑关系)从理论上联系起来(即画出关联图)。

(4)根据图形，统观全局，分析和讨论，并检查有无遗漏或不确切的地方，复核认可各因素及其相互间的因果关系。

(5)提出重点，确定从何入手解决问题，拟定措施计划。

第三节　汽车维修质量的评价

一、总成装配的评价

总成的装配质量通常可用总成装配后的空转功率损耗、总成各机构和系统的效率、配合副的装配尺寸精度、总成运转时的振动和噪声水平、总成工作时的排放特性、总成主要工作面的承载能力以及清洁度、密封性等指标来评价。

空转功率损耗及总成和系统的效率指标，表示总成的传动效率或内部的机械损耗。它与装配时配合副的接触状况、配合特性、总成各部件的调整和磨合状况有关，是评价总成装配质量的综合性指标。

总成运转时的振动和噪声，是由于零件不平衡或装配调整不当而引起的，可用声级计测量。

装配尺寸精度指采用相应的装配方法装配后，各配合副达到总成装配技术要求中各项指标的符合程度，包括配合精度、位置精度和回转件的运动精度等。

发动机总成在工作时会排出有害物质，其含量与发动机的装配调整质量有关，应符合轻型汽车排放相应国家标准 GB 18352.3—2005《轻型汽车污染物排放限值及测量方法》(中国Ⅲ、Ⅳ阶段)。重型车应符合 GB 14762—2008《重型车用汽油发动机与汽车排气污染物排放限值及测量方法》。

总成承受使用负荷的准备程度与总成装配后磨合试验的完善程度有关，它表示总成投入使用时的承载能力。

总成的清洁度是指按规定的方法从被检验总成的被检部位清洗下来的杂质总量(包括金属屑、尘土及其他杂质)。

总成的装配质量与总成维修时各工艺过程有关，如图 9-15 所示。为保证质量必须采用系统工程的管理方法，来控制总成装配质量。

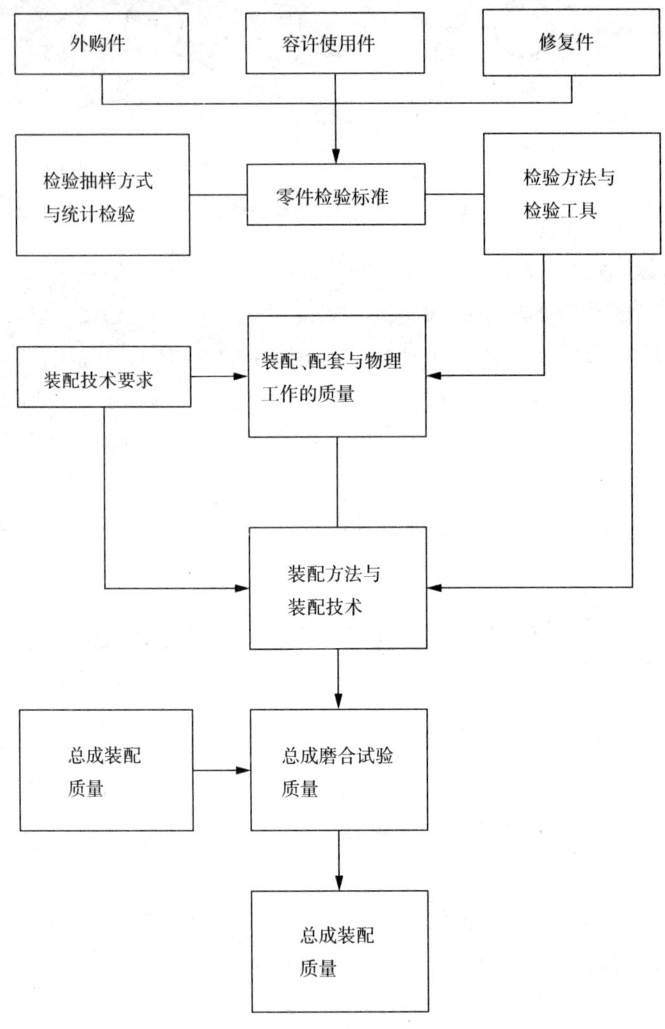

图 9-15　影响总成装配质量的因素

全面质量管理是一种控制总成装配质量的有效方法。它通过PDCA循环，不断地对总成装配质量进行规划(Plan)→实施(Do)→检查(Check)→处理(Action)。PDCA循环是动态循环，相互促进，呈阶梯式的螺旋上升，处理阶段是两次循环的结合点。其循环步骤如下：

(1)分析现状，找出质量问题。

(2)分析质量问题产生的原因。

(3)找出影响质量因素的主要原因。

(4)制订对策计划，拟定措施，并说明措施的目的、内容、执行部门、负责人员、起止期限和所用方法等。

(5)执行计划，落实措施。

(6)检查效果，核对比较。

(7)巩固成绩，将经验标准化。

(8)找出尚未解决的遗留问题，转入下一循环的计划阶段。

上述PDCA循环的八个步骤中的每一个步骤，都需要有可靠的数据和资料，它是科学判断的依据和PDCA循环最优设想的基础，因此，原始资料一定要准确。

对总成装配中发现的质量问题，不断地进行分析并找出原因加以处理，对行之有效的措施加以肯定并纳入有关装配规程或管理制度中去。因此，按照PDCA不断循环进行，每循环一次都有新的内容和目标，装配质量就能得到一次提高。

二、汽车大修质量的评价

1. 用单项指标评价汽车大修质量

采用单项指标评价汽车大修质量，主要依据是GB/T 3798·2—2005《汽车大修竣工出厂技术条件第2部分：载货汽车》的规定。该规定的主要内容如下。

(1)一般技术要求

① 装配的零件、部件、总成和附件应符合相应的技术条件。各项装备应齐全，并按原设计的装配技术条件安装。

② 主要结构参数应符合原设计规定。

③ 驾驶室、客车车厢、轿车车身的形状应正确，曲面圆顺，转角处无折皱，车身表面平整，无松弛、污垢及机械损伤等缺陷。

④ 喷漆颜色协调、均匀、光亮，漆层无裂纹、剥落、起泡、流痕、皱纹等现象。不需涂漆的部位，不得有漆痕。刷漆部位允许有不明显的流痕和刷纹。

⑤ 车身两边的结构件应左右对称。

⑥ 座椅的形状、尺寸、座间距及调节装置应符合原设计要求。

⑦ 门窗启闭应灵活，关闭严密，锁止可靠，合缝匀称，不松旷。风窗玻璃透明，不眩目。

⑧ 转向机构各连接部位不松旷，锁止可靠，合缝匀称。转向盘自由转动量(带转向助力器者除外)符合具体要求。

⑨ 离合器踏板、制动踏板的自由行程和驻车制动的有效行程应符合原设计要求。

⑩ 仪表、灯光、信号、标志齐全，工作正常。

⑪ 轮胎充气气压应符合原设计要求。

⑫ 限速装置应进行铅封。

⑬ 各部润滑应符合原设计要求。

⑭ 各部运行温度正常，各处无漏油、漏水、漏电、漏气现象，但润滑油、冷却液密封的结合面处，允许有不致形成滴状的浸渍。

(2)主要性能要求

① 发动机启动容易，在各种转速下运转正常，无异响。

② 传动机构工作正常，无异响。离合器接合平稳、分离彻底、操纵轻便、工作可靠。变速器换挡轻便、准确可靠。

③ 转向机构操纵轻便。行驶中无跑偏、摆头现象。前轮定位、最大转向角及最小转弯半径应符合原设计要求。

④ 制动性能应符合《中华人民共和国机动车制动检验规范》或 GB 7258－2004《机动车运行安全技术条件》中有关制动性能的规定。

⑤ 带限速装置的汽车，以直接挡空载行驶，从初速度 20km/h 加速到 40km/h 的时间应符合规定。

⑥ 带限速装置的汽车以直接档空载行驶，在经济车速下，每百公里燃油消耗量应不高于原设计规定值的 85％；汽车走合期满后，每百公里燃油消耗量不高于原设计规定。

⑦ 汽车车身车厢各部不得漏水。汽车在多尘路上行驶，在所有门窗都关闭的情况下，当车外空气含尘量不低于 200mg/m^3 时，车厢和驾驶室内的含尘量不得高于车外含尘量的 25％。

⑧ 汽车噪声应符合《机动车辆允许噪声》的规定，或 GB 7258—2004《机动车运行安全技术条件》的规定。

⑨ 汽车排放限值应符合国家有关规定。轻型汽车排放应符合相应国家标准 GB 18352.3—2005《轻型汽车污染物排放限值及测量方法(中国 III、IV 阶段)》。重型车应符合 GB 14762—2008《重型车用汽油发动机与汽车排气污染物排放限值及测量方法》。

2. 用整体指标评价汽车大修质量

采用整体指标对汽车大修质量进行评价，是在单项指标的基础上，对汽车维修质量的综合评价，它能比较真实地反映汽车整车的维修质量，也便于不同企业、不同车型之间维修质量的比较。

(1)用整体指标评价汽车大修质量通常遵循如下的评价原则：

① 客观性原则。为了使评价工作真实、准确，使评价结果客观，避免随意性，评价必须尊重客观事实，一切从客观实际出发，不能主观臆造。对企业的维修和检测手段及技术水平，要求其具有先进性和可能性，在符合目前我国维修行业的现状下，既先进又能努力达到。评价方法要简单易行，既科学正确，又便于实施执行。

② 典型性原则。在评价指标的选取上，尽量选取那些已为社会作出评价和承认、反映企业主要成绩和水平的工作为典型指标，忽略对次要工作的评估。典型集中才能真正反映事物的本质。因此，对评价指标体系不追求其完整性、全面性，以避免分散、繁琐，保证突出重点。评价结果是否正确，取决于评价指标是否典型、正确，在某种意义上讲，它是评价工作成败的关键。

③ 定量化原则。要求评估指标具有可度量性，并且尽量做到定量化。任何事物，如产

品的质和量都有内在联系的规律性，要使被评估对象既反映质又反映量，既有定性分析又有定量分析，是存在一定困难的，但随着科学的进步和发展，评估工作完全可以在系统分析的基础上，采用模糊数学、数理统计和最优化等数学方法，对评估对象进行综合评价，使评价指标能量度、能计算，并经过计算机处理后得出定量结果。

④ 可比性原则。评价指标应能使不同车型、不同企业便于比较，否则不能选为评估指标。汽车维修质量评价的指标，应依据国家标准、部分标准和其他有关技术文件，使其规范化、标准化、统一化，便于指标本身在企业之间进行比较，为企业间的公平竞争、奖励惩罚、改革挖潜等找到可靠的依据。

⑤ 指向性原则。汽车维修评价指标、评价方法，应能对我国维修行业的各项工作起到指向作用。指标体系应能体现国家、有关部委对今后行业发展的预测和要求。应结合国内外的先进水平、发展趋势，引导国内汽车维修企业逐步向正确目标前进，使我国维修行业的发展赶上或超过世界先进水平。

(2)利用整体指标对汽车大修质量进行综合评价常采用如下几种方法：

① 缺陷系数法。用一个指标“产品缺陷系数”来评价竣工大修汽车质量的好坏，即计算大修汽车出厂前(检验部门检查)、后(保修期内)汽车出现的故障，及排除故障每车所发生的费用来评价；费用越少，修车质量越好。其费用计算公式为

$$g=\frac{1}{n}\left(\sum_{i=1}^{a}m_i r_i+\sum_{j=1}^{b}m_j r_j\right)\quad(\text{元 / 车})\tag{9-5}$$

式中：n—— 抽检的样车数；

a—— 竣工车出厂前要求排除故障的数量；

m_i—— 被检车上第 i 种故障的数量；

r_i—— 排除第 i 种故障所产生的费用；

b—— 竣工车出厂后所发生的缺陷数量；

m_j—— 使用中第 j 种缺陷的数量；

r_j—— 排除第 j 种故障所产生的费用。

这种方法，用平均每车产生排除缺陷的费用来评价汽车竣工大修质量，比较直观。但出厂后车辆的保修期时间长，不便统计缺陷数量，因此，专家建议一个月统计一次，每月月末计算缺陷系数。

② 总分法。用几个评价指标来评价汽车修竣后的整体维修质量。设每个指标的最高分为 S_{i0}，那么对修竣车整体质量的综合评价最高分为

$$S_0=\sum_{i=1}^{n}S_{i0}\tag{9-6}$$

在实际中，用接近最高分的程度来衡量被检车辆的优劣；如果维修车辆的实际评分为 S，那么 S 越接近 S_0，维修车的质量就越好，反之越差。

有时为了便于比较，常用质量评定系数 β 来评价修车质量：

$$\beta=\frac{S}{S_0}=\frac{\sum_{i=1}^{n}S_i}{\sum_{i=1}^{n}S_{i0}}<1 \tag{9-7}$$

③ 系数相乘法。选取评定汽车大修竣工质量的若干指标，设新车的这些指标值为1，用大修车的同项指标值与新车的指标相比，得出各比例系数。那么维修质量的整体指标可用下式表示：

$$\eta=\eta_1\eta_2\cdots\eta_n=\prod_{i=1}^{n}\eta_i \tag{9-8}$$

一般情况下，各指标的比值都小于1，所以77值也小于1，越接近1质量越好。b和c两种方法中各评价因素都同等对待，没有突出主要因素，使大修质量评价结果具有一定的片面性。

④ 加权平均法。总分法、系数相乘法在评价中各指标都同等重要，没有主次，这是不符合实际情况的。为了消除上述弊病，评价时可根据对每个指标重视程度的不同，给每个因素都赋予一定的“权重”，也就是各因素在评价中所占的百分比，设权重为a_i，则有

$$S=\sum_{i=1}^{n}a_iS_i \tag{9-9}$$

$$\eta=\prod_{i=1}^{n}a_i\eta_i \tag{9-10}$$

上式中

$$\sum_{i=1}^{n}a_i=1 \tag{9-11}$$

这样就避免了“一视同仁”，突出重点因素，使评价结果更加准确、合理。

⑤ 综合评定法。综合评定法是用模糊数学研究和处理模糊现象的一种评估方法，即用定量的数学方法去处理那些对立或有差异，没有绝对分明界限概念的新兴学科。综合评定法的优点是，能考虑多方面的因素，体现多数人的意见，方法简单，便于利用计算机，评价结果准确可靠。因此它已用于图像识别、人工智能、信息控制、系统工程、医疗诊断、天气预报、交通运输等质量评定、人才预测与规划、教育评估等方面，并取得了可喜的成果。对汽车维修质量整体指标的评估是一种比较理想的方法。它的主要步骤如下：

首先确定因素集U，评定因素取多少要适当。取多了增加统计工作量，且次要因素冲淡了主要因素；取少了不全面，不能反映事物本质。一般来说，必须抓住对汽车维修质量影响较大的评价指标，找出主要影响因素，通常选五个左右为宜。

$$U=\{u_1,u_2,\cdots,u_m\} \tag{9-12}$$

其次确定评语集V。确定了评定因素后，还要把每个因素分成等级。分等级太少，拉不开档次；分等级太多，评价结果过于分散。一般把评语分成4～5档比较合理。

$$V=\{v_1,v_2,\cdots,v_n\} \tag{9-13}$$

然后确定模糊关系矩阵R。这一步骤主要是聘请“专家委员会”或“评判小组”按逐项因

素给予评语，然后统计出各项评语的百分比 r_{ij} 组成模糊关系矩阵

$$R=[r_{ij}] \tag{9-14}$$

专家委员会或评判小组的组成要具有权威性、代表性、公正性。其成员应具有丰富的专业知识、严谨的科学态度、实事求是的工作作风。成员人数以 10～20 人为宜。

$$R=\begin{pmatrix} r_{11} & r_{12} & \cdots & r_{1n} \\ r_{21} & r_{22} & \cdots & r_{2n} \\ & & \vdots & \\ r_{m1} & r_{m2} & \cdots & r_{mn} \end{pmatrix} \tag{9-15}$$

式中：$i=1,\cdots,m;j=1,\cdots,n$。

再确定权重系数矩阵 A。对影响汽车维修质量的评价指标不能同等看待，因其影响程度不同，在评价时要赋予每项指标一权重系数。分配权重系数时，一定要注意权重系数 a_i 之和等于 1，即

$$\sum_{i=1}^{m} a_i = 1$$

权重系数矩阵 A 表达式为

$$A=(a_1,a_2,\cdots,a_m) \tag{9-16}$$

再进行矩阵乘法运算。把权重系数 A 与评价矩阵 R 相乘，作模糊变换 $B=A\cdot R$。矩阵运算有两种方法：一种是“最大最小运算法”（即相加时取最大值为和，相乘时取最小值为积）；另一种是按普通矩阵乘法进行运算。为了不丢掉信息，多数情况下按一般矩阵乘法进行运算。

$$B=(a_1,a_2,\cdots,a_m)\begin{pmatrix} r_{11} & r_{12} & \cdots & r_{1n} \\ r_{21} & r_{22} & \cdots & r_{2n} \\ & & \vdots & \\ r_{m1} & r_{m2} & \cdots & r_{mn} \end{pmatrix}=(b_1,b_2,\cdots,b_n) \tag{9-17}$$

其中，$\sum_{i=1}^{m} a_i = 1, b_j = \sum_{j=1}^{n} a_i r_{ij}$。

最后归一处理。如果 $\sum_{i=1}^{m} a_i \neq 1$，那么要用 $\sum b_j$ 去除各项值，则得到 $B=\left(\frac{b_1}{\sum b_j},\frac{b_2}{\sum b_j},\cdots,\frac{b_n}{\sum b_j}\right)$，显然括号中各项值之和为 1。归一化各项值，就是综合评判的结果。采用“最大最小运算法”进行矩阵乘法运算时，必须进行归一处理。

计算评分 D。为了使评价结果更直观，更便于比较，往往给每级评语赋予一分值。设评语分四级，好赋 90 分，较好赋 80 分，一般赋 60 分，差赋 0 分。那么上述评价的计算公式为

$$D=90b_1+80b_2+60b_3+0 \tag{9-18}$$

将抽检大修竣工车的得分用上式算出，就可以排出名次，分出优劣。

评分标准。可根据我国维修行业的现状，经过充分调研后确定。交通部课题组确定的质量评价标准见表 9－10 所示。

表 9－10　汽车大修质量等级标准

质量等级	好	较　好	一　般	差
质量评分 D	$85<D<100$	$70<D<85$	$60<D<70$	$D<60$

⑥ 综合项次合格率法。综合项次合格率法是 GB/T15746.1—1995《汽车整车大修质量检查评定标准》所推荐的评估方法。

a. 该评价法的评定因素

基本技术文件：是以“三单一证”，即汽车大修进厂检验单、汽车大修工艺过程检验单、汽车大修竣工检验单、汽车大修合格证为中心内容的必备维修质量评定文件，缺一不可。

一般技术要求：除发动机外，对车身、底盘、电器仪表等共 17 大项 30 条提出要求。★号为关键项，Δ 号轿车为关键项，货车为一般项，详见 GB/T15746.1－1995。

主要性能要求：提出动力性、经济性、滑行性能、转向操纵性、制动性能、前照灯、车速表、排放和噪声、密封件、发动机运转、传动机构工作状况共 11 大项 30 条。Δ 号轿车为关键项，货车为一般项，★号为关键项。

在对汽车大修竣工质量的评定中，把一般技术要求和主要性能要求分成一般项和关键项。

b. 该评价法的评定方法

汽车大修竣工质量的评定，采用综合项次合格率法，其计算公式如下：

$$\beta_0=\sum_{i=1}^{3}K_i\beta_i \tag{9-19}$$

$$\beta_i=\frac{n_i}{m_i}\times 100\% \tag{9-20}$$

式中：β_0—— 综合项次合格率；

β_i—— 项次合格率；

n_i—— 检查合格的项次数之和；

m_i—— 检查的项次数之和；

i—— 角标，取 1、2、3，分别代表“三单一证”、一般项和关键项；

K_i—— 权重系数，分别取 $K_1=0.2, K_2=0.6, K_3=0.2, \sum_{i=1}^{3}K_i=1$。

c. 该评价法的评定标准

综合项次合格率法，把汽车大修竣工质量评定分为优等、一等、合格、不合格四级，具体规定见表 9－12。

表 9－12　汽车大修质量分级规定

项目 \ 等级	优　等	一　般	合　格	不合格
关键项次合格率(%)	$\beta_3=100$	$\beta_3=100$	$\beta_3=100$	$\beta_3<100$
综合项次合格率(%)	$95<\beta_0<100$	$85<\beta_0<95$	$70<\beta_0<85$	$\beta_0<70$

综合项次合格率法要求比较严格，关键项只要有一项不合格，整车大修质量即为不合格，一般项目合格率再高也无需评定，即实行“一票否决”制。

⑦ 综合扣分法。综合扣分法为中华人民共和国汽车行业标准。

a. 该评价法的评定因素

安全环保：按照该标准“安全环保项检验项目、检验方法和评定依据”进行评价。汽车安全 42 项，汽车公害（环保）4 项。

基本性能：按照该标准“基本性能检验项目、检验方法和评定依据”进行评价。汽车动力性 4 项，汽车经济性 1 项。

整车装配调整和外观质量：检验项目按其性质和检验方式分为六类：一般检验、重要检验、电器仪表检验、润滑密封检验、外观质量检验、行驶检验。

可靠性：可靠性行驶检验里程采用 5000km 和 15000km，里程分配参见相关标准。对可靠性行驶检验中出现的故障进行分类和统计，分别计算出平均首次故障里程（MTTFF）和平均故障间隔里程（MTBF）。可靠性扣分公式为

$$Q_k = \frac{1}{n}\sum_{j=1}^{4} q_{kj} r_j \tag{9-21}$$

式中：Q_k—— 可靠性行驶检验综合评定扣分数；

n—— 抽检样车数；

r_j—— 检验样车发生的第 j 类故障数；

q_{kj}—— 每发生一次第 j 类故障的扣分数，其值为 $q_{k1}=20$，$q_{k2}=1000$，$q_{k3}=100$，$q_{k4}=20$。

b. 该评价法的评定方法

综合评定扣分数为安全环保项检验扣分数、基本性能检验扣分、整车装配调整和外观质量检验扣分数、可靠性行驶检验扣分数四项因素之和

$$Q = \frac{1}{n}\sum q_i \tag{9-22}$$

思考与练习

9-1　什么叫汽车维修质量管理？它包括哪些任务？

9-2　简述汽车维修质量保证体系的特点及内容。

9-3　控制汽车维修质量常采用的统计方法有哪些？

9-4　说明直方图法分析维修质量时可能会出现哪些异常型？

9-5　说明 PDCA 循环的八个步骤。

9-6　汽车大修后主要性能要求都包括哪些内容？

9-7　用整体指标评价汽车大修质量的评价原则是什么？

9-8　用整体指标综合评价汽车大修质量，常采用哪些方法？

9-9　用综合评定法评价汽车的大修质量，具体步骤是什么？

9-10　综合项次合格率法评价汽车大修质量的评定因素有哪些？

9-11　综合扣分法评价汽车大修质量的评定因素是什么？

参考文献

[1] 左付山．汽车维修工程．南京:东南大学出版社,2008
[2] 张金柱．汽车维修工程．北京:机械工业出版社,2010
[3] 司传胜．汽车维修工程指导．北京:机械工业出版社,2008
[4] 王启瑞．汽车电气及电子设备．合肥:安徽科学技术出版社,2000
[5] 戴胡斌,程国元．丰田系列轿车维修一本通．南京:江苏科学技术出版社,2007
[6] 徐峰,李金学．现代系列轿车维修一本通．南京:江苏科学技术出版社,2007
[7] 郑宏军．奇瑞系列轿车维修实例精选．北京:中国电力出版社,2006
[8] 丁问司,谭本忠．奇瑞 QQ 车系维修图解．北京:机械工业出版社,2008
[9] 丛树林,王峰．汽车底盘维修实训教程．北京:人民交通出版社,2008
[10] 羊拯民．汽车修理．合肥:安徽科学技术出版社,2001
[11] 王玉东．汽车电气系统维修技术．北京:国防工业出版社,2005
[12] 董继明,胡勇．汽车拆装与调整．北京:机械工业出版社,2010
[13] 朱帆．新型轿车机械维修 265 问．北京:金盾出版社,2010
[14] 戴冠军．汽车维修工程．北京:人民交通出版社,2008
[15] 赵英勋．汽车检测与诊断技术．北京:机械工业出版社,2010
[16] 曹家喆．现代汽车检测诊断技术．北京:清华大学出版社,2003
[17] 边焕鹤．汽车电器与电子设备．北京:人民交通出版社,2009
[18] 赵福堂．汽车电器与电子设备．北京:北京理工大学出版社,2009
[19] 明平顺,李晓霞．汽车可靠性理论．北京:机械工业出版社,2003
[20] 荒井宏．汽车电子系统．北京:科学出版社,2008
[21] 吴明．汽车维修工程．北京:机械工业出版社,2009